Das Ortswappen von Magstadt

Die erste bekannte Darstellung eines Wappenbildes von Magstadt findet sich in einem Lacksiegel von 1617, das im Hauptstaatsarchiv Stuttgart aufbewahrt wird. Es zeigt die beiden ineinander verschlungenen Buchstaben M und S unter einem fünfstrahligen Stern. Dasselbe Wappen ist in einer Handschrift von 1618 überliefert, und ein gut erhaltenes SIGILLVM MAGSTATT mit den Buchstaben in barockem Rahmen ist von 1651 erhalten (siehe Abbildung Seite 87). Den Gemeinderäten erschien vor 120 Jahren dieses Monogramm als Sinnbild für Magstadt „einfach und klar und jedermann leicht verständlich", also beschlossen sie am 16. Mai 1878, diese Buchstabenverbindung zum Ortswappen zu erklären.

Nun hatte man aber irgendwann in der ersten Hälfte des 19. Jahrhunderts oberhalb der Saaltür des alten Rathauses einen Stein entdeckt, in den zwei S eingemeißelt waren. Was das SS bedeutet, wußte man zwar nicht, aber es wurde als Wappenzeichen übernommen.

1873 erschien das SS auf einer Fahne des Liederkranzes (siehe Foto Seite 231) und sogar noch Ende des 19. Jahrhunderts auf einem Siegel der Königlich Württembergischen Gemeinde Magstadt (siehe Abbildung Seite 150). Der Stein verschwand beim Umbau des alten Rathauses 1843 spurlos, aber die Gemeinde ließ das SS nachträglich in den Gedenkstein von 1607 neben der jetzigen Rathaustür einhauen (siehe Abbildung Seite 58).

Das Hin und Her mit dem Wappen fand schließlich ein Ende, als die Württembergische Archivdirektion in Stuttgart der Gemeinde den Vorschlag unterbreitete, die auf den Marksteinen im Kieserschen Forstlagerbuch von 1681 abgebildeten Fleckenzeichen (siehe Abbildung Seite 54), nämlich das M mit dem umgekehrten S zu kombinieren: im blauen Feld das schwarze M und darüber das silberne Ƨ. Im Auftrag des Gemeinderats wurden dann 1927 etliche Entwürfe angefertigt. Nach langen Diskussionen sprach man sich schließlich für die Buchstabenkombination aus, aber in Grün auf weißem (silbernem) Grund, mit einem sogenannten Dreiberg darunter, als Versinnbildlichung des Ratbergs. Der Magstadter Kunstmaler Christian Naß erhielt den Auftrag, das Wappen auszuführen (siehe obenstehende verkleinerte Abbildung). So wurde es auch im Januar 1928 von der Archivdirektion genehmigt und am 31. Dezember 1929 vom Gemeinderat angenommen. Das damalige Sitzungsprotokoll schließt mit dem Satz: „Dies ist nun endgültig einstimmiger Beschluß."

Um zu dokumentieren, daß die Gemeinde auch offiziell bei den häufigen Veranstaltungen und Festen präsent ist, wurde 1979 bei der Landesarchivdirektion beantragt, eine Fahne zeigen zu dürfen. Der „Verleihung des Rechts zur Führung einer Flagge" erfolgte im Dezember 1979. Sie sollte die im Wappen festgelegten Farben grün/weiß (silber) haben. Im Juni 1986 wurde dann auch vom Gemeinderat förmlich die grün-weiße Magstadter Fahne beschlossen.

Daß das Magstadter Wappen im Lauf der Zeit stilistisch kleine Änderungen erfahren hat, ist legitim und ändert nichts an der grundsätzlichen Festlegung: In Silber über grünem Dreiberg der grüne lateinische Großbuchstabe M, darüber das grüne Fleckenzeichen in Form eines umgekehrten S.

Bleibt nur noch eine Bemerkung zum Ortsnamen. Wie im Text auf Seite 29 zu lesen ist, wird das Dorf durch den Hirsauer Codex im 12. Jahrhundert als Magstat erstmals belegt. Für die Entstehung des Namens gibt es etliche Deutungen. Möglich ist die Ableitung aus einem Personennamen (Mago) oder von den keltischen Worten Magus = Ebene, Mogh = Hof oder auch Magos = Kreuzweg. Auch Stätte der Magen, also der Verwandten, der Sippe, wäre denkbar. Das sind die wissenschaftlichen Versionen. Viel netter ist die volkstümliche: Eine Stadt, die man mag.

Magstadt

Diese 1681 entstandene, etwas vergrößerte Zeichnung von Magstadt ist den Ortsansichten aus dem Forstlagerbuch des herzoglichen Kartographen Andreas Kieser entnommen (siehe auch Abbildung auf Seite 72). Es ist die früheste uns bekannte Darstellung des Ortsbilds. Sie zeigt das Dorf etwas von Nordwesten nach Südosten mit dem für die Kirche bis heute typischen Krüppelwalmdach. Das Kirchengebäude ragte, entsprechend seiner exponierten, burgähnlichen Lage, hoch über die Bauernhäuser. Das große Gebäude rechts vor dem Kirchenschiff dürfte das alte Pfarrhaus sein. Der von Feldern umgebene Ort ist fast ringsum eingezäunt zum Schutz vor Wildfraß in den Hausgärten. Die Berge im Hintergrund – etwas überhöht dargestellt – liegen in Richtung Maichingen. Links unten im Bild ist ein zerstörtes Haus zu sehen, möglicherweise vom Dreißigjährigen Krieg her noch nicht wieder aufgebaut. Der Weg unten links könnte nach Warmbronn führen, der nach Westen Renningen zu. Die Ortsansichten Kiesers entstanden als Ergänzung zu seinem Forstkartenwerk des Herzogtums Württemberg zwischen 1681 und 1686.

Magstatt

Fritz Heimberger

Achthundert Jahre
Magstadt

bearbeitet von
Heidrun Hofacker und Fritz Oechslen
mit einem Beitrag von
Dorothee Ade-Rademacher

WEGRA *historik*-Verlag Stuttgart 1997

*Die Zeichnung von Magstadt auf dem Bucheinband
stammt aus der 1681 vom herzoglich württembergischen Kartographen Andreas Kieser gezeichneten
Forstkarte (siehe auch Abbildung auf Seite 72).*

Die Deutsche Bibliothek – CIP-Einheitsaufnahme

Achthundert Jahre Magstadt

Fritz Heimberger. Bearbeitet von
Heidrun Hofacker und Fritz Oechslen.
Stuttgart: WEGRAhistorik-Verlag, 1997
ISBN 3-929315-07-6

Die Kapitel bis zum Ende des 16. Jahrhunderts,
ausgenommen die Vor- und Frühgeschichte, bearbeitete
Heidrun Hofacker; die Zeit vom 17. Jahrhundert bis zur
Gegenwart Fritz Oechslen.

Gesamtredaktion Dagmar Halm.
Bildtexte und Gestaltung Eberhard Hartenstein.

Satz und Druck: Druckerei Scharr GmbH,
Stuttgart-Vaihingen.

Reproduktionen: Litho-Team Stoll & Maurer GmbH,
Wolfschlugen.

Einband: Löw Siebdruck GmbH, Stuttgart.

Buchbinderische Verarbeitung: Karl Dieringer, Gerlingen.

Inhaltsverzeichnis

Vorwort

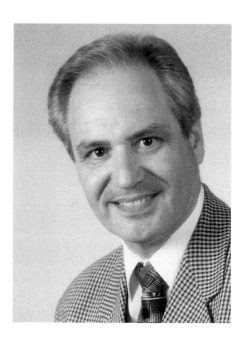

Geschichte bedeutet Wandel: Wie sehr sich Magstadt im letzten Jahrhundert verändert hat, wie aus einem Bauerndorf eine regsame Industrie- und Wohngemeinde geworden ist, dokumentieren deutlich die Bilder im letzten Kapitel dieses Buches.

Dieser Wandel war und ist abhängig von Entwicklungen in Europa und in Deutschland. Die Veränderungen der europäischen Landkarte in unserem Jahrzehnt, dem letzten des 20. Jahrhunderts, neue und schwierige wirtschaftliche und finanzielle Probleme wirken bis in die Städte und Gemeinden hinein und lassen uns spüren, daß wir am Beginn einer neuen Epoche stehen. Die Geschichte einer Gemeinde ist aber nicht nur von der großen Politik abhängig, sie wird auch geprägt von lokalen Besonderheiten. Gerade aus ihnen beziehen unsere Gemeinden ihre Individualität. Aufgabe einer Ortsgeschichte muß es deshalb sein, durch die Dokumentation der Vergangenheit aufzuzeigen, wie sich Wirtschaft und Gesellschaft und mit ihnen die Lebensverhältnisse der Einwohner verändert haben. Aus der Erinnerung an das Vergangene kann ein Gefühl der Heimatverbundenheit und der Zusammengehörigkeit entstehen, das sich befruchtend auf das Leben in der Gemeinde auswirkt.

Das Werk Dr. Fritz Heimbergers erfüllt diese Ansprüche an eine moderne Ortsgeschichte in vorbildlicher Weise. Seine lebenslange Vertrautheit mit Magstadt und die von ihm jahrzehntelang geleistete Erschließung der Quellen zur Geschichte unserer Heimat schufen die Grundlage für eine Arbeit, die in geradezu enzyklopädischer Vollständigkeit die Geschichte Magstadts darstellt. Sie liegt in einer broschierten Ausgabe unter dem Titel „Magstadt, 800 Jahre Geschichte im Gäu – zwischen Dorf und Stadt" vor.

Ich danke Herrn Dr. Heimberger dafür, daß er der Herausgabe einer gekürzten und reich bebilderten Bearbeitung seines großen Werkes zugestimmt hat. Dem WEGRAhistorik-Verlag gelang es, mit Dr. Heidrun Hofacker und Fritz Oechslen zwei sachkundige Bearbeiter zu gewinnen, die bereits früher durch fundierte Arbeiten zur Landes- und Ortsgeschichte hervorgetreten sind.

Den Bearbeitern fiel die Entscheidung oft nicht leicht, welche Teile des Werkes von Dr. Heimberger der vom Verlag geforderten Kürzung geopfert werden sollten. Ich bin aber überzeugt, daß diese illustrierte Ausgabe unserer Ortsgeschichte nicht nur lesenswert, sondern ebenso wissenschaftlich fundiert ist wie die umfangreiche Gesamtdarstellung. Auch der Beitrag von Dr. Dorothee Ade-Rademacher basiert auf Vorarbeiten Dr. Heimbergers. Ihre Tätigkeit als Archäologin und ihre Forschung gerade auch auf Magstadter Gebiet qualifizieren sie in besonderer Weise dazu, die Vor- und Frühgeschichte unserer Heimat darzustellen.

Ein besonderer Dank gilt unserem Ehrenbürger und leider viel zu früh verstorbenen Altbürgermeister Erich Bohlinger, der bereits im Jahr 1963 den Kreisarchivar Dr. Fritz Heimberger beauftragte, das Gemeindearchiv zu ordnen und damit den Grundstein für diese Ortsgeschichte gelegt hat. Es war ihm ein besonderes Anliegen, die Geschichte und Entstehung von Magstadt in einem Werk zusammentragen zu lassen und der Nachwelt zu übergeben.

Für ihre Mitarbeit und Unterstützung ist vom Heimatgeschichtsverein Helmut Steegmüller und Franz Wiesenfarth, von der Arbeitsgemeinschaft örtlicher Vereine Walter Gabler zu danken sowie Karl-Heinz Rücker und Werner Schönbeck für die Fotos, mit denen sie seit Jahren das Leben in Magstadt dokumentieren. Und Dank gebührt nicht zuletzt Lotte Wirth für die maschinenschriftliche Übertragung des umfangreichen Originalmanuskripts.

Es ist zu hoffen, daß das Buch sowohl alteingesessenen Magstadtern wie auch den vielen zugezogenen Bürgern hilft, unsere Gemeinde mit ihrer langen, traditionsreichen Geschichte als Heimat zu empfinden.

Magstadt, im November 1997

Hans Benzinger
Bürgermeister

Bis heute wird in Magstadt der anstehende Muschelkalk abgebaut und zu Schotter zerkleinert, hauptsächlich für den Wege- und Straßenbau (siehe Text-
seite 135). Unser Foto zeigt die Schotterwerke
Ezel.
Die Schilfsandsteinbrüche sind stillgelegt worden.
(Siehe auch Text und Foto Seite 148.)

Natürliche Grundlagen

Geologie

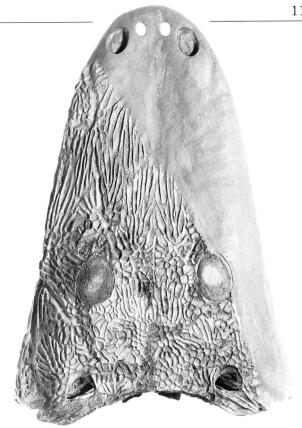

Die Magstadter Markung ist Teil des schwäbischen Schichtstufenlandes und liegt im Renninger Becken, wo sie einen schmalen Verbindungsstreifen zwischen dem Korngäu und dem Strohgäu bildet. Im Süden und Osten liegen die über 500 Meter hohen bewaldeten Sandstein- und Keuperhöhen des Schönbuchs und des Glemswaldes. Der Südwesten der Markung gehört mit seinen Muschelkalk- und Lettenkeuperflächen noch zum Heckengäu beziehungsweise zur lößbedeckten Gäulandschaft. Mehrere von Südosten nach Nordwesten verlaufende Verwerfungen und Schichtstörungen verengen die sonst in ansehnlicher Breite zwischen dem Heckengäu und der waldbedeckten Keuperschicht liegende Gäulandschaft und bringen den Muschelkalk des Vorschwarzwaldes den Waldungen der Keuperstufenlandschaft nachbarlich nahe.

Für die Magstadter Markung kommt vor allem die sogenannte Mühlbergverwerfung, die auch Ratberg-Graben heißt, in Betracht. Sie verläuft zwischen Waldenbuch und dem Hagenschieß über Böblingen, Sindelfingen-Eichholz, Magstadt und Malmsheim. Der Graben – eine eingebrochene Scholle – ist zwischen Magstadt und Sindelfingen etwa 400 bis 500 Meter breit und verengt sich am Ratberg sehr rasch auf etwa 100 Meter. Die schmalste Stelle mit etwa 80 Meter Breite findet sich genau südlich von Renningen. Die eingebrochene Scholle ist etwa 160 Meter tief eingesunken und umfaßt die Lettenkohle sowie die drei untersten Keuperstufen, so daß am Ratberg der Trigonodusdolomit des Muschel-

In den 1970er Jahren wurden in den Stubensandsteinbrüchen östlich von Magstadt Schädel, Unterkiefer und Knochen von Dachschädlerlurchen entdeckt, die hier vor etwa 225 bis 220 Millionen Jahren lebten. Das Foto zeigt den ca. 45 cm langen Schädel von Cyclotosaurus robustus, einem etwa zwei bis drei Meter langen Urlurch. Er stammt aus einem der inzwischen stillgelegten Steinbrüche in der Waldparzelle Forchen und ist ein im Stubensandstein seltener Fossilfund. Die Schnauze und der rechte Schädelteil sind ergänzt.

kalks unmittelbar neben dem Stubensandstein liegt. Auch die anschließende Nordostscholle wurde stellenweise abgesenkt, so am Ratberg um über 100 Meter.

Am Südrand des Renninger Beckens wird die Mühlbergverwerfung von Eisen- und Schwerspatgängen begleitet. Auf dem Ratberg, einer von der Erosion zu einem Kegel herausmodellierten Stubensandsteinkappe, wurde 1923 vom Magstadter Turnverein auf Grund der Angaben eines Rutengängers, der dort Gold vermutete, ein etwa acht Meter tiefer Schacht abgeteuft.

Ein Ammonit (Ceratites sublaevigatus) aus dem Magstadter Muschelkalk. Die Versteinerung hat ca. 12 Zentimeter Durchmesser und ist etwa 220 Millionen Jahre alt. Ammoniten waren Kopffüßer und mit dem heute noch lebenden Nautilus verwandt.

Der Hauptteil der Magstadter Markung liegt aber im Bereich des Renninger Beckens am Rand der Keuperhöhen des Glemswaldes. Dieses eiszeitliche, sechs Kilometer lange und vier Kilometer breite, zur Würm entwässernde ehemalige Seebecken ist 30 bis 40 Meter in seine Umgebung eingetieft. Umgeben ist es von flachen, lößbedeckten Terrassen und Hängen aus Trigonodusdolomit, an die bewaldete Platten und Kuppen aus Lettenkeuper, Gipskeuper und Schilfsandstein stoßen. Im Magstadter Anteil stehen vor allem Gipskeuper und Schilfsandstein an. Letzterer erreicht zwischen Magstadt und Warmbronn wohl seine größte Mächtigkeit in Württemberg. Auf beiden Keuperstufen stockt, soweit sie nicht dem Wiesenanbau überlassen werden, gut gedeihender Wald.[1]

Gewässer

Das Hauptgewässer der Magstadter Markung ist der Rankbach, dessen „stilles, mildes Tal" von seinem Beginn am Hölzersee bis Magstadt Hölzertal heißt. Im Mittelalter wurde der Bach auch „Bland" genannt: Um 1100 lag am heutigen Rankbach bei Weil der Stadt die Siedlung Blanda, zu der auch die heute noch existierende Planmühle – 1346 „Mühle . . . die man nennt Blande", 1568 „Blandmühlin" – gehörte.[2] Auch auf Magstadter Markung lebte der alte Bachnamen fort: Güter, welche an den Rankbach stoßen, wurden vom 15. bis zum 19. Jahrhundert „an der Bland" und im 20. Jahrhundert „an der Plan" genannt.[3]

Außer im Keuper finden wir auf der Ortsmarkung noch Quellen im Bereich der Lettenkohle. Jedoch sind die Wasseradern, von denen sie gespeist werden, bescheiden. Das Einzugsgebiet ist zu klein, als daß es ergiebige Quellen hervorbringen könnte. Die wenig wasserreichen Rinnsale verschwinden sofort, wenn sie in den verkarsteten Hauptmuschelkalk gelangen. Dies zeigt sich deutlich bei den meist trocken liegenden Klingen, die aus der Umgebung des Ihinger Hofs ostwärts gegen das Rankbachtal herabziehen. Eine Ausnahme bildet der im Bereich der Lettenkohle verbleibende Erbach (1381 „Erlipach", wohl von den an seinen Ufern wachsenden Erlen)[4], der bedeutendste Zufluß des Rankbachs. Da aber auch er oft kein Wasser führt, trug er früher auch den Namen Seltenbach.

Auf den fruchtbaren Lehmböden finden sich der Horenbrunnen(1350 „Horbrunnen" – vielleicht von Horb = feuchtes Land),[5] der zur Maichinger Markung hin entwässert, und das „Seele"[6] beziehungsweise der „See" nördlich der Stuttgarter Straße, ein Wassertümpel ohne Abfluß, der neben der heute teilweise überbauten Flur Kapelle liegt. Auf einer Keuperstufe im Winkel zwischen dem Waldteil Käswasser und der Allmandsiedlung auf Maichinger Markung lag der dritte See, der 1350 „Hagensewe" genannt wurde und heute verschwunden ist. Seinen Namen hatte er vielleicht von Hag = Hecke[7].

Außer diesen natürlichen gab es auch künstliche Seen, die aber später angelegt wurden. Einer von ihnen ist der bereits erwähnte Hölzersee, ferner die Eisweiher am Ausgang des Hölzertals, die Anlagen im Waldteil Tiergärtle südlich der Neuen Stuttgarter Straße sowie im Ort eine Wette zu Feuerlöschzwecken.[8]

Die Vor- und Frühgeschichte der Gemarkung Magstadt

Alt- und Mittelsteinzeit

Aus der Altsteinzeit, die am längsten andauernde Epoche der Menschheitsgeschichte, sind von der Magstadter Gemarkung keine Funde bekannt.[1] Sie begann vor ca. 50 000 Jahren und dauerte bis ca. 10 000 v. Chr. Klima, Vegetation und Tierwelt sind nicht mit den heutigen vergleichbar. Eiszeiten und Warmzeiten wechselten sich ab. Die Menschen lebten als Jäger und Sammler in völliger Abhängigkeit von der Natur, jagten die in den jeweiligen Klimaperioden vorhandenen Tiere, Rentiere und Mammuts in den Kälteperioden, Waldelefanten und Nashörner in den Wärmeperioden. Bei ihren Streifzügen durchs Land bewohnten sie nicht nur Höhlen, sondern unterhielten auch feste Lagerplätze. Entsprechende Stellen wurden im Neckartal bei Bad Cannstatt und Untertürkheim entdeckt. Am Ende der Eiszeit siedelten sich neue Tiere und Pflanzen an. Es entstanden Wälder, in denen Birken, Kiefern und Hasel dominierten. Die eiszeitliche Tierwelt verschwand aus den mitteleuropäischen Regionen, im Wald breitete sich Standwild aus. Die Menschen der Mittelsteinzeit (10000 – 5000 v. Chr.) mußten sich diesen Gegebenheiten anpassen.[2] Sie entwickelten neue Jagdwaffen wie zum Beispiel besondere Pfeilspitzen für die Vogeljagd oder Harpunen für den Fischfang. In verstärktem Maß wurden Wildpflanzen, die die Wälder reichlich boten, gesammelt. Die Rast- und Jagdplätze, Zelte und einfache Hütten in windgeschützter Lage, meist in der Nähe von Quellen, wurden sicher immer wieder aufgesucht. Überreste solcher Lager wurden am Schönbuchrand bei Herrenberg, auf der Hochfläche südlich von Gerlingen und auf dem Kallenberg östlich von Münchingen nachgewiesen.[3]

Jungsteinzeit

Mit der Jungsteinzeit begann eine revolutionäre Veränderung der Wirtschaftsweise, die eine der wichtigsten Entwicklungsstufen der Menschheit darstellt. Im Verlauf des 6. Jahrtausends v. Chr. vollzog sich in Mitteleuropa die Ablösung der nomadisierenden Jäger- und Sammlerkulturen durch ein seßhaftes Bauernwesen mit Großgehöften, Landwirtschaft und Viehzucht. Diese Entwicklung hatte bereits 2000 Jahre früher im Vorderen Orient begonnen und breitete sich über den Balkanraum nach Mitteleuropa aus.[4] Die einwandernden Gruppen brachten kultivierte Getreidearten wie Emmer, Einkorn und Gerste mit und hielten Schafe, Ziegen, Schweine und Rinder als Haustiere. Die benötigten Siedlungs- und Ackerflächen wurden durch Brandrodung gewonnen. Mit dieser neuen Wirtschafts- und Lebensform begann der Mensch aktiv in den Haushalt der Natur einzugreifen und die notwendige Nahrung selbst zu produzieren. Die dadurch geminderte Abhängigkeit von Natur- und Klimaschwankungen führte zu einer rasch ansteigenden Bevölkerung. Die seßhaften Bauern begannen technisch vollkommene Steinwerkzeuge anzufertigen und ihre Vorrats- und Koch-

14

Rekonstruierter bandkeramischer Topf (Fundort siehe Nr. 9 auf der Karte Seite 21) und eine jungsteinzeitliche Getreidemühle, bestehend aus Läufer und Reibstein (Fundort Nr. 5). Die Handmühle ist im Heimatmuseum. Unten: Bandkeramische Klingen und eine Pfeilspitze aus Silex = Feuerstein (Fundort Nr. 3 auf der Karte).

wiesen und Metzlesbach.[5] Die auf der Flur Vogelwispen geborgenen Stücke von gebranntem Wandlehm sind die letzten Überreste eines Holzgebäudes, das aus einem Pfostengerüst und mit Lehm verputzten Flechtwerkwänden bestand. Ob es sich dabei um eines der typischen vierschiffigen, sehr geräumigen Langhäuser (durchschnittliche Breite 8 Meter und durchschnittliche Länge 30 Meter) oder um ein kleineres Wirtschaftsgebäude handelte, läßt sich nicht mehr feststellen. Da der Wandlehm gebrannt ist, muß das Gebäude einem Feuer zum Opfer gefallen sein.

Mit dem Ausklingen der bandkeramischen Kultur zu Beginn des 5. Jahrtausends und der mittleren Jungsteinzeit werden im südwestdeutschen Raum kulturelle Veränderungen deutlich. Das Altsiedelland wurde teilweise verlassen, und man ließ sich auf weniger ertragreichen Böden nieder. Erstmals entstanden auch befestigte Siedlungen, die indirekt auf kriegerische Auseinandersetzungen schließen lassen. Vermutlich führten wirtschaftliche Engpässe bei der zahlenmäßig stark angestiegenen Bevölkerung zu einer anderen Gesellschafts- und Lebensform.

Anhand der Keramik lassen sich regionale Gruppen erkennen, die sich zeitlich ablösten. Auf der Magstadter Gemarkung wurde auf der Flur Mietersheim, die sich auch auf der Maichinger Gemarkung fortsetzt, Scherben und Hüttenlehm der Großgartacher Kultur (benannt nach dem Fundort Großgartach im Leintal) gefunden. Typisch für diese Kultur sind Knickwandgefäße, die durch Ritz- und Stichtechnik reich verziert sind. Eine 1929 von Oberlehrer Höschle auf der Flur Unterer beziehungsweise Mittlerer Reuteweg entdeckte Stelle gehört möglicherweise der

gefäße aus Ton zu brennen. Nach der Verzierungsform der Tongefäße wird diese Epoche „Bandkeramik" genannt. Die aufwendigen Verzierungsmuster sind eine wichtige Hilfe, um Fundstellen zeitlich und kulturell einordnen zu können. Als Siedlungsplätze bevorzugten die Bandkeramiker die fruchtbaren Lößgebiete in der Nähe von Wasserläufen, die sie auch im Gäu vorfanden. Die Siedlungen weisen ein einheitliches Bild auf. Es gibt kleine Weiler, aber auch Dörfer mit mehr als zehn Hofstellen. Daß die Magstadter Gemarkung in dieser Zeit besiedelt war, zeigen Lesefunde von den Fluren Birk, Mietersheim, Hintere und Obere Vogelwispen, Breit-

*Verzierte Topfscherben
der Schwieberdinger Kultur
(Fundort siehe Karte
auf Seite 21, Nr. 3.)*

nach dem Fundort Rössen bei Merseburg gekennzeichneten Rössener Kultur an,[6] die die Großgartacher Kultur ablöste. Die Häuser der weilerartigen Siedlungen bestanden aus langgestreckten, trapezförmigen Pfostenhäusern unterschiedlicher Größe und sind im Durchschnitt kleiner als die bandkeramischen Langhäuser. Am Ende der mittleren Jungsteinzeit (Mitte des 5. Jahrtausends) kann man regionale Gruppen differenzieren, deren Verbreitungsgebiete sich durch den charakteristischen Formenbestand und die Verzierungen der Keramik zeitlich und räumlich gegeneinander abgrenzen lassen.[7] Die Zunahme von Siedlungen in Schutzlage (zum Beispiel Uferrandgebiete) und die Errichtung aufwendiger Wehranlagen läßt darauf schließen, daß es sich um eine Epoche voller Unruhe und Bedrohung handelte. Aus der jüngeren Jungsteinzeit gibt es Lesefunde von der Flur Mietersheim, die der Schwieberdinger Kulturgruppe zuzuordnen sind. Weitere Funde, die sich aufgrund der wenigen Stücke noch keiner regionalen Gruppe zuordnen lassen, sind von der Flur Birk bekannt. Ein Rechteckbeil aus Amphibolit wurde 1937 vermutlich im Bereich des Gollenbergs gefunden.[8] Das Ende der Jungsteinzeit (ab 2700 v. Chr.) wird durch zwei große, im gesamten mitteleuropäischen Raum und auch darüber hinaus verbreitete Kulturgruppen geprägt, die aufgrund ihrer typischen Tonwaren als Schnurkeramik- und Glockenbecher-Kulturen bezeichnet werden. Sie verwendeten schon Kupfer zur Herstellung von Waffen, Geräten und Schmuck. Entsprechende Siedlungs- oder Grabfunde aus dieser Zeit sind von der Magstadter Gemarkung nicht bekannt.

Bronzezeit

Der Beginn der Metallverarbeitung, deren Kenntnis sich bereits im 7./6. Jahrtausend v. Chr. im Vorderen Orient entwickelt und langsam nach Mitteleuropa ausgedehnt hat, ist als einer der bedeutendsten Entwicklungsschritte der Menschheitsgeschichte anzusehen. Seit dem Übergang vom 3. zum 2. Jahrtausend ist im Verbreitungsgebiet der kupferverarbeitenden Jungsteinzeitkulturen die Bronzeverarbeitung in Süddeutschland nachweisbar.[9] Beile, Dolche, Gewandnadeln und Schmuck wurden aus diesem Metall hergestellt. Der Handel mit Metall und dessen Verarbeitung hatte offenbar auch Auswirkungen auf die Gesellschaftsstruktur. So bildeten sich spezialisierte Berufe wie Metallgießer, Schmiede oder Händler heraus. Die

Ein jungsteinzeitliches, etwa 11,5 cm langes Steinbeil aus Grünschiefer, wahrscheinlich im Bereich des Gollenbergs gefunden (Nr. 13 auf der Karte).

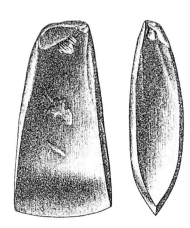

Scherben eines urnenfelderzeitlichen Vorratsgefäßes (Fundort Nr. 2 auf der Karte Seite 21). Die Scherben sind alle im Heimatmuseum.

Grabbeigaben spiegeln unterschiedliche soziale Gruppen sowohl unter den einzelnen lokalen Gruppen als auch unter den Mitgliedern einer Siedlungsgemeinschaft wider. Die Toten wurden häufig in Grabhügeln bestattet, während in der nachfolgenden Urnenfelderkultur die Verstorbenen mitsamt ihren Beigaben verbrannt und der Leichenbrand in mit Deckeln verschlossenen Urnen beigesetzt wurde.[10] Am Ende der bis in das 8. Jahrhundert. v. Chr. andauernden Urnenfelderkultur ist sogar die Verarbeitung von Eisen bezeugt. Zahlreiche befestigte Höhensiedlungen sprechen für politische Unruhen. Von der Gemarkung Magstadt sind Funde aus der Urnenfelderzeit von den Fluren Todtstadt und Kannengießer bekannt.

Eisenzeit

Die um die Mitte des 8. Jahrhunderts v. Chr. einsetzende Hallstattzeit wird nach dem 1846 bei Hallstatt in Österreich entdeckten Gräberfeld Hallstattkultur genannt.[11] Mit ihr begann die eigentliche Eisenzeit. Die Toten wurden nun wieder in aufgeschütteten Hügeln beigesetzt und in der älteren Hallstattkultur noch in der Tradition der Urnenfelderkultur verbrannt, während sich in der jüngeren Hallstattzeit die Körperbestat-

tung durchsetzte. Die fünf südlich des Hölzertals (teils im Wald Flur Winterhalde liegend, siehe Nr. 12 auf der Karte Seite 21) noch erhaltenen Grabhügel könnten dieser Epoche angehören, wobei auch eine ältere Zeitstellung (jüngste Jungsteinzeit oder Bronzezeit) nicht auszuschließen ist.[12] Da man gleichzeitig noch einfach ausgestattete oder beigabenlose Brandgräber kennt, scheint die unterschiedliche Bestattungsform eine soziale Differenzierung widerzuspiegeln. Diese wird noch verstärkt durch die seit dem Beginn des 6. Jahrhunderts v. Chr. nachweisbaren Höhensiedlungen, von denen einige, wie zum Beispiel die Heuneburg bei Hundersingen a.d. Donau (Kreis Sigmaringen) oder der Hohenasperg bei Ludwigsburg,[13] als sogenannte Fürstensitze bezeichnet werden. Im näheren Umfeld dieser Anlagen finden sich einzelne oder in kleinen Gruppen angelegte Grabhügel, die man aufgrund ihrer beeindruckend reichen Beigaben Fürstengräber nennt. Zu den bekanntesten gehört das 1978/79 entdeckte Grab von Hochdorf, das dem Umkreis des Hohenaspergs zuzurechnen ist. Aus der späten Hallstattzeit gibt es Lesefunde im Bereich der Flur Mietersheim, die Fundstelle liegt bereits auf Maichinger Gemarkung.

Um die Mitte des 5. Jahrhunderts v. Chr. kam es zu einem plötzlichen Erlöschen der meisten Fürstensitze, vermutlich eine Folge der keltischen Wanderungsbewegungen, die durch antike Schriftsteller bezeugt sind. Zum erstenmal läßt sich die in unserem Raum lebende Bevölkerung mit der Volksgruppe der Kelten identifizieren. Die in Südwestdeutschland lebenden Kelten werden Helvetier genannt. Da zwischen der hallstattzeitlichen und der nach dem Fundort

Ein latènezeitlicher Scheibenhalsring aus Bronze. In den Vertiefungen sind noch Reste roter Glaseinlagen. Er befindet sich im Heimatmuseum. Unten: Der bronzene Gürtelhaken wurde aus dem Frauengrab 3 des latènezeitlichen Friedhofs in der Flur „Magstadter Holz" geborgen (siehe Nr. 7 auf der Karte Seite 21).

Latène am Neuenburger See (Schweiz) benannten latènezeitlichen Besiedlung kein Bruch zu erkennen ist, dürfte es sich bei den Menschen der älteren Hallstattzeit ebenfalls um Kelten gehandelt haben. Aus den Aufzeichnungen Cäsars über den Gallischen Krieg (58–51 v. Chr.) werden wir erstmals umfassend über die Gebräuche und die Gesellschaftsstruktur der linksrheinischen Kelten (Gallier) informiert, wobei die Schilderungen aus Sicht der „Feinde" wohl oft übertrieben und überheblich sind.

In der frühen Latènezeit (2. Hälfte 5. Jahrhundert v. Chr.) wurde noch an der Bestattung in Grabhügeln festgehalten, die meisten Gräber sind allerdings als Nachbestattungen in hallstattzeitlichen Hügeln angelegt. Allmählich setzte sich jedoch die Körperbestattung in Flachgräbern durch. In der mittleren Latènezeit (ausgehendes 3. Jahrhundert bis erste Hälfte 2. Jahrhundert v. Chr.) wurden die Toten auf dem Scheiterhaufen verbrannt und die Asche mit den verbrannten und mitunter weiteren unverbrannten Beigaben im Flachgrab versenkt.[14] Aus dieser Zeit stammen die 1984 von Kurt Maier auf der Magstadter Flur Oberes Magstadter Holz entdeckten Brandschüttungsgräber.[15] Die sofort durchgeführte Kurzuntersuchung des Landesdenkmalamtes Baden-Württemberg ergab die Überreste eines Männergrabes mit eisernem Schwert, zwei Eisenringen des Schwertgurtes und einigen, nicht mehr bestimmbaren Eisenresten. Die Grabsohle lag lediglich 8 Zentimeter unter der Pflugtiefe. Im März 1985 wurden dann weitere 15 Gräber freigelegt. Die rechteckigen, 0,62–1,7 Meter langen und 0,4–0,75 Meter breiten Gruben waren unterschiedlich orientiert und vom Pflug schon stark in Mitleidenschaft gezo-

gen. Den Toten hatte man nicht allzu viele Beigaben mit ins Jenseits gegeben. Eine vollständige Aufzählung der Beigaben ist noch nicht möglich, da die Funde – mit Ausnahme von Grab 3 – nicht restauriert und zum Teil noch eingegipst sind.[16] Außerdem sind sie durch den Brand und ungünstige Bodenverhältnisse stark verformt. Grab 3 enthielt einen bronzenen Gürtelhaken, einen Bronzezierknopf und die verschlackten

Reste eines Glasarmrings. Mit seinen 16 Bestattungen gehört das Magstadter Gräberfeld zu den größten bekannten Friedhöfen in Baden-Württemberg.

Etwas älter dürfte der Scheibenhalsring sein, der 1937 bei Erschließungs- oder Bauarbeiten für das Neubaugebiet im Bereich Gollenberg gefunden wurde und sicher aus einem nicht erkannten frühlatènezeitlichen Frauengrab stammt.[17] Der Ring wurde aus Bronze angefertigt und konnte mit einem seitlich angebrachten Steckverschluß auseinandergezogen werden. Auf der Vorderseite befinden sich drei Scheiben, die ursprünglich mit nicht mehr vorhandenen scheibenförmigen Einlagen aus rotem Glas versehen waren. Reste entsprechender Emaileinlagen haben sich in den aus Andreaskreuzen und Kerben bestehenden Verzierungen erhalten. Da sich Halsringträgerinnen allgemein durch eine gehobene Qualität in Bezug auf ihre Ausstattung auszeichnen und nicht allzu häufig auf Gräberfeldern zu finden sind, kann man daraus schließen, daß diese in der Siedlungsgemeinschaft eine gesellschaftlich hohe Stellung eingenommen hatten. Von den fehlenden Beigaben aus dem Magstadter Frauengrab abgesehen, sind hier sicher noch weitere Gräber vorauszusetzen, die bei den Arbeiten, vielleicht aber auch schon früher, leider zerstört worden sind. Über die dazu gehörigen Siedlungen ist bisher relativ wenig bekannt. Vermutlich handelte es sich um Höfe oder Weiler. Eine latènezeitliche Fundstelle muß aufgrund der Lesefunde auf der Flur Birk gelegen haben. Ein Zusammenhang mit den Friedhöfen läßt sich nicht herstellen.

In der späten Latènezeit entstanden neben den ländlichen Siedlungen, wie wir sie in einer Fundstelle von der Flur Mietersheim (Maichinger Gemarkung) vor uns haben, große stadtartige Siedlungen, sogenannte „oppida", wie sie uns Cäsar im Gallischen Krieg schildert.[18] Diese mit Wällen und Gräben befestigten Oppida, die wohl nur zum Teil bebaut waren, dürften sich an hellenistischen Vorbildern orientiert haben. Sie bildeten wichtige politische und wirtschaftliche Zentren, Berichte und Funde weisen auf weitreichende Handelsbeziehungen in dieser Epoche

hin. Daß Gräber aus dieser Zeit weitgehend fehlen, könnte man mit einer damals geübten Bestattungssitte erklären, die sich archäologisch nicht niedergeschlagen hat. Aus dieser Zeit kennen wir auch Kultanlagen, sogenannte Viereckschanzen, große viereckige Wallanlagen, die mit kleinen Tempeln ausgestattet waren und sich durch tiefe Schächte auszeichneten. Eine solche Viereckschanze wurde bei Ehningen ausgegraben.[19] Neuere archäologische Untersuchungen geben Hinweise darauf, daß nicht alle dieser Anlagen kultischen Zwecken dienten, sondern daß es sich auch um Gutshöfe gehandelt haben könnte.[20]

Nachdem Cäsar im Jahr 50 v. Chr. Gallien endgültig erobert hatte und Drusus und Tiberius, die Stiefsöhne des Kaisers Augustus, im Jahr 15 v. Chr. die keltischen Stämme des Alpen- und Voralpengebietes bis Augsburg unterworfen hatten, versuchte Rom, auch das übrige Südwestdeutschland in sein Weltreich einzugliedern. Unter Kaiser Vespasian stießen 74 n. Chr. römische Truppen vom Rhein aus durch das Kinzigtal bis an die Donau vor. Rottweil wurde ein wichtiges Zentrum am oberen Neckar und bildete den Ausgangspunkt für die etappenweise Besetzung Südwestdeutschlands.[21] Um die im Taunus und in der Wetterau neu eroberten Gebiete mit der Kastellkette auf der Schwäbischen Alb zu verbinden, erfolgte Mitte der achtziger Jahre die Besetzung des mittleren Neckarlandes. Um die Wende vom 1. bis zum 2. Jahrhundert n. Chr. entstand der Neckarlimes, mit dem der obergermanische Limes zwischen Rhein, Main und Nekkar zu einer geschlossenen Grenzbefestigung gegen das freie Germanien geworden war. Das Neckarland gehörte zu der Provinz Obergermanien (Germania Superia). Die erst in Holz errichteten Kastelle wurden während der ersten Hälfte des 2. Jahrhunderts n. Chr. in Stein ausgebaut. Ab dem Ende des 1. Jahrhunderts entstanden Gutshöfe, große landwirtschaftliche Betriebe mit repräsentativen Wohngebäuden und Nebengebäuden aus Stein. Der ausgegrabene Gutshof von Bondorf und der teilweise wiederaufgebaute Gutshof bei Hechingen-Stein vermitteln uns das Bild einer solchen Anlage: In einem von einer Mauer umgebenen Hofareal befanden sich Hauptgebäude, Bad, Gesindehaus, Wirtschafts- und Speicherbauten. Auf der Flur Birk (= Bürg) sind offenbar Reste eines solchen Gutshofes gefunden worden.[22] Der Sage nach soll dort früher Magstadt gestanden haben. Weitere Funde stammen von der Flur Metzelsbach, ein Leistenziegel von der Flur Letten könnte auch nachträglich dort hingekommen sein. Von den zugehörigen Brandgräbern wurden bisher keine Spuren entdeckt. Inwieweit römische Straßen und Wege als Flur- oder Wegenamen erhalten blieben, läßt sich nur sehr schwer beurteilen. Häufig auftretende Namen wie Hochsträß, Heer- oder Herdweg, Römer- oder Rennweg lassen sich zeitlich und in ihrer Bedeutung nur schwer einordnen. Erst archäologische Untersuchungen können den Beweis bringen, ob es sich tatsächlich um eine Römerstraße gehandelt haben könnte.[23] Die 1910 im Schlegdorn in etwa 0,4 Meter Tiefe aufgedeckten, dicht nebeneinander verlegten faustgroßen Steine allein sind kein Beweis dafür, daß hier eine Römerstraße vorliegt.[24] Das gleiche gilt auch für die übrigen Wege, die Erwin Schwarz als Römerstraßen deutet.[25] Sicher gab es eine Verbindung von den römischen Siedlungsplätzen zur nächsten Fernhandels-

straße, doch müssen diese nicht unbedingt befestigt gewesen sein. Unklar ist nach wie vor, ob es sich bei der sogenannnten Rheinstraße, die von Dagersheim kommend am Ihinger Hof vorbeiführt, um eine römische Straße handelt. Grabungen nördlich von Dagersheim ergaben lediglich eine nicht befestigte Straßenführung.[26] Auf diese Straße wird später noch einmal zurückzukommen sein.

Die Alamannen

In der zweiten Hälfte des 3. Jahrhunderts gelang es den Alamannen (oder Alemannen), das ehemalige römische Reichsgebiet zwischen Rhein und Donau in Besitz zu nehmen.[27] Bisher hatte man angenommen, daß die Alamannen den Limes um 259/60 n. Chr. überrannt hätten. Ein derart dramatisches Ereignis müßte sich jedoch auch in den historischen Quellen niedergeschlagen haben, die dazu aber schweigen. Aufgrund neuer Erkenntnisse geht die Forschung inzwischen davon aus, daß eine Wirtschaftskrise, die mit einer Inflation einhergehend zu Versorgungsengpässen führte und Gewalt und Unruhen mit sich brachte, der Auslöser für diese Ereignisse war.[28] Der Abzug großer Truppenteile in andere Krisengebiete führte dazu, daß die Germanen ungehindert Raubzüge nach Oberitalien und Gallien unternehmen konnten. Die Bevölkerung verließ die gefährdeten Gebiete und suchte in Städten und hinter Kastellmauern Schutz. Das Land wurde nach und nach verlassen.

Wer waren diese gefürchteten Alamannen, denen es als ersten Germanen gelang, ehemals reichsrömisches Gebiet dauerhaft zu besetzen? Der erste sichere Beleg für den Namen „Alamanni" liegt aus römischen Quellen erst aus dem Jahr 289 vor.[29] „Alamanni" ist ein germanisches Wort, das soviel wie Menschen oder Männer insgesamt bedeutet. Nach der bisherigen Forschungsmeinung handelt sich um einen Zusammenschluß mehrerer germanischer Stämme oder Splittergruppen wie der Sueben, Semnonen und Juthungen, die – nach Aussage archäologischer Quellen – mehrheitlich ursprünglich im Elbe-Saale-Gebiet siedelten und sich miteinander gegen die Römer verbanden. Um 300 n. Chr. scheint ihr Herrschaftsgebiet von Mainz bis Günzburg an der Donau gereicht zu haben.

Für die römische Reichsmacht, die sich an Rhein und Donau zurückgezogen hatte und sich darauf beschränkte, die hinter dem spätrömischen Donau-Iller- und Rhein-Limes liegenden Gebiete zu schützen, stellten die Alamannen auch im 4. Jahrhundert noch eine Bedrohung dar. Die römischen Quellen berichten uns von Überfällen in das neu gesicherte römische Imperium, die ihrerseits mit Strafexpeditionen beantwortet wurden. Am besten informiert sind wir über die Auseinandersetzungen in den Jahren 353 bis 378 n. Chr., an denen der Geschichtsschreiber Ammianus Marcellinus teilnahm. Aus seinen Berichten erfahren wir, daß die Alamannen von mehreren Königen und Kleinkönigen angeführt wurden, die sich lediglich zu politischen Zwecken miteinander verbündeten. Unter ihnen standen die Angehörigen der Königssippe, die Adeligen und die große Gruppe der Krieger. Befestigte Siedlungen wie der Runde Berg bei Urach oder

der Zähringer Burgberg bei Gundelfingen könnten Sitze solcher Könige gewesen sein.[30] Obwohl in den römischen Quellen von Tausenden von Kriegern und von Dörfern die Rede ist, gibt es aus den ersten zwei Jahrhunderten der alamannischen Besiedlung nur wenige archäologische Spuren.[31] Man könnte diese Beobachtung damit erklären, daß es sich um kurzfristig angelegte Siedlungen handelte, die nur solange bestanden, bis die Ackerböden und Weideflächen erschöpft waren. Diese kleinen Weiler werden, wie auch die zugehörigen kleinen Gräbergruppen, seltener entdeckt als große Gräberfelder und ausgedehnte Siedlungen. Erschwerend kommt hinzu, daß die Alamannen aus ihrer Heimat die Brandbestattungssitte mitbrachten und erst nach und nach die bei den Römern damals übliche Körperbestattung übernahmen. Daß Brandgräber leichter übersehen werden als Körpergräber, liegt auf der Hand. Funde und Siedlungsspuren zeigen uns, daß die Alamannen sich vorzugsweise in der Nähe römischer Siedlungen, insbesondere Gutshöfen niederließen und dort ihre eigenen Holzhäuser errichteten. Sie nutzten die vorhandene Infrastruktur in Form von Acker- und Wirtschaftsflächen, Brunnen und Verkehrswegen. Die noch stehenden römischen Ruinen dienten als willkommene Steinbrüche und Lieferanten für Altmetall und andere brauchbare Dinge. Spuren alamannischer Siedler liegen unter anderem aus Bondorf vor, wo im Heizungsraum eines römischen Gutshofes ein Frauengrab aus der zweiten Hälfte des 4. Jahrhunderts entdeckt wurde und man auf dem Areal eines weiteren Gutshofes auf der Flur Steppach ein Pfostengebäude aus dem 4. Jahrhundert freigelegt hat.[32] Im benachbarten Renningen reichen die Funde

6. „Breitwiesen" (Jungsteinzeit, Mittelalter)
7. „Oberes Magstadter Holz" (Latènezeitliches Gräberfeld)
8. „Unterer Reutweg"/„Mittlerer Reutweg" (Jungsteinzeit)
9. „Metzlesbach" (Jungsteinzeit, römische Kaiserzeit, Mittelalter)
10. „Roßweg" (Jungsteinzeit)
11. „Letten" (Jungsteinzeit)
12. „Innere Winterhalde"/„Brenntenhau" (Grabhügel, Zeitstellung unklar)
13. „Gollenberg" (Jungsteinzeit, Latène)
14. „Siechenäcker" (frühmittelalterliches Gräberfeld)

Viele der auf den Seiten 14 bis 25 abgebildeten Fundstücke befinden sich im Heimatmuseum.

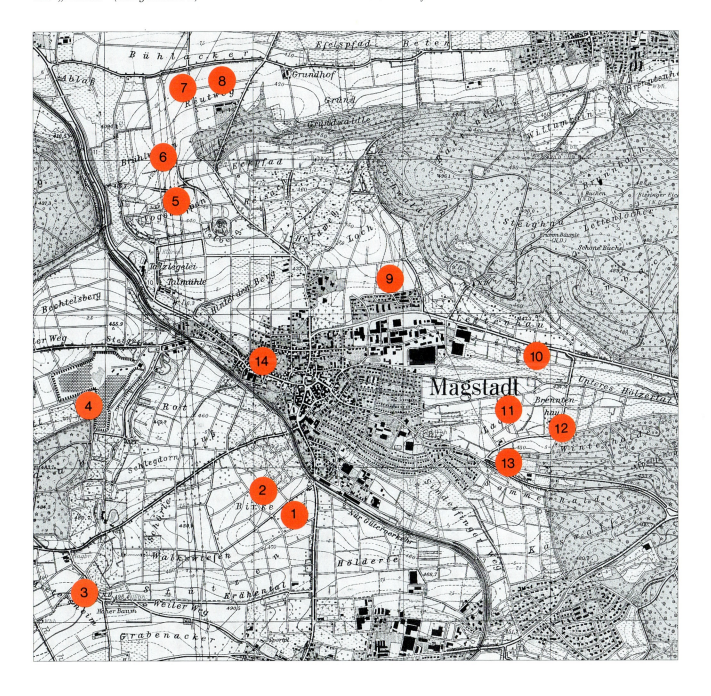

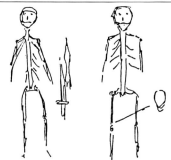

Eine bei der Entdeckung naiv angefertigte Skizze der Lage zweier Skelette in den Gräbern, die man 1865 fand.

der Siedlungen Neuwiesenäcker und Raite bis in das 4. Jahrhundert zurück, wobei sich den Abfallgruben von der Flur Neuwiesenäcker bislang keine Hausbefunde zurordnen ließen.[33] Nachdem im Jahr 401 die römischen Truppen größtenteils zur Verteidigung Italiens abgezogen wurden, verliert sich die Spur der Alamannen in den historischen Quellen. Aus der Zeit der durch das hunnische Großreich hervorgerufenen Völkerwanderung haben sich in Südwestdeutschland kaum Spuren erhalten. Archäologisch läßt sich jedoch belegen, daß sich im 5. Jahrhundert die Siedlungsstruktur entscheidend geändert hat. Ab der Mitte des 5. Jahrhunderts begann man damit, Friedhöfe anzulegen, die oft erst mit der Verlagerung der Bestattungsplätze zu den nun entstandenen Kirchen in der Zeit um 700 aufgegeben wurden.[34] Da die Gräber häufig in Reihen angeordnet sind, spricht man von Reihengräberfeldern. Die oft über Hunderte von Jahren andauernde Belegung zeigt, daß die Siedlungsplätze von diesem Zeitpunkt an im großen und ganzen konstant geblieben sind. In vielen Fällen dürften sie unter den noch heute bestehenden Dörfern oder zumindest in deren unmittelbarer Nähe liegen.

Den Toten gab man ihre persönliche Habe mit ins Grab, die ihnen auch nach dem Tod die gesellschaftliche Stellung, die sie im Leben innehatten, gewährleisten sollte. Männer und Frauen wurden in ihren Kleidern bestattet, von denen sich in der Regel nur noch die metallenen Trachtbestandteile wie Gürtelschnallen, Wadenbinden- und Schuhgarnituren erhalten haben.[35] Bei den Frauen kommen Schmuckgegenstände in Form von Perlenketten, Ohrringen, Armringen, Fingerringen und Gürtelgehänge

mit Amuletten hinzu. Zum Schließen der Gewänder verwendeten sie Fibeln und Nadeln, die gleichzeitig auch als Schmuck dienten. Männern wurde außerdem ihre Waffenausrüstung mitgegeben, die aus Spatha (zweischneidiges Langschwert), Sax (einschneidiges Kurzschwert), Lanzenspitze, Pfeil und Bogen, Schild und seltener einer Axt bestehen konnte. Bei reich ausgestatteten Männergräbern können noch Helme, Panzerhemden oder Reitzubehör, wie Sporen, Trensen und Pferdezaumzeug hinzukommen. Darüberhinaus finden sich in Männer- und Frauengräbern Messer, Kämme, verschiedene Geräte sowie Gefäße aus Ton, Glas oder selten Edelmetall, in denen oft Lebensmittel mitgegeben wurden. Das Gräberfeld Oberflacht (Kreis Tuttlingen) zeigt, daß auch Holzgeschirr und sogar Möbel in die Gräber gelangten. Diese haben sich aber nur in feuchtem Bodenmilieu erhalten.[36] Da Schmuck und Trachtzubehör Modetrends unterworfen waren und auch Waffen der sich verändernden Kampfweise angepaßt wurden, lassen sich die Beigaben zeitlich unterscheiden und zuordnen. Sie geben uns sogar Auskunft über den Wohlstand und möglicherweise über die gesellschaftliche Stellung der bestatteten Personen. Eine Untersuchung der Skelette kann Aufschlüsse über Geschlecht, Alter, Ernährungsgewohnheiten, Krankheiten, Verletzungen, die Todesursache und die medizinische Versorgung geben.

Auch aus Magstadt sind einige Gräber eines solches Gräberfeldes bekannt geworden.[37] Sie liegen südlich des Rankbachs am Fuß des nach Nordosten abfallenden Hanges, auf der Flur Siechenäcker. 1865 wurden beim Aushub für einen Keller an der Weilemer Straße 36 erstmals vier

*Die Halskette aus bunten Glasperlen stammt aus
einem Frauengrab, das 1873 gefunden wurde.
Unten: Eine Scheibenfibel aus Bronze, um 600 datiert.
Sie wurde ebenfalls 1873 geborgen. Die Zierfelder
waren ursprünglich mit einer bunten Glasmasse aus-
gefüllt.
Daneben drei verzierte Ösenbeschläge aus Bronze.
Sie stammen von einem Männergürtel aus dem
7. Jahrhundert und wurden 1865 entdeckt.*

frühmittelalterliche Gräber entdeckt. Bei einem
der Bestatteten fand man eine Lanzenspitze und
einen Sax, die Funde werden zusammen mit
Zierknöpfen der Saxscheide und eisernen Be-
schlägen einer Männergürtelgarnitur im Württembergischen Landesmuseum in Stuttgart aufbewahrt. Weitere in einem Brief erwähnte Funde
aus Männergräbern wurden beim Auffinden zerstört. Außer Waffen und anderen Beigaben soll
auch ein Grabstein mit einem „M" und einem
weiteren unleserlichen Buchstaben entdeckt
worden sein, der sicher römischen Ursprungs ist.
An derselben Stelle barg man 1873 bei Bauarbeiten eine Reihe weiterer Gegenstände, die aus
mehreren Gräbern stammen dürften. Neben
schlecht erhaltenen Skelettresten und einem
vollständigen Skelett soll auch ein Pferdeskelett
gefunden worden sein. Eine Spatha, ein Sax, eine Lanzenspitze, eine Pferdetrense und ein Feu-
erstahl stammen aus Männergräbern. Eine runde Gewandspange aus Bronze (Fibel), eine Kette

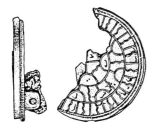   

aus Glasperlen und zwei kleine Bronzeschnallen
weisen auf eines oder mehrere Frauengräber hin.
An weiteren Gegenständen fanden sich ein Messer und das Fragment einer Riemenzunge, drei
Töpfe sind nicht mehr vorhanden. 1876 kam
wieder ein Skelett zutage, die Funde – ein krie-
gerisches, etwa 60 Zentimeter langes Instrument
und ein Topf – sind verschollen. Im Jahr 1905

wurden das Fragment eines Schwertes, eine
Lanzenspitze, eine Streitaxt, ein Schnallenfrag-
ment und zwei Hufeisen an die Altertümer-
sammlung in Stuttgart – das heutige Württembergische Landesmuseum – abgegeben, ohne daß
die näheren Fundumstände bekannt waren.
Schon 1934 wurden die Funde, bis auf die Axt,
als verschollen erklärt; da es Hufeisen erst seit
dem 10. Jahrhundert gibt, müssen diese jünger
gewesen sein. 1958 entdeckte man bei einem Anbau an das Gasthaus Sonne (Weilemer Str. 38)
zwei oder drei Gräber. Eine Spatha, drei Saxe,
eine Lanzenspitze, das Beschläg einer Gürtel-
garnitur, eine Bronzepinzette sowie der verzierte
Niet eines eisernen Schildbeschlages stammen
alle aus Männergräbern. Geborgen wurde auch
der Schädel eines 60 bis 70 Jahre alten Mannes.
Die Funde befinden sich im Heimatmuseum
Magstadt. Bei einem weiteren Anbau im Jahr
1980 wurden wiederum Gräber angeschnitten.
Der Besitzer barg lediglich ein Grab, in dem ein
zirka 50 Jahre alter Mann bestattet war, den man
mit Spatha, Sax, Lanze und seinem Gürtel ins

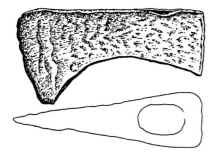

Links: 1905 fand man eine Franziska (Streitaxt) aus dem 5./6. Jahrhundert.
Unten links: Die Lanzenspitze aus der ersten Hälfte des 7. Jahrhunderts wurde 1973 gefunden. Rechts daneben eine bronzene Pinzette, eine Lanzenspitze und ein Sax sowie ein eiserner Schnallenbeschlag einer Männergürtelgarnitur, 1958 gefunden.

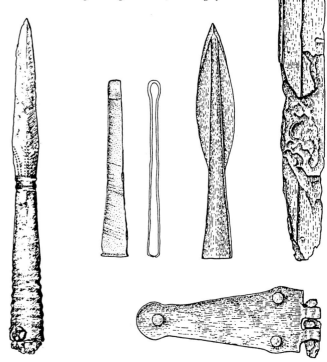

Grab gelegt hatte. Die ursprünglich in Privatbesitz befindlichen Gegenstände werden nun im Württembergischen Landesmuseum in Stuttgart aufbewahrt. 1882 übergab das Eisenbahnbauamt Böblingen dem Stuttgarter Museum eine Lanzenspitze und eine Eisenschnalle. Ob die Funde aus demselben Gräberfeld stammen oder auf einen zweiten Bestattungsplatz hinweisen, läßt sich nicht mehr klären.

Nach Ausweis der vorhandenen Funde setzte die Belegung des Magstadter Gräberfelds spätestens in der Mitte des 6. Jahrhunderts ein. Insgesamt lassen sich mindestens 16 auf diesem Gräberfeld bestattete Personen ermitteln, die sicher nur einen kleinen Teil der dort beigesetzten Bevölkerung ausmachen. Die Mehrzahl der Beigaben stammt aus Männergräbern, die im letzten Drittel des 6. und im ersten Viertel des 7. Jahrhunderts angelegt wurden, lediglich ein Sax könnte noch später in den Boden gekommen sein. Die Fundstücke aus zwei bis drei Frauengräbern gehören demselben Zeitraum an. Der nur über eine relativ kurze Spanne reichende Belegungszeitraum und das wenig ausgewogene Geschlechterverhältnis können als deutliches Zeichen dafür gewertet werden, daß nur Ausschnitte des Friedhofs erfaßt worden sind. Besonders aussagekräftige und interessante Objekte sind die Gewandspange (Fibel), die Pferdetrense und die Streitaxt. Sie gehörten mit großer Wahrscheinlichkeit Personen, die innerhalb der damaligen Gesellschaft einen gehobeneren Status innehatten. Die Fibel stammt, wahrscheinlich zusammen mit der Perlenkette, aus einem Frauengrab der Zeit um 600. Sie besteht aus einer bronzenen Grundplatte, die am Rand Spuren von Vergoldung zeigt. Auf der Rückseite sind die

Nadel und der Nadelhalter angebracht. Die Vorderseite ist mit einem Stegwerk aus Bronzeblech verziert, dessen Zellen mit einer Glasfritte ausgegossen waren. Die Farbe der Glasmasse konnte leider nicht mehr bestimmt werden. In der Herstellung vergleichbare Fibeln finden sich verstärkt im ostfränkischen Raum, während Stücke mit ähnlicher Verzierungsform im ostalamannischen Gebiet auftreten. Einige dieser Fibeln sind mit roten Halbedelsteinen (Almandin) ausgelegt, andere zeigen ebenfalls Reste einer Füllmasse. Bei der Pferdetrense aus der zweiten Hälfte des 6. Jahrhunderts läßt sich leider nicht mehr nachvollziehen, ob sie in einem Pferdegrab oder in einem Reitergrab niedergelegt worden ist. Sie weist jedoch darauf hin, daß hier ein überdurchschnittlich reicher Mann beigesetzt wurde, der sich, seinem Status gemäß, auch im Jenseits als Reiter ausweisen wollte. Die

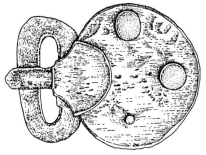

An der Klinge der 1958 geborgenen Spatha haften noch Holz- und Lederreste der Scheide. Eine eiserne Gürtelschnalle sowie die Lanzenspitze – Reste des Holzschafts stecken noch drin – und der Sax wurden 1980 gefunden.

1905 gefundene Streitaxt gehört zu einem Typ, der der sogenannten „Franziska" nahesteht und ist wie diese vorwiegend im fränkischen Gebiet um Mosel, Mittelrhein und Schelde verbreitet. Das Magstadter Exemplar steht völlig vereinzelt als der südlichste Vertreter da. Diese Äxte haben eine relativ lange Laufzeit vom ausgehenden 5. bis zum ausgehenden 6. Jahrhundert. Die bedeutendsten ältesten und jüngsten Vertreter sind die Franzisken aus dem Grab des 482 gestorbenen fränkischen König Childerich in Tournai und aus dem sogenannten „Fürstengrab" von Morken.

Die Frage, ob das Gräberfeld bereits zu Magstadt gehörte und der Ort somit bis in das 6. Jahrhundert zurückreicht, läßt sich aufgrund der Lage und der nicht allzu großen Entfernung (350 Meter) mit ziemlicher Wahrscheinlichkeit positiv beantworten. Ob das frühmittelalterliche Magstadt exakt unter der heutigen Siedlung lag, läßt sich mangels archäologischer Beobachtungen nicht mit Sicherheit sagen. Die unter den Lesefunden aus verschiedenen Fundstellen aussortierte mittelalterliche Keramik (Fluren Mietersheim, Breitwiesen, Metzlesbach, Birk) könnte dafür sprechen, daß – ähnlich wie in Renningen beobachtet – mehrere Siedlungen vorhanden waren. Die keramischen Funde reichen jedoch nicht bis in das 7. Jahrhundert zurück und datieren erst in das Hochmittelalter. Bei Mietersheim weist allerdings der Ortsname auf eine merowingerzeitliche Gründung hin. In Renningen, von dessen Gemarkung weitaus mehr Funde vorliegen, setzten die meisten Siedlungen erst in karolingischer Zeit ein.[38] Hier werden noch weitere Beobachtungen und Untersuchungen notwendig sein, um dieses Phänomen befriedigend erklären zu können.

Wie man sich das frühmittelalterliche Magstadt vorstellen muß, zeigen die bisher durchgeführten archäologischen Untersuchungen, zu denen auch die Ausgrabungen in Renningen gehören.[39] Die Gebäude waren ausschließlich in Holzbauweise errichtet. Ein Dorf oder Weiler bestand in der Regel aus mehreren Gehöften, die sich aus Gebäuden mit unterschiedlicher Funktion zusammensetzten. Das Hauptgebäude war ein großes ebenerdiges Wohnstallhaus, das Mensch und Vieh beherbergte. Erhalten blieben lediglich die Pfostengruben, die uns in günstigen Fällen die Umrisse aufzeigen und Hinweise auf die Konstruktion geben. Meist handelte es sich um Hallenhäuser, bei denen eine Mittelpfostenreihe das Dach trug. Die ergrabenen Renninger Häuser waren zwischen 8 und 15 Meter lang und 4 bis 6 Meter breit. Daneben gab es Wirtschaftsbauten, zu denen kleine, in die Erde eingetiefte Hütten mit einem Grundriß von 3 x 4 Metern zählen. In ihnen wurden – den Funden von Spinnwirteln, Webgewichten und Standspuren von Webstühlen zufolge – Stoffe hergestellt, andere wurden auch als Keller genutzt. Weitere kleine ebenerdige Pfostenbauten dürften als Ställe oder Schuppen gedient haben. Vereinzelt sind auch Speicher mit abgehobenen Böden zur trockenen Lagerung des Getreides nachweisbar. Darüberhinaus gibt es Brunnen, Backöfen und auch gewerbliche Anlagen wie Schmiede- oder Töpferöfen. Die Hofanlagen waren von einem Zaun umgrenzt. Dieser Siedlungstyp hat sich bis in das hohe Mittelalter nicht verändert.

Die Franken und Magstadt

Die heutige Gemeinde Magstadt ist, wie der Ortsname auf „-stadt" andeutet, keine alamannische Ursiedlung, sondern erst im Lauf des frühen Landesausbaus (7. bis 8. Jahrhundert) entstanden. Daß keine Kontinuität mit der frühesten alamannischen Besiedlung des Renninger Beckens besteht, hat wohl mit der Niederlage der Alamannen gegen die Franken in der Schlacht bei Zülpich im Jahr 497 zu tun. Jetzt war die Zeit der alamannischen Raubzüge vorbei. Die Franken legten das Stammesgebiet der Alamannen fest, und erst jetzt begannen sie, eine Stammes- und Kulturgemeinschaft zu entwikkeln. Durch einen Vertrag zwischen dem Ostgotenkönig Witigis und dem Frankenkönig Theudebert kamen die Alamannen dann 537 vollends unter fränkische Oberhoheit. Die an der Wende vom 5. und 6. Jahrhundert festgelegte Grenze zwischen Alamannien und Franken lebte in der späteren Grenze zwischen den Bistümern Konstanz und Speyer fort. Magstadt gehörte zu Speyer, lag also in fränkischem Gebiet.[40] Unklar ist das Schicksal der um 500 hier lebenden alamannischen Bevölkerung, vor allem ihrer Oberschicht. Die Beobachtung, daß mehrere Alamannenfriedhöfe in der Umgebung von Magstadt in dieser Zeit aufgegeben wurden, könnte darauf hindeuten, daß sie das Land verlassen hatten. Ein Teil von ihnen ist wohl hier geblieben und hat sich hinter die Grenze, die auch eine Sprachgrenze war, zurückgezogen. In späterer Zeit hat sich die Sprachgrenze wieder nach Norden verschoben, worauf eine charakteristische Einzelbeobachtung hinweist. Wie Hans Jänichen darlegte, heißt es im Schwäbisch-Alamannischen (wie auch im Bayerischen) „der bach", im Fränkischen (und Sächsischen) dagegen „die bach".[41] Ursprünglich war die schwäbisch-fränkische Stammesgrenze mit der Scheide zwischen den Sprachformen „der" und „die bach" identisch. Im Zuge des vielleicht schon von den Grafen von Calw und den Staufern, dann aber besonders vom altwürttembergischen Staat und seiner Landeskirche geförderten Vordringens des Schwäbischen nach Norden wurde auch die Grenzlinie zwischen der/die Bach immer weiter nach Norden verschoben. So finden wir in dem nördlich der alten Bistumsgrenze und somit in fränkischem Gebiet liegenden Magstadt im Lagerbuch von 1350 noch die Form „die bach": „ligent an der bach; ain gertelin lit by der bach". Dagegen ist diese Ortsangabe bereits in der Erneuerung von 1381 durch das schwäbische „der Bach" ersetzt: „aine wise in dem Erlipach; ain wislin in dem Linpach".[42] Während sich so in der zweiten Hälfte des 14. Jahrhunderts in Magstadt das Schwäbische gegen das Fränkische durchsetzte, begegnen wir weiter nördlich und tiefer im fränkischen Gebiet auch später den fränkischen „die bach"-Formen. Sie sind 1398 in Malmsheim und 1466 in Mönsheim bezeugt.[43] Heute trifft man die ersten fränkischen Beimengungen zum Schwäbischen – das sogenannte Vorfränkisch – auf einer Linie, die von Weil der Stadt über Merklingen, Heimsheim, Perouse, Flacht, Mönsheim und Friolzheim nach Wimsheim verläuft.[44]

Wir müssen also annehmen, daß in dem ganzen Gebiet bis zur alten Stammesgrenze hinab – also auch in Magstadt – ursprünglich fränkisch gesprochen wurde oder die Mundart doch stark fränkisch beeinflußt war. Ja, vielleicht reichte die Zone des fränkischen Einflusses noch weiter nach Süden. Nach Hans Jänichen haben die Franken im 7. Jahrhundert die Huntaren als Militärstützpunkte nach römischem Vorbild entlang der alten Römerstraße angelegt, um ihre Herrschaft über Alamannien zu sichern. Dazu gehörte die im Jahr 1007 erstmals genannte Glehuntare um Weil im Schönbuch und Holzgerlingen. Dieser Bezirk umfaßte also das Rodeland im

nördlichen Schönbuch, und sie scheint eine Art Außenposten bei Pforzheim gehabt zu haben. Zu der dazwischen gelegenen Huntare mit Sindelfingen, deren Namen wir nicht kennen, gehörte Magstadt.[45]

Die Franken bemühten sich also, das Land durch die Einteilung in Huntaren und Grafschaften und durch die Neuanlage von Siedlungen an den aufschließenden Straßenzügen politisch zu organisieren und zu beherrschen. Man darf Magstadt wohl als fränkische Gründung betrachten, denn die -statt(-stadt)-Orte reihen sich in diese fränkische Politik ein. Sie gehen nach K. Schumacher auf Gutshöfe merowingischer Könige oder Gatterhäuser am Rand großer Reichsforste zurück; so gibt es eine lange Kette von -statt-Orten am Rande des Forstes Dreieich in Hessen-Starkenburg.[46] Nach Eberhard Benz sind -statt-Orte „späte Gründungen unfern einer besonderen Zwecken dienenden, in der Regel eingefriedeten Stätte, die aus ihrer Umgebung sachlich und rechtlich hervorgehoben ist".[47] Man kann bei Magstadt etwa an ein Viehhaus, das heißt an einen von einem Maier bewirtschafteten Weidehof am Rande des Glemswaldes, der ja als ehemaliges Ödland ursprünglich ein königlicher Forst war, denken. Und das Hölzertal bei Magstadt war der geeignete Zugang zu den Weidegründen im Glemswald, auf die sich zahlreiche waldarme Gemeinden der Umgebung mit ihrem Vieh angewiesen sahen. Der Herrschaft, das heißt den vom König formal damit beauftragten Herren der Umgebung oblag es, den Weidebetrieb zu ordnen. Um einen solchen Weidehof konnte durchaus auch eine neue Siedlung entstehen. Diese Annahme erscheint nicht unwahrscheinlich, denn Magstadt gehörte später zu einer herrschaftlichen Schäferei in Döffingen, welche den Schafbetrieb auf diesen beiden und auf den Markungen von Aidlingen, Darmsheim, Ehningen, Holzgerlingen, Maichingen, Malmsheim, Ostelsheim und Sindelfingen hatte. 1531 verkaufte König Ferdinand den Gemeinden diese herrschaftliche Schäferei und gestattete ihnen zugleich, eigene Schäfereien im Rahmen der landesherrlichen Schäfereigerechtigkeit einzurichten.[48]

Die Entstehung von Magstadt hängt jedoch nicht nur mit der Waldweide im Glemswald zusammen. Der Ort liegt an der Stelle, wo der vorgeschichtliche Weg, welcher zwischen Breitlaub und Döffinger Holz von der Rheinstraße abzweigte, in einer Furt den Planbach überquerte, um über die jenseitigen Höhen den Längebühl bei Eltingen zu erreichen. Magstadt sollte sicherlich diese wichtige Straßenfurt sichern. Hierauf deutet auch seine Lage am Hochgestade des Planbachs auf einem Flachrücken zwischen diesem Gewässer und dem Erbach hin. Diese Lage hatte den Charakter einer natürlichen Festung. Auf die besondere Bedeutung Magstadts wies noch im späten Mittelalter die mächtige Kirchenburg im Mittelpunkt des alten Ortes hin. Die Kirche war mit drei Ringmauern und zwei tiefen Gräben umgeben, zu deren Erhaltung und Bau die Bauern bedeutende Frondienste mit Stein- und Sandfuhren aus der weiteren Umgebung leisten mußten. In dem derart geschützten Kirchhof, der zugleich als Begräbnisplatz für die Bürgerschaft diente, befand sich auch der Heiligenkasten, ein zweistöckiges Gebäude, in dem die Naturaleinkünfte gelagert wurden.[49]

Magstadt wird 1295 sogar „oppidum", also Stadt, genannt[50] und besaß als stark befestigter Landort gewissermaßen städtischen Charakter, ohne es auch in juristischer Hinsicht zu sein. Nicht nur die Kirchenburg, sondern auch die Größe seiner Markung weisen darauf hin, daß Magstadt – ähnlich wie Renningen – im Kreis seiner Nachbargemeinden eine Sonderstellung eingenommen haben muß. Mit ihrer Fläche von etwa 1130 Hektar ist die Markung doppelt so groß wie die Feldmarkungen benachbarter Dörfer wie Darmsheim (588 Hektar), Döffingen (620 Hektar), Maichingen (583 Hektar) und Warmbronn (608 Hektar), die die Nachbarschaft bilden. Zum Vergleich: Die Markung der Stadt Böblingen maß 1300 Hektar, die von Sindelfingen 1680 Hektar und die von Renningen 1466 Hektar.

Zeitlich ist Magstadt jedoch jünger als Renningen und sogar als Maichingen. Das höhere Alter von „Ra(n)dingen" (Renningen) zeigen außer der Namensform mit der Endung „-ingen" auch die Patrozinien der Pfarrkirchen. Die St. Peter geweihte Renninger Kirche muß älter sein als die St. Georgskirche in Magstadt. Die Rechtsgrundlagen beider Orte sind jedoch vergleichbar. Magstadt wurde auf hier liegendem Grundbesitz des Königs angelegt, und der umfangreiche frühere Besitz des Klosters Weißenburg im Elsaß, auf dem Renningen entstand, geht vielleicht gleichfalls auf Königsgut zurück.[51]

Maichingen wird manchmal für jünger gehalten als Magstadt, vielleicht wegen des erst seit 955 verehrten dortigen Kirchenheiligen Laurentius. Aber die Maichinger Kirche ist – möglicherweise mit anderem Patrozinium – schon 830 bezeugt, und die hier gefundenen Reihengräber beweisen, daß die Markung dieses „-ingen"-Ortes mindestens schon im 6. Jahrhundert besiedelt war.[52]

Magstadt im Mittelalter

Besitzgeschichte

Erste Nennung – Ortsadel – Ortsherrschaft

Die erste sichere Nennung Magstadts in einer schriftlichen Quelle stammt vom Anfang des 12. Jahrhunderts. Um das Jahr 1110 beschenkte Warmunt de Magstat das Kloster Hirsau mit einer Hube bei Ossweil (heute Stadtteil von Ludwigsburg).[1] Um 1204 ist für die Frau des Burckhard von Magestat ein Gut in dem abgegangenen Ort Ittershausen (bei Degerloch) bezeugt,[2] und 1261 wird „Conradus miles de Magistat dictus Lode" genannt, ein Ministeriale Graf Rudolfs von Tübingen. Er verkaufte mit Genehmigung seines Herrn an Magister Rudolf, Chorherrn des Stifts Sindelfingen, sein Gut in Sindelfingen beiderseits der Kirchhofmauer.[3] 1290 veräußerte Burkhard Börstingen von Magstadt seine dortigen Zehntrechte, die er vom Kloster Bebenhausen nach kürzlich erfolgtem Besitzwechsel zu Lehen erhalten hatte, an das Kloster wegen Überschuldung.[4] 1301 starb Hugo von Magstadt, der offenbar gleichfalls mit dem Chorherrenstift Sindelfingen in Verbindung stand, dem er in seinem Testament einen Zins in Höhe von 15 Schilling aus seinem Anwesen neben dem Unteren Tor vermachte.[5] Diese Belege geben zwar keine Auskunft über die eigentliche Ortsgeschichte, sie zeigen aber, daß im 12. und 13. Jahrhundert Ortsadel in Magstadt ansässig war. Wo der befestigte Sitz der Herren von Magstadt lag, ist nicht bekannt. Einzelne Hinweise auf eine „Burg" in der Nähe der Flur Brühl finden sich aber in den Urbaren des 14. Jahrhunderts.

Ein Zusammenhang mit späteren Familien dieses Namens in Weil der Stadt und Markgröningen ist anzunehmen. Letztere führten als Wappen drei Lilien in einem gotischen Dreieckschild.[6] Unter den Toten der Schlacht von Döffingen 1388 ist der Weilemer Bürger Conradt von Magstadt genannt;[7] 1407 und 1436 war Hans von Magstadt Bürger und Spitalpfleger in Weil der Stadt.[8] 1483 stellten „Albrecht von Magstadt, zu Grüningen [Markgröningen] gesessen, den man nennt den alten Schultheissen", sein Sohn und sein Schwiegersohn einen Mannbrief für das Kloster Hirsau aus.[9] Zur Markgröninger Familie gehörte auch Adelheid von Magstadt, die Frau des 1493 verstorbenen Baumeisters Aberlin Jörg in Stuttgart. Das Lilienwappen ihrer Familie ist am Aposteltor der Stiftskirche angebracht.[10] Ob Konrad von Magstadt, der 1407 über ein Haus beim oberen Brunnen in Stuttgart verfügte, gleichfalls in diesen Zusammenhang gehört, muß offen bleiben.[11] Ebenso fraglich ist die Verbindung von „Johannes de Magstadt", der bis 1417 die Pfarrei Mettingen bei Esslingen innehatte, und von „Dominus Conradus Magstadt", der 1466 als Pfarrer von Schlaitdorf genannt wird, mit unserem Ort.[12]

Aufgrund des Dienstverhältnisses, in dem Conrad von Magstadt zu den Pfalzgrafen von Tübingen stand, könnte man vermuten, daß diese Ortsherren von Magstadt gewesen sind.[13] Es ist auch naheliegend, daß das mit einer Hube bei Ossweil beschenkte Kloster Hirsau ebenfalls Güter in Magstadt hatte, denn spätestens um 1430 besaß das Kloster hier umfangreiche Feldlehen, die es 1488 an das Kloster Bebenhausen veräußerte.[14] Andererseits waren aber auch die Herren beziehungsweise Vögte von Weißenstein (bei Pforz-

Marquardʒ de Bechingen duas hůb in eodē loco dedit. Bertholdʒ ibidē xij. iugera.

Burckardus et fr̄ eius heſſo de ffirſt. ad Gwaldorff vnā salicā terrā et quatuor hůb et q̄quid ibi habuerūt. dederūt ſc̄o petro

Wolfram de Blatbach pro se et fr̄e suo Wicnādo et patre eoꝝ Anselmo ad hirʒlanden in Oſterfrancken nouē hůb dederūt. q̄ fr̄ibʒ ad Gronrein conceſſum eſt. q̄ ipſi poſtmodum vendiderūt

Fridehelmʒ et Reginherʒ de Geneſſelt duas hůb ad Gundelʒheim. q̄ tradite sūt p̄ p̄dio ī Bach

Růtmannʒ clericʒ de Stoffeln quatuor dedit hůb in herſchwiler. q̄ fr̄ibus ad ſc̄in Gregoriū datū eſt   Weſtheim

Luitfridus clericʒ de Weſtheim dimidiā hůbā in eodē loco dedit   Rockeſperg haſlach

Gunſo de hunderſingen dedit Rockeſperg et ad haſlach duas hůb et quatuor mancipia

Warmunt de Maʒſtat vnā hůbā ad Oſwile

Hiltwing de Biluingen vnū vinetū dedit in Bochingen   Bochingen

Arnoldus de Bochingen vnū vinetū et tres curtes in eodē loco dedit   Bunningen

Nibelunc de Gweicheim dimidiā hůbā dedit in Bunningen.   Burbach

Dietericʒ de Terdingen dedit nobis duas marcas ad redimendā caſulā et duas alias ad redi

heim) in Magstadt begütert.[15] Sie waren ehemalige Ministeriale der Grafen von Hildrizhausen, deren Herrschaftsgebiete bis jetzt nur in Umrissen bekannt sind.[16]

Diese Grafen gehörten zu den vornehmsten Geschlechtern am Schönbuchrand. Ihre Burg könnte sich, wie jüngst vermutet wurde, auf dem Platz der heutigen Nikomedeskirche in Hildrizhausen befunden haben. Graf Heinrich von Hildrizhausen bezeugte Ende der achtziger Jahre des 11. Jahrhunderts eine große Schenkung an das Kloster Hirsau; die Zeugenliste der Urkunde nennt auch Herzog Berthold II. von Zähringen (gestorben 1111), Graf Adalbert von Calw (gestorben 1099), Graf Hugo II. von Tübingen und Konrad von Württemberg – es sind die führenden Persönlichkeiten Schwabens zur Zeit des Investiturstreites.

Graf Heinrich von Hildrizhausen war mit Beatrix (gestorben 1104), einer Tochter Herzog Ottos von Schwaben, verheiratet. Er scheint den Schwerpunkt seiner Herrschaft an den Main verlegt zu haben, wo er Graf der Nordmark war. Zu seinen Vorfahren zählte vermutlich ein Graf Hugo, der 1007 für die Glehuntare zuständig war, und vielleicht besteht auch ein genealogischer Zusammenhang zwischen den Grafen von

Hildrizhausen und den später so mächtigen Grafen von Tübingen, deren Leitname ja Hugo war. Während des Investiturstreits, der großen Auseinandersetzung zwischen König Heinrich IV. und Papst Gregor VII. am Ende des 11. Jahrhunderts, unterstützten die Grafen von Tübingen und von Hildrizhausen die Position des Papstes. Möglicherweise haben sie die bürgerkriegsähnlichen Wirren dazu benutzt, Reichskirchengut im Schönbuch in ihren Besitz zu bringen. Jedenfalls ist anzunehmen, daß der ursprüngliche Besitzschwerpunkt der Grafen von Hildrizhausen entlang der vom Schönbuch nach Pforzheim führenden Rheinstraße lag und daß ihnen der Schutz dieser wichtigen Verbindung, an der auch Magstadt lag, anvertraut war. So ist Magstadt wohl ursprünglich gräflich Hildrizhausener Besitz gewesen. Die Familie starb jedoch nach 1100 aus; ihre Besitzungen fielen an die Staufer, die Pfalzgrafen von Tübingen und die Markgrafen von Baden.[17]

Das Schicksal des Hildrizhausischen Erbes liegt weiterhin im Dunkeln. Wahrscheinlich gelangte die Burg Hildrizhausen über Beatrix, eine Tochter des am Ende des 11. Jahrhunderts genannten Grafen Heinrich von Hildrizhausen, an die Grafen von Cappenberg in Westfalen. Beatrix hatte Graf Gottfried von Cappenberg (gest. 1106) geheiratet; ihre Söhne Otto und Gottfried II. waren Gründer des Prämonstratenserstifts Cappenberg, in dem sie als Mönche ihr Leben beschlossen.

Von den beiden Brüdern erwarb der Stauferherzog Friedrich II. um 1122 die Burgen Hildrizhausen und Kräheneck. Wahrscheinlich haben die Staufer um 1145 bei einem Interessenausgleich ihre Besitzungen am nördlichen Schönbuchrand

Erstmals ist der Name Magstadt schriftlich im Codex des Klosters Hirsau genannt: Um das Jahr 1110 schenkte Warmunt von Magstadt dem Kloster eine Hube, also einen Hof, mit Land bei Ossweil (9. Zeile von unten).
Der Codex Hirsaugiensis wird im Hauptstaatsarchiv in Stuttgart aufbewahrt.

Reitersiegel des Pfalzgrafen Hugo IV. von Tübingen († 1182). Die Tübinger gehörten zu den bedeutendsten und vornehmsten Adeligen Schwabens.
Das Wappen der Grafen, die dreilatzige Fahne, ist noch heute in vielen Stadt- und Ortswappen zu finden.

den Grafen von Tübingen überlassen, die seitdem die maßgebliche Macht in unserer Gegend waren, die Rheinstraße kontrollierten und ihre Besitzungen – darunter auch Magstadt – von ihren Ministerialen verwalten ließen.

Als Inhaber des Pfalzgrafenamtes gehörten die Tübinger zu den vornehmsten Adligen Schwabens und waren für die Rechtspflege und für das im Herzogtum liegende Königsgut verantwortlich. Den Gipfel ihrer Macht erreichten sie an der Wende vom 12. zum 13. Jahrhundert; Pfalzgraf Rudolf II. gehörte zu den wichtigsten Ratgebern Kaiser Friedrich Barbarossas, und er gründete das Kloster Bebenhausen als Grablege seines Geschlechtes. Im 13. Jahrhundert begann aber der Niedergang der Tübinger: Durch Erbteilungen und Verkäufe zersplitterte ihr Herrschaftskomplex, der vom Schwarzwald bis zu den Fildern reichte. Von diesem Abstieg profitierten das Kloster Bebenhausen und die Dienstmannen der Tübinger, vor allem aber die Grafen von Württemberg, die 1342 Burg und Stadt Tübingen erwarben.

Diese Entwicklung ist auch in Magstadt nachzuweisen. Pfalzgraf Gottfried von Tübingen-Böblingen verkaufte 1292 sein wohl aus hildrizhausischem Erbe stammendes Gut an das Kloster Bebenhausen.[18] 1295 bezeichnete Berthold von Weißenstein seinen Besitz in Magstadt ausdrücklich als Eigengut.[19] Offenbar hatten auch die Weißensteiner von der Auflösung der hildrizhausisch-tübingischen Besitzkomplexe profitiert. Die Herren von Weißenstein traten im 12. Jahrhundert in den Dienst der Markgrafen von Baden, die möglicherweise ebenfalls in Magstadt begütert waren.[20] Das benachbarte Schafhausen war im 15. Jahrhundert badisch.[21]

Sicher nachzuweisen ist die Besitzlinie Hildrizhausen – Weißenstein. Am 13. Juni des Jahres 1295 übertrug der genannte Berthold von Weißenstein seinen Magstadter Besitz an das Kloster Maulbronn.[22] Von Maulbronn gelangte dieser Besitz im Jahr 1423 an das Chorherrenstift Sindelfingen.[23] Lange vorher war ein Teil des Weißensteiner Besitzes in Magstadt an Bertholds Vettern, die Herren Rudolf und Konrad von Roßwag gefallen.[24] Sie übertrugen 1277 ihre Rechte am hiesigen Zehnten dem Kloster Bebenhausen, jedoch unbeschadet der Rechte der Lehnsinhaber, Berthold von Weil (im Schönbuch), Sohn des Anselm von Weil, und Burkhard von Börstingen.[25] Berthold kaufte Burkhards Anteil und verkaufte im Jahr 1290 den gesamten Besitz für 111 Pfund Heller dem Kloster Bebenhausen.[26] Im selben Jahr überließ Burkhard von Börstingen, Lehnsmann der Herren von Roßwag, Zehntrechte - wohl den Rest seines Magstadter Zehnten – für 38 Pfund Heller ebenfalls dem Kloster Bebenhausen.[27] Er erscheint 1290 und 1292 als Bürger von Weil der Stadt, saß in Magstadt und war wohl der Burgherr im dortigen Brühl.[28] Noch 1319 war seine Familie hier begütert.

Nicht alle Teile des Hildrizhausener Besitzes nahmen den eben geschilderten Weg. Burkhard von Börstingen war nicht nur Lehnsträger der Herren von Roßwag, sondern auch der Pfalzgrafen von Tübingen, die neben den Badenern zu den Erben der Hildrizhausener Grafen gehörten. Graf Gottfried von Tübingen besaß in Magstadt Rechte, die der Börstinger lehnsweise oder unter anderem Titel innehatte, und verkaufte sie im Jahr 1292 an das Kloster Bebenhausen.

Das früheste Zeugnis Magstadter Kirchengeschichte ist das im Chor eingemauerte rätselhafte romanische Tympanon. Vermutlich stammt es vom Vorgängerbau der Kirche und war das Bogenfeld über einer Eingangstür.
Die auch von anderen Tympana bekannten Schmuckelemente sind wie Licht- oder Feuerräder in Bewegung zu denken, in kreisförmiger Drehung oder fließender Strömung durch die astförmig sich verzweigenden Streben, die das Ganze gliedern – vielleicht Symbole für das sich ständig verändernde, fortbewegende Leben? (Siehe auch Text auf Seite 43.)

Weil der Stadt

Bedeutend waren die Güter, die Institutionen und Bürger der nahen Reichsstadt Weil der Stadt in Magstadt besaßen. Wie in anderen ähnlichen Fällen hatte die Stadt aber nicht die Kraft, das Dorf in ihre Hand zu bekommen.

Am vermögendsten war wohl das dortige Spital. Es war im Jahr 1392 im Besitz von einem Sechstel „des Ohssenbergs Hof", das ihm lange vorher Pfaff Clauß Üll „durch Gott", das heißt als Schenkung gegeben hatte. Am 18. März 1392 gaben die Spitalpfleger Albrecht Schurer und Conradt Rapp diesen Besitz dem Renninger Cuntz Besserer als Erblehen. Er umfaßte damals fünf Morgen Holz am Renninger Weg, 25 1/2 Morgen Acker, ein Wieslein und 1/2 Mannsmahd Wiese. Die Abgabe betrug 18 Viertel Roggen Weilemer Meß, die der Lehnsmann dem Spitalmeister und dem Spital nach Ihingen – und nach Ihinger Zinsrecht – „antworten", das heißt abliefern mußte. Besserer mußte dem Spital auch noch eine andere „ewige Gülte" geben, ein Viertel Roggen aus vier Morgen Acker im Kretzen Grund.[29] 1501 besaß Jakob Stühlein den Magstadter Hof und dazu noch einige Güter in Ihingen.[30] Im Jahr 1534 hatten Hans Bechlin und Jörig Jos das Spitallehen inne. Die Abgaben bestanden nun aus zwei Malter zwei Viertel Roggen aus einem Jauchert 32 Morgen drei Viertel Acker in den Zelgen Weyl, Kirlewle und Bym Katzenloch sowie anderthalb Mannsmahd Wiesen und sieben „rukken Wisen hinder Yhingen".[31] Die Zelgen Kirlewle und Bym Katzenloch lagen auf Ihinger Markung; es kam damals öfter vor, daß die Inhaber von Ihinger Gütern in Magstadt wohnten.[32] Um 1430 hatten die Zinse des Weilemer Spitals

in Magstadt einen Gesamtwert von 62 Pfund 5 Schilling. Es sollte der Herrschaft daraus 3 Pfund 2 Schilling 3 Heller Steuer geben. Wie alle anderen Weilemer Zinsherren bestand das Spital jedoch darauf, von der württembergischen Schatzung frei zu sein.[33] Weitere Zinsen aus Magstadt bezogen neben einigen Weilemer Bürgern auch die dortigen Augustinermönche und Pfarrer.

Besitz von Klöstern und Stiften

Bis zur Reformation gab es in Magstadt ausgedehnten Besitz von Klöstern und Stiften. Dies waren das Benediktinerkloster Hirsau, die Zisterzienserklöster Bebenhausen, Herrenalb und Maulbronn sowie die Chorherrenstifte Sindelfingen und Stuttgart. Sie standen alle in einem

Das Chorherrenstift Sindelfingen besaß „zwei Höflein" im Ort und bezog etliche Abgaben aus Magstadt. Die Zeichnung entstand um 1850.

Schutz- und Schirmverhältnis mit den Grafen und Herzögen von Württemberg. Deswegen kam es mit ihnen nur selten zu Streitigkeiten um Besitzrechte in Magstadt. Wenn Differenzen auftraten, versuchten die weltlichen Amtleute oder die gräfliche Regierung in Stuttgart, einen Ausgleich zu finden.

Kloster Hirsau. Das Kloster Hirsau wurde zwar am Anfang des 12. Jahrhunderts im Zusammenhang mit der ersten Nennung Magstadts genannt; ob es damals aber schon hier begütert war, ist eher unwahrscheinlich. Erst seit etwa 1430 haben wir Kenntnis von Besitz des Klosters in Magstadt; nach einer späteren Aufzeichnung handelte es sich um Hellerzinse, also Geldabgaben, und eine Hofstatt als Lehen.
Die Güter des Klosters waren Württemberg steuer- und vogtbar. Die daraus fließenden Zinse und Gülten wurden um 1430 auf 79 Pfund 5 Schilling Heller Kapitalwert angeschlagen, davon waren 2 1/2 Pfund 9 Schilling 3 Heller Steuer zu zahlen.[34] Im Jahr 1488 tauschten Abt Blasius, Prior und Konvent des Klosters Hirsau ihren ganzen Besitz in Magstadt sowie weitere Gü-

ter in Weil der Stadt gegen den Bebenhäuser Klosterhof zu Hessigheim und eine Wiese zu Schafhausen mit dem Kloster Bebenhausen.[35] 1507 bewirtschafteten sechs Bauern das dem Kloster gehörende Land. Sie zahlten aus 2 1/2 Morgen Acker, drei unvermessenen Äckern und einem Garten zusammen 7 Schilling 6 Heller Zins. Das Lehen war geteilt; die beiden Hofmeier entrichteten an die Bebenhäuser Klosterpflege in Weil der Stadt jedes Jahr 12 Malter Dinkel aus dem ganzen Lehen.[36]

Kloster Maulbronn. Das Kloster Maulbronn war von 1295 bis 1423 in Magstadt begütert. 1295 übertrug Berthold von Weißenstein auf Bitten von Konrad Trautmann, Bürger zu Weil, dem Kloster alle seine Rechte zu Magstadt, die Trautmann von ihm zu Lehen hatte.[37] Im Jahr 1423 veräußerte das Kloster dann seine Besitzungen zu Magstadt an das Chorherrenstift Sindelfingen.[38]

Chorherrenstift Sindelfingen. Das Stift Sindelfingen bezog seit 1360 Abgaben aus Magstadt. In diesem Jahr stiftete Frau Hedwig, Witwe des Kleinheinz zu Sindelfingen, ein Seelgerät auf den Johannes-Altar in der dortigen Stiftskirche, zu dem auch Gülten in Magstadt gehörten.[39] Nach einem Gefällregister um 1450 besaß das Chorherrenstift „zwei Höflein" in dem Ort. Eines war der 1423 von Maulbronn erworbene Besitz, die Herkunft des anderen ist nicht genannt. Das Stift betonte ausdrücklich, daß beide Höflein schon immer frei von Steuern und anderen Abgaben gewesen waren.[40] Schon 1430 waren

Auch Kloster Herrenalb war Besitzer eines Hofes in Magstadt und erhielt von 1345 bis 1514 Steuern und Naturalabgaben.

anläßlich einer Schatzung Zinse und Höfe der Sindelfinger Chorherren in Magstadt auf einen Gesamtwert von 527 Pfund 5 Schilling Heller angeschlagen worden, von denen Abgaben in Höhe von 26 Pfund 7 Schilling 3 Heller an die Herrschaft Württemberg entrichtet werden sollten. Das Stift hatte sich jedoch geweigert, diese Forderung anzuerkennen, da die von Württemberg als steuerbar angesehenen Güter eigen seien. Von den Zinsen des Stifts in Magstadt bezog einer seiner Kapläne jedes Jahr sechs Malter Dinkel.[41]

1476/77 verlegte Graf Eberhard im Bart das Chorherrenstift nach Tübingen. Mit seinem großen Grundbesitz wurde es die finanzielle und wirtschaftliche Basis der neugegründeten Universität Tübingen. Der Sindelfinger Chorherr Johann Vergenhanns (Naucler) wurde deren erster Rektor. Als Ausgleich wurde in Sindelfingen ein Augustiner-Chorherrenkloster eingerichtet, das in die Windesheimer Kongregation aufgenommen wurde. Die dieser Kongregation angehörenden Klöster bemühten sich besonders um die Erneuerung des klösterlichen Lebens durch Gebet und Bildung. Leider sind uns erst aus nachreformatorischer Zeit Aufzeichnungen des Sindelfinger Besitzes in Magstadt erhalten. Er bestand 1590 außer einem unablösigen Hellerzins aus den Kriegswiesen und dem Hagsee sowie wenigen Küchengefällen aus drei Lehen, die gegen feste Abgaben als erbliche Zinsgüter behandelt und bewirtschaftet wurden.[42] Von zwei der Lehen mußte Vogtkorn an die Herrschaft Württemberg gezahlt werden, die die Schutzherrschaft (Vogtei) über das Stift ausübte. Bei einem der Zinsgüter handelte es sich sicher um den ehemaligen Maulbronner Klosterhof.

Kloster Herrenalb. Im Jahr 1345 vermachte Mechthild Tussel zu Weil der Stadt ihren Hof zu Magstadt – später der Tußlingerin Hof genannt – ihrer Schwester und dem Sohn einer anderen Schwester mit der Bestimmung, daß er nach deren Tod zu gleichen Teilen an die drei Klöster Herrenalb, Frauenalb und Lichtenstern fallen sollte. Nachdem der Erbfall eingetreten war, erwarb das Kloster Herrenalb am 1. November 1366 für je 30 Gulden die Teile der anderen beiden Klöster und war damit alleiniger Besitzer dieses Hofs.[43] Bei der Schatzung von 1430 war das Herrenalber Höflein der Herrschaft steuer- und vogtbar. Sein Wert wurde mit 130 Pfund angeschlagen, was eine Steuer von 6 1/2 Pfund ergab. An Naturalabgaben waren an Herrenalb 16 Malter Dinkel und 8 Malter Haber sowie 10 Schilling Heller zu entrichten.[44] Im Jahr 1514 mußte Konrad Kuder, dessen Vorfahren den Hof seit Generationen innegehabt hatten, den Hof abgeben. Er wurde mit der Nutzung von anderen Gütern abgefunden.[45]

Chorherrenstift Stuttgart. In der Schatzungsliste von 1430 ist zum ersten Mal Besitz der Chorherren von Stuttgart in Magstadt genannt. Es war vogtbares Gut im Wert von 113 Pfund Heller, aus dem Steuer in Höhe von 5 1/2 Pfund 3 Schilling Heller zu zahlen waren.[46] Im Jahr 1455 hö-

Von allen Klöstern hatte Bebenhausen den weitaus größten Besitz in Magstadt. Die Zeichnung von Andreas Kieser zeigt das vollständig ummauerte Kloster im Jahr 1683.

ren wir von einem dem Stift in Magstadt gehörenden Hof, den Hans Mangold bebaute. Zu ihm gehörten 18 Morgen ein Viertel Äcker in allen drei Zelgen und anderthalb Morgen Wiesen.[47] Im selben Jahr verkauften Probst und Kapitel des Stifts ihre Zinse zu Magstadt für 11 Gulden an Hermann Merk zur Ausstattung der damals an der Pfarrkirche eingerichteten Heiligkreuzpfründe.[48] Dem Stift gehörte aber noch weiterer ansehnlicher Besitz im Dorf, und es konnte ihn im Laufe der Jahre sogar noch vermehren.

Kloster Bebenhausen. Von allen Klöstern hatte Bebenhausen den umfangreichsten Besitz in Magstadt. Die Bebenhauser Zisterzienser mehrten planmäßig ihre Einkünfte. So kauften sie 1277 und 1290 die Zehnten der Herren von Roß-

wag und der Herren von Börstingen sowie 1292 den gesamten umfangreichen Besitz, den Graf Gottfried von Tübingen in Magstadt gehabt hatte.[49] 1319 überließen Heinrich Berstinger und seine Gattin Adelheid dem Kloster ihren Hof in Magstadt hinter der Kirche – „der alte Hof Berstingers genannt" – und verpfändeten ihm für die Gültigkeit des Geschäfts einen weiteren Hof daselbst – „Berstingers Hof" – samt Güterstücken in Gerlingen für 24 Pfund Heller.[50] Im Jahr 1325 beurkundeten Abt und Konvent von Bebenhausen, daß Eberli, des Werkmanns Brudersohn, und Jodel, die Tochter des verstorbenen Härtwig von Gechingen, 20 Pfund Heller Zinse und Gülten aus ihren Besitzungen in Pfrondorf, Hildrizhausen und Magstadt an das Siechenhaus des Klosters zu einem Seelgerät für ihren Wohltäter, den verstorbenen Eberhard Werkmann, „vergabt" hätten, damit davon Speisen für Gesunde und Kranke bereitgestellt würden.[51] Eberli war wohl personengleich mit Eberlin von Deufringen, Edelknecht, der dort 1324 Güter an das Kloster Bebenhausen verkauft hatte. Diesen Besitzstand zeigt uns das Bebenhäuser Klosterlagerbuch von 1356.[52] Der Große Frucht- oder Mesnerzehnt in Magstadt war zwischen dem Pfarrherrn, dem Mesner und dem Kloster geteilt. Der Pfarrer bezog eine Abgabe von neu umgebrochenen Äckern, den sogenannten Novalzehnten, sowie Einkünfte von den Höfen der Kirche, zum Beispiel dem Widumhof und von den Fronhöfen. Dem Mesner stand ein Teil des Laienzehnten zu, und den dritten Teil besaß das Kloster selbst, allem Anschein nach auf dem schon seit langem umgebrochenen alten Feld (in antiquo campo). Dazu kamen Sommerhühner, von denen der Pfarrer acht und das Kloster fünf bezog.[53]

Zu dem 1319 von Bebenhausen gekauften Berstinger Hof gehörten 75 Jauchert Ackerland in allen drei Zelgen und sieben Jauchert Wiesen. Er wurde 1356 von einem Inhaber namens Talacker bewirtschaftet, der die Hälfte des gesamten jährlichen Fruchtertrages an das Kloster abführen mußte. Dieses trug als Ausgleich für die hohen Abgaben einen Teil der Unkosten des Hofmaiers. Das Kloster gab ihm pro Jauchert 4 Viertel Dinkel, 1 1/4 Viertel Roggen und 1 1/2 Viertel Haber, was nach späteren Angaben die Hälfte des erforderlichen Saatgutes war.[54] Bebenhausen beteiligte sich auch an den Erntekosten – dazu gehörte zum Beispiel der Lohn der Schnitter –, aber der Maier mußte auf eigene Kosten die Frucht in die Scheuer führen.[55]

Das Kloster besaß auch Einzelstücke im Gesamtumfang von 21 Jauchert drei Morgen Acker in allen drei Zelgen, fünf unvermessene Äcker, zwei Wiesen, einen Gemüsegarten und einige Gesäße. Daraus reichten die 31 Inhaber zusammen 1 Pfund 14 Schilling 6 Heller Geld, 66 Viertel Frucht und 18 Hühner.[56] Besonders hervorgehoben wird im Lagerbuch von 1356 das im Eigenbesitz des Klosters befindliche „Stritgut" bei

der „Stritwies": ein Haus und Garten bei der Kirche, vor dem Haus des Mesners und beim alten Wohnsitz des Besserers.

Abt Peter von Gomaringen (1393 – 1412) baute an vielen Orten zielstrebig den Besitz seines Klosters aus. Dazu gehörten auch Pfarrkirchen mit ihren Einkünften. Bei Magstadt gab der Bau des Ulmer Münsters 1377 den Anstoß für den Übergang der Kirche an Bebenhausen. Die Reichsstadt benötigte für den Münsterbau das Areal des in ihren Mauern befindlichen Bebenhäuser Klosterhofs und begann, ohne das Ergebnis der Verkaufsverhandlungen abzuwarten, mit dem Abbruch der Gebäude. Das Kloster hing offensichtlich nicht sehr an seinem Ulmer Besitz und trat 1392 seine Rechte an Graf Eberhard von Württemberg ab. Dieser gab Bebenhausen dafür den Widumhof der Magstadter Pfarrkirche und auch das Patronat, das heißt das Recht, den Pfarrer einzusetzen.[57] Bedingung war aber, daß die Kirche dem Kloster inkorporiert wurde. Im März 1395 bestätigte Papst Bonifaz IX. den Tausch, der dem Kloster die reichen Einkünfte der Pfarrei, namentlich den genannten Anteil am großen Zehnten und den Widumhof einbrachte. Auf diesem Hof mußte das Faselvieh – Zuchtvieh – für den Ort gehalten werden. Das Kloster setzte aber auch fest, daß der Hof nicht von einer Frau bewirtschaftet werden dürfe. Sollte er beim Besitzwechsel in Frauenhand kommen, sollte die „Maierin" einen „Träger", daß heißt Inhaber, stellen, der dem Kloster „bekoemlich und nutz" war.[58]

Die Einnahmen aus der Grundherrschaft standen für die klösterlichen Finanzen ganz im Vordergrund. Nur selten und gewöhnlich nur in besonderen Fällen nahm das Kloster auch Fron-

„Item dies sind die Güter, Zinß und Güllten, die das würdig Gottshaus und Closter Bebenhausen zu Magstat hat und in Magstatter Markung gelegen, wie hernach volgt" (Item = lat. des weiteren, ferner).
So beginnt die Seite eines 1500 erneuerten Lagerbuchs, in dem dann genau aufgezählt wird, was Bebenhausen besitzt und an Geldeinkünften und Ernteerträgen beanspruchen kann.

Die Einkünfte aus einer Grundherrschaft konnten nur gesichert werden, wenn die Zersplitterung eines landwirtschaftlichen Besitzes durch Aufteilung der Flächen unter immer mehr Inhaber möglichst vermieden wurde. So sorgte das Kloster nach 1400 dafür, daß die in der Zwischenzeit zertrennten Höfe in Magstadt wieder vereinigt wurden.[60] Im Jahr 1456 tat man dann auch hier den Schritt von der Verleihung eines Gutes nur an eine Person und auf bestimmte Zeit zum Erblehen.[61] Das bedingte auch eine erhebliche Verbesserung der bäuerlichen Nutzungs- und Eigentumsrechte.

Gegen Ende des 15. Jahrhunderts erwarb Bebenhausen weiteren Besitz in Magstadt, was sicher auf die Initiative des aus Magstadt stammenden Abtes Bernhard Rockenbauch (1471 – 1493) zu-

dienste in Anspruch. So wird um 1400 eine Fuhrfron in Magstadt genannt. Der Maier des Klosters mußte jedes Jahr ein Fuder Winterstroh entweder nach Weil der Stadt oder halb nach Leonberg fahren.[59]

rückging. Vor allem den Großzehnt wollte das Kloster offenbar ganz in seine Hand bekommen. Der fehlende Anteil, der sogenannte Mesnerzehnte, war seit 1452 im Besitz der damals errichteten Magstadter Heiligkreuzpfründe. Magstadt bestritt, daß diese, wie Pfarrei und Frühmesse, von der Inkorporation der Pfarrei in das Kloster betroffen war. 1481 zog Bebenhausen jedoch den Mesnerzehnten an sich und überließ ihn gegen eine jährliche Abgabe von sechs Malter Roggen, 50 Malter Dinkel und 30 Malter Haber dem damaligen Stelleninhaber, Kaplan Hans Merk und allen seinen Nachfolgern.[62] Gleichzeitig ging, wie wir noch sehen werden, die Lehenschaft der genannten Pfründe an Bebenhausen über.

Ein Rest des Großzehnts war offenbar inzwischen von der Pfarrei an den Ortsheiligen gefallen. Bebenhausen erwarb ihn gleichzeitig mit dem Mesnerzehnten im Jahr 1481, und zwar gegen eine jährliche Abfindung in Höhe von fünf Malter Roggen, 40 Malter Dinkel und 20 Malter Haber für die Pfleger des Heiligen.[63] Von den dazugehörigen Flächen bezog jetzt die Pfarrei offenbar als Ausgleich den Kleinen Zehnten. Daß das Kloster auch den Weinzehnt besaß, entnehmen wir dem Lagerbuch von 1653. Der Ausbau des Klosterbesitzes kam 1488 mit dem Erwerb der Hirsauer Güter zum Abschluß. Er wurde zunächst von der Pflege Weil der Stadt (1507), von 1527 bis 1653 von der Pflege Stuttgart und danach wieder von der Pflege Weil der Stadt aus verwaltet.[64]

Um 1430 summierten sich die Zinse und Gülten des Klosters Bebenhausen auf 515 Pfund 17 Schilling 10 Heller. Aus den Steuer- und vogtbaren Gütern waren 25 Pfund 15 Schilling 10 Heller Steuer an Württemberg zu entrichten.[65] Grundbesitz und Geldeinkünfte des Klosters können wir dem Lagerbuch von 1507 entnehmen. Die Geldeinkünfte bestanden aus Hellerzinsen, die zum Teil vom Kloster Hirsau erworben waren, und aus Gülten aus Äckern in allen drei Zelgen. Dazu kamen die Lehenhöfe und der Großzehnt. Die Gebäude des Widumhofs – Haus, Scheuer und Hofraite – lagen bei der Zehntscheuer. Zum Hof gehörten 31 Morgen Äcker in der Zelg Leonberg, 26 Morgen in der Zelg Sindelfingen und 20 Morgen in der Zelg Weil. Die Wiesen umfaßten eine Fläche von 9 Morgen 1 1/2 Mannsmahd. Ein Morgen Wiese lag gen Renningen und war für die Versorgung des Faselviehs bestimmt. Jedes Jahr führte der Maier des Widumhofs an das Kloster die Hälfte des Fruchtertrages und 200 Eier ab. Dafür trug das Kloster die Hälfte der Betriebskosten, nur ernten und anbauen mußte der Maier die Frucht auf eigene Kosten. Bebenhausen gab ihm an Saatfrucht für jeden Morgen Acker 1 1/2 Viertel Roggen beziehungsweise 4 Viertel Dinkel oder 1 1/2 Viertel Haber. Die eingehenden Bestimmungen schrieben ferner noch vor, daß der Hofinhaber nicht mehr als einen Morgen mit Wicken anpflanzen und den auf dem Hof erzeugten Dung auf den Äckern des Hofs selbst verwenden sollte.

Die Verhältnisse auf dem anderen Hof des Klosters waren ähnlich. Er war schon seit 1356 geteilt. Im Jahr 1507 bewirtschafteten Poß Mayer und Naß Michel den Hof. Nehmen wir an, daß sich Jauchert, Morgen und Mannsmahd in der Größe in etwa entsprechen, so hatte sich in der Zwischenzeit sein Flächenumfang kaum geändert. Dieser betrug 1507 etwa 65 Morgen in allen drei Zelgen und sieben Mannsmahd Wiesen; ein

Siegel des Grafen Eberhard III. (des Milden) von 1317.
Bis 1446 führten die Württemberger nur die drei Hirschstangen im Wappen.

Hofhaus gehörte allerdings nicht dazu. Feste jährliche Abgaben wie bei den meisten Gütern der Herrschaft Württemberg waren nur von dem ehemaligen Hirsauer Lehen zu zahlen; vom Widumhof mußten ertragsabhängige Abgaben entrichtet werden.[66] Dies änderte sich erst im Jahr 1632.

Die Magstadter Pfarrer, die den Zehnten einst innehatten, wurden von Bebenhausen für den Verlust mit einer jährlichen Abgabe von je 20 Malter Roggen, Dinkel und Haber, einem Malter Erbsen, je einem halben Fuder Roggen- oder Haberstroh und zwei Eimern Esslinger Wein entschädigt. Die Bebenhauser Zehnteinkünfte – vor allem das Getreide – lagerte man in der Zehntscheuer.

Die Herrschaft Württemberg

Um die Mitte des 14. Jahrhunderts besaßen die Grafen von Württemberg die wichtigsten Herrschaftsrechte in Magstadt. Auf alte Rechte der Württemberger weist auch die 1381 erwähnte „Speisung" in Höhe von 22 Pfund Heller hin, die wohl auf der Pflicht beruhte, den Grafen oder seinen Vertreter zu verköstigen, wenn er zu einem Gerichtstag ins Dorf kam.[67] Diese Pflicht war in eine Geldabgabe umgewandelt worden, die das Dorf abzuführen hatte. Die Grafen zogen die Steuer ein – Gülten und Hellerzinse – und besetzten die Pfarrei. Außerdem besaßen sie zwei Höfe, zwei halbe Hufen und sieben Lehen in Magstadt. Das aus dreien dieser Höfe gereichte „Vogtkorn" ist wohl auf württembergische Vogtrechte über alten Klosterbesitz zurückzuführen.[68] Dieser ansehnliche Besitz kann nicht von der Böblinger Linie der Pfalzgrafen von Tübingen gekommen sein. Denn diese hatten ja ihren Magstadter Besitz bereits 1292 an das Kloster Bebenhausen verkauft[69] und überließen den Rest ihrer Herrschaft Böblingen erst 1357 den Grafen von Württemberg.[70]

Als Vorbesitzer kann demnach nur die pfalzgräfliche Linie Tübingen-Asperg in Frage kommen. Graf Rudolf (†1271) und Graf Ulrich (†1283), Vater und Vatersbruder von Graf Gottfried I. (†1316), des Verkäufers von 1292, hatten eine Besitzteilung vorgenommen, bei welcher Rudolf die Herrschaft Böblingen, Ulrich aber die Herrschaft Asperg zugefallen war.[71] Zu dieser gehörte die Grafschaft im Glemsgau, die der Sohn Graf Ulrichs, Graf Ulrich II., im Jahr 1308 an Württemberg verkaufte.[72] Diese Besitzungen wurden der Vogtei Leonberg einverleibt. Zu dem damals von den Tübingern veräußerten Besitz muß auch Magstadt gehört haben, denn nur so ist zu erklären, daß dieser Ort 1350 und 1381 Bestandteil der Vogtei Leonberg war.[73] Erst später kam das Dorf zur Vogtei Böblingen, bei der es dann jahrhundertelang verblieb.

Der Magstadter Besitz, der 1308 von Tübingen-Asperg an Württemberg kam, wird – mit einer Ausnahme – im Urbar von 1350 aufgeführt. Es fehlen die damals um 400 Pfund Heller an den Herrn von Iberg verpfändeten und noch nicht wieder eingelösten Gülten, nämlich 58 1/2 Malter Roggen, 46 Malter Dinkel und 45 Malter Haber sowie zwei Höfe, die im Teilbau betrieben wurden. Der Eigentümer bezog von dem jeweiligen Hofmaier die Hälfte seiner Ernte, trug aber die Aufwendungen für Saatgut und Ernte zusammen mit ihm. Außer den genannten Gütern

Eine wehrhafte Anlage mit dreifachem Mauerring war die alte Burg Württemberg (auf dem heutigen Rotenberg über Untertürkheim), die Matthäus Merian in der ersten Hälfte des 17. Jahrhunderts gezeichnet hat. 1819 wurden die teils zerfallenen Gebäude abgebrochen und an ihrer Stelle die Grabkapelle errichtet.

stand dem Pfandherrn noch ein Zins in Höhe von 12 Pfund 15 Schilling Heller zu.[74]

Wie das Urbar von 1381 ausweist, war es den Grafen von Württemberg nicht gelungen, ihren Besitz in Magstadt wesentlich zu erweitern. Die einzige wichtige Erwerbung scheint der Marschalkhof gewesen zu sein, den Graf Eberhard II. im Jahr 1376 von Albrecht Marschalk von Weil erwarb.[75] Aber die Verpfändungen an die Iberger bestanden fort, ja, sie nahmen offenbar noch zu. Denn 1381 war ausdrücklich die ganze auf St. Michaels Tag fällige jährliche Steuer von 20 Pfund Heller an sie verpfändet. So befand sich jetzt nur noch ein Teil der 1350 genannten Güter und Einkünfte in württembergischer Hand. Die Höfe, Huben und Lehen mit ihren Abgaben fehlen ganz. Auch die sonstigen Abgaben waren stark zurückgegangen.[76] Sicherlich finden hier die genannten Besitzänderungen ihren Niederschlag. Daß dies alles auf einer anderen Zuordnung von Magstadt, etwa zum Amt Böblingen, beruht, wie Viktor Ernst annimmt,[77] ist angesichts der aufgeführten Herrschaftsrechte – jährliche Steuer, Kirchensatz und nun auch die vorher vielleicht verpfändet gewesene Speisung von 22 Pfund Heller – eher unwahrscheinlich. Die Wende vom 14. zum 15. Jahrhundert war ja auch sonst eine Zeit, in der Württemberg viel verpfändete, so neben dem ebenfalls an die Herren von Iberg verpfändeten Winnenden[78] gerade auch Sindelfingen, das im Jahr 1411 für 2 000 Gulden zeitweise an Egnolf von Falkenstein kam.[79]

Magstadt kam wahrscheinlich mit dem Amt Böblingen erst in Verbindung, als Graf Eberhard III. im Jahr 1394 seiner Mutter Elisabeth von Bayern Böblingen, Sindelfingen, Aidlingen samt dem Kirchensatz sowie seine Anteile an Döffingen, Darmsheim, Dagersheim, Maichingen und Magstadt als Witwengut abtrat.[80] Elisabeth starb 1402, aber auch später wurde Magstadt zur Versorgung der gräflichen Witwen herangezogen. 1436 erhielt die Gemahlin Graf Ludwigs, Mechthild, eine geborene Pfalzgräfin bei Rhein, Böblingen und Sindelfingen und dazu 22 Dörfer aus drei Ämtern, darunter das jetzt zu Böblingen gehörende Magstadt um 30 000 Gulden als Wittum (Witwengut) verschrieben. Sie wohnte nach dem Tod Graf Ludwigs 1450 zunächst in Böblingen und behielt diesen Besitz auch während ihrer zweiten Ehe mit Erzherzog Albrecht von Österreich (1452), selbst dann noch, als sie nach dessen Tod seit 1454 in Rottenburg residierte.[81] Erst in dieser Zeit wurde Magstadt ein fester Bestandteil des Amtes Böblingen. Von 1496 bis 1503 war Magstadt noch einmal mit den genannten Dörfern und Städten Wittum einer württembergischen Fürstin, nämlich der Barbara Gonzaga, der Witwe Eberhards im Bart.[82]

Zwischen 1394 und 1436 müssen die an die Herren von Iberg verpfändeten Güterstücke und Einkünfte von Württemberg wieder eingelöst worden sein, denn 1394 ist nur von Anteilen, 1436 jedoch von ganzen Dörfern die Rede. Ferner kaufte die Herrschaft Württemberg 1441 Leibeigene in Magstadt von Burkhard von Nippenburg.[83]

Die Kirche im Mittelalter

Der Kirchenbau

Wie bei vielen evangelischen Kirchen war das vorreformatorische Kirchenpatrozinium von Magstadt lange Zeit in Vergessenheit geraten. Während Gustav Bossert d.Ä. ein Marienpatrozinium annahm,[84] war Eduard Paulus der Ansicht, die Kirche sei Johannes dem Täufer geweiht gewesen.[85] Gustav Hoffmann konnte jedoch zeigen, daß in einer Urkunde von 1465 auf einem Siegel des damaligen Magstadter Pfarrers Hans Welker, zwar beschädigt, aber doch erkennbar, der Heilige Georg zu Pferde mit dem Drachen abgebildet ist.[86] Die Magstadter Kirche ist mithin eine Georgskirche.

Beinahe in der Mitte des Ortes steht auf einer Anhöhe die einst dreifach ummauerte Kirchenburg. Der heutige Bau wurde an der Stelle eines romanischen Vorgängerbaus in gotischem Stil Ende des 15. Jahrhunderts erbaut und im Jahr 1511 fertiggestellt.[87] Von der alten Kirche blieben nur Ringmauern und Gräben sowie vielleicht Reste des festungsartigen Kirchturms erhalten. Im 18. Jahrhundert brach man die dritte

Bild links: Der Bau der spätgotischen Wehrkirche wurde 1490 begonnen und 1511 fertiggestellt. Sie war mit einem dreifachen Mauerring umgeben. Geweiht wurde die Kirche dem heiligen Georg. (Siehe auch Text Seite 28.)

Ringmauer ab. Im vorigen Jahrhundert fand man noch ein romanisches Tympanon, das von dem alten Kirchenbau stammte.

Der heutige spätgotische Bau hat sowohl an den Langseiten des Schiffs als auch an dem mit einem halben Sechseck endenden Chor Strebepfeiler und dazu spitzbogige, in den Bogenteilen gotisch gefüllte Fenster. Nur an der nördlichen Langseite sind offenbar später runde Lichtlöcher eingebrochen worden. Das Westwerk ist fensterlos.

Das helle und geräumige Innere der Kirche war mit Wand- und Deckenmalereien versehen, besonders im Chor, die aber bei einer im Jahr 1817 vorgenommenen Renovierung übertüncht wurden. Sowohl Kanzel als auch Taufstein stammen aus der Zeit des Kirchenbaus und sind aus Stein gearbeitet. Hohen Kunstwert hat der achteckige Taufstein. In sieben Feldern sind die Sakramente der katholischen Kirche und im achten Feld

Bild oben: Im Schlußstein des Westportals ist zwischen Rankenornamenten 1511, das Jahr der Fertigstellung der Kirche, eingemeißelt.

Bild rechts: An den Mauern hat man nach dem Kirchenbau wohl noch einige Jahrzehnte gearbeitet, wie aus einem Stein mit der Jahreszahl 1550 hervorgeht. Er ist am ehemaligen inneren Mauerring an der Pfarrgasse eingelassen. Bei Kanalisationsarbeiten zwischen Marktplatz und Neuem Markt wurden 1984 noch die Fundamente der südöstlichen, fast eindreiviertel Meter dicken dritten Mauer freigelegt, die 1766 abgetragen worden ist.

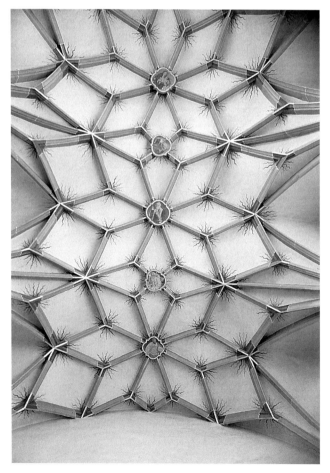

ein Engel dargestellt, der das württembergische Wappen hält. Ein hochgesprengter Spitzbogen führt vom Schiff der Kirche zum Chor, der fünf hohe gotische Fenster und ein Netzrippengewölbe mit stark hervorstehenden Rippen aufweist. Die Schlußsteine an den oberen Kreuzungen der Gewölbe zeigen in der Richtung von Westen nach Osten Johannes den Täufer, die heiligen drei Könige, Maria mit dem Christuskind und einen Engel mit dem württembergischen Wappen. Der auf der Nordseite der Kirche stehende viereckige massive Turm hat drei mit Schießscharten versehene Stockwerke, denen ein hölzernes Glockenhaus mit Satteldach und abgestutztem Giebel aufgesetzt ist.[88]

Die Schlußsteine im Chor zeigen – von Ost nach West gesehen – das von einem Engel gehaltene herzoglich-württembergische Wappen mit den drei Hirschstangen, den Rauten von Teck, der Reichssturmfahne und den Barben von Mömpelgard, dann die Jungfrau Maria mit dem Kind. Die Magstadter Kirche war dem Kloster Bebenhausen inkorporiert und somit, wie alle Kirchen des Zisterzienserordens, der Jungfrau Maria geweiht. Als nächstes folgen die Heiligen Drei Könige, alle Maria zugewandt. Deren in süddeutschen Kirchen sehr seltene Darstellung mag hier mit der traditionell engen Bindung der Zisterzienser nach Köln zu erklären sein, wo ihr Grab – der Dreikönigschrein – im Dom verehrt wurde. Der letzte Stein stellt Johannes den Täufer dar mit dem Lamm, einem seiner Attribute.

Die Netzrippengewölbe im Chor (Bild links außen) und in der Sakristei (Bild daneben) mit den stark hervortretenden Rippen sind besonders schön gegliedert. Die Renovierungsarbeiten an den Ornamenten in der Sakristei wurden im Sommer 1997 beendet.

Rechts: Unter den insgesamt etwa 22 Steinmetzzeichen aus der Bauzeit ist das Zeichen des Baumeisters Hans Wunderer neunmal zu finden, mehrmals auch im Chor. Wunderer kam 1525 im Bauernkrieg um.

Ein Kleinod in der Kirche ist der seltene spätgotische Taufstein, der aus der Zeit des Kirchenbaus stammt (siehe auch Text Seite 43). Auf sieben Feldern des achteckigen Steins sind die sieben heiligen Sakramente dargestellt, im achten Feld das von einem Engel gehaltene herzoglich-württembergische Wappen mit den drei Hirschstangen, den Rauten von Teck, der Reichssturmfahne und den Barben von Mömpelgard. Die sorgfältig aus dem Sandstein herausgearbeiteten Hochreliefs, kleine Gruppenbilder von drei, vier Personen, sind von hohem künstlerischem Niveau.

Die Pfarrei

Von einer Kirche in Magstadt hören wir zum ersten Mal im Jahr 1273. Damals war „Albertus dictus de Brihe" (bei Cannstatt) „rector ecclesiae", das heißt Pfarrer.[89] Im Jahr 1392 wurde die Magstadter Kirche dem Kloster Bebenhausen inkorporiert.[90] Inkorporationen waren im Spätmittelalter weit verbreitet. Sie bedeuteten, daß zum Beispiel Klöster andere Kirchenstellen in ihren Besitz brachten, um sie selbst zu verwalten und finanziell nutzen zu können. Sie beanspruchten die Einnahmen für sich und ließen die Pfarreien durch schlecht ausgebildete und schlecht besoldete Vikare versehen, worunter naturgemäß die Seelsorge litt. Dazuhin wurde es üblich, daß mehrere Kirchenstellen an verschiedenen Orten in einer Hand vereint wurden und auch hier Vikare die örtliche Stellvertretung übernahmen.

So spaltete sich allmählich die Pfarrerschaft in eine wohlhabende Oberschicht und in ein geistliches Proletariat – eine der Ursachen für die spätere Reformation. Die für religiöse Dinge zunehmend sensibilisierten Gläubigen reagierten auf diese Erscheinungen mit wachsendem Unwillen und riefen von sich aus immer neue zusätzliche Kirchenstellen, Bruderschaften und andere kirchliche Einrichtungen ins Leben; außerdem baute man neue, größere und schönere Kirchen.

In Magstadt sind die meisten dieser Erscheinungen gut zu beobachten. So stifteten die Magstadter Bauern im Jahr 1403 die Frühmeßpfründe, die Johannes dem Täufer und dem heiligen Georg geweiht war.[91] Sie wurde 1437 vom bischöflichen Generalvikar in Speyer mit den beiden Kaplaneien zu St. Katharina und St. Nikolaus zusammengelegt, die beide zu gering dotiert waren, um einen eigenen Priester unterhalten zu können.[92] Zu ihr gehörten je ein Gütlein in Magstadt,[93] in Maichingen und in Ditzingen.[94] Die Einkünfte scheinen nicht unbeträchtlich gewesen zu sein, denn 1456 verkaufte der damalige Inhaber das Maichinger Gut und stiftete an der Magstadter Kapelle eine neue Pfründe.[95]

Im Jahr 1452 gründeten die „armen Leute zu Magstadt", nach dem Sprachgebrauch der Zeit also die Dorfgemeinde, die Heiligkreuzkaplanei an der Kapelle „vor dem Dorf, am Leonberger Weg", zu der der Mesnerzehnte gehörte.[96] Er kam 1481 zusammen mit dem Zehnten der Pfarrkirche an das Kloster Bebenhausen.[97] Daher erscheinen in einem Verzeichnis der Ruralkapitel des Bistums Speyer aus der zweiten Hälfte des 15. Jahrhunderts drei Kirchenstellen in Magstadt – die Pfarrei, die Frühmesse und die Heiligkreuzkaplanei.[98] Da offenbar ein örtliches Bedürfnis nach der Einrichtung weiterer Kirchenstellen bestand, stiftete 1507 der Magstadter Schultheiß Johannes Wiest die St. Annakaplanei. Sie war außer St. Anna auch den Heiligen Joachim, Andreas, Michael und Hieronymus geweiht, eine typische Erscheinung der spätmittelalterlichen Heiligeninflation.

Wichtig für die Entwicklung des Kirchenwesens in Magstadt im Mittelalter war die Existenz einer reich dotierten Mesnerei. 1427/28 verlieh Graf Ludwig I. von Württemberg die Einkünfte des Mesneramtes an Michel von Walddorf, seinen Schreiber. 1435 bezog auch der Schreiber Mangold Widmann Einkünfte aus dieser Stelle. Er gehörte wahrscheinlich der Dagersheimer Familie Widmann an und wurde später Kanzler des Grafen. Erzherzogin Mechthild, Gemahlin des Grafen, gestattete dem Ortspfarrer und der Gemeinde, mit der „Übernutzung ihres Mesneramts" nach dem Tod des damaligen Stelleninhabers eine neue Meßpfründe, die schon genannte Heiligkreuzkaplanei, auszustatten. Nach der Inkorporation der Pfründe in das Kloster Bebenhausen im Jahr 1481 verpflichteten sich Abt und Konvent, dem Kaplan jährlich sechs Malter Roggen, 50 Malter Dinkel und 30 Malter Hafer zu stellen.

Rechts: Als Graf Ludwig I. im September 1450 plötzlich einer Seuche erlag, zog seine Gemahlin Mechthild, eine geborene Pfalzgräfin bei Rhein, auf ihren Witwensitz nach Böblingen und verfügte fortan über das ihr vertraglich überschriebene Wittum: Böblingen und Sindelfingen nebst 22 Dörfern, zu denen auch Magstadt gehörte. Das Bildnis Mechthilds nebst ihrem Wappen ist in einem der Glasfenster der Stiftskirche in Tübingen zu sehen. (Siehe auch Text Seite 41.)

Wende vom Mittelalter zur Neuzeit

Landwirtschaft, Gewerbe und Weinbau

Bereits in der zweiten Hälfte des 14. Jahrhunderts gehörte Magstadt zu den vermögenderen Dörfern in der Umgebung von Böblingen und Leonberg. Unter den 21 Orten, die nach dem Urbar von 1350 mehr als zehn Pfund Steuer entrichteten, nahm Magstadt den zwölften Platz ein; 1381 stand das Dorf mit 22 Pfund Heller nach Renningen und Rutesheim sogar an dritter Stelle.[1]

Die Magstadter bewirtschafteten ihre Felder nach den Regeln der Dreifelderwirtschaft. Vom Flurzwang – dem regelmäßigen Wechsel von Sommerfrucht, Winterfrucht und Brache – waren nur die dem Anbau von Hanf und Kraut dienenden „Länder" und natürlich Sonderkulturen wie die Weingärten ausgenommen. Innerhalb Etters legten die Bauern auch Hausgärten an und pflanzten Obstbäume.

Die beiden größten Höfe des Dorfes gehörten der Herrschaft. Der „obere" Hof hatte 68 1/2 Morgen Ackerland und drei Mannsmahd Wiesen; zum „unteren" Hof gehörten 72 Morgen Äcker und vier Mannsmahd Wiesen. Beide Höfe waren als Erblehen verliehen, und zu den festgelegten Abgaben entrichteten sie noch Wiesenzinse in Höhe von je fünf Schilling an Weihnachten und 100 Eier an Ostern. Die Hofinhaber erhielten von der Herrschaft alljährlich die Hälfte des benötigten Saatgutes; außerdem bezahlte die Herrschaft einen Teil des Lohnes und der Verköstigung der Schnitter und Drescher zur Erntezeit. Das Pflügen der Äcker und die Aussaat war Sache der beiden Bauern.[2]

Die Herrschaft Württemberg bezog um 1350 ferner Zinsen aus sieben Lehen in Magstadt, die wohl durch Teilung größerer Güter entstanden waren. Diese Abgaben richteten sich nach dem Ertragswert der Güter. Geld- und Naturalabgaben zog die Herrschaft auch von einzelnen Häusern ein, unter anderem Hühner und Öl. Ertragreich waren auch die „Zelgfrüchte", die je nach Anbauart von den drei Zelgen abzuführen waren, in die sich die gesamte Wirtschaftsfläche des Dorfes gliederte.[3]

Das Urbar von 1381 nennt erstmals auch einen Gewerbezins: Contz Rademacher entrichtete aus seiner Mühle am Erbach 30 Schilling und sechs

Unten: Ein besonders schön geschnitzter, 2,80 Meter langer Holzfries mit der Jahreszahl 1513 wird als Rest des einstigen Chorgestühls der Magstadter Kirche im Heimatmuseum aufbewahrt.

Hühner.[4] Die Mühle stand im Mühlgässle; auf dem angrenzenden Grundstück steht heute der Neubau der Firma Schoenenberger. Ein „Schutz", das heißt ein Stauwehr, leitete das Wasser zur Mühle. Der Erbach führte lediglich das Wasser ab, welches der an Mühlrain und Hag entlangführende Kanal nicht brauchte. Über den auch Mühlgraben genannten Erbach war ein Badhaus gebaut, das 1495 jährlich zwei Pfund Heller steuerte.

Aus dem Urbar von 1495 erfährt man, daß die Bauern aus Maichingen und Darmsheim entweder in den beiden Darmsheimer Mühlen, in der Döffinger Andreasmühle oder eben in Magstadt ihr Korn mahlen lassen mußten. Zur alljährlichen „Mühlschau" in Döffingen stellte auch Magstadt einen Vertreter.

Im 15. Jahrhundert blühte der Weinbau auf. 1495 gab es 17 1/2 Morgen Weingärten auf der Gemarkung. Ihre Größe war höchst ungleich; die einzelnen Parzellen maßen zwischen einem viertel und eineinhalb Morgen. Die gesamte dem Weinbau dienende Fläche wurde von 35 Inhabern bewirtschaftet.[5] Bis zum Ende des 16. Jahrhunderts wuchs diese Rebfläche auf 12 Morgen im Gewann Fürberg (Alte Weingärten) und auf 18 Morgen in den Neuen Halden. Die gesamte Ernte mußte seit 1539 in der ehemaligen Heiligkreuzkapelle verarbeitet werden, wo man eine „Trotte", eine Kelter, eingerichtet hatte. Von jedem Eimer Wein (267 Liter), der hier gekeltert wurde, erhielt die Herrschaft zwei Maß oder 6,6 Liter Baum- oder Kelterwein.[6]

Nach einem Eintrag im Bebenhäuser Lagerbuch von 1653 endete der Weinbau in Magstadt im Jahr 1593. Wegen der großen Nachfrage stieg der Weinpreis in Württemberg bis in die zweite Hälfte des 16. Jahrhunderts. Der arbeitsintensive Rebbau vermehrte Beschäftigung und Einkommen der Bevölkerung, und neben Wolle war Wein das wichtigste Exportgut des Landes. Deshalb wurde auch in ungünstigeren Lagen wie in Magstadt Wein angebaut. Diese Lagen wurden aber aufgegeben, als eine Klimaverschlechterung zu zahlreichen Mißjahren führte. Zudem förderte die Regierung seit der Zeit Herzog Christophs (†1568) den Anbau von Obst und Gemüse. Nach dem Dreißigjährigen Krieg verhinderte das Aufkommen des Apfelmostes und die Gründung von Bierbrauereien den Wiederaufstieg des Weinbaus. Am Beginn des 19. Jahrhunderts gab es im Oberamt Böblingen nur noch in Breitenstein, Weil im Schönbuch und in Schönaich größere Rebflächen.

Abbildung rechte Seite: Im Lagerbuch des Klosters Bebenhausen von 1653 ist festgehalten, daß der Weinzehnt von allen Wengerten Magstadts ausschließlich dem Kloster zustand, ausgenommen die Novalien, welche die Herrschaft Württemberg einzog. Der Text des ersten Absatzes lautet:

„Magstatt
Weinzehenndt
Der Weinzehendt zuo Magstatt von allen Wingarten (im Veherberg unnd Newhalden), sovil deren in desselben Fleckhen Marckhung Zwing unnd Penn (jetzundt) seind, oder furohin von nutzbarn Guettern (ohne den Novalien, welche die Herrschaft Wurtemberg einzeucht) gemacht werden, gehört dem Closter Bebenhausen ainig unnd allain zu."
In einem Nachtrag unten ist dann vermerkt, daß „bey 60 Jahren von Weinbergen alda nichts mehr gebauth worden". Demnach wurde der Weinbau in Magstadt um 1593 eingestellt.

Plagstatt.

Weinzehendt /.

Der weinzehendt zue Magstatt von allen wein „
garten zu beschenberg vnd Neuschulden / damit
dan zu der Veltten fleckhen ezuerkhung
zwing vnnd pann Zehendt sind / oder einer „
„ sie von Nachbarn gutten (: alte den No „
malien welche die herrschafft Reuttenberg
einzeucht :) gemacht worden / gehört dem
Closter Bebenhausen ainig vnnd allein zu /.

Vnd wirdt vom Ereisch vnnd vorlas / das
Zehendt hagel lauter wein vnder der
Relatten daselbst / zu zehenden geben,
vnnd selcher zehendt wein im dest ge „
dasie Closter Costen gesamblet vnnd ein „
pranget /

„ber von damen zur diser Nerrung deputir ten
#. Es Hyber 60. Jahren von weinbergen alse „ anzeig N. 8: 5 //
nichts mehr gebautt worden.

Der Wald

Der Herrschaftswald

Mit der Grafschaft im Glemsgau und der Stadt Böblingen hatten die Grafen von Württemberg auch die Wildbänne im Schönbuch und im Glemswald erworben.[7] Nach dem Uracher Forstlagerbuch von 1418/20 reichte der Glemswald bis nach Schönaich.[8] 1452 wurde für das Wittum der Erzherzogin Mechthild ein eigener Forstbezirk aus ihm abgeteilt, der spätere Böblinger Forst, zu dem Magstadt gehörte.[9] Spätestens seit dem 17. Jahrhundert war dieser Forstbezirk in Huten eingeteilt. Der für die Magstadter Hut zuständige Forstknecht – heute würde man ihn als Revierförster bezeichnen – wohnte im Dorf.

Die herzogliche Forstverwaltung achtete darauf, daß sich die Bauern an die strengen Vorschriften der Forstordnungen hielten. Alljährlich verkaufte oder verlieh der Forstmeister das Eckerichsrecht, das war die Erlaubnis, Schweine in die Wälder zu treiben, wo sie sich mit Eicheln und Bucheckern mästen konnten. Gemeinden, die mehr Schweine in die Wälder trieben, als sie zu ihrem „Haußgebrauch" benötigten, mußten eine spezielle Abgabe bezahlen, nämlich einen Simri Hafer für jedes Schwein. Dies behinderte die Schweinezucht und den Schweinehandel erheblich, schützte letztendlich aber den Wald vor Überweidung. Die Forstmeister teilten den Gemeinden die Weidegründe zu, und die Hirten bauten dort „Häge", Umfriedungen für

ihre Tiere – so ist der Waldname „Sauhag" zu erklären.

Hohe Strafen mußten alle erwarten, die wilderten, Marksteine versetzten, Bäume beschädigten, Weiderechte nicht beachteten oder auch nur Eicheln sammelten. Schäfer und Bauern waren angehalten, ihren Hunden im Frühjahr „Bengel anzuhenckhen", damit sie das Jungwild nicht hetzen konnten. Zu den Forstfronen, welche die Magstadter für die Herrschaft zu leisten hatten, gehörte die Pflicht, Häge, also Zäune für die Treibjagden aufzubauen und die Jäger zu verköstigen. Wie alle Dörfer im Böblinger Forst hatte auch Magstadt „Hundt uffzustockhen", das heißt Jagdhunde für die landesherrlichen Jagden aufzuziehen und zu füttern. Wenn die Bauern im Frondienst Wildbret transportierten, erhielten sie für jedes „Sattelroß" fünf Schilling und für jedes „Strangpferd" vier Schilling täglich; hier war also die Grenze zwischen Arbeit im Taglohn und Fron fließend. Das gleiche galt auch für Bauarbeiten am Böblinger Jägerhaus. Jeder der „Handfröner" erhielt im Jahr 1610 einen Taglohn von zehn Batzen, wenn er zu solcher Arbeit befohlen wurde.[10]

Der Gemeindewald

Der Magstadter Gemeindewald lag – und liegt – rund um das Hölzertal. Das Böblinger Forstlagerbuch aus dem Jahr 1556 ist die früheste Quelle zu diesen Wäldern.[11] Auch sie unterlagen den Bestimmungen der herzoglichen Forstordnungen; bei Übertretungen erhielt die Gemeinde einen Teil der Strafgelder. Man kann davon ausge-

Der „Beblinger Vorst" (Ausschnitt), gezeichnet
1592 vom herzoglichen Oberrat Dr. Georg
Gadner, ist ein Blatt aus dessen großem Karten-
werk über das Herzogtum Württemberg. Die
Karten beruhen nicht auf genauen Vermessungen, sondern sind bildhafte Landschaftswie-
dergaben, die zu Fuß oder zu Pferd erkundet
worden waren. Magstadt ist in der Mitte rechts
am „Heltzerbach" zu finden.

*Die Abbildung der beiden
Magstadter Grenzsteine,
gezeichnet von Andreas Kieser,
ist im Böblinger Forstbuch
von 1681 zu finden.*

hen, daß im 16. Jahrhundert nur Laubholz – Eichen und vor allem Buchen – in diesen Wäldern wuchs.

Der Lochwald maß 25 Morgen und lieferte vor allem Brennholz. Auch im 70 Morgen großen Battentheil wurde vor allem Brennholz geschlagen. Die Wälder im Brunnbach und im Kohlhau maßen 200 Morgen. Der Name Kohlhau weist auf die hier betriebene Köhlerei hin,[12] und die weit in den Wald hineinreichenden dürren Egarten dienten dem Dorf als Schaf- und Viehweide. Der Kampfrain (heute Krampfrain) zog sich am Warmbronner und am Eltinger Wald bis an den landesherrlichen Wald Hirschsee hin.[13] Auch er bestand aus „gemeinem Brennholtz" und war etwa 150 Morgen groß. Mit 250 Morgen war die Winterhalde der größte Wald Magstadts. Er lag am Hölzertal, lieferte Bau- und Brennholz und zog sich bis zur Unterstelle am Maichinger Wald

Gayer (Gehr) hinauf. Zwischen der alten Straße von Magstadt nach Vaihingen und dem Weg nach Maichingen lag das Keßwasser mit 60 Morgen Brennholz. Der Wald hatte seinen Namen wohl von dem milchig-trüben Wasser erhalten, das der ihn durchfließende kleine Bach nach Regenfällen führt.[14] Neben diesen größeren Waldkomplexen gab es noch kleinere Bestände, so das Grundwäldle, an das 1556 Magstadter Weingärten stießen, und das Breitlauch (Breitlaub) mitten in den Äckern westlich des Fleckens.

Für das tägliche Leben der Magstädter waren die Wälder von größter Bedeutung. Wer ein Haus baute oder reparierte, konnte aus dem Gemeindewald Bauholz beziehen. Holz war zudem das wichtigste Material für fast alle Gerätschaften, die die Bauern für ihre Arbeit benötigten. Für die vorindustrielle Zeit geht man davon aus, daß jeder Einwohner – Mann, Frau oder Kind – alljährlich etwa drei Raummeter Brenn- und Kochholz brauchte. Man kann also leicht ausrechnen, wieviel Holz die Wälder für die rund 800 Einwohner liefern mußten, die um das Jahr 1600 im Dorf wohnten. Sicher ist aber auch, daß wegen des Bevölkerungswachstums vor dem Dreißigjährigen Krieg Wälder gerodet und zu Äckern umgebrochen wurden, damit sich die Magstadter ernähren konnten.[15] Für die wirtschaftliche Entwicklung des Ortes kündigte sich eine gefährliche Krise an.

Dorf und Herrschaft

Nach der Aussage der Lagerbücher des 16. Jahrhunderts war der Herzog von Württemberg „rechter Herr" des Dorfes. Er besaß „hoch und nider Gericht", dazu das Geleit und alle übrige „Oberkait". Die meisten Einwohner waren dem Herzog leibeigen. Als den Leibherren standen den Herzögen außer einer jährlichen Anerkennungsgebühr – der Leibsteuer der Männer und der „Fastnachtshenne", die die Frauen geben mußten – nur das „Hauptrecht" zu, eine Abgabe, die beim Tod eines männlichen Leibeigenen zu entrichten war. Das war eine Art Erbschaftssteuer. Die Erben von Witwen zahlten einen Betrag, der dem Wert eines guten Frauenkleides entsprach. Leibeigenschaft in Württemberg war kein drückender Zwang: Im Jahr 1514 hob der Tübinger Vertrag alle Beschränkungen der Freizügigkeit auf. Die württembergischen Untertanen hatten das Recht, ihren Wohnsitz zu verlegen. Nur wenn sie das Land verließen, wurde eine Abzugssteuer fällig, die sich nach der Höhe ihres Vermögens richtete.

Neben der Dorfgemeinde war in Württemberg das Amt der wichtigste Bezugsrahmen für das Leben der Bauern. Hier erlebte der Altwürttemberger staatliches Handeln: Im Amt wurden Steuern umgelegt, Soldaten ausgehoben und verproviantiert, Brücken und Straßen gebaut. Das Amt leistete Beiträge zur Besoldung des Vogts, der beiden Böblinger Bürgermeister und des Stadtschreibers, der im ganzen Amt die Aufgaben eines Notars versah und im Stadtgericht als Gerichtsschreiber fungierte. Die Gemeinden des Amtes mußten einen Anteil der Kosten für die Mauern und Türme der Amtsstadt übernehmen. Das Böblinger Gericht war zuständig für die Zivil- und die Kriminalgerichtsbarkeit des gesamten Bezirks; in gewissem Umfang war es in Zivilsachen auch Appellationsinstanz für die Dorfgerichte.

In den Amtsversammlungen besaßen die Vertreter der Dörfer wichtige Mitspracherechte bei überörtlichen Angelegenheiten. Zu den neun „geschworenen Richtern" des Amtes Böblingen gehörten neben den Vetretern der Amtsstadt und Sindelfingens sieben Vertreter aus den elf Amtsflecken. Alljährlich wurden drei dieser „Amtsneuner" neu bestellt. So blieb in der Regel ein „Neuner" drei Jahre im Amt und mußte nach seinem Ausscheiden drei Jahre warten, bis er wieder in dieses kommunale Leitungs- und Aufsichtsgremium bestellt werden konnte. 1527 war der Magstadter Michael Betzner Mitglied dieses Kollegiums. Auch der Amtsschreiber Johann Wernlin stammte aus dem Ort. Die Vertreter für die Neuner wurden aus den Mitgliedern der Dorfgerichte des Amts bestimmt. Der Geschäftsgang bei den Amtsneunern war streng geregelt: Nach den Vertretern Böblingens und Sindelfingens wurde immer dem Vertreter Magstadts als drittem Redner das Wort erteilt, wenn es um Abgaben und Leistungen für das Amt oder die Herrschaft ging.

Zu den weniger beliebten Pflichten gegenüber der Herrschaft gehörten die schon erwähnten Jagdfronen. Die Bauern wurden als Treiber und „Hundszieher" zu den oft mit verschwenderischem Aufwand veranstalteten Jagden herangezogen, und sie mußten die erlegten Hirsche,

Wildschweine und Rehe in die „Küchen" der nächstgelegenen landesfürstlichen Schlösser fahren. Nach dem Lagerbuch von 1579 waren die Gemeinden auch verpflichtet, die Straßen, Wege und Stege auf ihren Markungen in Ordnung zu halten.[16]

Die Bauern mußten ihre Korngülten in den Böblinger „Fruchtkasten" fahren. Von hier aus gelangte das Korn auf die Märkte. Ein Teil der Ernte wurde als Notvorrat zurückgehalten, und nach Mißernten teilten die mit der Verwaltung der Vorräte beauftragten Beamten den Bauern das Saatkorn zu. Die Gesamtsumme der Einkünfte, welche die Herrschaft 1495 aus Magstadt bezog, belief sich auf sechs Malter sechs Viertel Vogtroggen, eine Abgabe, die den Grafen als Inhaber der hohen Gerichtsbarkeit zustand. Dazu kamen 53 Malter drei Viertel Roggen, 117 Malter Dinkel und 83 Malter Hafer aus Höfen und Lehen, außerdem etwa 40 Malter Korn als Zelgfrüchte sowie 96 Zinshühner und 21 Gänse. Für dieses Geflügel zog die Herrschaft ebenso wie für die „Fasnachtshennen" im 15. Jahrhundert den entsprechenden Geldwert ein. Die jährliche Steuer, die das Dorf zu zahlen hatte, betrug 46 Pfund Heller. Zu den wichtigeren Einkünften der Herrschaft gehörte im 16. Jahrhundert auch das Umgeld, eine Getränkesteuer. Der Wert jeder zehnten Eichmaß des in Magstadt ausgeschenkten Weines floß also in die Staatskasse.

Die dörfliche Selbstverwaltung

Wichtigster Mann im Dorf war der Schultheiß. Das erste Dorfoberhaupt in Magstadt, dessen Namen wir kennen, ist Cuntz Peler im Jahr 1455. Im 15. und 16. Jahrhundert kamen die Schultheißen aus den angesehenen und vermögenden Familien Magstadts, dem sogenannten Dorfpatriziat. Cuntz Peler stammte aus einer Familie, mit der die Stifter der Heiligkreuzpfründe verwandt waren, und die am Ende des 15. Jahrhunderts auch einen der Kapläne dieser Pfründe stellte.[17] Die Annapfründe wurde 1505 von dem Schultheißen Johann Wiest gestiftet; Mitglieder seiner Familie zeichneten sich mehrfach im Kirchendienst aus.[18] Der 1491 amtierende Schultheiß Hans Widmann gehörte zu einer weitverzweigten, auch in Dagersheim ansässigen Sippe, aus der der berühmte Arzt Johann Widmann (1444 – 1524) stammte, dessen Nachkommen geadelt wurden.[19] Zu den Feßler – 1578 war Georg Feßler Schultheiß – gehört auch Johann Feßler, der 1481 Forstmeister in Leonberg war und württembergische Lehen in Gärtringen besaß. Sein gleichnamiger Enkel war 1551 sogar württembergischer Kanzler.[20] Der zwischen 1545 und 1556 genannte Schultheiß Melchior Luthardt hatte seinen Amtskollegen eines voraus: er konnte schreiben und lesen. Als Schriftkundiger beurkundete er 1556 das revidierte Forstlagerbuch für Maichingen, dessen Schultheiß und Richter allesamt Analphabeten waren.[21] Einem Bericht des Böblinger Vogts Erhard Jaeger aus dem Jahr 1513 verdanken wir wertvolle

Der Magstadter Schultheiß Melchior Luthart und weitere 18 Gerichts- und Ratsmit-
glieder beurkundeten am 21. Juli 1556 die
Änderungen im Forstlagerbuch für Maichingen. Luthart war der einzige der ganzen
Versammlung, der schreiben konnte. Der
Text der Urkunde lautet:

„Magstat. Bekhennen und zaigen an Schultheiß, ain gantz Gericht, ouch ettlich vom
Rath unnd der Gemeind, den ain und Zwan-
zigisten Julii Anno etc. im sechs unnd funff-
zigistenn uf dem Rathhauß daselbsten per-
sonlich erschinen unnd ainhelliglich in Un-
dertthenigkeit angezaigt. Namblich Schultheis Melchior Luthart, baid Burgermeister
Michel Wiest, des Gerichts, Michel Anshelm
vom Rath, Wolf Fritz, Martin Joß, Lienhart
Huttenloch, Bernhart Jeser; Enderis Brener,
Adam Vischer, Michel Schmid, Lienhart
Kienle, Jerg Bauer, Hanns Kappus, Michel
Kling, Melchior Wagner, Jakob Kettner,
Bernhart Schom, Hanns Leicht, Jacob Müller . . . Unnd zu glaubwirdigem Urkhund
haben sich Schultheis und nachvolgende
Personen mit aigner Hannd underschri-
benn. Actum den ain unnd zwantzigisten Ju-
li Anno im sechs unnd funfftzigisten.

Solliches bekhen ich,

Melchior Luthart
Michel Wiest
Wolf Fritz
Martin Joß
Lienhart Khienlin
Michel Schmid
Jacob Kettner."

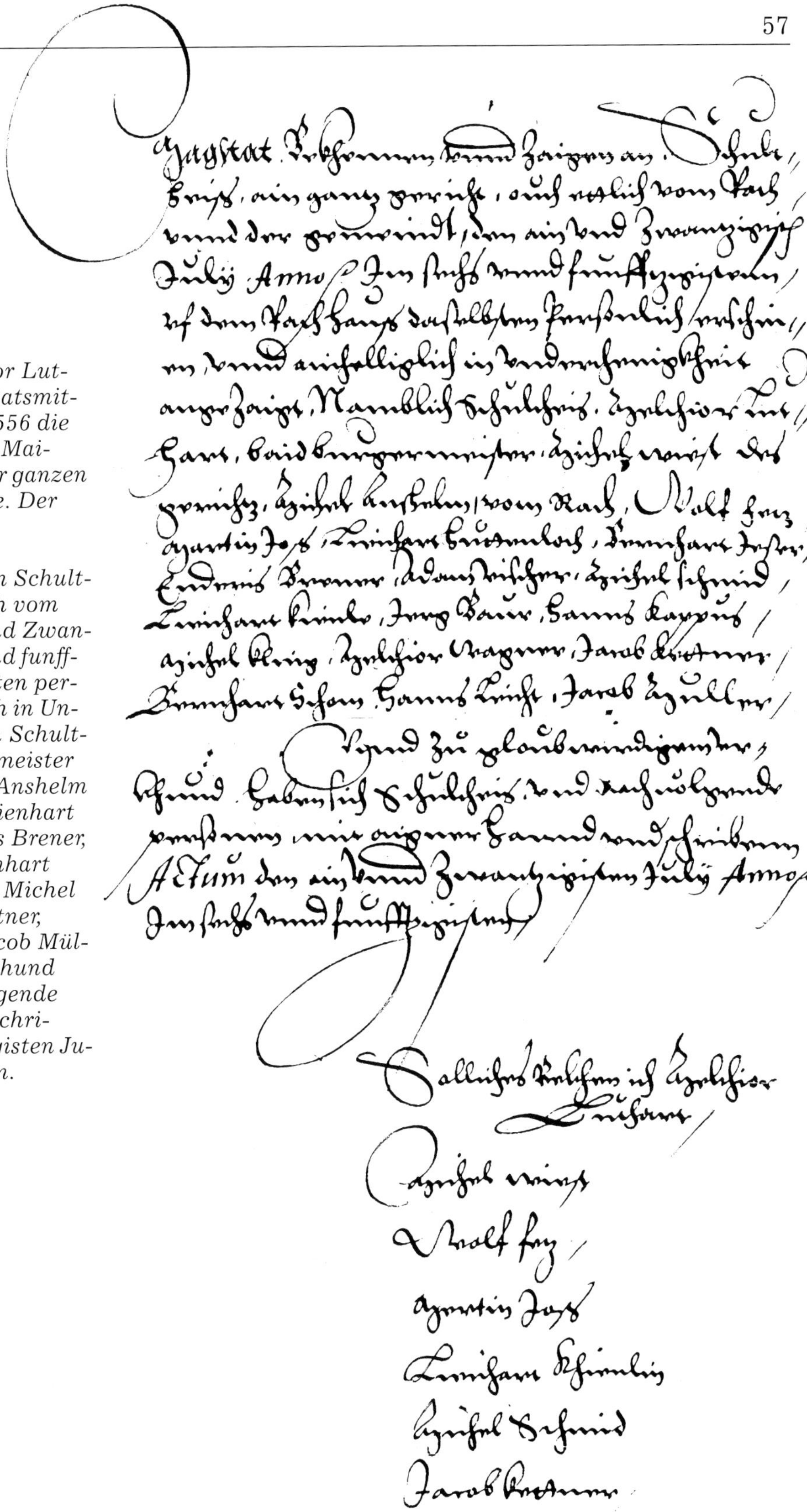

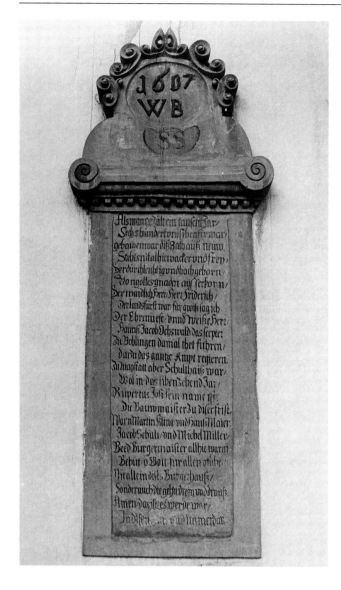

Der linke der beiden Gedenksteine beim Rathauseingang erinnert an dessen Neubau 1607 (siehe auch Text Seite 63 und Abbildung Seite 114). Baumeister waren Martin Kling und Hanß Maier.
Die Inschrift ist auf Seite 242 abgedruckt.
Das Wappen mit den beiden S wurde erst im 19. Jahrhundert eingemeißelt. (Siehe auch Text zum Ortswappen auf dem Vorsatz.)

Schultheißen auch „an holtz ain kleinen Vorteil gegen anndere hußgesäßen", sie erhielten also mehr Brennholz aus den Herrschafts- und den Gemeindewäldern als „einfache" Bürger.[22] 1515 gehörte „Brennholz genug" zu den üblichen Einkünften des Magstadter Schultheißen.[23]

Den Schultheißen stand als beratendes Gremium das Gericht zur Seite. Die zwölf Magstadter Richter kamen ebenfalls aus den reicheren Familien des Ortes. Die „Gemeinde", das heißt alle volljährigen männlichen Bürger, mußte bei wichtigen Angelegenheiten gehört werden, so bei der Stiftung der Frühmesse im Jahr 1403[34] und im Jahr 1481 bei den Verhandlungen, die Magstadt mit dem Kloster Bebenhausen über den Zehnten der Pfarrkirche und den Mesnerzehnten führte.[25]

Schultheiß und Richter überwachten auch die Einhaltung der oft uralten Regeln und Verordnungen, an die sich die Bauern bei der Arbeit auf Wiesen und Feldern zu halten hatten. Erbfälle, Güterübergaben und -verkäufe wurden von ihnen auf dem „Rauthus" geregelt, das schon im 15. Jahrhundert Sitz der Ortsverwaltung war. Als Mitglied der Amtsneuner konnten Magstadter Richter auch Verantwortung für Angelegenheiten des ganzen Amtes Böblingen tragen.

Der Schultheiß und die Richter urteilten leichtere Vergehen ab. Diese wurden in der Regel mit Geldstrafen belegt; so wurde der „große Frevel" mit 13 Pfund fünf Schilling, der „kleine Frevel" mit zwei Gulden und das „Unrecht" mit acht Schilling geahndet. Ein besonderer Strafsatz für Frauen wurde nach den jeweiligen Umständen und dem Ermessen des Gerichts gehandhabt.[26] Für schwere Vergehen war das Gericht der Amtsstadt Böblingen zuständig.

Informationen über die Besoldung der Schultheißen in seinem Amtsbezirk. Sie waren für 100 Gulden Vermögen von der Steuer befreit und brauchten keine Herrschaftsfronen zu leisten. Die meisten erhielten zwei Pfund Heller als Lohn für das Einziehen von Steuern und Abgaben, und von jeweils 20 Pfund Hellern Einnahmen aus dem Umgeld standen ihnen zehn Schilling zu, freilich nur dann, wenn diese Abgabe nicht anderweitig verliehen oder verpfändet war. Soweit Brennholz nicht „überfleißig", also im Überfluß vorhanden war, hatten etliche

Eine unruhige Zeit: Armer Konrad und Bauernkrieg

Die ersten Jahrzehnte des 16. Jahrhunderts waren eine Zeit sozialer und politischer Unruhen in Württemberg. 1514 ging vom Remstal die Aufstandsbewegung des „Armen Konrad" aus, 1519 verlor Herzog Ulrich sein Land, weil er wider alles Recht die Reichsstadt Reutlingen angegriffen hatte, und 1525 erlitten die württembergischen Bauern im Bauernkrieg eine vernichtende Niederlage bei Böblingen. Zehn Jahre später brachte Herzog Ulrich mit Hilfe protestantischer Fürsten das Land wieder in seinen Besitz und führte in Württemberg die Reformation ein.

Der Arme Konrad

Die Ursachen dieses Bauernaufstands waren vielfältig. Die Bauern wehrten sich vor allem gegen die Ausweitung staatlicher Zuständigkeiten auf Kosten der dörflichen Selbstverwaltung und gegen die immer drückender werdende Abgabenlast. So beklagte man sich im Nachbaramt Leonberg über das Hauptrecht, eine Geldabgabe, die beim Tod eines Hofinhabers gezahlt werden mußte, ferner über die Erhöhung des Umgeldes und über die Fronen, welche die Untertanen bei herzoglichen Jagden oder im Fuhrdienst zu leisten hatten. Auch versuchte die Obrigkeit, die Weiderechte der Gemeinden in den Forsten immer mehr einzuschränken. Zudem schenkte sie den Klagen der Bauern über die Schäden, die das

1514 fingen die Bauern an, sich gegen die immer stärkere Einschränkung der Selbstverwaltung sowie der Rechte und Freiheiten des Einzelnen durch den Herzog und die Verwaltung zu wehren: Der Aufstand des Armen Konrad begann. Der Text auf dem Flugblatt lautet:
„Wer wissen wöll wie die sach stand
Itz in dem würtenberger land
der kauff unnd leß den spruch zu hand
er ist der arm Conrad genandt."

im Übermaß gehegte Wild auf den Äckern anrichtete, kein Gehör.[27]

In Böblingen beriefen die Beamten Herzog Ulrichs am 6. Juni 1514 eine Amtsversammlung ein, um die wachsende Unzufriedenheit einzudämmen. Aber es war bereits zu spät. Die Vertre-

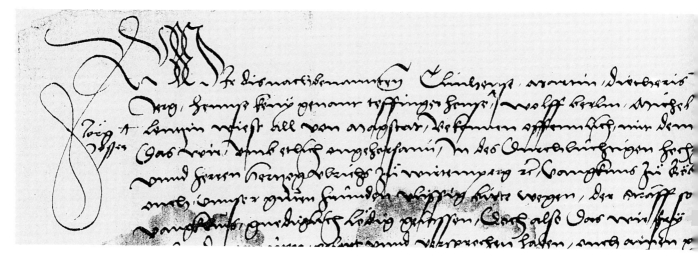

Martin Clinhenß, Dietheris Thoma, die Brüder Wiest, Jerg Pur, Hennse Keny genannt Teffinger Hense, Wolff Berlin, Michel Joß, Martin Naß, Kenlin Naß und Lentzin Wiest, alle von Magstadt, mußten mit diesem am 24. August 1514 ausgestellten Dokument Urfehde schwören; das heißt, sie bekannten sich des Ungehorsams schuldig und schworen bei Straffreiheit, sich nie mehr gegen den Herzog oder seine Nachkommen und gegen alle Obrigkeit aufzulehnen.

ter der Gemeinden traten in Dagersheim und einige Tage später in Sindelfingen aus eigenem Recht zusammen. Die Unruhe wuchs; der Versuch der Empörer, das Böblinger Schloß zu besetzen und die Schlüssel der Stadttore in ihren Besitz zu bringen, schlug aber fehl. 4000 Bauern sollen sich dann auf dem Engelberg bei Leonberg versammelt haben. Diese Stadt wurde zum Mittelpunkt der Revolte. Hier richteten die Empörer sogar eine Kanzlei ein, über die die Kontakte zu den anderen Aufstandszentren liefen.[28] Schließlich stellten die Gemeinden des Amtes Böblingen ihre Beschwerden zusammen und brachten sie nach Tübingen, wo Herzog Ulrich mit der Landschaft, den Vertretern der Ämter und Klöster, über eine Lösung der Verfassungskrise verhandelte. Am 8. Juli schlossen Herzog und Landschaft den Tübinger Vertrag, der zum Grundgesetz Altwürttembergs wurde. Die Landschaft übernahm die Schulden des Herzogs und erhielt dafür weitgehende Mitwirkungsrechte in Politik und Verwaltung: Ohne ihre Zustimmung durfte der Landesherr keine Kriege mehr führen und keine neuen Steuern einführen. Die Untertanen erhielten den „freien Zug", das heißt das Recht, ihren Wohnsitz zu verlegen oder ungehindert aus Württemberg fortzuziehen. Außerdem garantierte der Herzog die ordnungsgemäße Durchführung der Gerichtsverfahren.

Aber nicht alle Bauern waren bereit, dem Herzog erneut zu huldigen. Zu den Sprechern dieser radikalen Gruppe gehörten Hans Weil aus Aidlingen und Melchior Schyck aus Magstadt. Nachdem die meisten Untertanen im Böblinger Amt am 14. Juli gehuldigt hatten, versammelten sich die Unzufriedenen zwei Tage später in Magstadt. Der Obervogt Wolf von Tachenhausen, der befürchtete, daß die Aufrührer Böblingen und die Amtsdörfer in ihre Gewalt bringen könnten, bat Herzog Ulrich um Hilfe. Von Magstadt aus zog ein Teil der Bauern ins Remstal, die meisten aber zum Engelberg. Erst als der Herzog dort persönlich erschien und um Vertrauen warb, lenkten die Aufrührer ein.[29] Dazu trug nicht nur die Verhandlungsbereitschaft des Herzogs bei: Die Bauern erhielten keinen weiteren Zuzug vom Land, und sie wußten ebenso wie der Herzog, daß neu ausgehobene Truppen im Anmarsch waren. Ende Juli und Anfang August huldigten die letzten Aufständischen.[30]

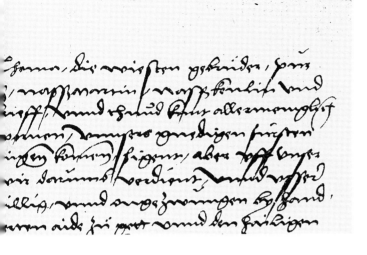

Der Bauernkrieg

Noch radikalere Formen nahm der Bauernkrieg im Jahr 1525 an. Der Aufstand gegen die Herren und für die „evangelische Freiheit" – überall wurden die Forderungen Martin Luthers begierig aufgenommen – begann im Spätwinter 1525 am Hochrhein und in Oberschwaben.

Herzog Ulrich, der 1519 vertriebene Landesherr, wollte den Aufstand nutzen, um sein Land zurückzuerobern. Ende Februar 1525 zog er vom Hegau nach Stuttgart. Am 6. März kam er nach Sindelfingen und nahm die Übergabe der Stadt Böblingen entgegen. Als ihn aber seine Schweizer Landsknechte verließen, mußte er sich Mitte März fluchtartig aus Stuttgart zurückziehen. Truchseß Georg von Waldburg, der Feldherr des mit Österreich verbündeten Schwäbischen Bundes, zwang Böblingen und Leonberg, hohe Geldstrafen zu zahlen, weil sie Herzog Ulrich keinen Widerstand geleistet hatten.

Ende April griff der eigentliche Bauernkrieg auf unsere Gegend über. Das nordwürttembergische Bauernheer rückte in Stuttgart ein, und Aufständische, die sich bei Herrenberg gesammelt hatten, zogen durch das Amt Böblingen. Diesem Haufen – in der Landsknechtssprache die Bezeichnung für eine militärisch geordnete Formation – schlossen sich auch Bauern aus Magstadt an. Sie zogen nach Bebenhausen, wo sie sich vom Abt verköstigen ließen. Zur Vereinigung mit dem Hauptheer bei Kirchheim/Teck kam es aber nicht mehr. Während die Bauern dieses Haufens die Burgen Hohenstaufen und Teck niederbrannten, waren Magstadter Bauern an der Plünderung und Brandschatzung der Neckarburg bei Neckartenzlingen beteiligt.

Am 12. Mai wurde das Bauernheer – die einzelnen Haufen, insgesamt mehr als 10 000 Bewaffnete, hatten sich schließlich bei Herrenberg vereinigt – bei Böblingen von Truchseß Georg von Waldburg vernichtend geschlagen. Jetzt zogen die Häscher des Schwäbischen Bundes durch die Dörfer und nahmen alle fest, die am Aufstand teilgenommem hatten oder auch nur durch aufrührerische Reden aufgefallen waren. Noch Jahre dauerten die Schadenersatzprozesse, die die Äbte von Hirsau und von Bebenhausen sowie die Besitzer der Neckarburg gegen die Teilnehmer an den Ausschreitungen anstrengten.[31]

Trommler und Fähnrich im Bauernkrieg 1525. Die Zeichnung von Hans Sebald Beham entstand 1544.

Ort und Einwohner im 16. Jahrhundert

Vermögen und Steuern

Der Arme Konrad und der Bauernkrieg waren keine Aufstände sozial verelendeter Bauernmassen. Im Gegenteil: Am Anfang des 16. Jahrhunderts lebten die württembergischen Bauern in relativem Wohlstand. Die 101 Herdstätten, das heißt Haushaltungen, die es nach dem Steueranschlag von 1525 in Magstadt gab, wurden auf insgesamt 4409 Gulden Vermögen geschätzt, das aber höchst ungleich verteilt war. Nach der Steuerschätzung besaßen 71 Haushaltungen ein Vermögen bis zu 50 Gulden, 23 Haushaltungen wurden zwischen 50 und 100 Gulden veranschlagt, und nur sieben Haushalte versteuerten Vermögen von über 100 Gulden. Weitere 16 Personen versteuerten zusammen 1713 Gulden. Von diesen Einwohnern, die nicht Hausbesitzer waren, gehörten nur vier zur untersten Vermögensklasse bis zu 50 Gulden. Fünf von ihnen zählten sogar zu den reichsten Magstadtern, so Peter Huttenloch mit 325 Gulden und die noch minderjährigen Erben Dietrich Wiests, der ihnen ein Vermögen von 300 Gulden hinterlassen hatte. Ganz vermögenslos waren 1525 nur fünf Personen, vermutlich Knechte und Mägde. Trotz aller politischer Wirren erlebte Magstadt in den folgenden Jahrzehnten einen bedeutenden Aufschwung, sowohl was die Steuerkraft der Einwohner wie auch ihre Zahl betraf. Im Jahr 1525 gab es 122 steuerpflichtige Einwohner in Magstadt. Bis 1545 nahm ihre Zahl um ein Fünftel zu; in diesem Jahr wurden 156 Magstadter zur „Türkensteuer" veranlagt. Diese Sondersteuer wurde zur Verteidigung des Reichs benötigt, weil die Osmanen Ungarn erobert hatten und Österreich bedrohten.

Das Dorf brachte 1545 eine „Türkenhilfe" in der Gesamthöhe von 161 Gulden vier Batzen auf. Soweit sich erkennen läßt, wurde für bereits versteuerte Einnahmen ein anderer Steuerfuß angelegt als für Vermögen. So mußte für einen Gulden Lohn ein Kreuzer Steuer bezahlt werden, also der sechzigste Teil – das waren für vier Gulden vier Kreuzer, was genau einen Batzen ausmachte. Bei Vermögen entrichtete man aber nicht für vier Gulden, sondern für etwa 13 Gulden einen Batzen. Das Einkommen wurde also viel höher besteuert als das Vermögen. Am höchsten veranlagt wurde das Einkommen der Pfarrei: Statt ein Sechzigstel mußte das Ortskirchenvermögen ein Zehntel von 40 Gulden Einkommen, nämlich vier Gulden entrichten. Im Vergleich zum Steueranschlag von 1525 gab es jetzt mehr Einwohner, die Vermögen von über 100 Gulden versteuern mußten. Die Zahl dieser vermögenderen Magstadter war von sieben auf 65 gestiegen, und 46 Haushalte besaßen Vermögen von bis zu 150 Gulden. Die reichsten Einwohner waren Hannß Könny, der 3400 Gulden versteuerte, und Kilian Veßlin, dessen Vermögen 2000 Gulden wert war. Der Gesamtwert des steuerbaren Vermögens des Dorfes war auf 30 570 Gulden gestiegen.[32]

Das erste Blatt der Magstadter Herdstättenliste von 1525. In der auf rein fiskalischen Interessen beruhenden landesweiten Erhebung wurden die Namen der Hausbesitzer sowie der Wert ihrer Häuser und ihr Vermögen erfaßt. Die Namen der vollständigen Liste sind auf Seite 241 aufgeführt.

Aufschwung und Niedergang

Bis zum Dreißigjährigen Krieg blieb Magstadt ein relativ vermögendes Dorf, dessen Einwohnerzahl kontinuierlich zunahm. 1525 lebten etwa 530 Menschen im Dorf, 1592 bereits 730, und ihre Zahl stieg bis 1634 auf 889.[33] Dies regte auch die Bautätigkeit an. Wie aus einem Gerichtsprotokoll aus dem Jahr 1610 hervorgeht, „zertrennte" man die alten Hofstätten. Man teilte also größere Grundstücke auf, damit man „uff selbige neue heußlin setzen" konnte, und auch Gärten wurden überbaut. Der aufblühende Ort erhielt 1607 durch die Baumeister Martin Kling und Hans Maier ein neues Rathaus, das seinen Zweck bis heute erfüllt. Wegen der steigenden Zahl der Einwohner wurde 1616 ein neuer Friedhof bei der Kapelle an der Leonberger Straße angelegt.[34] Während der ersten Jahre des Dreißigjährigen Krieges litt der Ort zwar durch Truppendurchmärsche, Sondersteuern und eine galoppierende Inflation. Die Katastrophe kam aber erst 1634, als kaiserliche Armeen nach ihrem Sieg bei Nördlingen das Herzogtum Württemberg besetzten und ausplünderten. Seuchen brachten Zehntausenden den Tod. Nach Jahrzehnten langsamen Aufschwungs kamen jetzt Zeiten bitterster Not und Entbehrung.

Magstadter an Universitäten und im Kirchendienst

Der relative Wohlstand, den Magstadt seit der zweiten Hälfte des 15. Jahrhunderts genoß, ermöglichte es auch Bauernsöhnen, ein Studium zu absolvieren. Der aus einer weitverzweigten

Auf einem Gemälde in der Klosterkirche von Bebenhausen, genannt „die Bernhardsminne", ist der aus Magstadt stammende 1493 verstorbene Abt Bernhard Rockenbauch dargestellt. (Siehe auch Text Seite 38.)

Familie stammende Johann Rockenbauch war 1472 Student in Freiburg.[35] Zu seinen Verwandten zählte Matthias Rockenbauch, der 1492 in Tübingen Baccalaureus wurde und zwei Jahre später zum Magister Artium promovierte.[36] Kaspar Rockenbauch, der 1478/79 sein Studium in Freiburg mit dem Magistergrad abgeschlossen hatte, wurde Chorherr in Herrenberg und Tübingen. 1489/90 übernahm er die Pfarrstelle in seinem Heimatort, den er aber schon 1502 wieder verließ, um Chorherr in Stuttgart zu werden.[37] Auch aus der mit den Rockenbauch versippten Familie Keppler gingen mehrere Geistliche hervor. 1454 studierte Johann Keppler in Heidelberg. Er erhielt 1477 die Pfarrei Holzgerlingen.[38] Georg Kienlin aus Magstadt war 1491 Chorherr in Tübingen und dann Kaplan an der St. Annapfründe in Böblingen.[39] Zusammen mit dem Schultheißen Johann Wiest stiftete er 1505 die Annapfründe in Magstadt. Der wohl ebenfalls zu seiner Familie gehörende Johann Könlin studierte 1522 in Tübingen. Er schloß sich dem neuen Glauben an und wurde 1542 evangelischer Pfarrer in Renningen.[40] Geistliche stellten auch die Wiest, um 1500 eine der einflußreichsten Familien im Dorf. 1518 war Johann Wiest Chorherr in Tübingen und Kaplan in Schwärzloch,[41] Urban Wiest versah 1525 die von seiner Familie gestiftete Annakaplanei. Nach der Reformation war er evangelischer Pfarrer in Maichingen.[42]

Die beiden bedeutendsten aus Magstadt stammenden Geistlichen waren der zwischen 1427 und 1452 amtierende Abt Heinrich von Herrenalb und Abt Bernhard Rockenbauch von Bebenhausen. Von Abt Heinrich weiß man nur, daß er in Magstadt geboren wurde, denn bis zum Ende des 15. Jahrhunderts führten die Herrenalber Äbte keine Familiennamen. Während seiner Regierung erlebte Herrenalb eine Blütezeit wie während des 13. Jahrhunderts. Das Kloster galt als reichsunmittelbar, und Abt Heinrich verstand es, die Rivalitäten zwischen den Grafen von Württemberg und den Markgrafen von Baden um den Einfluß auf sein reiches Kloster geschickt auszunutzen.[43]

Bernhard Rockenbauch gilt als bedeutendster Abt des Klosters Bebenhausen im 15. Jahrhundert. Er kam aus einer Magstadter Familie, deren Aufstieg auf ihrem Vermögen und ihren Einfluß im Dorf beruhte. Bernhard wurde wohl um 1440 geboren; über seinen Bildungsgang und seine frühe Klosterlaufbahn ist nichts bekannt.[44] Die Umstände seiner Wahl zum Abt weisen darauf hin, daß er ein Vertreter der Klosterreform war. Im Mai und Juni 1471 weilte eine Visitationskommission in Bebenhausen, der Abt Hum-

Grabplatte des am 11. Mai 1493 verstorbenen Abts im Kapitelsaal des Klosters. Die lateinische Inschrift des Steins lautet: Anno d[omi]ni. 1493. v. id[us]. maii. / Obiit Reuerend[us]. in. C[h]r[ist]o. p[ate]r. et d[omi]n[u]s. d[omi]n[s]. Bernhard[us] de mastat / magne. cleme[n]tie. Abbas. hui[us]. c[o]enobii. xxiiii. Cui[us] a[n]i[m]a. requiescat. in. pace. Amen.

bert von Citeaux, dem Mutterkloster der Zisterzienser, und die Äbte von Alzey und Herrenalb angehörten. Wohl im Zuge der Erneuerung des klösterlichen Lebens trat der alte Abt Werner Glüttenhart zurück. Bei der am 6. Juni folgenden Neuwahl teilten sich die Stimmen des Konvents auf drei Bewerber auf, und Abt Humbert entschied sich für Bernhard Rockenbauch, der ihm „durch vielfältige Tugend, Tüchtigkeit und Bildung" für diese verantwortungsvolle Aufgabe am besten geeignet erschien.[45]

Abt Bernhard wirkte bei der Reform vieler Zisterzienserklöster mit. Unter seiner Regierung setzte noch einmal eine umfassende Bautätigkeit in Bebenhausen ein, und er war auch an der Gründung der Universität Tübingen beteiligt.[46] Das zu diesem Zweck nach Tübingen verlegte Chorherrenstift Sindelfingen erhielt seinen Sitz an der Tübinger St. Georgskirche, die dem Kloster Bebenhausen inkorporiert war. Der Neubau der Kirche (Chor 1470 – 1478, Langhaus 1478 – 1490), die seitdem als Stiftskirche bezeichnet wurde, erfolgte ebenfalls unter Abt Bernhard. Eines seiner wichtigsten Ziele war die Sicherung und der Ausbau des Bebenhausener Besitzes. Da Magstadt für ihn zum Kernbestand des Klostergutes gehörte, erwarb er hier, wie bereits erwähnt, weitere Einkünfte und Rechte. Seit 1483 setzte das Kloster auch die Kapläne der Heiligkreuzpfründe ein,[47] und 1488 erwarb Bernhard vom Kloster Hirsau einen Hof in Magstadt und Wiesen bei Weil der Stadt.[48] Tatkräftig förderte er wohl auch das Studium begabter Angehöriger seiner Familie, einige von ihnen wurden schon genannt. Kaspar Rockenbauch, 1489 Leutpriester in Magstadt, war sehr wahrscheinlich ein Bruder des Abtes.[49]

Der Text auf der Grabplatte lautet ins Deutsche übertragen:
Im Jahre des Herrn 1493, am 5. vor den Iden des Mai [11. Mai] starb in Christo der verehrungswürdige Vater und Herr, Herr Bernhard aus Magstadt, ein Abt von großer Milde, der 24. dieses Klosters. Dessen Seele ruhe in Frieden. Amen.

Die Reformation

Kirchliche Mißstände und Reformansätze

Im ausgehenden Mittelalter war die Kirche vielfältiger Kritik ausgesetzt. Seit dem 14. Jahrhundert schufen sich die Päpste einen ausufernden, geld- und machtgierigen Behördenapparat, und der Lebenswandel vieler Geistlicher stand in krassem Gegensatz zu den Geboten der Nächstenliebe, der Armut und der Verkündigung der Lehre Christi. Oft wurden Pfarreien und Kaplaneien anderen kirchlichen Institutionen wie Klöstern und Stiften inkorporiert, das heißt einverleibt oder an Geistliche verliehen, die nur am Einkommen dieser Stellen interessiert und nicht bereit waren, die Amtsgeschäfte selbst auszuüben. Dies überließen sie schlecht besoldeten Hilfsgeistlichen. Unter einer dünnen Oberschicht von Inhabern reicher Pfründen entwickelte sich so ein geistliches Proletariat, dessen Angehörige oft ungebildet waren und deren Lebenswandel meist nicht den Erwartungen entsprach, die an Geistliche gestellt wurden.

Auf den Reichs- und Fürstentagen wurden immer häufiger Beschwerden über die Kirchenbürokratie, über die Verschwendungssucht hoher Kirchenfürsten und den Verfall der Klosterdisziplin geäußert. Ein überall spürbarer Wandel der Volksfrömmigkeit verschärfte diese Kritik: Die um ihr Seelenheil bangenden Menschen wollten Sicherheit; sie bestanden darauf, daß ihre Priester ihnen das Wort Gottes erklärten und sich nicht nur auf die Durchführung der gottesdienstlichen Riten beschränkten. Überall wurden neue Kirchen und Kapellen gebaut, Wallfahrten und die Verehrung Marias, der Mutter Gottes, und der Heiligen blühten auf wie nie zuvor. Aber es gab auch viele Geistliche, die sich redlich bemühten, dieser neuen, vertieften Frömmigkeit in Predigt und Seelsorge zu entsprechen.

Die neuen Formen der Frömmigkeit brachten aber auch Mißstände: Viele Menschen glaubten, daß der Kauf von Ablässen ihre Sündenstrafen aufheben könnte. Diesen Irrglauben nützten die immer geldhungrigen Kirchenfürsten aus, hierin durchaus unterstützt von den weltlichen Fürsten, die an den Erträgen aus dem Ablaßverkauf beteiligt waren. Einer der berühmtesten Ablaßverkäufer, der Mönch Tetzel, behauptete sogar, daß durch den Kauf eines Ablaßbriefes die Seelen Verstorbener aus den Qualen des Fegefeuers gerettet werden könnten. Gegen diese Irrlehren veröffentlichte der junge Wittenberger Theologieprofessor Martin Luther im Jahr 1517 seine 95 Thesen, in denen er unter Berufung auf die Bibel feststellte, daß der Mensch nur durch Reue und Glauben erlöst werden könnte. Obwohl er mit diesen Thesen nur eine Diskussion unter Fachkollegen in Gang bringen wollte, löste ihre Veröffentlichung in ganz Deutschland ein ungeheures Echo aus. Aus einem „Mönchsgezänk" entwickelte sich die Reformation, eine grundlegende Umgestaltung der kirchlichen Verhältnisse im Reich.

Die Reformation in Württemberg

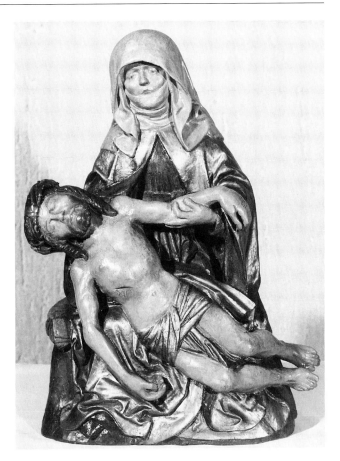

Eines der schönsten Kunstwerke in Magstadt ist die spätgotische Pieta aus der Zeit um 1524. Sie wird dem Bildschnitzer Matthäus Weinmann aus Weil der Stadt zugeschrieben. Die knapp 50 Zentimeter hohe, bemalte Holzplastik steht in einer Nische der katholischen Kirche „Zur Heiligen Familie".

Während in Sachsen und Hessen evangelische Landeskirchen entstanden, Reutlingen, Esslingen und Ulm die reformatorische Bewegung in den Städten prägten, schien in Württemberg alles beim alten zu bleiben. Herzog Ulrich hatte 1519 die Reichsstadt Reutlingen angegriffen. Deshalb wurde er vom Schwäbischen Bund, einem Bündnis reichsunmittelbarer Herren, Städte und Klöster, aus seinem Land vertrieben, und der Bund überließ 1523 den Habsburgern das Herzogtum. Sie wollten Württemberg zu einem starken Pfeiler habsburgischer Macht im Südwesten des Reiches ausbauen. Tradition und politisches Interesse geboten es dem Kaiserhaus, den alten Glauben zu erhalten. Erst 1535 konnte Herzog Ulrich, nachdem er mit der Hilfe des evangelischen Landgrafen Philipp von Hessen in sein Land zurückgekehrt war, die Reformation einführen. Die herzogliche Regierung hob Klöster und Stifte auf und zog den Kirchenbesitz ein. Von der Mitte des Jahrhunderts an war der Kirchenrat in Stuttgart die oberste Verwaltungsbehörde für die Kirche und ihren Besitz. Der Stuttgarter „Kirchenkasten" wurde ein allgemeiner Besoldungs- und Vermögensfonds für die Kirche und ihre Pfarrer, denn die Regierung gab das alte Pfründensystem auf und ging zu einer zentralen Besoldung der „Kirchendiener" über. Das Vermögen des „Ortsheiligen", das heißt der Pfarrkirche, wurde für die Schule, für die örtliche Armenpflege und für den Unterhalt der Kirchengebäude und der Pfarrhäuser herangezogen. Bei der Neuordnung stellte man alte Mißbräuche ab und bemühte sich, die Grundlagen für wirtschaftlich leistungsfähige Kirchenstellen zu schaffen. So wurden die einstmals inkorporierten Pfarreien wieder selbständig, und die Vereinigung mehrerer geistlicher Stellen in einer Hand wurde untersagt. Überflüssige oder schlecht dotierte Pfarreien verschwanden. Oft faßte ein evangelischer Pfarrer die Tätigkeit mehrerer vorreformatorischer Geistlicher in einer Hand zusammen. Er war jetzt kein Priester mehr, der die Sakramente verwaltete, sondern ein Seelsorger für die religiösen Beürfnisse seiner Pfarrkinder.

Gewinner der Neuordnung war vor allem der Staat. Er zog jetzt den Besitz an sich, den das Kloster Bebenhausen, das Chorherrenstift Sindelfingen und das Stift Stuttgart auf Magstadter Markung hatten. Erst jetzt wurde Magstadt „richtig württembergisch".

Die etwa um 1910 entstandene Aufnahme zeigt die Kirche noch mit der alten, vermutlich mittleren Westmauer und dem Storchennest.

Der Aufbau der neuen Kirche in Magstadt

Die ersten reformatorischen Bewegungen in unserer näheren Heimat gingen paradoxerweise von der später streng katholischen Reichsstadt Weil aus. Schon 1522 wurde der Magstadter Hans Müller in Böblingen gefangengesetzt und mußte Urfehde schwören, weil er in der Klosterkirche der Augustiner in Weil der Stadt „aufrührerische lutherische" Reden geführt hatte. 1526 jedoch gab es bereits so viele „Lutherische" in der Stadt, daß die Bürger die Feiern des Landkapitels Weil der Stadt, zu dem auch Magstadt gehörte, kaum noch beachteten. Bischof Georg von Speyer ordnete deshalb an, daß die Geistlichen des Landkapitels sich nicht mehr in der von der Ketzerei bedrohten Reichsstadt, sondern in einem Dorf versammeln sollten.[1] Die Entfremdung der Bevölkerung von den alten Formen der Frömmigkeit und des Gottesdienstes war schließlich so tief, daß die Einführung des neuen Kirchenwesens durch Herzog Ulrich in unserem Gebiet auf keinen Widerstand stieß.[2]

Die Neuordnung richtete sich nach den weltlichen Ämtern und nicht mehr nach der alten kirchlichen Regionalorganisation. Mit ihrer Durchführung im Amt Böblingen beauftragte der Herzog Ambrosius Blarer. Aus seinen Briefen ist zu schließen, daß er sich zwischen dem 29. September und dem 22. Dezember 1534 in der Amtsstadt aufhielt. In Tübingen hatte er mit den Geistlichen des Amtes auf dem Rathaus verhandelt, und so wird er es auch in Böblingen getan

Die erste Regierungszeit Herzog Ulrichs von 1503 bis zu seiner Vertreibung durch Truppen des Schwäbischen Bundes 1519 war gekennzeichnet durch Mißwirtschaft und soziale Konflikte, die im Aufstand des Armen Konrad und im Bauernkrieg gipfelten. Nach seiner Rückkehr führte der Herzog 1534 unter schwierigen Bedingungen die Reformation im Land ein.

haben. Er legte ihnen die Grundsätze des wahren Glaubens dar, wie sie aus der Bibel erkannt werden konnten, und zeigte ihnen die „Verderblichkeit" des Papsttums und der alten Messe. Danach forderte er sie auf, von nun an fleißig das Wort Gottes zu predigen und die Sakramente nach der Schrift zu verwalten. Wer vor 1519, dem Jahr der Vertreibung Herzog Ulrichs, eingesetzt worden war, durfte seine Stelle behalten, wenn er sich der neuen Lehre nicht widersetzte. Auch die von Patronatsherren, also von Klöstern oder Adligen, berufenen Geistlichen mußten sich der Neuordnung fügen, wenn sie ihre Stellen behalten wollten. Sie durften keine Messen mehr lesen, mußten zum lutherischen Predigtgottesdienst übergehen und ihre Haushälterinnen heiraten. Ehelosigkeit galt den Reformatoren als unbiblisch, und der Zölibat war sicher auch ein Grund für den Autoritätsverfall gerade der Gemeindepfarrer gewesen, denen man immer wieder eheähnliche Gemeinschaften mit ihren Haushälterinnen vorgehalten hatte.[3]

Die Neuordnung trat aber erst nach der Auflösung des alten Landkapitels in Kraft. An Lichtmeß 1535 mußten der Dekan, der Kammerer und die Deputierten vor Vogt und Amtsschreiber in Böblingen Rechnung ablegen und ihre Urkunden abliefern. Wie die übrigen zum Landkapitel Weil der Stadt gehörenden Orte wurde auch Magstadt in die neu geschaffene „Diözese" Böblingen integriert.[4]

Der seit 1525 in Magstadt amtierende Pfarrer Michael Biechler blieb dem alten Glauben treu und trat zurück.[5] An seine Stelle setzte Blarer den aus Tettnang stammenden Melchior Irmensee als „Prädikanten", das heißt als Prediger ein. Auch er muß früher katholischer Priester gewe-

sen sein, denn wie Biechler ist er während des Interims wieder als Priester nachweisbar. Über seinen Bildungsgang ist nichts bekannt; vielleicht hatte ihn der aus Konstanz stammende Blarer bei seiner Tätigkeit in den oberschwäbischen Reichsstädten kennengelernt.[6]

Hans Kemlin, der Kaplan der Frühmeßpfründe, war der älteste der in Magstadt tätigen Geistlichen, denn er war bereits 1499 von Abt Sebastian Luz von Bebenhausen auf diese Stelle berufen worden.[7] Da er jetzt als Diakon und Helfer Pfarrer Irmensees bezeichnet wird, hat er sich wohl der Neuordnung gebeugt. Von seiner Pfründe sollte er 13 Gulden Schatzung entrichten.[8] Er bat Blarer, diese hohe Abgabe zu reduzieren. Bevor dieser helfen konnte, erkrankte Kemlin, und man forderte ihn sogar auf, die Pfründe abzugeben. Der Kaplan bat nun den aus Magstadt stammenden früheren Amtsschreiber Johannes Wernlin um Fürsprache bei Blarer. Wernlin schrieb in diesem Sinne am 20. Juli

Der 1492 in Konstanz geborene Ambrosius Blarer war 1534 von Herzog Ulrich beauftragt worden, die Reformation in seinem Land durchzuführen. Blarer war bis 1528 Prior des Benediktinerklosters Alpirsbach. Er starb 1564 in Winterthur.

rii" des Landkapitels gezählt. Am 23. Dezember 1536 verzichtete er gegen 20 Gulden Leibgeding auf seine Pfründe.[11]

Urban Wiest, Kaplan der St. Annapfründe und Angehöriger der Familie, die diese Kaplanei im Jahr 1507 gestiftet hatte, war einer der wenigen Geistlichen in Magstadt, die sich für den neuen Glauben gewinnen ließen. Nach dem Bericht Kemlins war er Diakon neben Pfarrer Irmensee und wurde 1548 Pfarrer in Maichingen.[12]

1536, man möge Kemlin „von des gelts wegen in seiner obgelegenen krankheit nit sogar in das elend jagen". Es sei doch schimpflich zu hören, „das man die diener des worts gottes, sonderlich die alten, irer pfrindlen priviern [entheben] wolt von gelts wegen". Die Sache endete damit, daß Kemlin ins Kloster Maulbronn aufgenommen wurde und gegen ein Leibgeding von acht Gulden auf seine Pfründe verzichtete.[9] Das zur Frühmesse gehörende Wohnhaus wurde für 170 Gulden verkauft, und der Stuttgarter Sternwirt Johann Wernle bat den Statthalter Jörg von Ow, das Haus seinem Vetter, dem in Magstadt lebenden Gürtler Jakob Kapuß zukommen zu lassen.[10] Noch vor Kemlin hatte der Heiligkreuzkaplan Magister Bernhart Keppler aufgegeben. Er war ein Neffe des Bebenhausener Abtes Bernhard Rockenbauch und hatte die Pfründe zwischen 1525 und 1527 erhalten. Unter seinen Kollegen muß er ziemlich angesehen gewesen sein, denn 1526 wurde er zu den „definitores und secreta-

Das Interim

Dem neuen Glauben stand aber noch eine Zeit harter Prüfungen bevor. Kaiser Karl V. konnte in den Jahren nach dem Wormser Reichstag 1521, auf dem Luthers Lehre offiziell verboten worden war, nicht aktiv in die Auseinandersetzungen in Deutschland eingreifen, weil er in Kriege gegen das Osmanische Reich und Frankreich verwickelt und deshalb auf die Unterstützung der deutschen Fürsten angewiesen war. Die dem Luthertum zuneigenden Fürsten nutzten diese Notlage des Kaisers aus und bauten das neue Kirchenwesen in ihren Ländern auf. In den vierziger Jahren wendete sich aber das Blatt: Dem Kaiser gelang es, Frieden mit Frankreich und einen Waffenstillstand mit den Osmanen zu schließen, und er suchte jetzt die Entscheidung in den Auseinandersetzungen um den Glauben im Reich.

Unten: Der Magstadter Heiligenkasten. In ihm wurden die Gelder des Heiligen, der Kirche, verwahrt, ebenso wertvolle Schalen und Kelche sowie wichtige Schriften und Bücher. Die dicht mit Eisenbändern beschlagene Holztruhe stammt aus der Zeit um 1500; heute steht sie im Chor der Kirche. Die Truhe ist zwei Meter lang und 80 Zentimeter hoch.

Die Niederlage der im Schmalkaldischen Bund zusammengeschlossenen evangelischen Fürsten 1546/47 war ein schwerer Rückschlag für die Reformation. Der Kaiser erzwang das Interim, eine Übergangslösung bis zur Beilegung des Glaubensstreits auf dem Konzil, das nach Trient einberufen worden war. Das Interim räumte den Evangelischen einstweilen den Laienkelch beim Abendmahl und die Priesterehe ein, aber dafür sollten sie die Messe und die bischöfliche Amtsautorität wieder anerkennen.[13] Überall sollten neben lutherischen Predigern auch Meßpriester eingesetzt werden. Die württembergische Regierung ordnete deshalb an, daß die Prediger vormittags, die Interimspriester nachmittags Gottesdienst halten sollten. Dieser Ausgleichsversuch hatte wenig Erfolg,[14] und im November 1548 mußten alle evangelischen Pfarrer, die das Interim nicht anerkennen wollten, entlassen werden. Nur im äußersten Notfall durften sie noch taufen oder das Abendmahl reichen.[15] Offenbar herrschte dafür einiger Bedarf: Wie im Dezember 1548 aus Sindelfingen berichtet wurde, ließen die Eltern neugeborene Kinder lieber ungetauft, als daß man sie einem Interimspriester anvertraute.[16]

Im Böblinger Kirchenbezirk gab es während des Interims viele Geistliche, die bereit waren, die kaiserliche Religionsordnung anzuerkennen.[17] Dies lag wohl weniger an fehlender Glaubenstreue, als an der hier besonders drückenden Besatzung durch spanische Truppen. Ziel des Kaisers war es nämlich, in Württemberg, in dessen Nachbarschaft ja habsburgische Herrschaften lagen, die kirchliche Übergangsregelung auf jeden Fall durchzusetzen. Die Spanier plünderten die Dörfer und verwüsteten die Wälder.[18] Im Amt Böblingen lagen vier Fähnlein Spanier, doppelt so viele wie in den anderen Ämtern. In den 20 Wochen ihrer Stationierung kosteten sie die Einwohner 28 555 Gulden, und zu diesen Besatzungskosten kamen noch Naturalabgaben wie Holz, Heu, Stroh, Obst und dergleichen mehr.[19] Die Besatzungsmacht griff hart durch, wenn ein

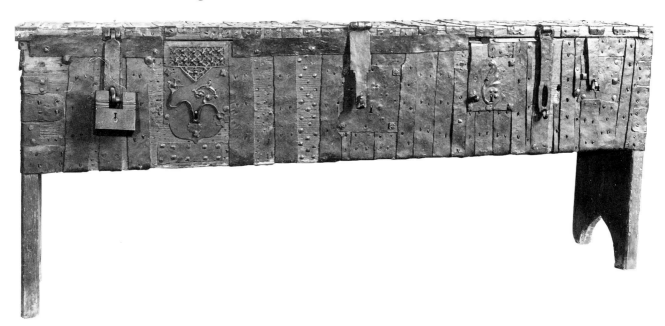

Magstadt auf der Forstkarte des Andreas Kieser von 1681. „Vor dem Dorf, am Leonberger Weg,“ ist eine Kapelle eingezeichnet (siehe Text Seite 47). Diese Zeichnung wurde auch für die Gestaltung des Bucheinbands verwendet.

Einwohner ihre Anordnungen mißachtete: So wurde Lienhart Busch aus Warmbronn ins Gefängnis geworfen, weil er eine Büchse getragen und im Wald gewildert hatte. Das war aber nur aus Hunger geschehen, weil die Spanier ihm alles weggenommen hatten.[20]

So wurden die Gemeinden gezwungen, das Interim anzunehmen.[21] Pfarrer Irmensee hatte schon Anfang 1548 Magstadt verlassen. Im Sommer tat er Dienst in Sindelfingen und Malmsheim. Weil er aber als Lutheraner galt, wurde er wie viele andere Pfarrer im November entlassen und stand ohne Einkommen da. Aus „Armut und Hunger, Blödigkeit und Alter" und aus Rücksicht auf seine zehn Kinder erklärte er sich im Sommer 1549 bereit, in Leonberg wieder die Messe zu lesen. Schon im August bereute er diesen Schritt und bat, als evangelischer Katechist verwendet zu werden.[22]

Sein Nachfolger in Magstadt wurde 1549 der Interimspriester Johannes Frey.[23] Jetzt versuchte man auch, die aufgehobenen Kaplaneien wieder einzurichten: Am 4. Dezember 1548 verlangten Michel und Bartlin Wiest sowie Veit und Aurelius Kienlin, die von ihren Vorfahren gestiftete St.-Annakaplanei neu zu gründen, und auch Urban Wiest, der seine Pfarrei Maichingen durch das Interim verloren hatte, bat, ihm wieder seine alte Kaplanei zu verleihen.[24]

Was aus der Sache wurde, ist nicht bekannt. Im Jahr 1550 löste Wiest aber Johannes Frey als Pfarrer ab. Wie ungefestigt das neue Kirchenwesen aber war, zeigte sich an den Regelungen für

sein Einkommen: Für 34 Wochen, während denen er mit der Versehung der Pfarrei beauftragt war, sollte er 12 Gulden erhalten. Von diesem Gehalt wollte ihm der Schultheiß aber mehr als sechs Gulden „Kostgeld" abziehen. Wiest bat darum, ihm diesen Verlust aus den Einkünften seiner alten Pfarrei zu ersetzen.[25]

Bereits im Februar 1551 löste ihn Anton Reuchlin ab, ein Neffe des berühmten Humanisten Johannes Reuchlin. Anton Reuchlin hatte in Straßburg, Tübingen und Wittenberg studiert und gehörte zu denjenigen Studenten, die von Luther und Melanchthon besonders geschätzt wurden. 1542 war er als Diakon in Leonberg in den württembergischen Kirchendienst eingetreten. Über Grötzingen, wo er den alten Pfarrer Binder, einen Vertrauten Herzog Ulrichs, unterstützt hatte, und Deckenpfronn kam er 1547 nach Markgröningen. Hier begegnete er 1548 dem kaiserlichen Kanzler Granvella, einem der eifrigsten Verfechter des Interims. Gegenüber Granvella machte Reuchlin kein Hehl aus seiner Ablehnung dieser Religionsordnung. Deshalb verlor er auch die Pfarrei. Über Waldenbuch kam er dann 1551 nach Magstadt, das er aber schon zwei Jahre später verließ, um in Straßburg, einem der wichtigsten Zentren des oberdeutschen Protestantismus, tätig zu werden.[26]

Noch während der Amtszeit Reuchlins kam es zu einem grundsätzlichen religionspolitischen Umschwung. Die von Moritz von Sachsen angeführte Fürstenopposition verbündete sich mit Frankreich. Ein kurzer Feldzug zwang Kaiser Karl V., das Reich zu verlassen. Die habsburgische Politik war gescheitert; der Passauer Vertrag hob das Interim auf und stellte die früheren Verhältnisse wieder her.

Die Pfarrer bis zum Dreißigjährigen Krieg

Reuchlins Nachfolger in Magstadt wurde am 1. Juni 1553 Sixt Fritz. Er kam aus Balingen, wo er Diakon gewesen war, und stand mit Caspar Schwenckfeld in Verbindung, dem Vertreter einer spiritualistischen Frömmigkeit. Schwenckfeld zählte die Kirche mit ihren Sakramenten und ihrer bürokratisch-hierarchischen Ordnung zum „Umkreis der sündigen Kreatürlichkeit". Sein Ideal war eine „Geistkirche der Erleuchteten", die auf die Anbindung an weltliche Institutionen verzichtete. Schwenckfeld übte beträchtlichen Einfluß auf Adlige, Bürger und vor allem auf jüngere Pfarrer aus.[27] Zu diesen gehörte auch Sixt Fritz, der von 1542 bis 1545 Pfarrer in Erpfingen war und von hier aus Kontakt zu dem in Justingen weilenden Schwenckfeld aufgenommen hatte.

Diese Beziehung riß auch nicht ab, als Fritz nach Magstadt umzog. Brieflich schilderte er Schwenckfeld seinen Kummer über sein Pfarramt, das er sogar aufgeben wollte. Schwenckfeld ermunterte ihn aber, im Amt zu bleiben. Gott werde sein Häuflein mehren, er solle Christus verkündigen und gegen die Feinde des Glaubens kämpfen.

Als Fritz 1559 nach Besigheim versetzt wurde,[28] folgte ihm Magister Wilhelm Elenheinz als Pfarrer in Magstadt. Er war ein Sohn des Böblinger Dekans und nachmaligen Abts von Alpirsbach, Balthasar Elenheinz. Schon nach vier Jahren verließ er das Dorf wieder und trat die Nachfolge seines Vaters in der Amtsstadt an. Über seine Söhne ist er Stammvater einer heute noch blühenden Gelehrtenfamilie geworden, und von seinen Töchtern stammen eine Reihe bekannter Familien unserer engeren Heimat ab, so die Sindelfinger Volz, Grieb und Bach.[29]

Neuer Pfarrer in Magstadt wurde 1563 Jacob Broll, der bis 1560 Mönch in Hirsau gewesen war. Er galt als „vleissig und eyfrig" in seinem Amt und war „der gemein sehr angenem".[30] 1602 folgte ihm Magister Georg Faber. Er teilte die Geschicke Magstadts bis 1634; in seine Amtszeit fiel auch der Höhepunkt der Hexenverfolgungen, von denen noch Näheres berichtet wird.[31]

Die Schule

Die Reformation schuf nicht nur ein neues Kirchenwesen, sie legte auch die Grundlage für eine allgemeine Schulbildung. Die reformatorische Lehre vom allgemeinen Priestertum aller Getauften gab jedem das Recht, selbst die Bibel zu lesen und auszulegen. Damit wurde das Bildungsmonopol der alten Kirche hinfällig, denn jedem mußte jetzt die Möglichkeit gegeben werden, Lesen und Schreiben zu lernen. Daher sah die Kirchenordnung Herzog Christophs aus dem Jahr 1559 – jahrhundertelang das „Grundgesetz" der evangelischen Landeskirche – die Einrichtung von Schulen in allen Pfarrdörfern vor. Jungen und Mädchen sollten hier nicht nur

Das „Alte Rathaus", wohl um 1500 erbaut, ist eines der ältesten Gebäude im Ort. Es wurde Schulhaus, nachdem 1607 das Neue Rathaus gebaut worden war und diente der Gemeinde als solches, bis es 1822 schließlich wieder zu klein war. Danach ging es in Privatbesitz über. (Siehe auch das Foto auf Seite 212.)

Schreiben und Lesen lernen, sie wurden auch im Katechismus und im Psalmensingen unterrichtet. Die Unterrichtsziele waren also vor allem auf die Bedürfnisse der Kirche ausgerichtet; auch die Schule mußte zu der von den Reformatoren geforderten „Verchristlichung" der Untertanen ihren Beitrag leisten.

Bei der Einrichtung der Schule konnte Magstadt auf die Einkünfte der reich dotierten Mesnerei zurückgreifen. Schon in den ersten Jahren der Reformation muß es Schulunterricht gegeben haben, denn zwischen 1535 und 1537 ist Jakob Kegel als Schulmeister genannt. 1545 entrichtete er als „alter", nicht mehr amtierender Lehrer eine Türkensteuer von 10 1/2 Batzen, besaß also ein Gesamtvermögen von rund 140 Gulden.[32] Der nächste bekannte Schulmeister war Benedikt Wißhack, der das Amt zwischen 1550 und 1570 versah. Ihm folgte 1571 Albert Leicht, von

dem es 1581 heißt, daß er „in trunckner weiß Urlaub von denen zue Magstadt" gefordert habe. Man steckte ihn deshalb ins Ortsgefängnis und nahm ihn erst „uff sein fleissig bitt und guotts versprechen" wieder als Lehrer an. Aber auch danach wollte er vom Alkohol nicht lassen. So vermerkten 1585 die Visitatoren bei der Überprüfung von Kirche und Schule: „Wan er Wein hat, ist er zue Haus und auff der gassen unsinnig". Leicht mußte sich deshalb vor Vogt und Dekan in Böblingen verantworten, aber der Schultheiß und die Richter setzten sich für ihn ein, weil er üblicherweise im Dienst treu und fleißig sei. Daher erhielt er nur eine ernsthafte Verwarnung, und man schickte ihn mit dem Bescheid nach Hause, daß er bei einem weiteren „Exceß" seine Stelle verlieren werde. Von nun an versah Leicht seinen Dienst „on klag". 1589 aber versagte der alte Mann bei der Führung des Kirchengesangs. Dekan und Pfarrer sahen dem eine Zeitlang zu, dann wurde Leicht „alters halb abgeschafft", das heißt in den Ruhestand geschickt.

Sein Nachfolger wurde Magister Isaac Münderlin, der von 1576 bis 1584 als Präzeptor an der Lateinschule in Böblingen unterrichtet hatte. Ihm folgte 1597 Heinrich Kreber, dem Pfarrer, Schultheiß und Richter bestätigten, daß er als Lehrer und Mesner „unverdrossen" sei. Neben diesen beiden Ämtern war er auch als Gerichts- und Gemeindeschreiber tätig. Der Unterricht fand im 16. Jahrhundert nur im Winter statt, denn sommers brauchten die Bauern ihre Kinder für die Feldarbeit. 1603 heißt es, daß Kreber „an knaben und medelin den winter durch etwa vier tisch voll gehabt" habe.

Wir wissen nicht, wo in den Jahrzehnten nach

Am Südhang der Flur Birk befindet sich auf halber Höhe das sogenannte Birkhäusle, eine seit alter Zeit gefaßte Quelle. Einst ganz wichtig für die Wasserversorgung des Orts, nutzte im 19. Jahrhundert auch die Brauerei Widmaier das Wasser. Die Quelle speist seit jeher den Marktbrunnen.

der Reformation Schule gehalten wurde, vielleicht in einem der ehemaligen Pfründhäuser oder im Haus des Schulmeisters, wie es in vielen Dörfern üblich war. Nach dem Bau des neuen Rathauses im Jahr 1607 zog die Schule in das alte Rathaus. Zu diesem Schulgebäude gehörte aus altem Fleckenbesitz die Schulhausscheuer. Der Lehrer wohnte unentgeltlich in diesem Schulhaus, dessen „untere Stube" als Unterrichtsraum diente. Im Schulhaus gab es auch einen Stall, denn die Lehrer mußten neben dem Unterricht und der Tätigkeit als Gemeindeschreiber noch ein Handwerk oder Landwirtschaft betreiben, um sich und ihre Familie ernähren zu können.[33]

Das Alltagsleben im Dorf

Arbeiten im Hof und auf dem Feld

Die Magstadter des 16. Jahrhunderts lebten in einer engen, überschaubaren Welt. Über das Amt Böblingen ging der Blick der meisten Einwohner wohl nicht hinaus. Wichtig waren für die Bauern eine gute Ernte, ein schönes Kalb, ein gut genährter Wurf von Ferkeln sowie ein vorteilhafter Verkauf von Vieh und Getreide. Jeder im Dorf kannte jeden, und viele Familien waren über Generationen hinweg miteinander versippt. Der Jahreslauf wurde von der Arbeit im Hof und auf

dem Feld bestimmt. Man kannte nur zwei Jahreszeiten, den Sommer und den Winter, der die Menschen mit Kälte, Hunger und Krankheit bedrohte.

Bei der Arbeit auf den Äckern und Wiesen mußten sich die Bauern an komplizierte Regeln halten, die von der Dorfobrigkeit festgelegt und überwacht wurden. Schultheiß und Richter setzten nicht nur Anfang und Ende von Aussaat und Ernte fest, sie achteten auch darauf, daß während dieser Zeiten die Taubenschläge geschlossen und das Geflügel eingesperrt blieb.

Wirtschafts- und Feldwege im heutigen Sinn gab es nicht. Jeder Einwohner mußte sich beim Weg auf seine Wiesen und Äcker an genau festgelegte Zugangs- und Überfahrtsrechte halten. Diese „Trieb- und Trattrechte" sollten verhindern, daß die Wirtschaftsflächen mehr als nötig beschädigt wurden. Nach der Aussaat durfte niemand mehr auf die Äcker fahren. Nach dem Öhmd wurden die Wiesen als Weiden genutzt, und im Herbst trieben die Bauern ihr Vieh „in die stupfflen", auf die abgeernteten Getreidefelder. Das Zugvieh wurde morgens auf die nahe am Ort liegende Auchtert oder Frühweide getrieben.

Schultheiß und Richter setzten die Weiderechte für die von den Bauern gehaltenen Schafe fest und regelten die Waldweide des Viehs. Dabei konnten sie junge und noch schonungsbedürftige „Häue" für das Vieh sperren. Sie entschieden im Rahmen der Befugnisse, die ihnen die landesherrlichen Forstordnungen gaben, auch über die Nutzung der Gemeindewälder und regelten die Verteilung des auf der Markung geernteten Wildobsts, vor allem der Birnen.

Eine der Hauptaufgaben von Schultheiß und Richtern war es, über die Einhaltung der Trieb- und Trattrechte zu wachen und Streitigkeiten zu schlichten. Daneben waren auch Strafen wegen Rauferei, Trunkenheit und Fluchens an der Tagesordnung.[34]

Die reformatorische Sittenzucht

Die Reformation unterwarf die Untertanen einer rigorosen Sittenzucht, die auf Traditionen spätmittelalterlicher Landesherrschaft aufbaute. Das gesamte Leben der Magstadter sollte sich nach der Bibel und der Lehre der großen Reformatoren ausrichten. Diese Sittenzucht wurde von den „Rügern" ausgeübt, die von Schultheiß und Richtern eingesetzt wurden. Wer beim Fluchen, bei Gotteslästerung oder bei Segensprecherei für Mensch und Tier ertappt wurde, mußte der Obrigkeit gemeldet werden. Streng achte-

te man darauf, daß die Einwohner die Gottesdienste regelmäßig besuchten. Die Regierung schritt auch gegen Verschwendung ein: Die Bauern durften nur Kleidung aus einfachem inländischem Tuch tragen, und man schrieb ihnen sogar vor, wieviele Gäste sie zu Taufen und Hochzeiten einladen konnten und welchen Wert ihre Geschenke haben durften. Staatliche Erlasse schränkten den Wirtshausbesuch ein; sommers war er bis neun Uhr, winters bis acht Uhr abends erlaubt.[35] Die Untertanen sollten eben zu einem „heiligmäßigen" Leben erzogen werden, das von Bescheidenheit, Sparsamkeit, Fleiß und Frömmigkeit geprägt war.

Wer sich nicht an diese strengen Regeln und Gewohnheiten des Zusammenlebens hielt, galt als Außenseiter und mußte Sanktionen von Obrigkeit und Gemeinschaft fürchten. Unglücke, Krankheiten oder Viehseuchen wurden oft auf die Einwirkung „böser" Kräfte zurückgeführt, die man manchem Außenseiter im Dorf andichtete. Diese abergläubische Denkweise des Volkes machte die Verfolgung von Frauen als Hexen erst möglich – eine Verirrung, die durch das Eingreifen der staatlichen Justiz seit der Mitte des 16. Jahrhunderts sogar verstärkt wurde und auch in Württemberg zeitweise Züge eines Massenwahns annahm. Aus Magstadt ist das Schicksal einer dieser unglücklichen Frauen belegt.

Margaretha Löffler, eine Magstadter Hexe

Am 12. März 1602 berichtete der Böblinger Vogt Johann Joß dem fürstlichen Oberrat in Stuttgart, daß Schultheiß und Gericht von Malmsheim vor ihm geklagt hätten, daß Margaretha,

Aus dem Bericht vom 24. April 1602 über das Verhör der der Hexerei angeklagten Margaretha Löffler durch den Böblinger Vogt Johann Joß an den herzoglichen Oberrat geht hervor, daß die Beschuldigte trotz mehrerer Belastungszeugen „ganz unnd gar nichts hat bekennen wöllen, sondern daß ihr Unrecht unnd alls uß Feindtschafft geschehe . . .". Joß schreibt weiter, der Pfarrer habe ihm berichtet, „daß sie etlich Tag vor der Tortur das hochwürdig Abendtmal uff zuvor genuegsame Erinnerung [Ermahnung] also empfangen, daß sie verhoffe ir vorstehende Martter desto gedultiger zu erleyden . . .".

die Witwe ihres verstorbenen Mitbürgers Hanß Scheckh und jetzige Ehefrau von Mattheus Löffler in Magstadt „mit dem Hexen- oder Unholltenwerckh ... verschrait seye". Sie wohnte zu diesem Zeitpunkt wieder in Malmsheim, woher sie auch stammte und wo sie noch Güter besaß. Vogt Joß hatte eiligst die von den Malmsheimern genannten „Belastungszeugen"" verhört und auch Margaretha zu den Vorwürfen vernommen. Er hielt sie durch die Aussagen der Zeugen mindestens teilweise für überführt. Trotzdem wollte sie nichts gestehen, sondern beteuerte „bei ihrer Seelen Seeligkeit", daß ihr „durchaus Unrecht geschehe". Da sie sich aber in Widersprüche verwickelte, ließ der Vogt die Frau „umb ihrer leichtferttigkeit halber" verhaften. Dazu kam, daß „ihr vexhaffter(nichtsnutziger) Sohn ... gehn Weil der Stadt, zum verirrten papstumb zu ziehen vorhabens" sei. Eile schien geboten, denn der Vogt glaubte, daß auch Margaretha in die katholische Reichsstadt ziehen wollte. Der Oberrat

befahl dem Vogt schon zwei Tage später, Margaretha über die Beschuldigungen ausführlich zu „examinieren", und schickte ihm obendrein „theologische puncte" zu, um ihren Glauben zu prüfen. Der Vogt erledigte beides umgehend und vernahm dazu noch zwei weitere Belastungszeugen, diesmal aus Magstadt. Am 20. März übersandte er dem Oberrat die Untersuchungsprotokolle und bat um weiteren Bescheid.

Den Malmsheimer Akten zufolge wurde Margaretha auch „die Knäppin" genannt – vielleicht war dies ihr Mädchenname. Sie hatte aus ihrer ersten Ehe mit Hanß Scheckh einen Sohn namens Wendel, der 1602 eine Bürgerin von Weil der Stadt heiratete. Er muß in den 70er Jahren geboren sein, und die Ehe Margarethas mit Hanß Scheckh bestand wohl in den 70er und 80er Jahren. Sie könnte also um 1550 geboren sein und war jetzt etwa 50 Jahre alt. 1589 heiratete sie Mattheus Löffler und zog zu ihm nach Magstadt. Auch er hatte Kinder aus seiner ersten Ehe:

Ein rätselhafter Steinkopf ist am Keplerhaus eingemauert, seit wann und woher er stammt, ist unbekannt. Vielleicht handelt es sich um einen sogenannten Neidkopf, ein Fratzengesicht, das im Mittelalter zur Abwehr böser Geister über dem Eingang angebracht wurde. Er könnte durchaus noch von der alten Kapelle oder vom Vorgängerbau der Kirche stammen.

einen Sohn Georg und eine in Magstadt verheiratete Tochter namens Barbara Keppeler. Die Ehe war nicht gut, und die Streitigkeiten zwischen Margaretha und Löffler beschäftigten bald das fürstliche Ehegericht. Margaretha selbst gab 1602 zu Protokoll, man könne schon in diesen Akten finden, „wie feindt Ir Mann unnd seine Künder Ir Je und allwegen gewesen". Die Kinder Löfflers gehörten zu den Zeugen, die Margaretha am meisten belasteten.

Das Unglück Margarethas rührte also von häuslichem Zwist her, aber auch die konfessionelle Situation trug dazu bei. Sie hatte Freunde im erzkatholischen Weil der Stadt und wurde deswegen in Malmsheim und in Magstadt angefeindet. So ließ sie während ihres Prozesses ihr Vieh in der Reichsstadt, weil sie in Malmsheim niemanden hatte, der sich der Tiere annahm.

Im harten Alltag der Bauern konnte jedes unbedachte Wort, jede unvorsichtige Handlung mit einem zufällig sich ereignenden Unglück in Verbindung gebracht werden. Schon im ersten Jahr ihrer Ehe mit Löffler hatte Margaretha nach Aussage ihres Mannes Verdacht erregt: An einem Frühsommertag habe sein Töchterlein, die erwähnte Barbara, zusammen mit ihrer Gespielin, Martin Bartenschlagers Tochter Othilia, „ins Kraut" gehen wollen. Aber ihrer Stiefmutter paßte die Freundschaft nicht, während der Vater beide ganz gerne zur Arbeit anstellte. Die Frau äußerte unvorsichtigerweise, „sie wolle diese Gespielschaft wohl vertreiben". Zwei Tage später konnte Barbara nicht aufstehen und lag lahm im Bett. Als der erschreckte Vater das Haus Barthenschlagers aufsuchte, kam ihm Othilias Mutter voller Entsetzen entgegen: Auch ihre Tochter lag im Bett, unfähig zu stehen und zu gehen.

Mattheus Löffler dachte, seine Tochter sterbe, und wollte den Pfarrer aufsuchen, um Barbara das Abendmahl zu geben. Margaretha jedoch hielt die Krankheit für nicht bedrohlich und sagte zu ihrem Mann, er solle zu Hause bleiben. Als es seinem Kind am folgenden Tag nicht besser ging, wollte er abermals zum Pfarrer. Margaretha widersetzte sich ein zweites Mal, und jetzt bekam es der Vater mit der Angst zu tun. Er glaubte, seine Frau sei im Bunde mit Hexen und bösen Geistern, und schrie sie an: „Wann das sie, sein Tochter, sterbe, so wolle er sein Leben und 200 Gulden daran strecken und die Sache dahin bringen, das ainsweder sie, Margaretha, verbrannt oder er sein Leben darumb lassen müsse". Sie jedoch ermahnte ihn, Ruhe zu bewahren. Und wirklich: Gleich am nächsten Morgen erlangten beide Mädchen „in einer stundt die gesundtheit" wieder! Vor Gericht gab die junge Barbara aber an, sie habe schon „einen Tag oder drei" vor ihrer Freundin ausgehen können, die „eben auch ihre Krankheit in einer Nacht überkomen" habe.

Dieser Widerspruch nützte Margaretha vor Gericht aber nichts, denn durch unbedachte Redensarten brachte sie sich in den Verdacht, auch das Vieh ihres Mannes und der Nachbarn durch Hexenwerk „tot geritten" zu haben – man nahm damals an, daß Hexen Tiere auf diese Weise in den Tod hetzten. So hatte Mattheus im ersten Jahr seiner Ehe mit Margaretha zwei Stierkälber, die er mästen und verkaufen wollte. Sie aber meinte, er solle noch ein Jahr damit warten. Als er ablehnte, drohte sie ihm, „soviel zu handeln, dass die Kälber ihm gar nicht zu legen oder der Teufel . . . ihne und die Kälber holen solle". Was geschah? Die Kälber legten trotz der Mast nicht an Gewicht zu, und statt der erhofften 12 Gulden konnte er nur 10 1/2 erlösen. Eineinhalb Jahre später warf Löfflers Mutterschwein vier Ferkel. Jungtiere waren zu dieser Zeit wohlfeil, Futter jedoch teuer. Mattheus wollte deshalb die Ferkel schlachten und bedürftigen Nachbarn schenken. Das geschah auch mit zweien; die beiden anderen jedoch wollte Margaretha nach Stuttgart auf den Markt tragen lassen. Ihr Mann erwiderte ihr, sie habe doch „davor allwegen gesagt, dass sie den Weg nicht dorthin wisse." Wenn er ihr einen Boten mitgebe, „koste es abermals mehr, als sie aus den Färlen erlösten." Wer in Magstadt wohnte, kannte also nicht unbedingt den Weg nach Stuttgart, und ein Bote mußte teuer bezahlt werden. Margaretha ließ sich wieder zu einer unüberlegten Äußerung hinreißen: Wenn er ihren Vorschlag nicht annehme, „so müsse er kein Bissen mehr von ihr essen oder der Teufel solle es ihm gesegnen". Natürlich lag gleich am nächsten

Morgen ein Ferkel tot im Stall: Die Lenden, also der untere Teil des Körpers, waren ihm abgeschlagen worden. Und das Gleiche geschah einen Tag später mit dem anderen Tier. Schließlich fand es Mattheus noch im selben Jahr höchst verdächtig, daß eines seiner Läuferschweine krank wurde. Seine Frau bat ihn, das Tier doch einmal anzusehen, wie sie es getan hatte. Als Mattheus dies tat, soll sie sich noch in derselben Stunde nach Malmsheim fortgemacht haben und dort 12 Wochen geblieben sein. Er konnte das Tier durchbringen und schenkte es dann einem Nachbarn.

Löffler behauptete sogar, daß Margaretha aus Rache nicht nur ihn selbst, sondern auch seine Nachbarn schädige. So versicherte er vor Gericht, daß ihm vor sieben oder acht Jahren sein Nachbar Bläsin Hos beim Kauf eines Pferdes zuvorgekommen sei. Als er dies seiner Frau erzählt habe, habe sie geantwortet, „es müsse nicht zwei Tage anstehen, dass es ihn, Mattheus, nicht gereuen werde, dass er, Hos, es gekauft". Tatsächlich sei das Roß noch in derselben Nacht krank geworden und am folgenden Morgen tot gewesen. Und der Wasenmeister (Abdecker), der den Kadaver geholt hatte, meinte, daß der Tod „von bösen Weibern herkomme" – der Glaube, daß Unglück mit dem Vieh von Hexen verursacht werde, war weit verbreitet.

In zwei weiteren Fällen beschuldigte Mattheus seine Frau, auf unerklärliche Weise zu ihrem Wissen gekommen zu sein. So hatte er einmal den Schlüssel zur Bühne von ihr gefordert. Margaretha gab ihn ihm mit der Antwort, „sie wolle dennoch den Schlüssel überkommen, Gott gebe, wo er ihn hintue". Darauf ging sie nach Malmsheim, und als sie wieder zurückkam, sagte sie

Für alle Fachleute undefinierbar ist das rotbraune Tongefäß, das 1994 bei Grabarbeiten im Erdgeschoß des Keplerhauses gefunden wurde. Das Landesdenkmalamt, das die im Oberteil grün lasierte Keramik restaurierte, datierte sie auf die Zeit zwischen etwa 1450 und 1650, konnte aber ihren Zweck nicht bestimmen. Das 55 Zentimeter hohe und 70 Zentimeter dicke, unten offene Behältnis zeigt innen keine Gebrauchsspuren. Es steht im Magstadter Heimatmuseum.

ihm gleich, er habe „den Schlüssel dreimal von sich gelegt und letztlich an einen Ort getan, so sie gar wohl wisse". Und dort fand er sich dann auch, nämlich „im Brenntenwein Häußle, unndern Pfehlen". Margaretha gab dazu an, sie habe von einer Nachbarin gehört, wohin ihr Mann den Schlüssel gelegt habe – ihr Wissen war also kein Hexenwerk.

Das Verhältnis zwischen den Eheleuten wurde immer schlechter. Schließlich verließ Margaretha ihren Mann und zog nach Malmsheim. Es entbehrt aber nicht einer gewissen Komik, daß sie wieder zurückkehrte: Ihr Mann hatte mit einem Maurer gewettet, daß sie nach einem Vierteljahr wieder bei ihm sein werde. Da sie nicht wollte, daß ihr Mann den Wettpreis, einen Scheffel Dinkel verlor, kam sie zurück. Das urschwäbische Bedürfnis, „sein Sach zusammenzuhalten", war jetzt offensichtlich stärker geworden als der Wunsch, sich vom ungeliebten Ehemann zu trennen.

Aber Löffler dankte es ihr nicht: Er ging sogar so weit, seine Krankheit auf die Hexenkünste seiner Frau zurückzuführen. Er versicherte, daß sie ihm, kurz bevor sie ihn verlassen habe, nachts im Bett „einen Griff in die linke Seite gegeben, daß er hernachher grosse Schmerzen erlitten" habe. Und jetzt merkte er angeblich, daß das „Mählin ann der linckhen Seiten biß uff den Fueß herab khommen, daran er auch grossen Schmertzen täglichs erleide, deßen auch niht genueg, sonndern ihne auch an rechten Fueß khommen, ann welchen er wohl Krankhait habe unnd schier nicht mehr gehen khöndt". Margaretha jedoch konnte sich beim besten Willen an nichts mehr erinnern.

Ein weiterer Zeuge, der Weber Heinrich Widmann, hatte ähnliche Erlebnisse mit den Schadenzaubern und dem unnatürlichen Wissen der Margaretha. So war sie einige Male durch den Stall zu ihm gegangen. Beim dritten Mal sah er, daß seine Kuh darniederlag und lahm war; sie starb am folgenden Tag. Widmann glaubte, Margaretha habe sie „zu totgeritten", hatte aber nicht gesehen, ob sie das Tier überhaupt berührt hatte. Er erinnerte sich aber, mit ihrem Sohn Wendel auf dem Stuttgarter Jahrmarkt gesprochen zu haben. Schon am nächsten Morgen wußte Margaretha in Magstadt davon, obwohl Widmann niemandem davon berichtet und auch Margaretha gegenüber die Begegnung mit Wendel geleugnet hatte. Daher konnte er sich nicht erklären, wie sie zu ihrem Wissen gekommen war.

Waren schon die Erklärungen des Ehemannes Mattheus Löffler feindselig und gehässig, so überstiegen die Beschuldigungen seiner Kinder gegen ihre ungeliebte Stiefmutter jedes Maß. Georg verdächtigte sie sogar, auf einen Hexentanzplatz ausgeritten zu sein und mit dem Teufel Geschlechtsverkehr gehabt zu haben.

Doch beginnen wir mit der Stieftochter Barbara Keppeler, die vor dem Gericht behauptete, ihre Stiefmutter habe einen gegen sie ausgeübten

Schadenzauber selbst eingestanden. Barbara hatte nämlich vor 13 (!) Jahren um Johannis Baptistae „am rechten Fueß wehe gehabt" und unter einer Geschwulst am Knie gelitten. Beide Beschwerden führte sie auf die Zauberkräfte ihrer Stiefmutter zurück. Margaretha aber konnte sich an gar nichts erinnern und beschuldigte ihre Stieftochter, sie „lüge ... wie eine ehrlose, verderbte Hure". Auch an eine weitere Anschuldigung Barbaras, vor etlichen Jahren habe eine Malmsheimerin behauptet, Margaretha habe zu ihr gesagt, wenn sie nur könnte, würde sie Barbara „zu tot reiten", konnte sie sich nicht erinnern.

Die Mißhelligkeiten Margarethas mit dem Stiefsohn hatten vor ungefähr acht Jahren begonnen. Damals nämlich entdeckte Georg in einer von ihr zubereiteten Suppe eine große Spinne. Er wollte Margaretha gleich die Schüssel mit der Suppe ins Gesicht werfen und sie „obendrein gar dapffer abschlagen", woran ihn aber sein Vater hinderte. Georg hatte beim Amtsvorgänger von Vogt Joß, Caspar Resch, gegen seine Stiefmutter geklagt, bei diesem aber kein Gehör gefunden. Ungefähr um die gleiche Zeit hatten Georg und seine Schwester eines Abends die Stiefmutter alleine in der Stube gelassen und waren oben zur Ruhe gegangen. Sie sagten aus, daß Margaretha sich angekleidet habe, als wenn sie noch ausgehen wollte. Wenig später kam der Vater vom Zechen heim. Er fragte die Kinder, wo die Mutter sei, und suchte sie, auf ihre Auskunft hin, in der Stube. Aber „obwohl er eintritt gehabt und sie allenthalben, in der Stubenkammer und Bett gesucht", konnte er sie doch nirgends finden. Er kam wieder nach oben in die Kammer und sagte, die Mutter sei nicht drunten. „Gott gebe, wo sie

sei!". In diesem Augenblick hörte Georg, wie er später aussagte, „ain groß Tummelt [Tumult], als wann ain voller sackh zum Chammerladen herein fiele". Der Vater aber fand, als er nun wieder in die Stube herab kam, seine Frau daselbst „noch Inn alle[n] khlayder[n]". Sie wollte jedoch nichts gestehen, sondern gab an, sie sei unter der Bettstatt gewesen, als er nach ihr gesucht habe. Vor Gericht erklärte sie später, ihr Mann habe, wenn er „nachts zechend heimkommen", immer gelärmt und getobt. Da sei sie neben die Truhe und die Bettlade hingesessen, um zu warten, bis er ins Bett gegangen und eingeschlafen sei. Mattheus habe nur „mit der Laterne in die Kammer herein gesehen", ohne sie wirklich zu suchen.

Mit seinen Beschuldigungen wollte Georg den Anschein erwecken, daß seine Stiefmutter nach Hexenart ausgeritten sei. Er schloß die Reihe dieser Verdächtigungen mit der unappetitlichen Bemerkung, seine Stiefmutter habe morgens etliche Male „lautteren Wein wüder von sich geben", sich also erbrochen, wo doch alle wußten, daß sie „in ihrem Haus solchen tags oder nachts kein Tropfen getrunken". Hatte sie also auf einer nächtlichen Hexenversammlung mit dem Teufel gezecht?

Margaretha konnte sich in Magstadt nicht halten: Die Ehe mit Mattheus Löffler und die Anschuldigungen ihrer Stiefkinder machten ihr das Leben zur Hölle, und so zog sie nach einigen Jahren wieder nach Malmsheim. Dort muß es bald zu einer Pogromstimmung gegen sie gekommen sein. Daß Margaretha seit langem für eine Hexe gehalten worden sei, wußten sechs der zehn von Malmsheim gestellten Zeugen zu berichten! – Die Dorfjugend warf mit Steinen nach ihr. Wie der Bub des Kuhhirten aussagte, hatten sich

82

über 30 „Gesellen" dazu zusammengetan. Und da sie dabei nie getroffen wurde, mußte sie eine Hexe sein – sie konnte sich „fest" machen.

Die Vorwürfe, die gegen die unglückliche Frau in Malmsheim erhoben wurden, ähneln denen in Magstadt: Sie wurde des Schadenszaubers an Mensch und Vieh bezichtigt. Einige von ihnen seien ausgewählt, um zu zeigen in welcher aussichtslosen Lage sich Margaretha befand; jeder noch so geringfügige Vorfall wurde zu ihrem Nachteil ausgelegt. Als die Geiße und ein Schaf von Hans Weickh eines Tages keine Milch mehr gaben, führte er es auf eine „Verwünschung" Margarethas zurück. Einige Tage später kam sie in seine Werkstatt und sah dort eines seiner Schweine, das sie einen „hesslichen sewteuffel" nannte. Das schadete dem Tier so sehr, daß es sich noch in derselben Stunde niederlegte und nichts mehr fressen wollte. Erst durch eine Behandlung mit „Balsamöl" wurden die drei Tiere wieder gesund.

Ungefähr 14 Tage später kam Weickhs Frau ins Kindbett. Da ging Margaretha, wie der Mann sagte, wieder in sein Haus und hat „sie, sein Hausfraw, one alle versach uff die Achßel, neben zue biß zue der Brust geschlagen, die gleich alßbalden kein Milch mehr ann derselbigen Brust geben, sonndern off die zehen Wochen lang gar großen Schmerzen erlitten". Zur gleichen Zeit wurde die Kuh der „Mithausgenossin" Ursula, Witwe des Jacob Sigel, krank und lag neun Wochen lang schwer darnieder.

Weickh wußte sich in dieser Not nicht mehr zu helfen. Schließlich riet ihm ein Bürger von Weil der Stadt, Margaretha „dreimal nach einander um Gottes Willen zu bitten", nur so könne er seine Frau von dem Übel wieder befreien. Weickh

ging zweimal zum Haus der Margaretha und sah sie jedes Mal aus dem Haus laufen. Er konnte also nichts ausrichten. Erst als abends die Kühe eingetrieben wurden, traf er sie an, faßte sich ein Herz und bat sie mit guten Worten drei Mal um Gottes Willen, seiner Frau einen guten Rat zu geben, wie sie wieder zu ihrer Gesundheit kommen könne. Margaretha antwortete lediglich, „es werde, ob Gott will, mit ihr besser werden". Weickh ging nun heim, und noch in derselben Nacht, um 12 Uhr, zeigte seine Frau ihm an, „das sie annerst nicht meinte, dann sie kende wider gehen unnd Ihre Füeß streckhen". Sie stand auch gleich auf, ging zum Hause hinaus und ihren Geschäften nach, hatte also augenblicklich ihre Gesundheit wieder erlangt.

Was Margaretha auch tat, ob sie Verwünschungen ausstieß oder aber Anteilnahme bezeugte, alles wurde ihr als Hexenwerk ausgelegt. Als sie vergebens darum bat, in das Haus des Schäfers Zacharias Holer eingelassen zu werden, und zu seinem zwölf Jahre alten Töchterlein hinaufrief, der Teufel solle es holen, legte sich das Kind schon am folgenden Morgen hin und starb binnen kurzem. Als sie dann, während eine Kuh des Hannß Mader krank wurde und starb, immer wieder diesen und sein Gesinde aufsuchte und fragte, welche Mittel man anwende und wie man dem Tier helfen könne, war das „Ursach . . ., das sie für ein Unholdin geachtet und, das sie es gethon, darfür gehalten wurde."

Wir sehen, die Anschuldigungen gegen Margaretha erwuchsen aus einer Art Massenhysterie. Die Behörden hielten sich bei dieser Bewegung zunächst zurück und ließen sich erst allmählich in die Sache hineinziehen. Der Böblinger Vogt reagierte erst, als Schultheiß und Richter von

Über einem Türsturz am Keplerhaus (Keplerstraße 7) ist dieser Stein eingelassen. Ein Engel hält ein Wappenschild mit der Jahreszahl 1604. Es wird als das Wappen der Familie Kepler angesehen.

Malmsheim die gegen Margaretha erhobenen Beschuldigungen bestätigten.

Da auch die vorgesetzten Behörden von der allgemeinen Flut des Hexenglaubens mitgerissen wurden, taten sie nichts, um der Angeschuldigten zu einem „gerechten" Prozeß zu verhelfen. Die wenigsten Vorwürfe wurden durch mehrere Zeugen erhärtet, waren also bloße Behauptungen und Anzeigen von Einzelnen. Die Belastungszeugen wurden nicht ins Kreuzverhör genommen, und Margaretha scheint noch nicht einmal einen Verteidiger gehabt zu haben. Sie wurde lediglich, getrennt von den Zeugen, zu jedem einzelnen Punkt ihrer Angaben verhört. Margaretha versicherte, bei ihren zufälligen Reden oder Handlungen keine böse Absicht gehabt zu haben und bezeichnete die rätselhaften Krankheiten als infame Lügen und Erfindungen. Nach den Worten des Vogts hat sie sich „in ganzer Examination ... gantz froh ... erzaigt, mit vermelden, wollte bey dieser Ihrer Verantwurttung verbleiben, davon nit weichen, eher Ir ein Ader nach der ander, außziehen lassen."

Auf die Fragen nach ihrem Glauben antwortete Margaretha „ganz unverdächtig". Freilich boten ihre Beziehungen nach Weil der Stadt neuen Anlaß, gegen sie Verdacht zu schöpfen. Vogt Joß ordnete denn auch die Durchführung der „peinlichen Befragung", also der Folter an.

Am 24. April 1602 teilte er dem fürstlichen Oberrat mit, er habe Margaretha Löffler „ihres verdachten Hexenwerks halben auf die Tortur peinlich anclagt", sie „auch vom Richter allhie an ihr mit allem Ernst vollstrecken lassen". Einige Tage vor der Tortur hatte die Beschuldigte, wie der Böblinger Pfarrer dem Vogt mitteilte, „das hochwürdig Abendmal uff zuvor gnuegsame erinne-rung, allso gnedig enpfanngen, das sie verhofft, Ir entstehende Marter desto geduldiger zu erleyden, denn es geschehe Ir Unrecht."

Margaretha mußte nun die Folter über sich ergehen lassen. Sie gehörte zu den wenigen Frauen, die sie überstanden, ohne sich zu einem Geständnis zwingen zu lassen. Vogt Joß stellte in seinem Bericht fest, die Verhaftete habe „uff strenges Wiegen unnd Torquieren yberall ... gantz und gar nicht bekhennen wollen, sonndern das ihr Unrecht unnd alles uß feindtschaft geschehe, hoch beteürt, auch sich mit ihren Reden, in allem gar nicht argwenig erzaigt" – das heißt sie hatte keinen Anlaß zu Argwohn gegeben.

Der Oberrat befahl, Margaretha aus der Haft zu entlassen. Es sollte aber weiter „gute Achtung" auf sie gegeben und Verdächtiges sofort berichtet werden. Auch mußte sie ihre Verköstigung im Gefängnis bezahlen und versprechen, sich auf Anforderung sofort wieder zu stellen. Erst jetzt fiel es dem Oberrat auf, daß die Inhaftierung der Margaretha eigentlich voreilig und ungesetzlich gewesen war. Er kleidete seine Feststellung je-

*Weil der Stadt,
katholische Freie Reichsstadt,
aufgenommen 1682
von Andreas Kieser.*

doch in die schonendste Form und drohte nur eine verhältnismäßig harmlose Sanktion an. Wie er dem Vogt schrieb, sollte dieser „in dergleichen Fällen nicht mehr, wie jetzt geschehen, die leut für sich selbs (dessen man dann kein gefallens tragen) fencklich einziehen, sondern solchs zu Cantzllei Jedes mals berichten und bevelchs erwartten."

Margaretha war jetzt also frei, aber unter eine Art Polizeiaufsicht gestellt. Auch gaben die Malmsheimer, bei denen sie wieder wohnte, keine Ruhe: Sie hielten die Margaretha nun einmal für eine Hexe und ließen sie das auch spüren. In einer Eingabe an Herzog Friedrich von Württemberg beklagte sich die unglückliche Frau etwa ein Vierteljahr später (am 2. Juli 1602), daß die Malmsheimer sie „wa müglichst . . . noch diß tags dem Hencker . . . in die Hanndt zue bringen begeren". Auch Vogt Joß war es bekannt, daß „Schultheiß, Gericht unnd ganntze gemaindt zue Malmßheim nichz liebers leiden möchten, weder (=als) das sie . . . uß ihrem Fleckhen geschafft würde, dann mäniglich sie daselbst für ain Unhollden noch täglichs hat".

Kurz, Margaretha konnte sich in ihrer Heimat nicht halten. Um weitere Unannehmlichkeiten zu vermeiden, verkaufte sie ihr Gut im Dorf und beschloß, mit ihrem Sohn ins nahe Ausland zu

gehen. Das aber war damals die katholische Reichsstadt Weil der Stadt. Ihr Sohn Wendel Scheckh hatte dort eine Bürgerin geheiratet und auch das Bürgerrecht erhalten. Margaretha wollte von den 1100 Gulden, die sie für ihren Malmsheimer Besitz erhalten hatte, 500 Gulden als Heiratsgut geben. Den Rest gedachte sie für ihre Altersversorgung anzulegen.

Die ganze Sache hatte aber einen doppelten Haken: Denn einmal war es zweifelhaft, ob Vermögen ins Ausland gebracht werden durften, ohne versteuert zu werden. Und dann war Weil der Stadt ja auch katholisch. Durfte man da gestatten, daß Württemberger dorthin zogen? Vogt Joß ließ das Vermögen daher in Arrest legen, bis die Regierung entschied, ob daraus eine Abgabe zu bezahlen war. Und er weigerte sich, ein „Mannrecht" (Führungszeugnis) für den Sohn auszustellen, weil „Wendel sich der wahren Religion verläugnet unnd alberayt zum Papstumb zue Weyl der Statt erbhuldigung gethon unnd heurattlichen eingelassen" hatte. Der Oberrat in Stuttgart war jedoch großzügig und erließ Mutter und Sohn die „Nachsteuer" auf das Vermögen und ließ ihnen den „Abschid" mit Brief und Siegel zukommen. Sie konnten nun nach Weil der Stadt auswandern, und Margaretha Löffler war erst jetzt wieder wirklich frei.[36]

Magstadt im 17. und 18. Jahrhundert

Der Dreißigjährige Krieg

An der Wende vom 16. zum 17. Jahrhundert verschärften sich die politischen und konfessionellen Spannungen innerhalb des Reiches, und die Gefahr eines Krieges zwischen den Religionsparteien nahm ständig zu. Es waren zwei rivalisierende Lager entstanden: der 1608 verstorbene Herzog Friedrich I. von Württemberg hatte maßgeblich den Zusammenschluß der protestantischen Reichsstände in der „Union" betrieben. Die „Liga", von den katholischen Reichsfürsten gegründet, war das Gegenbündnis. Da aber die österreichischen und spanischen Habsburger ebenfalls für die katholische Sache eintraten, wurde der konfessionell-politische Streit in Deutschland zu einer Angelegenheit der europäischen Politik. Der Krieg, der 1618 ausbrach, zog nicht alle Teile des Reiches gleichermaßen und in gleicher Intensität in Mitleidenschaft; Württemberg war seit 1620 von Durchmärschen und Einquartierungen betroffen. Im ersten Jahrzehnt behielt die katholische Partei die Oberhand, und was dies und der Krieg überhaupt für Magstadt bedeutete, wird erst nach dieser Zeit sichtbar, denn darüber, was in Magstadt während des Dreißigjährigen Krieges geschah, läßt sich nicht genau berichten, da die Quellen für diese Zeit spärlich sind oder ganz fehlen. Wahrscheinlich wurde ein Teil der Bände schon durch die Ereignisse dieses großen Krieges vernichtet; und Pfarrer Andler schrieb auf der ersten Seite des uns erhaltenen ältesten Kirchenzensurprotokolls (Kirchenkonventprotokoll) der Jahre

1693–1744: „Ist wider new angefangen und erkaufft worden, weylen voriges bey frantzesischem Einfall ao. 1693 nicht zwar durch den Feind, doch von bösen leüthen im fleckhen, und zwar gleiblich durch einen burger, der bloß zuevor wegen üblen Verhaltens ins Protocol kommen und hefftig wider daß einschreiben protestirt, unter mein, deß Pfarrers, in ein drey aymerig faß im Keller eingeschlagenen 300 Stückh Büchern, außgesucht und leichtfertig weggenommen worden."

Dennoch lassen sich mit einigen Schlaglichtern die Zustände dieser Zeit verdeutlichen. Hier ist zunächst die finanzielle Belastung zu nennen So lagen im Juli 1631 vier Kompagnien und ein Stab der kaiserlichen Armee im Böblinger Amt. Diese verursachten Kosten in Höhe von 9250 Gulden. Die „Exorbitanzien" – wie aus einer beigefügten Bemerkung hervorgeht, dachte man dabei vor allem auch an Plünderungen – aber machten an Geld noch einmal 2427 Gulden, 47 Kreuzer aus. Der „schad an fahraus und gewalthätiger verderbung, den Burgern geschehen" konnte überhaupt nicht „specificirt und aestimirt" werden. Magstadt war der meistgeschädigte Ort des ganzen Amtes. Die „Exorbitanzien" für die kaiserliche Armee betrugen 473 Gulden, es folgten Maichingen mit 403 und Dagersheim mit 323 Gulden. In der Stadt Böblingen hatte man 240 Gulden aufgewendet.[1] Auch die Aufwendungen für das verbündete schwedische Kriegsvolk waren groß. So wurden am 22. März 1634 „große Stuck" (schwere Geschütze) nach Tübingen transportiert. Sie blieben mit 93 Pferden in Magstadt und Maichingen über Nacht.[2]

Doch dies war alles nur ein Vorspiel der großen

Katastrophe, die am 7. September 1634 hereinbrach: Die Kaiserlichen besiegten bei Nördlingen das schwedische Heer und die mit den Schweden verbündeten Württemberger. Sie behandelten Württemberg als Beutegut und überschwemmten nun plündernd und raubend das ganze Land. Die besondere Situation, in der sich das Böblinger Amt, Nürtingen, Neuffen und noch andere Ämter befanden, bestand darin, daß sie im Gegensatz zu Städten und Ämtern, die sich auf Bedingung ergeben hatten, ohne jede Abmachung „von den straiffenden Partheyen überstoßen, ausgeplündert, in Brand gesteckt" wurden".[3]

Wenn die Kampfhandlungen den Ort oder seine nähere Umgebung betrafen, flüchtete sich die Magstadter Bevölkerung immer nach Sindelfingen; so auch 1643, als die Unsicherheit so groß war, daß „man sich uff den Dorfschaften wegen der täglichen partheyen nicht befinden laßen dörfen". Daher kam es nach Kriegsende auch zu Streitereien wegen des Kostenersatzes. Magstadt sollte nämlich 1649 zu den Kosten beitragen, welche die Amtsstadt Böblingen gehabt hatte. Dagegen aber protestierten die Sindelfinger, welche betonten, daß die von Magstadt, Maichingen und Döffingen und zum Teil auch von Dagersheim, „so lang dises Kriegs- und Unwesen geweret", stets nach Sindelfingen geflohen und daher hier beitragspflichtig seien.[4] Die Belastungen und Nöte des Krieges werden aber auch durch andere Tatsachen deutlich: So sank die Bevölkerung wohl durch Todesfälle infolge von Gewalttaten und Seuchen, aber wahrscheinlich auch durch Flucht von Bürgern innerhalb von sechs Jahren, von 1634 bis 1640, von fast 900 auf 80. Die Not nahm dabei so zu, daß

Schultheiß, Bürgermeister, Gericht, Rat und die ganze Gemeinde, „reich und arm, des Fleckens Magstadt" am 21. Februar 1640 zur Befriedigung der an sie gestellten Forderungen „ihren Wald, die Braitlau genannt, der 133 Morgen gross ist" um 1000 Gulden an das Spital Unserer lieben Frau in der Reichsstadt Weil verkauften.[5] Mit dem Ende des Krieges 1648 stieg die Bevölkerungszahl wieder an: 1652 zählte man bereits wieder 312 Einwohner, aber bis der alte Stand erreicht wurde, dauerte es noch etwa 100 Jahre.[6]

Franzosenkriege und Spanischer Erbfolgekrieg

Mit dem Ende des Krieges konnte man nicht nahtlos an die Zeit vor 1618 anknüpfen. Land und Leute waren jetzt sehr arm geworden; es gab entlassene Soldaten und aus der Bahn geworfene Elemente in Hülle und Fülle. 1654 klagte der Böblinger Dekan M. Speidel in einer Eingabe an Herzog Eberhard von Württemberg, die „ziemlich große Gemeinde" [in Magstadt] bestehe aus „vielen Soldaten und undisciplinierten Leuthen". Daß es nicht weiter aufwärts gehen konnte, war auch Ergebnis der „großen Politik". Zwischen 1672 und 1714 beeinträchtigten immer neue Kriegslasten die Entwicklung. Die Kriege Ludwigs XIV. gegen die Niederlande, das Haus Habsburg und gegen die Pfalz machten Südwestdeutschland zum strategischen Vorfeld der

In der Schlacht bei Nördlingen 1634 besiegten die katholischen kaiserlichen Truppen das protestantische schwedische Heer und die verbündeten Württemberger.

Großmächte Frankreich und Österreich. Wieder zogen kaiserliche und französische Truppen durch das Amt Böblingen. Schon 1673 war es mit kaiserlicher Artillerie in nicht angegebener Stärke belegt. 1674 verlangte das Kaiserliche Proviantamt Proviantlieferungen nach Pforzheim und Ettlingen. Das fiel immer schwerer, da die Fruchtpreise stiegen.

Ende Oktober 1675 fiel es Vogt, Bürgermeister und Gericht von Leonberg ein, für den Marsch berittener kaiserlicher Artillerie statt die zuerst in Aussicht genommene Straße über den Hagenschieß, die Steige bei Mönsheim sowie Weissach und Cannstatt einen anderen Weg von Pforzheim über Tiefenbronn, Heimsheim, Malmsheim, Renningen und Magstadt nach Vaihingen/Filder vorzuschlagen. Sie hatten Erfolg mit ihrer Planung: Am 2. November 1675 kamen die Kaiserlichen, die höchstens zwei bis drei Meilen am Tag zurücklegten, an. Das Hauptquartier mit 400 Pferden befand sich in Renningen, 400 Pferde wurden in Magstadt einquartiert, 200 in Malmsheim und je 100 in Maichingen und Warmbronn. Zwar zog die ganze Abteilung am nächsten Tag weiter, aber es mußte nun für den Generalstab in Esslingen so viel Proviant und Fourage für ihren Unterhalt geliefert werden als immer möglich war.

Das schlimmste Jahr für unsere engere Heimat war wohl 1693. Im Sommer marschierten die Franzosen ein. Sie hielten sich zwischen Vaihingen/Enz und Cannstatt auf, ihr Lager befand sich unter dem Asperg. Von dort aus machten sie weitere Vorstöße und plünderten die ganze Umgegend aus. Sie verschonten auch Magstadt nicht. Unsere Gemeinde war dabei der „am meisten durch den Feind ruinirte [Ort]" des Be-

zirks.[7] Genaue Berichte hierüber fehlen zwar, aber wir wissen, daß die plündernden Horden sogar die Kirchenglocken mit sich fortnahmen. Als die Gemeinde 1706 endlich neue Glocken gießen ließ, befand sich Württemberg schon wieder mitten in einem Krieg, im Spanischen Erbfolgekrieg (1701–1714). 1707 waren die Franzosen erneut im Land. Sie plünderten unter anderem auch Maichingen und Magstadt. Dort aber hatte der Magistrat, belehrt durch die schlechten Erfahrungen, die große Glocke – es ist dieselbe, die heute noch auf dem Turm hängt – vorher in einem Acker vergraben lassen. Die damalige mittlere Glocke hatte man kurzerhand in den Hölzersee geworfen und nachher wieder herausgezogen.[8]

Das im Hauptstaatsarchiv in Stuttgart aufbewahrte Magstadter Lacksiegel von 1651 zeigt im barocken Wappenschild die Buchstabenverbindung MS.

Herzog Carl Eugen (1728–1793) regierte das Land von 1744 bis zu seinem Tod.

Der Ort und seine Einwohner

Dorf und Amt

Die allgemeine Weltgeschichte, mit welcher man es im Dorf zu tun hatte, war auch im 18. Jahrhundert noch reich an kriegerischen Auseinandersetzungen. Doch fanden damals keine Kampfhandlungen in Württemberg selbst statt; es handelte sich lediglich um Durchmärsche und Einquartierungen der Kriegführenden. Aber auch das kostete Geld. Dazu kamen die enormen Kosten, welche man namentlich in der ersten Regierungszeit für das prunkliebende, jedenfalls die Kräfte des Landes übermäßig beanspruchende Regime des berühmten und berüchtigten Herzogs Karl Eugen aufbringen mußte. Der Herzog brauchte stets viel Geld. Er gewann es zunächst dadurch, daß er öffentliche Ämter um Geld an die Bewerber verkaufte. Dabei machte er auch vor den Magistraten, der Gemeindeobrigkeit der damaligen Zeit, nicht Halt, obschon diese das Recht hatten, sich selbst zu ergänzen. So waren auch in Magstadt 1768 die meisten öffentlichen Ämter vom Herzog an geeignete finanzkräftige Bewerber verkauft worden.

Dies war deshalb nicht unproblematisch, weil die Schultheißen die Interessen ihrer Gemeinden in der Amtsversammlung zu vertreten hatten. Diese hatte als beratendes und beschlußfassendes Organ unter der Leitung des vom Herzog eingesetzten Vogts und Oberamtmanns über alle Angelegenheiten zu entscheiden, die das Amt betrafen; dazu gehörten zum Beispiel Steuerumlage, Schuldendienst, Bauwesen, Gesundheitsfürsorge, Rekrutenaushebung. Die Amtsversammlung wählte auch den Abgeordneten des Amtes in der Landschaft, der altwürttembergischen Ständeversammlung; sie vertrat außerdem die Belange der Gemeinden auch gegenüber der Herrschaft.

Glücklicherweise verfochten die örtlichen Gremien von Magstadt ihre Rechte und ihren Standpunkt in den Auseinandersetzungen mit der herzoglichen Regierung bei der Böblinger Amtsversammlung und auf dem Landtag recht energisch. So forderte die Regierung im Juni 1764 auf dem Landtag weitere Steuern: Mittel für das herzogliche Militär, 30 000 Gulden für das „Stuttgarter Residenz-Bauwesen" und einen jährlichen Beitrag in Höhe von 40 000 Gulden zur herzoglichen Rentkammer. Amtmann und Magistrat berieten hierauf in Magstadt zunächst über den Standpunkt, den die Vertreter von Stadt und Amt einnehmen sollten und antworteten mit Gegenklagen wegen des hohen Wildschadens und der herrschaftlichen Frondienste. Einer Drohung mit dem Sofortvollzug – Magstadt hätte es mit 252 Gulden Abgaben betroffen – begegneten Magistrat und Bürgerschaft später auf einer Versammlung, die beschloß, eine verweigernde Eingabe an die Regierung zu richten. Die Sache zog sich hin und im Oktober 1764 gab es eine weitere Verweigerung von Magistrat und Gemeindevertretern in dieser Angelegenheit. Der Streit endete mit einem Vergleich: 1767 instruierten Amtmann und Magistrat den Landtagsabgeordneten von Stadt und Amt Böblingen für die bevorstehenden Verhandlungen mit der Regierung.

Die alte Zehntscheuer, in der auch der Farren-stall untergebracht war. Kurz vor dem Zweiten Weltkrieg renoviert, wurde sie 1944 im Bom-benhagel völlig zerstört, ebenso wie das dane-ben stehende Haus Schneider. Heute ist hier der Parkplatz Unterer Markt.

Dorfobrigkeit

Eine Vielzahl von Ämtern spielte im Zusammen-leben der Gemeinde, wie es in der Kommunord-nung von 1758 geregelt worden war, eine Rolle. Dazu gehörte zunächst der Schultheiß; Finanz-beamte waren auf kirchlich-sozialem Gebiet der Heiligenpfleger, dem im bürgerlichen Bereich die zwei Bürgermeister (Gemeindepfleger und Fron-meister) entsprachen. Beratende und beschlie-ßende Gremien waren das Gericht und der vor allem bei finanziellen Angelegenheiten gefragte Rat. Für die Sicherheit sorgten die in den Gassen auf- und abgehenden „Scharwächter", welche abends in den Wirtschaften „abbieten" mußten;

dazu kamen noch die Nachtwächter. Der im Ar-menhaus wohnende Bettelvogt beaufsichtigte die dort untergebrachten mittellosen Bürger des Orts und gab auf die „umher vagirenden" frem-den Bettler acht. Das Armenhaus – „eine Behau-ßung und Hoofstätthen ... darinnen die Arme Leuth underhalten werden"– lag in der Keppelis

1785/86 baute die Gemeinde an der Kirchhofmauer eine besondere Hütte für die Feuerspritze und die Feuereimer samt dem übrigen Gerät. Um 1850 wurde das kleine Gebäude zum Gemeindebackhaus umgebaut. (Siehe auch Text zum Ortsplan von 1830 auf Seite 257.)

Gaßen, so wurde einst die heutige Neue Stuttgarter Straße bis zum Friedhof genannt. Auf diese stieß die Bettelgasse, die heutige Brunnenstraße. Der Dorfschütze versah ungefähr die Aufgabe des heutigen Amtsboten. Für die Ordnung draußen auf der Markung hatte man den Feldschützen. Dort weidete auch einen großen Teil des Jahres hindurch das Vieh der Bürger, und so gab es mehrere Hirten, den Ochsen- und den Schweinehirten und den Schäfer.

Wichtige Ämter waren die des Feuer- und Bauschauers. 1687/88 hatten der Schultheiß, die beiden Bürgermeister und ein Zimmermann die „Besichtigung der Gebäu" vorzunehmen; die „verordneten 3 Fewerbeschawere" mußten die Kamine des Ortes zweimal im Jahr kontrollieren. Später wurden die beiden Schauen zeitweise auf eine reduziert.[9] Die feuerpolizeilichen Bestimmungen betrafen die verschiedensten Gebiete und waren, wie bei dem vorherrschenden Baustoff Holz auch nicht anders zu vermuten, sehr streng. So sollte man 1738 nicht mit offenem

Licht in den Stall gehen. Besondere Gefahr bestand auch in den Schmieden. 1755 mußte ein Schmied eine neue Kohlenkammer erstellen, damit Brennstoffe und Feuerstelle getrennt seien. Auch durfte man nur im gemeinsamen „Fleckenwaschhaus" waschen, weil man besonders stark feuern mußte, um die entsprechende Menge heißes Wasser machen zu können; auch darin sah man eine Brandgefahr. 1763 wurde aber in dem gemeinschaftlichen Haus des Michael Mundinger, Michael Blaich und Hannß Jerg Blechle dennoch gewaschen. Hier war die Gefahr noch dadurch erhöht, weil die Genannten über gar keine Küche verfügten, sondern lediglich einen Herd im Hausflur stehen hatten.[10]

Trotz der vielen Beanstandungen der Feuerschauer blieb es häufig beim alten; es fehlte oft an Geldmitteln, die erhobenen Anstände zu beseitigen. Kam es dennoch zum Brand, eilten die Magstadter 1687 mit ihrem Feuerwagen, auf dem sie die nötigen Gerätschaften transportierten zu Hilfe. Man verfügte über eine Feuerspritze, über eine stattliche Zahl von Feuereimern, in denen das Wasser von den Brunnen zur Spritze getragen wurde, dazu über Haken und Leitern. All dies wurde im Rathaus aufbewahrt. 1718 wurde der Feuerwagen mit seinem ganzen Zubehör in die „Kirchgrabenhütte" gestellt. Hier hatte 1706/1707 der Glockengießer Heinrich Ludwig Gossmann sein Handwerk betrieben und später stand hier eine Salpeterhütte. 1785/86 baute die Gemeinde eine besondere Hütte für die Feuerspritze neben der Kirchhofmauer.

Die Feuerlöschmannschaften waren schon in der ersten Hälfte der 18. Jahrhunderts in Rotten eingeteilt. An der Spitze der einzelnen Abteilungen standen jeweils Obleute, die Schilder aus Messing trugen. Es gab auch bereits Feuerspritzenmeister.[11] Das Eigreifen der Wehr konnte aber meist nur das Übergreifen auf andere Gebäude verhindern, der entstandene Brand zwar gelöscht, das betreffende Gebäude aber in den seltensten Fällen gerettet werden. Anstelle einer Versicherung waren die Betroffenen auf die Hilfe der Dorfgemeinschaft, das heißt auf wohltätige Beiträge angewiesen.

Eine wichtige Person im Ort war die Hebamme. Sie wurde von allen Frauen im gebärfähigen Alter gewählt. Ihr zur Seite standen zwei „geschworene Weiber". Die Hebamme mußts selbst Kinder geboren haben und gut beleumundet sein. Eine fachgerechte Ausbildung fehlte anfangs noch; die Neugewählte ging einfach bei der alten oder einer Hebamme des Nachbarorts in die „Lehre". Medizinische Kurse gab es erst im 19. Jahrhundert. Als besonderes Privileg waren die Amtsinhaberin und ihr Mann von Frondiensten und Einquartierungen befreit.

Die Bürger unterschieden sich aber auch in ihrer Stellung im Ort. Es gab noch kein allgemeines Staatsbürgerrecht, sondern nur das Bürgerrecht für einen bestimmten Ort. Wer nicht durch Abstammung, das heißt als Sohn eines Bürgers, bürgerlich war, mußte von der Ortsbehörde förmlich angenommen werden. Magstadt befand sich aber öfters in wirtschaftlicher Not, weshalb die Annahme Fremder möglichst erschwert wurde, da die Bürger durch ihr Bürgerrecht gewisse Vorteile hatten: unentgeltliche Holzgabe und Weiderecht auf der Markung der Gemeinde. So setzten beispielsweise im Januar 1741 Gericht und Rat fest, daß neue Bürger für 200 Gulden Bürgschaft leisten oder nicht angenommen werden sollten.

Das Leben in der Gemeinde

Eine 1718 in ganz Württemberg vorgenommene Steuerrevision gibt uns die Möglichkeit, ein Gesamtbild von Magstadt, vor allem von den wirtschaftlichen, finanziellen und sozialen Verhältnissen, zu Beginn des 18. Jahrhunderts zu zeichnen.[12]

Der Ort war durch die Landwirtschaft geprägt, allerdings durch seine Verkehrslage und durch die schlechte Bodenbeschaffenheit seiner Markung benachteiligt. Was sich heute günstig auswirkt – gute Anbindung an den Verkehr –, hatte damals schädliche Folgen. Denn auf den großen „Heerstraßen" zogen die Heere durch das Land und plünderten und brandschatzten die Orte, die in der Nähe lagen. So war Magstadt „creüzweiß mit einer gedoppelten Landstraß versehen": im Ort kreuzten sich die Straßen Stuttgart-Calw und Böblingen-Renningen. Es ist klar, so die Steuerakten weiter, daß durch diese Straße „die gesambte güethere, also auch die äcker, die darneben vihl bergigt und waagrecht liegen, sonderlich zu Kriegszeiten merckhlich schaaden leiden". Zu der bergigen Lage der Grundstücke kamen noch weitere „Defecte", unter denen die Landwirtschaft zu leiden hatte, wie der „wildbrettschaaden" des waldnahen Dorfes.

Der Ackerbau nahm in der Landwirtschaft die erste Stelle ein, obwohl die Böden großenteils nicht gut waren. Von der gesamten Ackerfläche, die zirka 2300 Morgen betrug, gehörten nur 413 Morgen zu den obersten Güteklassen. Auffällig ist der hohe Anteil der schlechteren Grundstücke mit zusammen rund 700 Morgen.

Eine viel geringere Bedeutung als der Ackerbau hatten die Wiesen. Sie nahmen nur eine Fläche

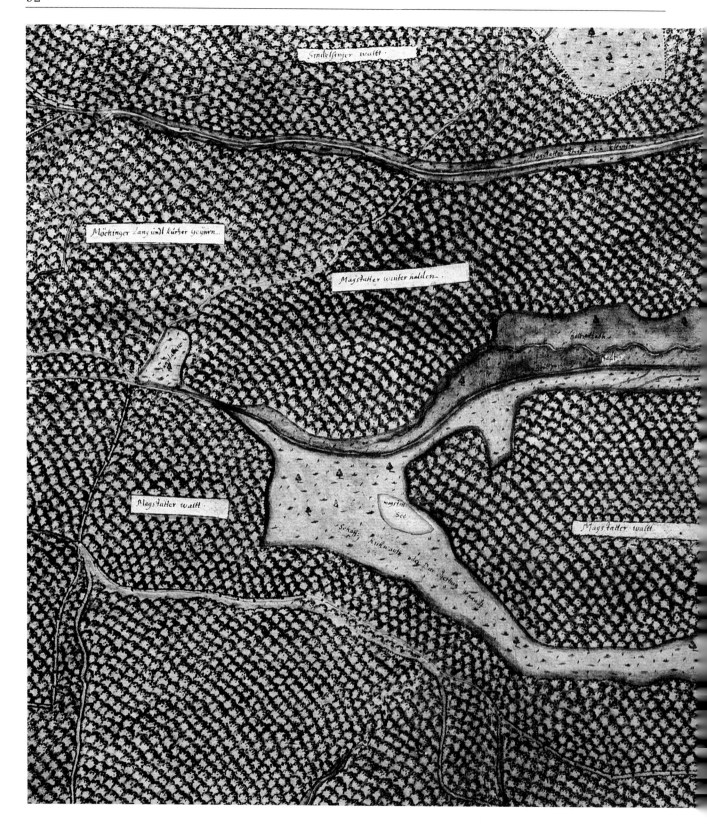

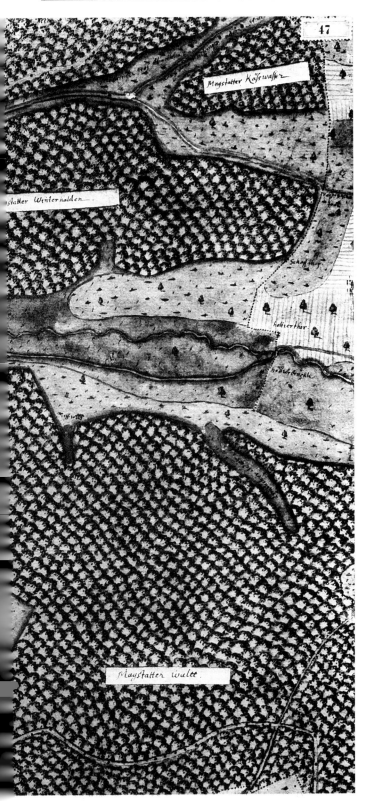

Der Magstadter Wald in der 1681 aufgenommenen Karte aus dem Forstlagerbuch von Andreas Kieser. Oben verläuft die „Magstatter Straße nach Eltingen" (etwa die Verlängerung der Alten Stuttgarter Straße), in der Bildmitte, im „Hölzerthal", der Bach und die Straße „von Stuttgardt nach Magstadt". Rechts am Bildrand ist das „hölzer brückle" und darüber das „hölzer thor". Wie an der punktierten Linie erkennbar, war der Wald gegen die Wiesen und Felder hin umzäunt. Links ist der Hölzersee eingezeichnet, hier als „magstatt See", drumherum die „Schaff" und „Kuhwayth" (siehe auch Text auf Seite 94). Norden ist auf den Kieserschen Karten im Gegensatz zur späteren Kartographie immer unten, Süden oben.

von etwa 397 Morgen ein. Sie lagen meist zusammenhängend in den Tälern. Doch gab der „gar starcke und harte Boden", besonders wenn gerade Dürre herrschte, von vielen Morgen zusammen noch keinen einzigen Wagen mit Öhmd (das ist der zweite Schnitt) her. Die Weiden nahmen mit 601 Morgen eine überraschend große Fläche ein, da sie bei den Keuper- und Muschelkalkböden der Markung wenig ertragreich waren. So war, trotz der guten Weidemöglichkeiten, die Viehzucht in Magstadt nicht verbreitet, Viehhandel gab es gar keinen.[13]

Noch weniger als für Wiesen gab es Raum für Sonderkulturen. Das gilt auch für den einst eifrig betriebenen und schon längst aufgegebenen Weinbau. Zu nennen sind hier noch die Gärten, wobei es sich meist um Baum- und Grasgärten handelte. Eigentliche Küchengärten gab es nur sehr wenige, da man den Salat meist in den Gras- oder Krautgärten anpflanzte. Wir dürfen bei diesen Nachrichten weder an einen namhaften und methodisch betriebenen Obstbau noch an die Anlage von Ziergärten denken. Es wurde nur für den täglichen Bedarf der Haushaltungen angebaut. Einen großen Teil desselben deckte auch der freilich erst im 18. Jahrhundert allgemeiner werdende Anbau der jeweiligen Brach-Zelg mit Hanf, Flachs, Hülsenfrüchten, Klee, Kraut, Kartoffeln und Rüben.

Im Gegensatz zu den bisher behandelten mehr
oder weniger intensiv bewirtschafteten Gebieten wurde der große Gemeindewald mit 2253
Morgen extensiv genutzt. Auch die Qualität des
Waldes war zum großen Teil nicht gut. An dessen
schlechtem Zustand hatten die verschiedenen
Nutzungen gleichen Anteil. Es gab noch keine
rationell betriebene Forstwirtschaft. Dabei
brauchte man Bau- und Brennholz. Viele Handwerker lebten ganz von den Erzeugnissen des
Waldes. Überdies wurde das Vieh zur Weide in
den Wald getrieben und die Herrschaft sah in
den Forsten ihren vornehmsten Jagdgrund.

Die Gemeinde besaß zwar zwischen dem Kohlhau und dem Kampfrain einen etwa fünf Morgen
großen See (der heutige Hölzersee), doch lohnte
sich die darin betriebene Fischzucht wegen einer
nahen Reiherkolonie nicht.

Von der Landwirtschaft lebten die meisten der
776 Einwohner, die Anfang des 18. Jahrhunderts
Magstadt bewohnten. Eine größere Rolle neben
dem bedeutungslosen Handwerk spielten nur

die Wirtschaften, die zu dieser Zeit noch nicht
namentlich unterschieden waren. Zu nennen
sind noch eine Mühle und eine Ziegelhütte. Offenbar herrschten in dem landwirtschaftlich bestimmten Ort recht ärmliche Verhältnisse, was
auch darin seinen Ausdruck findet daß es hier
keine „Kauf- und Handelsschaften" oder auch
nur die einfachste „Gremplerey" (Krämerladen)
gab. Dagegen hatte Magstadt um 1700 bereits einen „Chirurgus" namens Müller.

Daß die Verhältnisse sehr schlecht waren, zeigt
auch, daß manchmal nicht einmal das Futter für
das Vieh reichen wollte. Als daher in einer Zeit,
in der es noch keine gesetzlich vorgeschriebene
Feuerversicherung gab, dem Schultheißen von
Dettenhausen, dem „durch Brand alles zu Grunde gegangen war", laut Anordnung des Oberamts in Böblingen zur Beifuhr des von ihm benötigten Bauholzes aus dem Deckenpfronner
Staatswald fünf Wagen von Magstadt zur Verfügung gestellt werden sollten, hatten die Bauern
für den langen Weg nicht genügend Futter für ihr

Vieh. Sie sahen sich außerstande, die Leistung zu vollbringen.

Die Bauern holten das Gras in ihrer Not, wo immer es möglich war. Im Juni 1741 sollte sich daher keine „Persohn . . . mehr gelüsten laßen . . ., in die Jungen Häu [des Waldes] mit Graßen zu gehen [oder noch] weniger mit seinem Zug Vieh darein zu fahren".[14]

Im Lauf des 18. Jahrhunderts änderte sich an diesen Verhältnissen nur wenig: 1765 überwog immer noch die Zahl der Bauern, von denen wir 85 finden. Die meisten Handwerker waren Weber (22); daneben gab es vier Tuchmacher, zwölf Bäcker, sechs Metzger, neun Schneider und zwölf Schuster, deren Handwerk wir uns natürlich sehr bescheiden vorstellen müssen. In der landwirtschaftlich bestimmten Gemeinde gab es auch viele Schmiede (acht) und Wagner (sechs). Verhältnismäßig schlecht vertreten war das Bauhandwerk mit drei Maurern, fünf Schreinern, einem Zimmermann. Der Handel wies inzwischen einige Krämer auf; ein Leinwandhändler wurde wohl von den örtlichen Webern beliefert. Zu erwähnen sind noch die Ziegler, die mit vier Nennungen relativ häufig vertreten waren. Das Ende der sozialen Hierarchie bildeten

Der Ratberg im Nordwesten des Orts, der auch einer Verwerfung den Namen gibt, ist eine geologische Besonderheit. Diese von der Erosion zu einem Kegel herausmodellierte Stubensandsteinkuppe ist nicht nur ein sagenumwobenes Stück geschützte Natur, sondern auch das im Wappen verewigte Wahrzeichen von Magstadt. (Siehe auch Text Seite 11.)

die Tagelöhner, die in der Relation zur Zahl aller Berufstätigen im Dorf (228) mit elf Personen stark zurücktraten.[15]

Sehr vorteilhaft wirkte sich der Bau einer Staatsstraße, in Form einer Schotterstraße, von Stuttgart über Magstadt, Schafhausen und Ostelsheim nach Calw aus. Der alte Weg nach Stuttgart hatte über Leonberg geführt. Die Chaussee wurde seit 1772 geplant. Die Regierung versprach damals, die Verbindung innerhalb von vier Jahren herzustellen. Aber noch 1782 war nicht einmal die Hälfte der Straße fertig. Erst 1787 kamen die Arbeiten zum Abschluß. Verkehr und Handel zwischen dem Schwarzwald und Stuttgart gingen nun über Magstadt.[16]

Die neue Verkehrslinie kam besonders den Magstädter Gaststätten zugute. Im 18. Jahrhundert gab es folgende Gaststätten: Adler, Hirsch,

Eine der typischen bäuerlichen Wohnformen war das sogenannte Einhaus. Es vereinigt Stall, Wohn-, Arbeits- und Speicherräume unter einem einheitlich konstruierten Dach: im Erdgeschoß Werkstatt und Ställe, darüber der Wohntrakt, neben beidem die Scheune. Das Foto zeigt das ehemalige Haus Schuhmacher in der Mäuerlesstraße.

Lamm, Mohren, Ochsen, Ritter, Rößle, Sonne, Traube. Aus dem Lamm (Kienle) und dem Rößle (Widmaier) gingen später die beiden großen Brauereien hervor. Widmaier übernahm die Gaststätte Rößle 1809 und machte sie zu einer der größten Brauereien im weiten Umkreis. Sein Sohn, Carl Widmaier, baute in Möhringen eine Brauerei auf, die ebenfalls Maßstäbe setzte; und es ist nicht verwunderlich, daß aus diesem Brauergeschlecht eine noch heute bestehende große Brauerei hervorging, die Brauerei Leicht. Robert Leicht hatte lange Zeit bei Carl Widmaier in Möhringen gearbeitet und mit dessen Unterstützung seine Brauerei in Vaihingen zusammen mit seiner Frau Fanny, der Tochter Widmaiers, aufgebaut. [17]

Alltag und Feste im Dorf

Daß die Landwirtschaft das Leben bestimmte, zeigte sich auch überall im Alltag. Dies wurde schon im äußeren Erscheinungsbild unserer Gemeinde sichtbar, der Architektur. Man nimmt heute eine historische Entwicklung von ursprünglichen Gehöftanlagen zum Einhaus beziehungsweise Wohnstallhaus an, die ihre Ursache in der zunehmenden Raumnot hatte. Diese wiederum ist auf die Realteilung des landwirtschaftlichen Besitzes zurückzuführen. Entsprechend gliedern sich auch die Gebäude des alten Ortskerns, welche außerdem noch Fachwerkwohnhäuser umfassen. [18] Das aus einem giebelständigen, gestelzten Fachwerk-Wohnstallhaus und einer rechtwinklig angebrachten Fachwerkscheuer bestehende „Hakengehöft" in der Maichinger Straße 17 gibt ein anschauliches Bild davon, wie das alte Magstadt früher ausgesehen haben mag. Variationen dieses Gehöftetyps sind wohl die beiden Anlagen Bachstraße 11 und Oswaldstraße 4. Wo in die querstehende Scheuer des Gehöftes im Zuge der Realteilung ein Bauernhaus eingebaut wurde, entstand der Typus des „Einhauses". Später, besonders im 18. Jahrhundert, wurden auch Teile der bisherigen Allmende in dieser Form besiedelt; es enstanden „Kleinsteinhäuser". Das Einhaus Planstraße 5 ist allerdings schon im 17. Jahrhundert erbaut worden. Die Anlage, ein verputzter Fachwerkbau über gemauertem Stall, zeigt recht deutlich, wie sich in Magstadt im Ortskern schon in relativ früher Zeit kleinbäuerliche Lebensweise verbreitet hat. Denn die Raumnot führte auch dazu, den Wohnraum über den Stall zu legen. Beispiele dafür sind die gestelzten Wohnstallhäuser Brunnenstraße 1, Keplerstraße 7 und Lutzenstraße 3. Denkmale der alten, aber im Lauf der Zeit immer mehr in Bedrängnis geratenden Wohnkultur sind weitere zahlreiche bäuerliche Fachwerkwohnhäuser.

Geprägt war das Leben von der harten körperlichen Arbeit. Schon früh wurden die Kinder zu Arbeiten im häuslichen Umkreis angehalten. Um 1795 „spannen die Mägdlein nach den Schulstunden und so auch manche Knaben; einige von den letzteren halfen ihren Eltern dreschen oder gingen ins Holz, oder machten zu Haus kleine Reißbüschelein zum Einbrennen oder gingen ihren Vätern beim Handwerk an die Hand".[19]

Daß es keine Freizeit in unserem Sinn gab, zeigt bereits die Tatsache, daß Vereine fehlen. Ferner war die Obrigkeit darauf bedacht, das Wenige an freier Zeit so zu reglementieren, daß Moral und Sitte immer gewährleistet waren. Die Vergnügungen im Dorf des 17./18. Jahrhunderts waren gering. Dazu gehörte zunächst der sonntägliche Besuch der Wirtshäuser. Noch 1658 kam es vor, daß man die ganze Nacht über zeche. Bei der

kirchlichen Ortsvisitation wurde deshalb den Wirten damals verboten, die Bürger über 10 Uhr abends „aufzubehalten". 1722 untersagte der Kirchenkonvent allen „Schild- und Gassenwirten", künftig an Sonntagen in ihren Häusern „Weinkäufe" vorgehen zu lassen, das war bei Kaufverhandlungen die gesetzlich übliche Zeche der Vertragsparteien. Ihnen wurde ferner verboten, den Gästen Wein über die gesetzte Zeit hinaus zu geben, sowie „Raßler" und Spieler bei sich aufzunehmen.[20] Spielen in den Wirtshäusern wurde schon 1669 getadelt, wobei die Spieler vorgaben, nur um Nüsse gespielt zu haben.[21] Ein weiteres Vergnügen in den Wirtshäusern war das „Kegelschieben", das aber auch im Zwinger, zwischen den beiden Mauern um die Kirche beobachtet werden konnte. 1667 trieben es die „ledigen Buben" fast den ganzen Tag über so schlimm, daß der „Herr Pfarrer kein Wordt mit einem ehrlichen Mann reden können in seinem Hauß wegen ihres geschreyes". Es wurde daher damals samt dem gleichfalls im Zwinger üblichen Reiten mit den Rossen verboten.[22] Um 1795 kam das Kegeln auch in den Wirtshäusern nicht mehr vor.[23]

Wie das Kegeln und Spielen verfolgte die Obrigkeit auch den an Sonntagen üblichen „Klöpperliß Dantz", wenigstens dann, wenn ein Spielmann dabei war. Viele „Buben und Mägde" nahmen daran teil. Erst als im 19. Jahrhundert örtliche Vereine entstanden, ließ die Bedeutung der Wirtshäuser nach.[24]

Eine Verbindung von Arbeit und Vergnügen bildeten die sogenannten Lichtkärzen oder Kunkelstuben. Damit ist das „abendliche Zusammenkommen der jungen Leute eines Dorfes in verschiedenen Stuben gemeint, wo man für sie

Zur festen Einrichtung in unseren Dörfern gehörten die „Lichtkarze". Mädchen und Frauen trafen sich an den Winterabenden in einer Wohnstube, in der man ihnen gegen Entgelt „das Licht hielt", zum Spinnen, Handarbeiten und Singen. Daß es dabei auch sehr fröhlich zugehen konnte, ist in vielen Pfarrberichten tadelnd vermerkt.

gegen Entgelt das Licht hält, damit sie spinnen ..., nebenher schwätzen, erzählen und singen konnten."[25] Die soziale Ursache dieser Veranstaltungen war die große Armut, die die Menschen daran hinderte, für die nötigen Winterarbeiten an den langen Abenden eigenes Licht zu brennen. Den „Kunkelstuben" wurde von der geistlichen und weltlichen Obrigkeit stets besondere Aufmerksamkeit geschenkt. Es kam immer wieder zu Verhandlungen vor dem Kirchenkonvent wie beispielsweise im November 1793, wo es in der „Karz" des Sebastian Schmidblaicher und in der des Michael Renner „sehr laut und wild zugegangen" sein soll; auch sollten sich dort „Buben bei den Mägdlein befunden haben". Bei dem nachfolgenden Verhör stellte sich alles freilich als ziemlich harmlos heraus. Wohl hatten sich Buben bei den Mädchen befunden, doch nur so lange, bis der Wagen hereingeschoben und das Vieh abgeschirrt worden war. Ungewöhnlich tolerant für diese Zeit erklärte übrigens der Vater der „Buben", „es sei doch besser, die Buben gingen in ein Haus, da Licht sei, als dass sie erst herumschwärmten oder in die Spielhäuser sässen". So ließ es die Obrigkeit bei Verwarnungen bewenden. Die Klagen nahmen aber noch lange kein Ende.[26]

Abwechslung im Arbeitsleben boten nur noch die Feste, die durch Brauch beziehungsweise

Jahreslauf festgelegt waren, dem wir nun einmal folgen wollen.

Das Schießen in der Neujahrsnacht war ein alter, freilich von der Obrigkeit oft nicht gern gesehener und daher bestrafter Brauch. Das neue Jahr wurde aber auch mit Gesang begrüßt. Um die Mitte des 18. Jahrhunderts hatte es das Pfarramt für gut angesehen, „daß die Chor-Singer alhier das Neue Jahr dem Flecken mit schönen Neue-Jahrs-Liedern ansingen und das von jedem Hauß erhaltene Recompense zu ihrer Ergötzlichkeit ordentlich untereinander theilen sollen".[27] Damit sollte insbesondere das „eigenmächtige Herumsingen" der ledigen Söhne unterbunden werden. Der Lehrer sollte nun drei bis vier Jungen auswählen und mit diesen dann durchs Dorf ziehen. Aber der Plan mißlang, denn der Lehrer beteiligte sich nicht an diesem Unternehmen. So zogen jetzt mehrere Gruppen im Dorf herum, ja etliche junge Burschen brachten „die Zeit ... übel und mit Schwärmen" zu, so daß sie ihr Geld in den Wirtshäusern vergeudeten. Die Behörde antwortete mit einem Verbot des Brauchs.[28]

Aus der Zeit vor der Reformation hatten sich auch noch andere Gewohnheiten erhalten, die man von Seiten der Obrigkeit gerne vollständig unterdrückt hätte: es handelte sich um die Fasnacht. So erwähnen 1582 Vogt, Bürgermeister und Gericht in Böblingen in einem Bericht an Herzog Ludwig folgendes über die Amtsorte: Die „Zehrungen" (Unkosten) seien gerade „da die gemeinden am größten seyen, allß Eningen, Öthlingen [Aidlingen], Schönaich, Magstatt und Malmsheim, ... ettwas hoch". Das aber rühre unter anderem daher, daß ... auch Jährlich, ausser alltem brauch, zuo Faßnachts Zeit, wie auch auff den Eschering Mitwoch [Aschermittwoch] den

Im Kirchenkonventsprotokoll vom 24. November 1818 ist eingetragen: „Folgende Personen melden sich um Lichtkärze: Johannes Kienle, Weber; Friedrich Eberle, Bauer; Christian Schmid, Bauer; Ludwig Heinz, Weber; Jak. Fr. Schüle, Schuster; Georg Nonnenmann, Tuchm[acher]; Joh. Georg Walz, Tuchm. Es wird denselben ihr Ansuchen nach den im vorigen Jahr gegebenen Bedingungen (laut Protokoll) gestattet.“

gantzen gemeinden, man und weiber, ... ain trunkh und Underzech gegeben würdt“.[29]

Die folgende Fastenzeit wurde bis ins 18. Jahrhundert hinein mehr oder weniger streng beachtet. So heißt es in einer Verhandlung des Kirchenkonvents 1741, als es um einen Ehestreit ging, daß der Ehemann, Jung Jacob Schmid, sogar am Fasttag „nicht gefastet [habe], sondern all die weil Sein weib in der Bibel gelesen, 2 Stück Brod hinter dem Ofen verzehrt, und sich von seinem Weib nichts wollen einreden laßen, mit der Entschuldigung, andere Leite machten es ebenso“.

Im Festjahr folgte, wie in vielen anderen Orten auch, der alte Brauch des Pfingstritts. Man ritt am Pfingsttag um die Kirche herum, um einen Kuchen zu erhalten. 1660 ordnete der Synodus an, das Pfingstreiten auf einen anderen Wochentag zu verlegen.[30]

Ein Fest, das besonders der geistlichen, aber auch der weltlichen Obrigkeit ein Dorn im Auge war, war die Kirchweih, weshalb sie sehr nachdrücklich bekämpft wurde. Schon 1724 wünschte der Magstadter Pfarrer, „die Kirchweihtänze möchten abgetan werden“. 1750 wurde dann bei der Visitation erneut geklagt, „die Kirchweihtänze seien so excessiv“.[31] Im Oktober 1767 stellten Pfarrer, Amtmann und Richter des Kirchenkonvents in einer Eingabe an das gemeinschaftliche Oberamt Böblingen fest, die Zeit der Kirchweih nahe sich und ein Teil der Gemeinde habe bereits verlauten lassen „bei Celebrierung der Kirchweyh-Tag den Ev. Christen-Nahmen völlig auf die Seite zu setzen, unter dem schmetternden Getöse nichtswürdiger Spielleute ihre Kirchweyh-Freuden zu halten, alle böse Absichten zu erfüllen, demnach diese Kirchweyh-Tage

bloß allein in Gottlosigkeiten, Lastern und allem Unwesen zuzubringen, auch sich in denen Wercken der Finsternuß ohnausgesetzt zu üben“. Erst im vorigen Jahr habe das Oberamt Leonberg, zu dessen Bezirk man damals noch gehörte, Tanzen und Spielleute bei der Kirchweih erlaubt. Jetzt aber gehöre man wieder zum Oberamt Böblingen, zu dem ein „gewisses Zutrauen“ vorhanden sei, daß es die Antragsteller in ihren „zur Ehre Gottes, Ruhe wahrer Gottseligkeit, rechtschaffener Stille und Sicherheit, auch gutem Christ- und Tugendwandel insgeheim und insbesondere abzielenden Absichten großgünstig unterstützen, alle etwa vorkommenden Unchristen und Aufwieglern ihre böse Absichten ernstlich untersagen und demnach ein thätiges Christenthum in unserem ... Ort aufzurichten, gemeinschaftliche Hülffe erweisen“ möge. Die Antragsteller glaubten sogar, daß ein Zusammenhang zwischen diesem unchristlichen Treiben und der schlechten Ernte dieses Jahres bestehe und sie betonten, „welch teures Geld man einem Spielmann aufopfere, wo sich die Kirche mit einem so geringen sonntäglichen Opfer für

Im Heimatmuseum wird diese alte Magstadter Fahne aufbewahrt. Das Zeichen im Wappenschild oben könnten zwei mit der Schnur zusammengehaltene „Spannägel" beziehungsweise „Spannhölzer" sein. In der Mitte der Fahne ist das herzogliche Wappen, daneben die verschlungenen C, das Monogramm Herzog Carl Eugens. Die Buchstaben stehen links für Amtmann Raymund Schwarz und rechts für Bürgermeister Leonhard Breitling.

die dringend notwendige Renovation ihres Gotteshauses begnügen müsse und die Magstadter nicht einmal pünktlich ihre Steuern bezahlen könnten". Man wollte auf alle Fälle zwei Mitglieder des Ortsgerichts zusammen mit dem Nachtwächter losschicken, um in der Kirchweihwoche „auf alles und jedes Acht [zu] geben" und insbesondere, wenn das Böblinger Amt den Tanz doch erlaubte, darauf zu sehen, daß „der Tanz nicht vor Montag-Vormittag beginne... und nachts 10 Uhr aufhöre". Die Kirchweih dauerte ursprünglich wohl drei bis vier Tage. Am Donnerstagabend wurde „vergraben, am folgenden Sonntag fand noch eine „Nachkirbe" statt.

Interessant ist die soziale Komponente dieses Festes, was auch die Dorfobrigkeit erkannte. Es heißt nämlich in der genannten Eingabe von 1767, daß sich der „Pöbel" zwar an solchen Tagen am schlimmsten aufführe, daß aber auch die Gewohnheit herrsche, den Armen das Sammeln von Almosen zu erlauben. So wurde der Bettelvogt Beutelspacher angewiesen, in den Wirtshäusern „alle Stunde" zu schauen, ob „ärgerliche, betrunkene oder sonsten ruchlose Menschen sich [darin] aufhalten", ihnen gleich abbieten, um dann Fremde aus dem Ort hinauszuführen,

Ortseinwohner aber ungesäumt anzuzeigen. Den Armen wollte man doch auch diesmal gestatten, bis mittags zwölf Uhr, freilich nicht länger, im Dorf um Almosen zu bitten.[32]

Ein alter Brauch war schließlich der Weihnachtsgesang der Schulkinder, der allerdings, wie in den Nachbarorten auch, bereits um 1827 aufhörte.[33]

Wir sind am Jahresende angelangt. Doch nicht nur dieses, sondern auch das Ende des Tages schloß ein besonderer Festakt: das noch aus vorreformatorischer Zeit stammende „Ave-Maria-Läuten". Noch 1822 wies der Kirchenkonvent den Schulmeister an, es damit zu keinen Klagen mehr kommen zu lassen, denn es sei oft unterlassen worden.[34]

Vom Brauch waren auch wichtige Stationen im Leben des einzelnen geprägt. Dazu gehörten die Taufe, bei der, vielleicht um die bösen Geister zu vertreiben, geschossen wurde. Die Obrigkeit verfolgte dies aber strengstens.[35] Nach der Konfirmation war ein wichtiger Einschnitt die Hochzeit. Vor dem Kirchgang gab es die Morgensuppe. Bei dieser Gelegenheit erhielten auch der Pfarrer und der Schulmeister ein Geschenk. Dann zog man in feierlichem Zug in die Kirche. Hatte die Braut nach der „Kopulation" ihr Opfer „eingelegt", so liefen die jungen Burschen auf sie zu, um das Brauttüchlein zu erlangen. Um die entstehende Unordnung zu vermeiden, verbot man 1745 den Zugang zur Braut am Altar.

Vielfältig waren die Bräuche bei Tod und Begräbnis. So war es zum Beispiel üblich, den Toten eine Zitrone in die Hand zu geben. Man gab aber auch Schmuck mit. Die Obrigkeit wollte hier Einhalt gebieten und verbot 1794, den Toten „Kränzlein"[36] in den Sarg zu legen.

Kirche und Pfarrer

Kirchenkonvent und Kirchenzucht

Wenn wir nach Aufgabe und Rolle der Kirche dieser Zeit im Dorf fragen, finden wir verschiedene Tätigkeitsbereiche des Geistlichen. 1785 wurden dazu Kirche, Schule, Privatseelsorge und Krankenbesuche genannt.[37] Ein weiteres Wirkungsfeld, das uns heute eher befremdet, war die Kirchenzucht. Hier sollten unter anderem die im Dreißigjährigen Krieg eingerissene Verwilderung der Gesellschaft bekämpft und wieder geordnete Verhältnisse hergestellt werden. Nach reformiertem Vorbild wurden in Württemberg, vor allem auf Veranlassung von Johan Valentin Andreä, der seit 1638 Hofprediger in Stuttgart war, Kirchenkonvente zunächst für die Amtsstädte, 1644 dann für das ganze Land eingerichtet. Sie setzten sich aus Vertretern von Gericht und Rat des Dorfes (Magistrat) und kirchlichen Vertretern zusammen. Diese Gremien entschieden nicht nur über Verwaltungsgegenstände, die wir heute als weltliche Angelegenheiten betrachten würden (Armenpflege, Schule, Gesundheitswesen), sondern arbeiteten auch als Gericht mit Strafgewalt und allen Mitteln des Verweises, der Geld- und Haftstrafe.[38]

In Magstadt hielt der Kirchenkonvent seine Sitzungen 1664/65 jeden Monat, längstens aber alle sechs Wochen ab. Wenn wir die Arbeit dieser Sittenpolizei, wie wir den Kirchenkonvent heute

Das Fluchen war Gotteslästerung und wurde unnachsichtig geahndet, wie folgender Vorgang belegt, der im Kirchenkonventsprotokoll festgehalten ist:

„Actum den 15. May 1763:
Jacob Seiblins Wittib gibt an, daß Johannes Schmid von Renningen eine geringe Schuld mit großem Ungestüm gefordert und dabey geflucht habe: Kreuz Sacrament du mußt mich bezahlen.
Johannes Schmid will zwar die Sache nicht eingestehen und gesteht zwar, daß er die Seiblinin ausgezankt und wegen der Bezahlung streng angehalten, von dem Fluchen aber will er nichts wissen.
In Confrontation beharren beyde auf ihrer Aussage."
Es heißt dann weiter, der Pfarrer habe dem Johannes Schmid zugeredet, er solle durch ein aufrichtiges Geständnis sein Gewissen erleichtern, widrigenfalls die Sache vor Gericht gebracht und er einer Bestrafung zugeführt werde. Schmid beteuerte weiter seine Unschuld, räumte aber ein, „daß er im Eifer gewesen und nicht so genau mehr wisse, was er gerade habe gesagt".

wohl bezeichnen würden, etwas genauer betrachten, erhalten wir einen Einblick in die Vorstellungen, wie man sich ein der Obrigkeit wohlgefälliges und kirchliches Leben vorstellte. Daß hier geistliche und weltliche Gewalt in einigen Fällen nicht immer in Übereinstimmung handelten, wird zum Beispiel 1666 deutlich. Da beschwerte sich der Pfarrer über das parteiische Verhalten von Schultheiß Matthäus Bechlin; so beispielsweise darüber, daß er „im Kirchenkonvent gegen denen, die bei ihm wohl daran sind, gar passioniret [emotional] sich erweise, schweigen thue, als versteh ers nicht". Ja, er gestatte auch, daß die „jungen Burst die ganze Nacht umlaufen und „in die Lichtkärze sowie die Spielhäuser kommen". Andererseits hatte natürlich auch die weltliche Obrigkeit ein Interesse daran, die Ordnung und Moral aufrechtzuerhalten. So verwundert es nicht, daß sich der Kirchenkonvent 1696 mit „üblen Haushaltern" beschäftigte, also mit Leuten, die ihr Vermögen nicht zusammenhalten konnten. Ferner befaßte man sich mit „Fressern, Säufern und Spielern".[39]

Weitere Gegenstände, die behandelt wurden, waren 1661 Gotteslästerung und frühes Beischlafen; 1666 wurden Spielen im Wirtshaus, Ehestreitigkeiten und sogenannte Schlaghändel vor dem Kirchenkonvent verhandelt. Einige konkrete Beispiele können die Arbeit des Kirchenkonvents, darüber hinaus aber auch die Lebenswelt dieser Zeit deutlich machen.

So wurde Horst Wittlinger 1676, weil er „neulich grausam gefluchet ..." in das „Zuchthäusle [Ortsarrest] gestraft".[40] Daß die Wirkung dieser Maßnahmen nicht sehr groß war, zeigt die Tatsache, daß das Fluchen 1696 in Magstadt als allgemein verbreitet betrachtet wurde.[41]

Ehebruch galt als schweres Vergehen. 1687 hatte der Bauer Michel Gehring mit der Tochter Agnes von Hanß Küenlin die Ehe gebrochen. Beide waren aus Furcht vor der zu erwartenden Strafe „von Hauß davon gezogen", und es wurden Anstalten gemacht, sie wieder herbeizubringen.[42] Strafen gab es auch für vorehelichen Umgang und die Geburt unehelicher Kinder. In die Wirren der französischen Kriege führt uns 1694 die Geschichte von Angneß Linkh.[43] Ihr Vater Matthäus war bereits tot, die Tochter stand in Althengstett in Diensten. Dort „hängte" sie sich an einen bayerischen Dragoner und wurde von ihm „impregnirt", Deshalb fochten sie der dortige Pfarrer und Amtmann „der Straf halber" an. Das Mädchen gab an, ihr Hochzeiter werde sie nächstens abholen. So erließ man ihr zunächst die Strafe, ging aber von neuem gegen sie vor, als der Dragoner nicht auf der Bildfläche erschien und Angneß nun ihr Kind bei ihrer Mutter in Magstadt zur Welt brachte.

Abschließend seien in diesem Zusammenhang noch zwei Fälle genannt, die auch für die sozialen Verhältnisse, insbesondere die weitgehende Schutz- und Rechtlosigkeit der Frau als Beispiel dienen können.

Georg Hämmerlin war noch kein Jahr verheiratet, als er am Palmsonntag 1667 seine Frau Catharina „erschröcklich und fast auf den Todt geschlagen, dass man [eine] gantze Handvoll mit Blutt von dem Boden aufheben können, sie auch noch des andern Tags Blutt außgeworfen". Die Frau selbst gab an, der Mann habe sie zwar blutig geschlagen, „aber nur mit der Faust". Sie „möge nicht vihl klagen, müeße doch mit ihm haußen". Eine Trennung kam also für sie gar nicht in Betracht, die Frau fürchtete sich vor ih-

rem Mann und bemühte sich daher, die furchtbare Mißhandlung herunterzuspielen.[44]

1669 hatte Jacob Müller seine Frau dermaßen
„übel gehalten, dass sie entlich mit ihren Kindern . . . hin und wieder auf dem Land umbzie-
hen" mußte. Auch hier konnte also niemand die
Frau wirksam schützen.[45]

Das 18. Jahrhundert sah dann einen Höhepunkt
protestantischer Kirchenzucht. Gesetzliches
Denken überwucherte den ursprünglichen An-
satz der lutherischen Lehre von der Rechtferti-
gung durch Gnade. Die neue Auffassung zeigte
sich zum Beispiel im Verhalten von Pfarrer Golther, der beim „ordentlichen Durchgang" (Ge-
meindevisitation) von Gericht und Rat mehrmals die Anmerkung machte, „dass so . . . wenig
in einer so großen Gemeinde sträflich Vorfallen-
des angeklagt werde". Er erinnerte daher 1724
„den gesamten Richter [Gemeinderat] ihrer ha-
benden Pflichten gegen[über] Gott und [der]
gnädigsten Herrschaft . . ., daß sie hinfüro ohne
alles Ansehen der Person alle vorfallende Ohn-
gebühr, so wohl in, als auß[er] der Kirchen geflo-
ßen, dem Pfarramt anzeigen und durch Verhee-
len ihr Gewißen nicht beschwehren sollen".[46]

Ein ständiger Stein des Anstoßes war das nahe
und dazu noch katholische Weil der Stadt. Die
katholische Kirche mit ihren prunkvollen Festen
hatte es den in dieser Beziehung sehr kärglich lebenden Protestanten angetan. So mußten die vor
dem Kirchenkonvent erscheinen, welche „am
charfreytag zu Weyl der Stadt gewesen und denen daselbst vorgegangenen Ceremonien zuge-
sehen".[47]

Gegen Ende des 18. Jahrhunderts verbreiteten
sich unter dem Einfluß, der Französischen Revolution liberale Gedanken und die Kirchenzucht

Allein der Verdacht einer sexuellen Beziehung zweier Ledigen war schon Grund für eine Bestrafung. Der Eintrag im Kirchenkonventsprotokoll stammt vom März 1787.

„Was 1) den Steinhauer Michael Kurfaß von Lainfel-den und die Dienst-Magd Cath. Barb. Schmidin im Holtzgay anbetrifft, so wurde resolvirt [beschlossen], wegen der diesen beiden anzusetzenden Straffe, da sie noch ledig und nichts eigenes haben, auch nichts angeben konnten bey dem H[och]löbl[ichen Amt] An-frage zu machen und daher die Antwort zu erwarten, was diesen Beiden angesetzt werden sollte und könnte, was nemlich das Delictum selber betrifft wann es auch muß attentiert [erwartet] werden, da sie sich beide eines unehlichen Beyschlafs sehr verdächtig ge-macht haben."

lockerte sich. Im Mai 1799 stellte der Kirchenkonvent anläßlich einer Rüge des „unfleissigen
Besuches" von Bußtagspredigten fest, daß niemand zur Kirche gezwungen werden könne und
solle.[48]

Wenn dieser Bereich nun sehr breit dargestellt
wurde, heißt dies nicht, daß hierin die Hauptauf-

Das Kircheninnere vor der Renovierung 1926. Im Chor ist noch die Orgelempore zu sehen und das alte Chorgestühl, rechts der Aufgang zur Empore im Kirchenschiff.

gabe der Kirche zu sehen ist, es sollte nur deutlich gemacht werden, daß die Kirche und kirchliche Vorstellungen einen breiten Raum im Leben der Menschen einnahmen. Dazu gehörten selbstverständlich auch die Gottesdienste. Herkömmlich war es, daß am Sonntag zwei Gottesdienste abgehalten wurden. Es schlossen sich zwei Werkstagsgottesdienste am Freitag und Samstag an; der samstägliche Gottesdienst war wohl die sogenannte „Vesperlektion". Dazu kamen noch Betstunden am Mittwoch und Freitag. 1664 hielt Pfarrer Hartmann alle vier Wochen eine Bußpredigt; 1671 wurden unter demselben Geistlichen monatliche Bußtage erwähnt.[49] Das Abendmahl wurde im 17. Jahrhundert etwa zehn Mal im Jahr gehalten. Besondere „Präparationspredigten" bereiteten zu seinem Besuch vor. Neue Kommunikanten wurden das erste Mal „privatim im Pfarrhaus", junge Leute „vorm Beichtstuhl examiniert". Die Beichte war also noch keineswegs abgeschafft.[50]

Der Gottesdienstbesuch war aber häufig Anlaß zur Klage. 1658 zum Beispiel beschwerten sich die Visitatoren über den „fahrlässigen" Besuch der Gottesdienste und dies namentlich bei „den Reichen", die „ungefragt aus dem Flecken gingen". Dabei meinte man aber nicht den sonntäglichen Hauptgottesdienst, der nahezu von allen besucht wurde. Hinderungsgrund, an den anderen Gottesdiensten teilzunehmen, war aber nicht der böse Wille, sondern die vielfältigen Arbeiten, die erledigt sein mußten. So blieben die Leute an den Werktagen auf dem Feld oder im Wald. Am Sonntagnachmittag wurden die „Kinder mit Salbtegeln" ausgeschickt, mit runden, faßartigen Behältern, in denen selbstgemachte Salbe aufbewahrt und verkauft wurde. Hinderungsgründe waren ferner „durchgehende Fuhren und Dreschen".[51] Auch Arbeiten, die am Werktag liegenblieben, wurden am Sonntag erledigt. So ging man hier fast immer sonntags auf's Rathaus.

Dafür, daß diese Störungen möglichst gering gehalten wurden, sorgten die Scharwächter, die Umgang zu halten hatten. Sie wurden immer wieder zu mehr Strenge und Anzeigen aufgefordert. Diese erfolgten auch; so wurde die „Unordnung" am Ostersamstag während der Predigt mit einem Verweis gestraft: Matthaeus Widmayer und seine zwei verehelichten Söhne hatten unter dem Gottesdienst, ihrem Vorgeben nach aber nur während des Zusammenläutens, geschossen. Den Bäcker Jung Johann Wohlbold kostete die Aufnahme von Fremden und Einheimischen während der Nachmittagspredigt am Karfreitag 11 Kreuzer. Um 11 Kreuzer wurde auch der Schneider Johann Georg Heller für das Nähen am Karfreitag bestraft. Man sprach in beiden Fällen von nur geringen Strafen und hoffte, die Genannten würden „hinführo vor aller Entheiligung der Fest-, Sonn- oder Feyertäge sich hüten".[52]

Im Gottesdienst selbst ging es nicht weniger streng zu, denn man konnte nicht dort sitzen, wo es einem gefiel, dafür gab es eine Kirchstuhlordnung. Dabei galt die weltliche Ordnung auch in der Kirche, jeder Rang und Stand hatte seinen Platz. Ein besonderes Problem war dabei die Behandlung der Jugend. Ein Beispiel von vielen hierfür sei erwähnt: 1723 benahmen sich die „ledigen Burschen … ohnnütz" auf ihren Plätzen im Chor, so daß die anderen Kirchenbesucher „in ihrem guten Vorhaben, in Anhörung Göttlichen Wortes gehindert" wurden. Auf sie sollte besonders geachtet werden. Daß es dabei nicht immer gewaltlos zuging, zeigt ein Fall aus dem Jahr 1728. Der beaufsichtigende Provisor (Lehrer) hatte „einige unnütze, mutwillige Schwätzer … mit dem Backel [Stock] wacker abgeschmiert". Diese Prozedur war aber wahrscheinlich für die Andacht noch störender und verursachte „einen großen Laut und Getöß", so daß der Lehrer angewiesen wurde, die „boßhaften…Buben" künftig nur zu „observieren", damit man sie dann mit dem „Zuchthäuslein" bestrafen könne.[53]

Das Leben der Pfarrer

Wie die kirchlichen Aufgaben wahrgenommen wurden, hing natürlich eng mit der Person des Pfarrers zusammen. Greifen wir aus der Vielzahl der Geistlichen ein Beispiel heraus, das uns zeigen kann, welche Situationen typisch im Leben eines Pfarrers waren. An (Magister) Andreas Hartmann, der von 1657 bis 1679 als Pfarrer in Magstadt tätig war, war der Dreißigjährige Krieg nicht spurlos vorübergegangen. In Esslingen am 12. Januar 1615 geboren, trat er nach fünfjährigem Theologiestudium 1641 sein erstes Pfarramt in Friolzheim an, wo er, mitten im Krieg, seinen Dienst etliche Jahre ohne Besoldung versehen mußte. Seit 1644 war er dann in Warmbronn, wo alles auf den Zufall ankam und erbärmliche Zustände herrschten. Hartmann erlebte „mehr Fehl- als gute Jahre" und brachte sich „kümmerlich fort". Er mußte manchmal wie ein gemeiner Taglöhner Holz hauen, seine Frucht ausdreschen und dergleichen Dienste mehr tun, denn der Pfarrer erhielt als Besoldung auch Naturalien. Zu diesen Pfarrgütern gehörten Brennholz, Freipferchnächte, und der Zehnte, zum Beispiel von den Novalien, das heißt den neu für den Ackerbau gewonnenen Flächen.[54] Selbstverständlich bewohnte er in Magstadt das Pfarrhaus, das im 17. Jahrhundert aber „schlecht gebaut und wohl unnütz" war.[55] Erst 1745 ging mit der Erstellung eines Neubaus ein alter Wunsch in Erfüllung.[56] Für Pfarrer Hartmann aber bot Magstadt, gemessen am Bisherigen, gute Lebensbedingungen. Seine Ehe mit Anna Rosina war mit zehn Kindern gesegnet. Als „ehrlicher Vatter" mußte er die Söhne „theils zu den Studiis, theils zu Ehrlichen Handwerkhern mit

*Das alte Pfarrhaus war offenbar „schlecht gebaut"
und nicht mehr zu bewohnen, weshalb 1745 ein
neues erstellt wurde, und zwar aus den Steinen der
im selben Jahr abgebrochenen nördlichen äußeren
Kirchhofmauer. (Siehe Text Seite 105.)
Das Foto zeigt den Blick in die Pfarrgasse mit dem
Pfarrhaus, links im Vordergrund das Backhäusle
von 1850 (siehe auch Text Seite 90).*

großen Unkosten . . . anhalten", dazu auch noch
einige Töchter aussteuern, so daß er „bey solchs
bewandtsame seine beste Mittel dermaßen zuge-
sezt, daß er nicht eines Schuh breittes kauffen
können". Sein Amt versorgte er fleißig und war
„wegen seines eifrigen Wandels und Predigtamts
von männiglich sehr gerümpt". Auch sein Äuße-
res war immer „erbar", was für diese Zeit keine
Selbstverständlichkeit war. Als Hartmann nach
22 Dienstjahren am 21.April 1679 starb, lebten
von seinen zehn Kindern noch sieben. Die völlig

mittellose Witwe hätte es nun gern gesehen,
wenn ihr ältester Sohn Andreas die Pfarrei Magstadt erhalten hätte, um für sie sorgen zu können, was aber nicht genehmigt wurde.

Wer nicht zufrieden war mit seinem Pfarrer,
konnte aber nicht einfach in eine andere Kirche
gehen. So besuchten 1713 einige Bürger, darunter Hans Jerg Harr und sein Weib, die Kirche in
Döffingen, wo ein beliebter pietistischer Prediger großen Zulauf hatte. Ein fürstlicher Befehl
verbot das „Auslaufen" nach Döffingen. Eine re-
gelrechte pietistische Privatversammlung gab es
erst 1760 in Magstadt.[57]

Das Kirchenvermögen und dessen Verwaltung

Die Heiligenpflege war die kirchliche Vermögensverwaltung und die Verwaltung der im Ortsvermögen befindlichen Stiftungen für Kirche, Schule und Armenpflege. Ihr oblag die bauliche Erhaltung von Kirche, Pfarrhaus, Schulhaus und Armenhaus. Sie hatte zwei Beamte an ihrer Seite, den Heiligenpfleger und den Almosenpfleger. 1678 war Michael Schmidt Heiligenpfleger und Michael Stierlin Almosenpfleger. Seit 1684 wurden beide Geschäftsbereiche vom Heiligenpfleger erledigt, dem später ausnahmsweise ein „adjunctus" zur Seite gestellt wurde, wie dies beispielsweise 1698/1700 der Fall war.[58]

Der Heiligenpfleger wurde von Gericht und Rat der Gemeinde gewählt, weshalb diese einträglichen Nebenbeschäftigungen auch den Ratsmitgliedern selbst zufielen. So wurde 1802 der Richter Jakob Himmel Heiligenpfleger. Seine Besoldung bestand damals aus sechs Simri Roggen, einem Scheffel vier Simri Dinkel, ebensoviel Haber und zwölf Gulden in Geld. Dazu kamen noch die „Accidentien", das heißt Nebeneinkünfte: So bezog er bei „erheblichen Bauwesen ... etwas nach Discretion der Geschäfte und Zeit-Versäumniß", je nach Beschluß des Kirchenkonvents. Bares Geld hatte die Pflege zu dieser Zeit 735 Gulden in der Kasse.[59] Doch war es je nach Zeitverhältnissen schwierig, die Außenstände einzutreiben, und viele Rechnungen blieben offen. Zur Vermögensverwaltung verlautete 1665, daß fünfzehn Jahrgänge der Heiligenrechnung noch nicht überprüft seien. In Kriegszeiten waren die Außenstände entsprechend hoch, weshalb die Ortsbehörden 1703 zur Zeit des Spani-

schen Erbfolgekriegs aufgefordert wurden, die Schulden endlich einzutreiben.[60]

Gegen Mitte des 18. Jahrhunderts erfolgte eine umfassende Inventarisierung; ein neues Lagerbuch führte seit der Reformation erstmals wieder alle Güter und Rechte des Magstadter Heiligen auf.[61] Der Vermögensstand verbesserte sich zunehmend, und 1783 hatte man einen Fundus von 4 500 Gulden und keinen Ausstand mehr.

Die Schule

Auch hier verursachte der Dreißigjährige Krieg eine spürbare Krise: Die Schulmeister wechselten rasch und die Angaben über ihre Tätigkeit sind spärlich. Unterrichtet wurde zunächst nur im Winter. 1635 kam Hannß Michael Hößlin von Schönaich nach Magstadt, aber schon 1640 übernahm Jacob Haupt sein Amt. 1644 folgte ihm Hironymus Gall. Dieser unterrichtete 1653 vierzig Knaben und zwanzig Mädchen; für seinen Unterricht erhielt er „von meniglich ein gutt gezeugnuß". Als Gall im selben Jahr, 1653, überraschend starb, mußte rasch ein Nachfolger gefunden werden. Dies war der siebenundzwanzigjährige Johann Christoph Bart aus Reutlingen, der sich erst einarbeiten mußte. Aber noch zwei Jahre später (1655) fand man bei einer Überprüfung der Schule: „Er schreibt wol, lehrt aber nit wol, doch will er sich corrigieren."[62] Diese Überprüfungen fanden zweimal jährlich statt und wurden gemeinsam von Pfarrer und Schultheiß durchgeführt. Über dem Pfarrer stand als Mittelinstanz der Dekan, der einmal im

Jahr eine Kirchenvisitation durchführte, die auch der jeweiligen Schule galt.[63] Schüler mit guten Kenntnissen erhielten bei den Visitationen geringe Belohnungen. Arme Kinder bekamen die Bücher, die von den Zinsen der vorhandenen Schulstiftungen angeschafft wurden.

Daß die Urteile, zu denen die Visitatoren kamen, schlecht ausfielen, mußte aber nicht nur an der Person des Lehrers liegen, sondern andere Faktoren beeinflußten die Qualität des Unterrichts. Hierzu gehörte zunächst die große Zahl der Kinder, die gleichzeitig von einem Lehrer zu unterrichten waren. Ferner wurde 1661 die von den Behörden gewünschte Sommerschule eingerichtet. Sie lief vom 1. Mai bis zum Herbst. Als 1667 über 90 Kinder die Schule besuchten, forderte man, daß der Schulmeister einen Hilfslehrer, einen Provisor, halten solle, weil er „allt und so vilen Kindern nit genugsam sei".[64] Die Forderung wurde aber abgelehnt, und man war erst 1687 bereit, zunächst aushilfsweise einen Provisor anzustellen. Der erste namentlich bekannte war Michael Höfel. Seine Anstellung war notwendig geworden, weil mit Einführung der Sommerschule die Schulpflicht schärfer überwacht wurde und sich infolge dessen auch im Winter mehr Schüler als früher einstellten. Die Schülerzahl war 1697 auf 103 angewachsen.

Was die Qualität des Unterrichts ebenfalls beeinträchtigte, war die Vielzahl der Beschäftigungen, denen der Lehrer nachzukommen hatte. Er war zugleich Mesner, und seit dem Einbau der Orgel war der Schulmeister-Mesner auch Orga-

Weil sie ihre Kinder wohl zu Hause zur Arbeit behielten, ist im Kirchenkonventsprotokoll vom 18. Februar 1818 festgehalten:

„Schulversäumnisse, gestraft wurden

Joh. Georg Schlecht	Strafe 18 × [Kreuzer]
Joh. Teusch	5 ×
Georg Jak. Widmaier	11 ×
Joh. Schmidblaicher	16 ×
Joh. Michael Schmid	12 ×

nist.[65] Er hatte zudem als Gerichtsschreiber zu fungieren.[66]

Eine weitere Belastung ist in der Art der Lehrerbesoldung zu sehen, die sich 1680 folgendermaßen gestaltete: Der Lehrer erhielt von der geistlichen Verwaltung Böblingen zehn Gulden, sowie wegen der Heiligkreuzpfründe (siehe auch Seite 47) 59 Kreuzer. Der Flecken steuerte 14 Gulden 40 Kreuzer und eine Gabe Holz von drei Klaftern, die Heiligenverwaltung 14 Gulden 40 Kreuzer, acht Scheffel Dinkel und zwei Scheffel Hafer bei. Neben dem Schulhaus nutzte der Lehrer den Friedhof, da heißt das Gras, das zwischen den Gräbern wuchs, ein Krautgärtlein, ein Küchengärtlein und ein halbes Viertel Allmandsland. Das Schulgeld für die Winterschule betrug 18 Gulden 45 Kreuzer, das der Sommerschule 3 Gulden 12 Kreuzer. Dem Mesner gaben „jedes Ehevolk, jeder Witwer und jede Witwe, auch diejenige die ledigerweis hausen" jährlich einen Mesnerlaib, zusammen etwa 104 Brote. Von den Eheleuten erhielt er bei der Hochzeit ein Maß Wein, eine Suppe und ein Stück Fleisch für den Gesang in der Kirche und das Läuten. Wie man sieht, bestand die Besoldung nicht nur aus Bargeld und Naturalien, sondern auch in Gütern, die zu bewirtschaften waren. Wenn eine Familie einige Generationen an Lehrern stellte, war es durchaus möglich, daß ein ansehnliches Vermögen zusammenkam, was aber wieder dazu führte, daß der Lehrer eine „weitläufige Ökonomie mit starken Feldgütern" umzutreiben hatte; dies war bei der Lehrerfamilie Hahl Ende des 18. Jahrhunderts der Fall. Daß nun aber der Unterricht nicht zwangsläufig schlecht sein mußte, zeigt dieses Beispiel ebenso: Jakob Friedrich Hahl hatte nämlich einen tüchtigen Provisor, der

Unten: Nachdem das Alte Rathaus (Foto Seite 74) als Schulhaus zu klein geworden war, wurde es verkauft. Die Gemeinde erwarb dafür vom Hirschwirt das Gebäude an der Planstraße und baute es zum Schulhaus um. 1822 konnte es bezogen und bis 1965 als solches genutzt werden. (Siehe auch Text Seite 207.)

keine Lücken aufkommen ließ. Dies bewies auch das Urteil der Visitation 1790: „Die Kinder sind im Lesen und Schreiben, zum Teil im Rechnen wohl geübt."[67]

Wenn der Schulunterricht qualitativ zu leiden hatte, lag das hauptsächlich an den äußerst mangelhaften räumlichen Bedingungen. So gab es 1815 bei 280 Schülern drei Klassen, in welchen ein Schulmeister und zwei Provisoren wirkten. Die Lehrer mußten ihren Unterricht jedoch im selben Zimmer abhalten, das so klein war, daß man es nicht einmal durch Trennwände hätte abteilen können.

Abhilfe brachte erst das neue Schulhaus, das 1822 bezogen werden konnte.

Die Französische Revolution und die napoleonische Zeit

Die 1789 ausbrechende Französische Revolution und das aus ihr hervorgehende Kaiserreich Napoleons I. stellten ganz Europa vor neue Probleme und bewirkten eine tiefgründige politische, gesellschaftliche und wirtschaftliche Wandlung der Verhältnisse. In der Auseinandersetzung mit dem um eine europäische Vormachtstellung kämpfenden Frankreich breiteten sich seine revolutionären Ideen weiter aus. Der Gedanke, das Volk an der Regierung zu beteiligen, ja diese ganz auf seinen Willen zu gründen, verband sich in Deutschland mit dem Streben nach nationalstaatlicher Einheit, denn Deutschland war noch in eine Vielzahl souveräner Königreiche, Fürstentümer, kirchlicher und reichsunmittelbarer Territorien zersplittert. Es entstand allmählich eine bürgerliche Gesellschaft und aus ihr heraus im Verlauf des 19. Jahrhunderts die Welt der modernen Technik und Industrie.

Wie überall hatte die neue Zeit für Württemberg zunächst eine lange Reihe kriegerischer Verwicklungen zur Folge, die einen hohen Zoll an Blutopfern verlangte, sowie die Wirtschaft und den Wohlstand seiner Gemeinden schwer schädigten.

Während des ersten Krieges, den das revolutionäre Frankreich gegen das restliche monarchische Europa führte (Erster Koalitionskrieg, 1792–1797) wurde Magstadt 1796 mit der ganzen Umgebung zum unmittelbaren Operationsge-

*Württemberger auf dem Rückzug
aus Rußland im Winter 1812.*

biet. Im Juli 1796 zogen fortgesetzt österreichische und französische Streifen durch das Oberamt Böblingen. Die Österreicher forderten tausende von Pfund Brot, auch mußte man ihnen Branntwein nach Sindelfingen liefern. Vom 17. Juli an passierten dann mehrere tausend Franzosen die Gegend. Am 20. Juli hatten sie ein Lager in Magstadt. Schon im September kamen dann wieder österreichische Husaren. Im folgenden Jahr legten die Österreicher ein Magazin in Magstadt an.

Im Zweiten Koalitionskrieg (1799–1801) verlangten die kriegführenden Österreicher und Franzosen abwechselnd Stroh, Hafer und Quartiere für ihre im Land hin und her marschierenden Truppen.

Es folgten der Dritte Koalitionskrieg (1805), der preußisch-französische Krieg (1806–1807) und der österreichisch-französische Krieg (1809). Hier stand Württemberg auf Seiten der Franzosen und lag nun nicht mehr unmittelbar im Kampfgebiet. Aber es mußte Einquartierungen ertragen, Frondienste leisten, Requisitionen aller Art über sich ergehen lassen und , was besonders schmerzlich werden sollte: Truppen stellen. Die Verluste an Menschen und Material erreichten im russischen Feldzug Napoleons 1812 einen grausamen Höhepunkt. Das württembergische Kontingent, das mitmarschiert war, ging fast vollständig unter. Nur die wenigsten Soldaten kehrten nach Hause zurück, was auch für die aus Magstadt Ausmarschierten gilt.

Napoleon verlor den Feldzug und seine Gegner – Rußland und Großbritannien, denen sich alsbald Preußen und Österreich anschlossen – folgten ihm nun nach Deutschland. Die sich hier entspinnenden Kampfhandlungen des Vierten Koalitionskrieges sind bei uns unter dem Namen Freiheitskriege (1813/14 und 1815) bekannt. Im Oktober 1813 besiegten die verbündeten Mächte Napoleon bei Leipzig (Völkerschlacht) und zwangen ihn zum Rückzug über den Rhein. Württemberg schloß sich nun den Gegnern Frankreichs an, welche Württemberg als Durchmarschgebiet betrachteten. Noch ist auf dem Magstadter Rathaus ein in russischer Sprache gedruckter Befehl erhalten, in welchem Versorgungsleistungen angeordnet und geregelt sind. 1814 verlagerte sich der Krieg nach Frankreich hinein und ging im selben Jahr siegreich für die Verbündeten zu Ende. Für Magstadt bedeuteten diese Kriegsjahre, wie schon so oft, die Stellung von Soldaten, Frondienste, Requisitionen und Einquartierungen – zunächst für die eine, dann für die andere Partei.[68]

Wenn die folgenden Jahrzehnte nun zwar eine Zeit des äußeren Friedens werden sollten, so waren es dennoch keine friedlichen Jahre. Sie waren von inneren Problemen und Not geprägt.

Das 19. Jahrhundert

Eine neue Zeit bricht an: Der Vormärz

Reformen am Beginn des Jahrhunderts

Als die Kriege endeten, war die Not groß, und überall in Europa brauchte man eine lange Zeit der Ruhe, um sich wieder zu erholen. Wenn die äußere Ruhe durch den Wiener Kongreß auch hergestellt wurde, so war im Inneren die Ruhe der sogenannten „Biedermeierzeit" doch trügerisch. Diese Zeit vor der Revolution des März 1848 wird auch als „Vormärz" bezeichnet. Ein Einschnitt in der Geschichte Württembergs bedeutete der Wechsel auf dem Königsthron: Dem absolutistisch regierenden König Friedrich folgte nach dessen Tod 1816 der für Veränderungen offene Wilhelm I. (1816–1864). Am Anfang seiner Regierungszeit standen zwar wichtige politische Reformen, die aber eine zunehmende Verarmung der Bevölkerung nicht verhindern konnten.

Die Reformen wirkten sich im Gemeindeleben folgendermaßen aus: An „bürgerlichen Kollegien" gab es nun Gemeinderat und Bürgerausschuß, die gewählt werden mußten. Gestaltend konnte dabei der Gemeinderat mit dem Schultheiß wirken, der Bürgerausschuß hatte ein Kontrollrecht. Daneben gab es eine Reihe von Ämtern, die aber teilweise von Gemeinderäten ausgeübt wurden, da sie eine lukrative Nebeneinnahme bildeten. Zu diesen Ämtern gehörten zum Beispiel Waisenrichter, Brot- und Fleischbeschauer, Feuerschauer und Untergänger.

Der Neuaufbau des württembergischen Staates wirkte sich auch auf die Verhältnisse der Kirche aus. Dabei blieb jedoch die Verbindung zwischen Staat und Kirche grundsätzlich erhalten. Die bisherige „Heiligenpflege" wandelte sich in eine „Stiftungspflege", und für ihre Angelegenheiten richtete man überall einen örtlichen „Stiftungsrat" ein.[1]

In Magstadt wurde offenbar schon 1820 ein Stiftungsrat geschaffen.[2] Die Stiftungspflege wäre ohne Mithilfe der bürgerlichen Gemeindepflege nicht lebensfähig gewesen, denn ihr Etat wies häufig Defizite auf, die dann von der Gemeindepflege getragen werden mußten.[3]

Wirtschaftliche Verhältnisse zu Beginn der Regierungszeit Wilhelms I.

Magstadt erfreute sich zu Beginn des 19. Jahrhunderts mancher Vorteile, welche andere Gemeinden seiner Größe entbehrten. Seit Mai 1807 verkehrte auf der 1787 fertiggestellten Staatsstraße zweimal wöchentlich ein Postwagen von Stuttgart über Magstadt nach Calw. Gleichzeitig bekam der Ort ein eigenes Postamt. Dieses war auch für Weil der Stadt zuständig, da die neue Straße direkt über Dätzingen weiter nach Calw ging. Posthalter in Magstadt wurde zunächst Joseph Friedrich Wittich, der ein Original gewesen sein muß.

Wahrscheinlich war die Poststelle im Gasthaus Hirsch untergebracht, denn auf Wittich folgte der Hirschwirt Johann Georg Dürr als Posthalter. Mit der Post kam auch geselliges Treiben in den Ort; so unternahm zum Beispiel eine ganze Calwer Gesellschaft im Februar 1809 in einer einzigen Nacht nicht weniger als vier Ausfahrten mit dem Schlitten von Calw nach (Alt)Hengstett beziehungsweise Weil der Stadt und wieder zurück, wobei man jedesmal auch die Posthalterei Magstadt besuchte und im Hirsch einkehrte. Erst am nächsten Tag fuhr man wieder nach Hause zurück.

Leider hob die Regierung das Magstadter Postamt bereits zum Neujahr 1813 wieder auf und verleibte es dem Amt Böblingen ein. Jetzt ging der Weg von Stuttgart nach Calw über Böblingen. Die Unterhaltung für den alten Straßenzug übertrug der Staat aber der Gemeinde. Magstadt hatte viel verloren und dazu noch neue Lasten zu tragen. Eine gewisse Entschädigung für die nachteilige Entwicklung sollte dann 1817 die Wiedererhebung Magstadts zum Marktflecken bringen. Diese Maßnahme konnte sich freilich nur in wirtschaftlich guten und regen Zeiten positiv auswirken, und davon konnte 1817 keine Rede sein. Das Gegenteil war der Fall: Dem Jahr 1816 folgte nach Frühjahrsfrösten, Regen und Unwettern eine ungeheure Mißernte, die zur größten Hungersnot nach den vorangegangenen Kriegen führte. Pfarrer Faber notierte 1817, daß die „Anzahl derer noch größer geworden, welche nur die traurigste Schilderung zulassen; weit entfernt [davon], daß die drohende Not des verflossenen Jahres sie gebessert hätte, hatte dieselbe ihren moralischen und religiösen Zustand nur verschlimmert. Namentlich [bekannt] sind mehrere gewissenlose Familienväter [da], Väter von Kindern, welche selbst in dieser Zeit der Not den letzten Heller durch Branntweinsaufen durch-

brachten, während ihre Kinder hungern und betteln mußten."[4]

Die wirtschaftliche Not wurde noch durch einen weiteren Trend verstärkt: Die Bevölkerung nahm ständig zu. Von 1813 bis 1826 stieg die Bevölkerungszahl von 1 517 auf 1 758 also um 241 Personen, das sind 16 Prozent. Mit diesem Wachstum konnte die wirtschaftliche Entwicklung nicht Schritt halten. 1827 war Magstadt, nach der damals verfaßten Pfarrbeschreibung, zwar ein gesunder Ort, doch hatte sich die Lage verschlechtert und der Nahrungsstand der Bürger war „durch die Ungunst der Zeit sehr gesunken".[5]

Der überwiegende Teil der Bevölkerung war immer noch in der Landwirtschaft tätig, aber deren Einträglichkeit nahm ständig ab. Der Ackerbau litt darunter, daß Bau- und Besserungskosten sowie Steuern den größten Teil des Ertrags verschlangen. Rinder- und Schafzucht, für welche 600 Morgen Allmende zur Verfügung standen, hatten zunächst einen mächtigen Aufschwung genommen und Gewinn abgeworfen; doch jetzt hemmte eine Reihe von Hindernissen den Viehhandel nach Frankreich.

Auch im Handwerk sah es nicht gut aus. Die Zahl der Handwerker war zwar nicht gering, aber ihr Umsatz blieb weiterhin niedrig oder stagnierte. Dies galt namentlich für die Weber. Sie bildeten noch immer die Mehrzahl der Handwerker am Ort: 20 von insgesamt 116 Handwerkern waren Weber. Dieser Handwerkszweig war in allen Sparten vertreten: Leinen-, Band-, Zeug-, Barchent- und Bildweber. Daß Deutschland noch kein Einheitsstaat war, sondern in viele souveräne Königreiche und Herzogtümer zersplittert war, bekamen selbst diese kleinen

Handwerker zu spüren, denn der Preis für ihre Produkte erhöhte sich durch den „1 1/2 Stunden von Magstadt entfernten badischen Grenz-Zoll".[6] Dieser mußte bezahlt werden, wenn sie ihre Waren ins „Ausland" exportieren wollten und verteuerte sie entsprechend.

Auffallend ist auch die große Zahl der Metzger (16) und Schuhmacher (10), und es ist klar, daß diese vielen Handwerker in einem Dorf von etwa 1 500 Einwohnern keine Reichtümer erwirtschaften konnten.

An Handwerkern besonders zu nennen sind noch die Hafner: Sie stellten alles Geschirr einer Haushaltung her – Kochtöpfe wie Milchschüsseln –, die sie auf einer Scheibe fertigten und im Ofen mit Schwarzdorn brannten.[7]

Manchen Nutzen und vielerlei Beschäftigung bot auch der Gemeindewald. Holz war noch immer ein unersetzlicher Rohstoff und somit bildete ein umfangreicher Wald die Grundlage gesicherter Einkünfte. So wurde in den dreißiger Jahren des neunzehnten Jahrhunderts die unbestockte, das heißt nicht aufgeforstete Fläche immer kleiner.[8] Ein wichtiger Bestand waren Eichen, die hohen Gewinn brachten. Die Gemeinde richtete daher 1833 eine „Eichenerlöskasse" ein, in der Gelder für Zeiten der Not zurückgelegt wurden.[9] Auch der Holzhandel zwischen dem Schwarzwald und der königlichen Residenzstadt Stuttgart ernährte mehrere Bürger.

Da der Transport der Erzeugnisse des Schwarzwalds nach Stuttgart über Magstadt ging, ist es nicht verwunderlich, daß sich 1838 viele Magstadter mit Handel und Fuhrwesen beschäftigten.[10]

Im Ort fehlte auch ein Krämer nicht, der „Specereiwaren Hölderle".[11]

Insgesamt gesehen konnte jedoch die stark gewachsene Bevölkerung innerhalb des begrenzten dörflichen Rahmens nicht genügend Beschäftigung und somit Verdienst finden; Armut vieler Einwohner war die Folge. Die gedrückten wirtschaftlichen Verhältnisse hatten natürlich Konsequenzen. Diese ließen sich im „sittlich-religiösen Zustand der Gemeinde", wie dies im Bericht der Pfarrer hieß, feststellen. Dort wurde, ganz besonders in der Zeit zwischen 1825 und 1835, über übermäßiges Schnapstrinken, viele uneheliche Geburten, eine schlecht bestellte Schule und das „üble Beispiel geltender Personen"[12] geklagt. Auch führe die Armut zu einer steigenden Zahl von Diebstählen.[13]

Der Marktplatz mit dem 1842 erweiterten Rathaus auf einer alten Postkarte; links dahinter das 1887 erbaute „Neue Schulhaus". Das große Gebäude am linken Bildrand ist das Gasthaus zum Adler. Ganz rechts ist noch das Alte Rathaus, damals das Haus des Kaufmanns Schmidt, zu sehen.

Neue Einrichtungen werden notwendig

Das Bevölkerungswachstum hatte eine weitere fatale Folge: Die bestehenden Einrichtungen wie Schule, Rathaus und Friedhof wurden zu klein. Im alten Schulhaus mußten zuletzt zirka 300 Kinder in zwei Klassen in nur einem Zimmer von zwei Lehrern unterrichtet werden. Der Pfarrer drang daher auf den Bau eines neuen Schulhauses; doch die Gemeinde konnte sich dazu erst entschließen, als ein bereits bestehendes geeignetes Gebäude zum Verkauf stand. Sie erwarb 1822 von Hirschwirt Heinrich Mayer das Wirtschaftsgebäude in der Plangasse für 7 100 Gul-

den. Dagegen verkauften Ortsvorstand und Stiftungspflege das bisherige Schulhaus um 1 420 Gulden.[14] Noch 1822 zog die Schule in das völlig umgebaute Haus ein. Über dem geräumigen Keller lag jetzt im Erdgeschoß die Wohnung des Schulmeisters nebst Stall und Heuboden für den landwirtschaftlichen Betrieb. Im mittleren Stock lagen die zwei Schulstuben und zwei kleine Zimmer für die Provisoren; unter dem Dach befanden sich mehrere Kammern sowie große Fruchtböden.[15] Die räumlichen Verhältnisse gestatteten es nun, auch eine weitere Lehrerstelle einzurichten. Es unterrichteten jetzt ein Schulmeister und zwei Provisoren. Doch die Schülerzahl wuchs ständig weiter: 1828 war sie auf 306 (148 Jungen und 158 Mädchen) angestiegen. 1832 trennte man die oberen Jahrgänge in eine Knaben- und eine Mädchenschule, für welche je ein besonderer Schulmeister angestellt wurde. Bereits Mitte der dreißiger Jahre wurde der Raum wieder zu knapp. Da beschloß der Stiftungsrat am 8. März 1837, bis 1839 ein viertes

Der rechts neben der Rathaustür eingelassene Gedenkstein erinnert an den Um- und Ausbau des Rathauses 1843 unter König Wilhelm I. Der Text ist auf Seite 242 abgedruckt.

Lehrzimmer einzurichten und die Oberschulbehörde gleichzeitig um die Anstellung eines zusätzlichen Unterlehrers zu bitten. Nach längeren Verhandlungen kam beides 1838 zustande. 1842 erhielt das Schulhaus auch eine zweite Lehrerwohnung. Es gab jetzt vier Lehrerstellen und vier Klassen. Als die Zahl der Schülerinnen und Schüler 1850 aber auf 450 angestiegen war, wurde die gesetzlich gebotene Anstellung eines fünften Lehrers vollzogen. Der Schulmeister war zugleich Organist und Mesner. Sein Einkommen betrug 1828 etwa 288 Gulden, den Ertrag aus seiner Landwirtschaft nicht eingerechnet.

Auch auf anderm Gebiet machte sich bemerkbar, daß die Bevölkerung gewachsen war: Der Friedhof wurde zu klein. Der Begräbnisplatz war mitten im Ort um die Kirche, dies war lediglich ein halber Morgen. Die Bestattungen erfolgten hier nach Familien geordnet. War nun eine Familie groß, so erschöpfte sich das ihr zugewiesene Areal schneller und man mußte die alten Gräber früher, als das Gesetz es gestattete, wieder öffnen und belegen. Dieser Zustand wurde mit der zunehmenden Bevölkerung immer unhaltbarer, so daß der Kirchhof im Oktober 1831 für weitere Beerdigungen geschlossen und nur noch der 1664 begonnene Friedhof an der Warmbronner Straße benutzt wurde.

1842 erfolgte eine namhafte Erweiterung des Rathauses, so daß es 1850 ein stattliches Gebäude darstellte.[16]

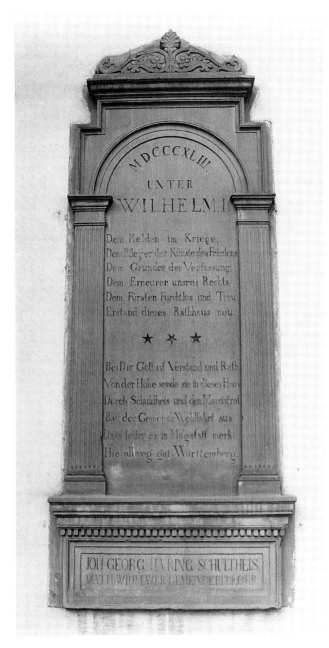

Versuche, die Armut zu bekämpfen

1838 wurde vom Gemeinderat eine „Hilfsleihkasse" ins Leben gerufen, um Geld an Gemeindeglieder auszuleihen und zwar, um drückende
andere Schulden abzulösen, zum Kauf von Zug-
und Melkvieh und „anderen nützlichen Zwek-
ken".[17] Hierzu wollte die Gemeinde Geld zu einem Zinssatz von dreieinhalb bis vier Prozent
aufnehmen und in einen Fonds einlegen. Die Ge-
meindeangehörigen, die sich Geld liehen, hatten
fünf Prozent zu bezahlen. Sie durften auch belie-
bige Summen am Kapital abbezahlen, was gegenüber den Bestimmungen privater Geldgeber
kein geringer Vorteil war. Überwacht wurde das
ganze Unternehmen von der Kreisregierung. Der
Gemeinderat beschloß, zunächst 6 000 Gulden
für die Hilfsleihkasse aufzunehmen. Die Nachfrage war aber so enorm, daß die Kreisregierung
schon im Juni 1839 die Aufnahme weiterer 8 000
Gulden genehmigen mußte. Beim Jahresab-
schluß 1839 hatte die Gemeinde dann jedoch
24 000 Gulden aufgenommen, also rund 10 000
Gulden mehr, als ihr bewilligt worden waren.
Die Gemeindekollegien hofften, nachträglich eine Genehmigung für die zuviel aufgenommenen
Gelder zu erhalten. Sie sahen sich aber in ihren
Erwartungen getäuscht, denn die Regierung
lehnte das Gesuch ab. Es lag wohl der Verdacht
nahe, daß die Gemeinde mit dieser Hilfsleihkasse ein Geschäft machen wollte, denn was bei den
Zinseinnahmen nach Abzug der Unkosten verblieb, sollte zum Gemeindevermögen geschlagen
werden. So verlangte die Regierung einen Nachweis dafür, daß die hohe Kapitalaufnahme für
Anleihen armer Ortsangehöriger notwendig gewesen sein. Die Gemeinde stellte daraufhin dar,

daß besondere Nöte der Landwirtschaft ihr Eingreifen erforderlich gemacht habe. Die Bauern
hätten zudem in den letzten beiden Jahren unter
Hagelwetter und im vergangenen Jahr dazu
noch unter einer Mißernte zu leiden gehabt. Obst
und Hanf, von dem die Bürger sonst einen ordentlichen Erlös erzielten, seien nicht geraten.
Daher seien Minderbemittelte schon seit länge-
rer Zeit nicht mehr in der Lage, Abgaben beziehungsweise Kosten für ihre Haushaltung oder
gar Zinsen zu bezahlen. Ja, dem größten Teil der
Bürgerschaft drohe der Verkauf ihrer Liegen-
schaften und damit völlige Verarmung und Ruin.
Die Kreisregierung, einmal mißtrauisch geworden, meinte, die Notwendigkeit der vorgenommenen Kapitalaufnahme sei durch diese Stellungnahme noch nicht hinreichend bewiesen.
Sie verlangte ferner von der Gemeinde, daß sie
die Statuten der Hilfsleihkasse ändere und dahin formuliere, daß künftig nur noch Gemeindeglieder Geld erhielten, die auf anderem Wege
keine Möglichkeit hätten, einen Kredit zu erhalten. Dies war die einzige Möglichkeit, die Wohltätigkeit dieser Einrichtung zu gewährleisten.
Die illegal aufgenommenen 10 000 Gulden mußten in den folgenden fünf Jahren zurückbezahlt
werden.
Die Gemeinde Magstadt fügte sich. Die Kollegien beschlossen am 1. Juni 1841, künftig nur
noch Minderbemittelten, welche Mangel an Kredit hatten, Darlehen zum Kauf von Zug- und
Melkvieh zu geben. Aber die Verwaltung verlor
offenbar die Lust an einer Einrichtung, die nur
noch der Wohltätigkeit dienen sollte. Bald lagen
nämlich die Verwaltungskosten ebenso hoch wie
der Gewinn. So beschlossen die Gemeindeorga-
ne anläßlich der Rechnungsprüfung 1842, die Li-

quidation der Kasse einzuleiten. Nach Abwicklung der nötigen Geschäfte erfolgte die Auflösung bis 15. März 1845.[18] Eine Forderung 1848, abermals eine Hilfsleihkasse einzurichten, lehnten die Gemeindekollegien ab.[19]

Kirchliches Leben

Die Pfarrer, die in dieser Zeit in Magstadt wirkten, waren in ihrem Amt tüchtig und zeichneten sich durch unterschiedliche Fähigkeiten und Leistungen aus. Ihr Schaffen kann das Leben in der Kirche dieser Zeit deutlich machen.

Von 1799 bis 1814 amtierte zunächst M. Felix Alexander Heermann in Magstadt. Ihm wurden Belesenheit und geordneter Vortrag sowie „pünktliche Amtsführung"[20] nachgerühmt. Er beschäftigte sich mit Schriften pädagogischen Inhalts und war am Schulwesen stark interessiert. Leider machte sich sein schlechter gesundheitlicher Zustand schon früh bemerkbar, so daß er bereits ab 1800 eine ständige Hilfskraft benötigte. 1812 wurde sein Vikar Eberhard Friedrich Gerber als Feldprediger einberufen, um beim württembergischen Kontingent bei Napoleons Rußlandfeldzug mitzumarschieren. Er starb am 20. Dezember 1812 in Rußland. Pfarrer Heermann konnte zwar seine Bibelstunden fortsetzen, aber predigen konnte er nicht mehr; er starb 1814.[21]

Sein Nachfolger im Amt war Johann Christian Faber, der bis 1833 in Magstadt wirkte. Auch sein besonderes Augenmerk galt erzieherischen Fragen. 1828 bis 1830 erteilte er Privatunterricht in Latein, Französisch und „Realien", das sind Geschichte, Geographie und Naturlehre. In seiner freien Zeit war er ferner in Lesegesellschaften tätig und veröffentlichte auch selbst. So erschien 1831 von ihm eine „Geschichte von Württemberg in Erzählungen auf jeden Tag im Jahr".[22]

Unter den Pfarrern Heermann und Faber trat der Pietismus wieder verstärkt in Erscheinung. Unter diesem Begriff fassen wir Gruppen und Personen zusammen, die sich an einzelnen Orten „privat" trafen, um über biblische Fragen zu sprechen und gemeinsam in der Bibel zu lesen.[23] Diese Treffen erfolgten neben dem gewöhnlichen Gottesdienst. 1802 bestand eine Privatversammlung der Chiliasten, die den nahen Weltuntergang erwarteten. Ferner gab es die Pregizerianer, das waren Anhänger von C. G. Pregizer, der das Kommen des Tausendjährigen Reiches erwartete und an die Vergebung der Sünden bereits mit der Taufe glaubte. Zeitweise, 1813 bis 1822, bestand sogar eine weitere Gemeinschaft, die sich aus den Honoratioren der Gemeinde zusammensetzte. Heermann und Faber übten beide die gleiche vorsichtige Zurückhaltung gegenüber den Privatversammlungen. Sie suchten sich nur durch gelegentliche Besuche derselben davon zu überzeugen, daß kein Verstoß gegen die geltenden gesetzlichen Bestimmungen vorlag.[24] Den schweren ökonomischen Problemen ihrer Gemeinde versuchten sie mit den herkömmlichen Mitteln der sogenannten Armenpflege zu begegnen: Gebet und Almosen. So stellte Pfarrer Faber von den Armen fest: „Die außerordentliche Unterstützung durch die Lokal-Armenleitung nehmen sie an. Aber," so mußte er bedauernd vermerken, „Undank [war] bei vielen der Lohn".[25] Als er Magstadt 1833 verließ, wurde Johann Karl Hölder als Pfarrer berufen.

Man konnte in der Kirche keineswegs sitzen wie man wollte. Es gab eine Kirchenstuhlordnung (siehe Text Seite 105), die jedem seinen Platz zuwies, der sogar käuflich war. Pfarrer Johann Christian Faber notierte im Kirchenkonventsprotokoll folgendes:

„Actum den 27. März 1818
Justine Schülin led.[ig] ist gestorben und hat einen Kirchenstuhl hinterlassen Nr. XII. Es melden sich um denselben Heiligenpfleger Wellingers Eheweib, Gottl. Schmid Tuchmachers Ehew.[eib] u. Jak. Fr. Schüles Eheweib.
Es tratt Gottl. Schmids Eheweib von selbst zurück, Schüles Eheweib hat schon einen Kirchenstuhl, es wird daher Heiligenpfleger Wellingers Eheweib dieser Kirchenstuhl für 1 fl [Gulden] und 30 × [Kreuzer] [vom] Kirchenkonvent zuerkannth."

Dieser vielseitig interessierte Mann unterrichtete seine Kinder selbst und richtete 1840/41 sogar eine kleine „Präparandenanstalt" für angehende Lehrer in Magstadt ein.[26] Neue Wege ging er bei der Armenunterstützung. Seit Februar 1839 gab es einen freiwilligen Armenverein in Magstadt. Der Pfarrer brachte damals den Wunsch vor, Stiftungs- und Gemeindepflege möchten jährliche Beiträge für diesen Verein beschließen. Er hatte dabei „das Wohl des ganzen Ortes" im Auge. Es beteiligten sich nämlich viele Bürger nicht am Verein, wodurch dessen Last vollständig auf denen ruhte, welche freiwillige Beiträge leisteten. Es sei also nur recht und billig, auch die Bürger, welche sich nicht am Verein beteiligten, durch einen Beitrag der Gemeindekassen heranzuziehen.

Diesem Begehren waren offenbar mehrere ähnliche Bitten vorangegangen. Bürgerausschuß und Stiftungsrat zeigten sich nicht abgeneigt, einen solchen Beitrag zu gewähren. Doch konnte man sich nicht über die Rolle einigen, welche die 1838 ins Leben gerufene Industrieschule im Arbeitsprogramm des Vereins spielen sollte. Viele Vereinsmitglieder zeigten sich unzufrieden über die große, von ihnen teilweise schon bestrittene Besoldung der Lehrerin dieser Industrieschule, da diese nicht so viele Kinder unterrichte, daß sie sich lohne. Auch stammte die Frau nicht aus Magstadt, und man meinte, eine Frau aus dem Ort sei billiger. Schließlich wollten die befaßten Gremien die Mitglieder des Vereins befragen, ob sie ihre Gelder lieber für eine Industrieschule oder direkt für die Armenversorgung verwendet wissen wollten. Danach sollte die Höhe des Zuschusses der Gemeinde bestimmt werden. Es stellte sich nun heraus, daß die meisten Mitglie-

der wünschten, die Beiträge zur Austeilung an die Armen zu verwenden, um den Straßenbettel in den Griff zu bekommen. Daher übernahm die Gemeinde den Beitrag für die Industrieschule, während dem Verein kein festumrissener Tätigkeitsbereich zugeordnet wurde.[27] Ob und wie lange der Verein weiterbestand, muß offen bleiben, weil er in den Quellen nicht mehr auftaucht. Auch ob die im Juni 1848 erwähnte Armenkasse ein Überbleibsel des Vereins war, kann nicht mehr geklärt werden. Aber auch diese Armenkasse wurde aufgelöst: Ihr Verwalter, Johann Georg Schittenhelm, übergab die noch zur Verfügung stehende Summe von vier Gulden, dreiundzwanzig Kreuzer dem Stiftungsrat, der daraufhin beschloß, dieses Geld nach und nach für Kranke und sonstige Bedürftige zu verwenden.[28] Neben seinen vielfältigen Aufgaben hatte Pfarrer Hölder wie sein Nachfolger Johann Gottlob Hauff, der von 1843 bis 1860 Pfarrer in Magstadt war, aber noch Zeit, seinen literarischen Neigungen nachzugehen.[29] Diese schriftstellerische Tätigkeit ist umso beachtenswerter, als Hauff selbst mehrfach angab, daß die ausgebreiteten pfarramtlichen Geschäfte ihn daran hinderten, seine theologischen Studien fortzusetzen. Er war ein Vertreter der Amtskirche Kapfscher Prägung. In der Existenz der pietistischen Gemeinschaften konnte er „nichts Bedenkliches"[30] erkennen. Seine Stellung sah er viel mehr durch die demokratische Bewegung der Revolutionsjahre von 1848/49 bedroht.

Neue Formen des Zusammenlebens

Neben dem geselligen Beisammensein bei Festen, in den Spinnstuben oder in der arbeitsfreien Zeit tauchte nun eine neue Form der „Freizeitbeschäftigung" auf: Man organisierte sich in Vereinen.

Der erste Verein, der in Magstadt entstand, war der Gesangverein. Zunächst begann der damalige Unterlehrer Bolay „eine Anzahl ... junger Bürger und lediger Bürgersöhne im mehrstimmigen Gesang" zu unterrichten. Im Herbst 1839 bildete sich ein förmlicher Gesangverein. Schon ein Jahr später hatte dieser nicht nur den „Gesang der ledigen Söhne auf den Straßen" verbessert, sondern auch bewirkt, daß sich dieselben „gebildeter" betrugen und aufführten. Die bürgerlichen Kollegien setzten dem Leiter des Vereins, Unterlehrer Bolay, daher am 18.März 1840 ein Geldgeschenk in Höhe von 10 Gulden 48 Kreuzer aus der Gemeindekasse zur „Belohnung seines Eifers" aus. Der Gesangverein erbaute die Gemeinde „bey manchen Feierlichen Gelegenheiten.. durch Choral- und Figuralgesang" in der Kirche. 1841 zog er mit einer nagelneuen Fahne auf das Sängerfest in Ludwigsburg, das 47 Vereine mit über 2 300 Sänger besuchten. Doch dann stagnierte das Ganze. Bolay, der offenbar die Seele der Sache gewesen war, wurde 1843 versetzt.[31]

Neben dem Gesangverein bestand 1845 bereits ein Ortsleseverein. Seine Kasse war damals durch einen „unvorhergesehenen Umstand" geschwächt worden, und ohne außerordentliche Unterstützung konnten für den bevorstehenden Winter keine neuen Schriften angeschafft wer-

den. Man besaß also bereits eine kleine Bibliothek, die von der überwiegend bäuerlichen Bevölkerung besonders im Winter benutzt wurde. Wenn die Hauptarbeit in der Landwirtschaft ruhte, hatte man hierfür am ehesten Zeit. Der Verein wandte sich in seiner Not an den Stiftungsrat mit der Bitte um Unterstützung. Dieser sagte sie auch in „Anerkennung der Nützlichkeit des Instituts" zu und bewilligte dem Verein fünf Gulden. Zwei Jahre später, im November 1847, konnte der Ortsleseverein wiederum „ohne öffentliche Unterstützung kaum fortbestehen". Es schien jedoch wünschenswert, „daß insbesondere die Jugend im Winter zu ihrer Fortbildung und zu nützlicher Anwendung der Abendstunden sich mehr mit dem Lesen nützlicher Bücher beschäftigt". So unterstützte der Stiftungsrat den Verein nochmals, diesmal waren es sogar sechs Gulden.

Daß diese Formen neu und noch ungewohnt waren, daß sie auch gewissermaßen als Luxus betrachtet wurden, zeigt die Tatsache, daß sie in Zeiten politischer und wirtschaftlicher Unruhen wieder in Vergessenheit gerieten. So erlahmte das Interesse am Gesangverein bereits 1846, was sicher auch damit zusammenhing, daß ein entsprechend tatkräftiger Organisator nach der Versetzung Bolays fehlte. Der Ortsleseverein geriet 1848 und 1850 wieder in die roten Zahlen. Das entstandene Defizit kam unter anderem daher, daß die Teilnahme am Verein nachließ und mit der schwindenden Mitgliederzahl auch die Beiträge sanken, auf welche man angewiesen war. Die Vereinsleitung glaubte durch die Anschaffung neuer Bücher der ganzen Einrichtung einen neuen Reiz zu geben, aber sie scheiterte an der Ungunst der Zeit.[32]

Die Revolutionsjahre 1848/49

Wirtschaftliche Not und Unruhen

Die angespannte wirtschaftliche Lage verschärfte sich Ende der vierziger Jahre noch einmal. Eine Stockung im Leinwandhandel und in den Gewerben überhaupt verbreitete überall Arbeits- und Verdienstlosigkeit. Dazu kamen Mißernten. Gerade 1847 hatte eine Mißernte die Gemeindeverwaltung von Magstadt in die „traurige Notwendigkeit" versetzt, ausländische Frucht und Fruchtvorräte des eigenen Landes im Wert von 7 120 Gulden zu kaufen, um die Einwohner mit dem nötigen Saatgetreide und dem täglichen Brot versorgen zu können. Das Geld für die Bezahlung des Getreides war aber nur vorgestreckt worden, wobei klar war, daß an den festgesetzten Zahlungsterminen eine Anzahl der Bezieher zahlungsunfähig sein werde. Am 7. Mai 1847 berichteten die bürgerlichen Kollegien von Magstadt dem Oberamt Böblingen über die bisher ergriffenen Maßnahmen und baten um weitere 500 Scheffel Hilfslieferungen an Getreide, da die „Not bei einem größeren Teil von Menschen"[33] sehr groß sei; ferner seien immer mehr Arme in der Gemeinde: Bereits 140 Familien erhielten jede Woche unentgeltlich Habermehl; alle zwei Tage bekämen 130 arme Schulkinder Brot, bei den Kindern der Industrie- und Kleinkinderschule sei dies dreimal wöchentlich der Fall.

Auch an Versuchen, Beschäftigung und somit Verdienst zu beschaffen fehlte es nicht: Die Gemeinde verwendete 200 Gulden für eine Spinnanstalt. Daß dies in solchen Zeiten nur ein Tropfen auf den heißen Stein sein konnte, war klar. In den anderen Gemeinden des Bezirks sah es nicht viel besser aus, und überall waren die Folgen der Not dieselben: Die Eigentumsdelikte häuften sich. Um Ruhe und Ordnung aufrecht zu erhalten, ordnete das Oberamt im Mai 1847 die Errichtung „bürgerlicher Sicherheitswachen" in den Orten des Bezirks an. Auch in Magstadt beschloß man daraufhin, eine solche Sicherheitswache aufzustellen. Nach einem Aufruf meldeten sich 120 Bürger für diese Aufgabe. Sie wurden in zehn Abteilungen mit je einem Obmann gegliedert.

Weitere Erscheinungen der Not waren die steigende Zahl von Bettlern und die sinkende Bereitschaft, die reisenden Handwerksgesellen, die durchs Dorf kamen, zu unterstützen. In dieser bedrängten Zeit erinnerte sich die Bürgerschaft der 1833 errichteten Eichenerlöskasse und sie bat die Regierung, diese Gelder in der Gemeinde verteilen zu dürfen. Ihre Bitte wurde abgelehnt. Auch ein zweiter Versuch am 11. März 1848 scheiterte: Das Ministerium lehnte wegen der bedeutenden Gemeindeverschuldung ab. Auch könne, so meinte es, durch die Auszahlung die ökonomische Lage der ärmeren Ortseinwohner nur vorübergehend verbessert werden.

Inzwischen hatte sich die Situation aber landesweit verschärft. Viele Faktoren, die die Unzufriedenheit steigerten waren zusammengetroffen, und unter dem Eindruck der Revolution in Frankreich war es im benachbarten Baden zu Aufständen gekommen, die besonders auf das württembergische Franken übergriffen. In den größten württembergischen Städten kam es zu Versammlungen, Flugschriften und Petitionen wurden verfaßt. Die königliche Regierung wich

Rechte Seite: Der Streit in der Gemeinde um die Verteilung der Gelder aus der Eichenerlöskasse eskalierte so, daß das Oberamt Militär anforderte. Mit Erlaß des Kriegsministeriums vom 19. Mai 1848 wurden zwei Kompanien Infanterie nach Magstadt in Marsch gesetzt. (Siehe Text Seite 126. Der Wortlaut der Korrespondenzen in dieser Sache steht auf Seite 243.)

zurück und setzte ein liberales Ministerium mit Friedrich Römer an der Spitze ein. Die Regierung versprach, die Forderungen des Volkes zu erfüllen. Sie ließ von der Kammer Gesetze über Volksbewaffnung, Versammlungsfreiheit und Aufhebung des Zehnten beschließen.

In diesen aufgeregten Tagen und Wochen des März 1848 genügte bereits ein Gerücht, um einen Sturm hervorzurufen. So hieß es, sengende und brennende Franzosenhorden hätten den Rhein überschritten und seien nach Deutschland eingedrungen. Das Oberamt Böblingen erteilte auch der Gemeinde Magstadt in der Nacht des 26. März 1848 den Befehl, „sogleich müsse ein Mannschaftsaufgebot wegen dem Einrücken französischen Gesindels nach Calw abgehen." Auf dies hin marschierten von Magstadt „40 ledige Burschen" freiwillig ab. Die Kollegien wollten diesen „eine Aufmunterung für dieses mutige Unternehmen geben", fanden aber nachher lediglich die Gelegenheit, die Zeche für diese zu bezahlen, welche sie unterwegs bei Sonnenwirt Wahl in Ostelsheim gemacht hatten. Dies waren vierzehn Kreuzer pro Mann. Geleistet hatten die Ausmarschierten für ihr Geld allerdings nichts, denn der französische Einmarsch erwies sich rasch als Gerücht, und bereits am nächsten Morgen gab das Oberamt Entwarnung, und der ganze Spuk löste sich in Luft auf.

In diesen Tagen konnte man aber auch die Beobachtung machen, daß die lang entbehrte Freiheit bei vielen in Eigenmächtigkeit und Willkür umschlug. So hatte der König den in den Hofjagdbezirken gelegenen Gemeinden, wozu Magstadt gehörte, das königliche Jagdrecht auf ihren Markungen als Privat- und Gemeindeeigentum überlassen. Dies führte zu folgendem Ereignis:

Am 27. März 1848 machte der Waldschütz Stöckle von Eltingen gemeinsam mit dem Waldschütz Scheck von Magstadt eine Streife durch den Forstbezirk. Beide stießen im Eltinger Wald auf etwa fünfzehn mit Flinten bewaffnete Männer, die herumballerten, ohne sich stören zu lassen. Die Waldschützen gingen weiter und kamen schließlich auch in den Magstadter Gemeindewald. Auf dem sogenannten Plan, in der Nähe des Hölzersees, hörten sie zwei Schüsse. Sie gingen dem Schall nach und trafen auf zwei Männer, die mit einem erlegten Stück Wild unterwegs waren. Sie folgten ihnen, sahen sich aber bald einer Schar von dreißig bis vierzig Männern gegenüber, die meist bewaffnet waren. Als die Männer die Waldschützen erblickten, riefen sie: „Da ist ein Jäger! Auf ihn, hin muß er sein!" Stöckle und Scheck suchten ihnen begreiflich zu machen, daß sie nicht gekommen seien, um etwas gegen sie zu unternehmen und versuchten, sich zurückzuziehen. Doch sie wurden verfolgt, wobei auch auf sie geschossen wurde. Glücklicherweise blieben sie unverletzt. Sie meldeten den Vorfall noch am gleichen Tag ihrem Vorgesetzten, wobei sie angaben, daß es sich bei den Wilderern mit großer Wahrscheinlichkeit um Magstadter gehandelt habe, sie glaubten sogar, einige erkannt zu haben. Eine Folge dieser Vorgänge war, daß die Regierung die Gemeindevorsteher anwies, ihre Gemeindeglieder zu belehren, daß sie noch keinen Gebrauch vom Jagdrecht machen dürften. Der Oberamtmann von Böblingen wies die Einwohner von Magstadt besonders auf die Strafbestimmungen wegen Jagdexzessen, Wilderei und strafbarer Verletzung des Jagdrechts hin, da die Ereignisse sich zu überstürzen drohten.

Stuttgart, den 19. Mai 1848.

Note

des Kriegs-Ministers

an

das K. Ministerium des Innern,
die Absendung 2er Compagnien Infanterie nach Magstadt betreffend.

Verfügt OA. Böblingen [illegible] 21/5.
v. 20. Mai [illegible]
da bis jetzt ein Bericht über den Verlauf der Vorfälle in Magstadt nach dem hier erstatteten [illegible] nicht eingetroffen ist, so wird dasselbe zur Erstattung desselben aufgefordert.
D.
[illegible]

Der jenseitigen Requisition vom heutigen Tage entsprechend ist der Befehl an das Gouvernement Ludwigsburg ergangen, 2 Compagnien des 7.ten Infanterie Regiments wo möglich heute noch nach Magstadt abmarschiren zu lassen. Seine Königliche Majestät haben nämlich gestern vorläufig zu befehlen geruht, daß im Falle eine Verwendung von Truppen nach Magstadt erforderlich würde, hiezu das 7.te Regiment zu wählen wäre.

Die Compagnien sind nach eben eingegangener Meldung heute Mittag 4. Uhr unter dem Commando des Majors von Husuadel von Ludwigsburg über Münchingen und Leonberg abmarschirt, und werden muthmaßlich gegen 11. Uhr Nachts in Magstadt eintreffen.

[illegible]

[illegible]

pr. M. d. I. 19. Mai 48.

7196.

No 4898.
0 Beilagen.

Rechte Seite: Die Bürgerschaft war wenig erbaut über den militärischen Einsatz und wollte mit einem Schreiben vom 23. Mai 1848 wissen, wer, aus welchem Grund dieses Einschreiten veranlaßt und befohlen habe und von wem die Kosten zu tragen seien. Es folgte eine lange Unterschriftenliste Magstadter Bürger. (Wortlaut des Briefes im Anhang auf Seite 245.)

Eine Bürgerwehr soll errichtet werden

Um Ruhe und Ordnung aufrecht zu erhalten, erhielt die Dorfobrigkeit ein geeignetes Mittel: Durch königliche Verordnung vom 2. April 1848 wurde die Grundlage zur Organisation von Bürgerwehren geschaffen. Mitte April 1848 gab es in Magstadt eine aus 100 Mann bestehende freiwillige Schützenmannschaft. Nach einer bereits angelegten Liste wurden jedoch 250 Mann zu der neuen, von der Staatsregierung angeordneten Bürgerwehr pflichtig. Die Errichtung dieser Bürgerwehr machte aber nur auf dem Papier Fortschritte. Am 14. April beschlossen die Kollegien, zunächst einmal zwei Trommeln und fünfzehn Exerziervorschriften anzuschaffen. Das war das Leichteste. Schwieriger wurde es, die Wehr tatsächlich aufzustellen, zu organisieren und zu bewaffnen. Wenige Tage später richteten Gemeinderat und Bürgerausschuß die in der Verfügung des Innenministeriums vom 10. April 1848 vorgeschriebene Organisationskommission für eine Bürgerwehr ein. Ihr gehörten an: Verwaltungsaktuar Rothacker als Vorstand, ferner Gemeindeförster Gwinner, die Gemeinderäte Schmidt und Schittenhelm, der Obmann des Bürgerausschusses Schmidt, ferner David Häring, Heinrich Bissinger, David Schmidt, Schreiner Schnauffer, Nagelschmied Merk, Wilhelm Widmeyer, Rössleswirt Friedrich Widmayer und Christian Schmidt. Hierbei handelte es sich um Personen, die zu den Wohlhabenden des Dorfes gehörten. Die ärmeren Schichten brachten dem Vorhaben, eine Bürgerwehr zu errichten, wohl geringeres Interesse entgegen, da sie andere Sorgen hatten. Ihnen ging es um Verbesserung ihrer wirtschaftlichen Situation. Ferner mußten die Pflichtigen ihre Ausrüstung selbst bezahlen, und dies war eine kostspielige Angelegenheit. So sollten zum Beispiel die vom Arsenal Ludwigsburg angebotenen Musketen fünfzehn Gulden und fünfzehn Kreuzer pro Stück kosten. Die Gemeindegremien lehnten daher ab. So kam die Bürgerwehr nicht voran. Ihre Existenz wurde aber immer notwendiger: Am 6. Mai 1848 bat ein Magstadter Bürger in einem umfassenden Antrag beim Gemeinderat im Interesse der Ordnung um ein Eingreifen der Obrigkeit. Es sei „schon in mehreren Nächten, und zwar in später Mitternachtszeit, in den Straßen tüchtig gelärmt" worden, auch seien „Fensterscheiben eingeworfen und Steine an Läden und Tore geworfen" worden. Die große Mehrzahl der Bürger wünsche „zweifellos eine kräftigere Handhabung der Polizei, um derartigen Unordnungen vorzubeugen". Auf dies hin beschloß der Gemeinderat eine Reihe von Maßnahmen zur Aufrechterhaltung von Ruhe und Ordnung und damit verbunden eine Art Dienstordnung für die „Bürgerwache", die man jetzt aufstellte. Wer nachts um 11 Uhr noch auf der Straße oder in Wirtshäusern angetroffen wurde, ohne seinen Beruf dafür anführen zu können, sollte bestraft werden. Wer die nächtliche Ruhe durch Lärmen in den Straßen störte, sollte noch in der gleichen Nacht Arrest erhalten.

Die Lage verschärft sich

Daß die bisher geschilderten Vorfälle nur ein harmloses Vorspiel weit heftigerer Auseinandersetzungen waren, sollte die Dorfobrigkeit bereits am 8. Mai 1848 erfahren. Am Vormittag dieses

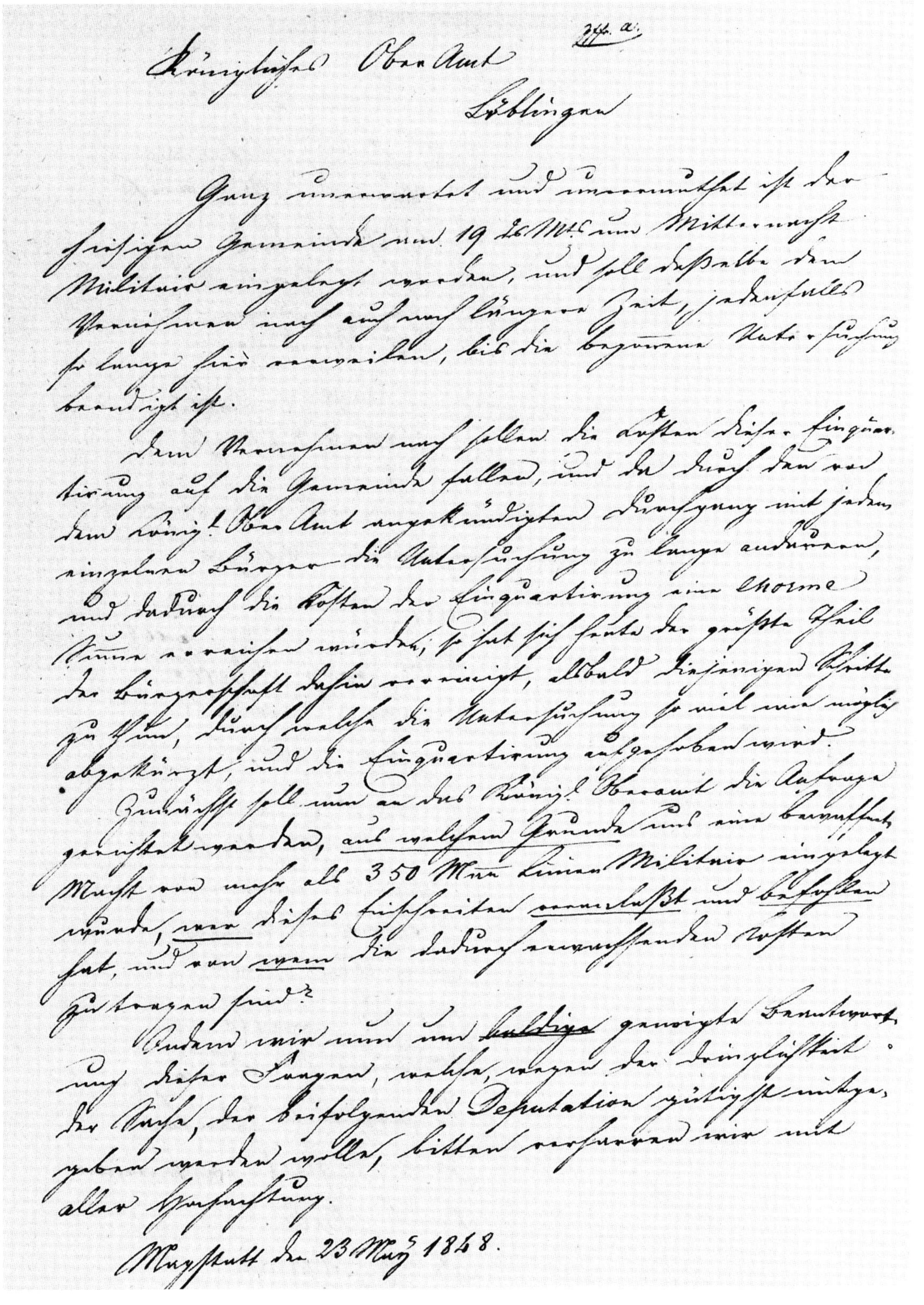

Königliches Ober Amt

Leonbergen

Ganz unerwartet und unvermuthet ist der hiesigen Gemeinde vom 19ten d. Mts. um Mitternacht Militair eingelegt worden, und soll deshalb den Vornehmen nach auch noch längere Zeit, jedenfalls so lange hier verweilen, bis die begonnene Untersuchung beendigt ist.

Dem Vernehmen nach sollen die Kosten dieser Einquartierung auf die Gemeinde fallen, und da durch den von dem Königl. Ober Amt angekündigten Durchzug und jeden einzelnen Bürger die Untersuchung zu lange andauern, und dadurch die Kosten der Einquartierung eine enorme Summe erreichen würden, so hat sich heute der größte Theil der Bürgerschaft dahin vereinigt, alsbald diejenigen Schritte zu thun, durch welche die Untersuchung so viel wie möglich abgekürzt, und die Einquartierung aufgehoben wird.

Zunächst soll nun an das Königl. Oberamt die Anfrage gerichtet werden, aus welchem Grunde und aus veranlasst eine dermaßen Macht von mehr als 350 Mann Linien Militair eingelegt würde, wer dieses Einschreiten veranlasst und befohlen hat, und von wem die dadurch verursachten Kosten zu tragen sind?

Indem wir um eine baldige geneigte Beantwortung auf diese Fragen, welche, wegen der Dringlichkeit der Sache, der beifolgenden Deputation zusichermaßen, gegeben werden wollen, bitten, verharren wir mit aller Hochachtung.

Magstatt den 23 May 1848.

Tages verhandelten die bürgerlichen Kollegien erneut über die Verteilung der Eichenerlöskasse, die etwa 10 500 Gulden enthalte, an die Bürgerschaft. Die Kollegien kamen nun zu der Ansicht, daß die Gelder zu verteilen seien. Aber ihr Entschluß war wohl auch von der Angst diktiert worden, denn sie äußerten die Befürchtung, daß eine Verweigerung der Verteilung „Gewalttätigkeiten und ruhestörende Auftritte unausbleiblich zur Folge hätte". Wie recht sie haben sollten: Am Nachmittag erschienen etwa 400 Bürger auf dem Rathaus, um über die Verhandlungen unterrichtet zu werden. Die Lage spitzte sich rasch zu. Die Bürgerschaft, deren Sprecher Jakob Kettner war, forderte eine Verteilung der Kasse, ohne weitere Anträge zu stellen. Schultheiß Häring andererseits versuchte zu beschwichtigen und wollte die Regierung noch einmal um Genehmigung bitten. Es mußte sich wohl viel Unmut angestaut haben, denn die Magstadter stießen nicht nur die „größten Injurien"[34] gegen die anwesenden Gemeinderäte aus, denen man nicht glauben dürfe, sondern drohten ihnen angeblich auch, sie aus den Rathausfenstern zu werfen. Eine Anzahl von Bürgern soll gar bewaffnet gewesen sein. Das Ministerium reagierte heftig: Es wies am 16. Mai 1848 den Wunsch, die Gelder der Kasse verteilen zu dürfen, „ein für allemal"[35] ab. Ja, man drohte mit „militärischer Exekution" bei „ferneren Unordnungen". Der Böblinger Oberamtmann sollte diesen Erlaß sofort in Magstadt bekanntmachen, und er wurde angewiesen, falls „wiederholte Ruhestörungen vorfielen . . . durch Eilboten militärische Hilfe [zu] requirieren".[36] In Magstadt nahmen die Vorgänge aber schon am nächsten Tag die Formen an, die das Ministerium befürchtet hatte. Bei einem Ei-

chenrindenverkauf am 17. Mai wurden die Gemeinderäte, welche den Verkauf vornahmen, von den Anhängern der Partei, die die Kasse verteilen wollte, im Wald und auf dem Rathaus in „brutalem Tone" der Verschleuderung von Gemeindegeldern bezichtigt. 1845 habe die Kasse noch über 18 000 Gulden verfügt, jetzt seien es nur noch 10 000. Die Unzufriedenen ließen die Absicht durchblicken, den Verkauf selbst zu übernehmen und den Erlös unter der Bürgerschaft aufzuteilen. Nun verlangten die Gemeinderäte noch am selben Tag ihre Entlassung, weil sie, „ohne sich der größten Gefahr auszusetzen, nicht mehr als ernstliche Männer, welche ihren Pflichten und [ihrem] Eid getreu bleiben wollten, existieren könnten".[37] Hierauf sah Oberamtmann Stetter die Notwendigkeit Militär anzufordern für gegeben. Er sandte seinen Bericht ans Ministerium und begründete sein Gesuch damit, daß die Organe des Gesetzes bei der herrschenden Zuchtlosigkeit nicht vor Mißhandlungen sicher seien. Die gegen den Oberamtmann in Nagold verübte Brutalität habe, wie er vernommen, in Magstadt „die roheste Freude" hervorgerufen.

Es ging nun Schlag auf Schlag: Schon tags darauf, am 19. Mai, gegen Mitternacht, marschierten zwei Kompanien des 7. Infanterieregiments vor Magstadt auf. Der Oberamtmann wurde beauftragt, mit der Ankunft des Militärs in Magstadt zu erscheinen, den Erlaß vom 16. Mai bekannt zu machen und der Bürgerschaft zu eröffnen, daß das Militär „bis zur vollkommenen Wiederkehr von Ruhe und Ordnung" in Magstadt bleiben werde.[38] Als der Oberamtmann diesem Befehl nachkommen wollte und in der Nacht in seiner Kutsche in Magstadt einfuhr,

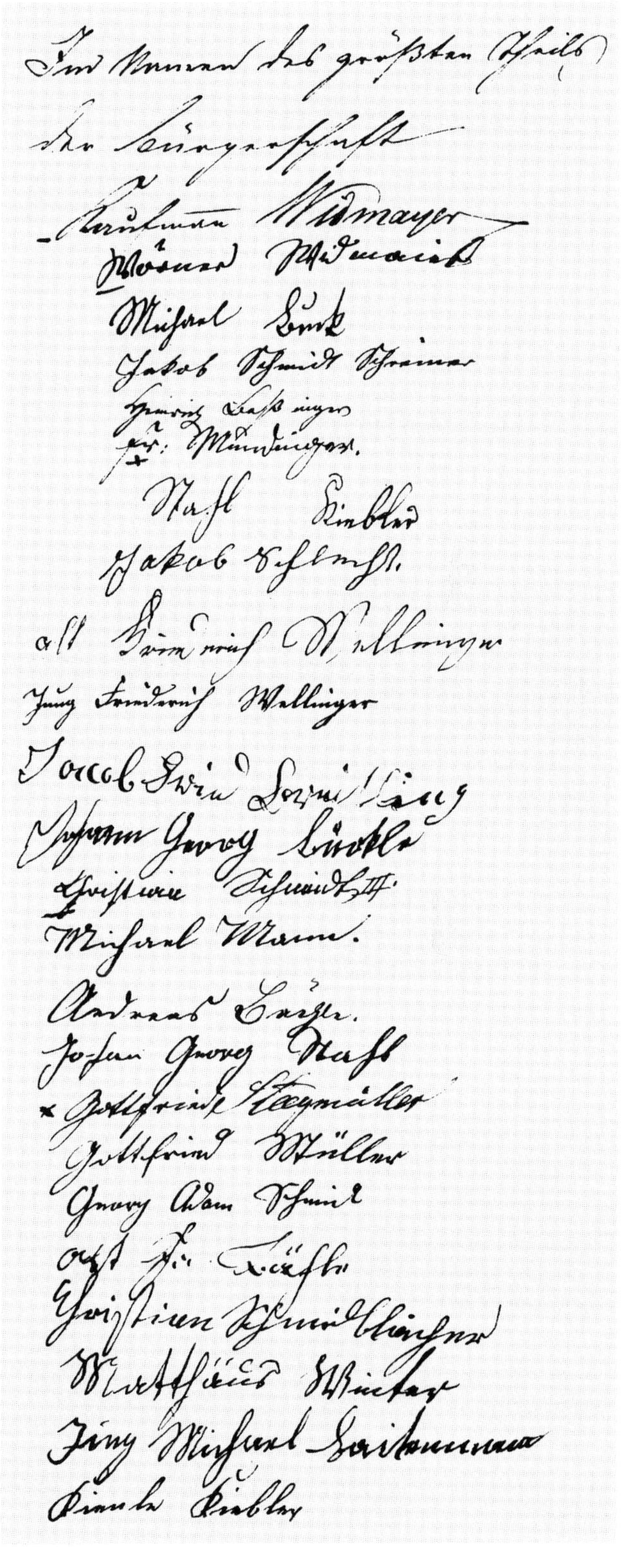

wurde er von einem Burschen mit einem Stein-
wurf begrüßt, der das Fenster des Kutschen-
schlages zertrümmerte; ein anderer Stein ver-
letzte den Postillon. Der Täter entkam uner-
kannt. Stetter verkündete am nächsten Tag den
ablehnenden Bescheid der Regierung und löste
„eine stürmische Szene" dadurch aus, daß er
mitteilte, daß die Gemeinde auch die Kosten des
Militäreinsatzes zu tragen habe. Er war der Lage
nicht mehr gewachsen, und es gelang ihm in keiner Weise, die Magstadter zum Einlenken zu be-
wegen. Nachdem er mehrfach darum nachge-
sucht hatte, ihn von diesem Dienst zu befreien,
hatte das Ministerium endlich ein Einsehen und
übertrug diese Aufgabe einem Beamten des Innenministeriums namens Maier. Ihm gelang es,
die Gemüter zu beruhigen; bezüglich der Eichenerlöskasse aber blieb alles beim alten. Nahezu 200 Bürger unterschrieben am 27. Mai eine
Erklärung, die Ordnung aufrecht zu erhalten
und die Behörden zu respektieren und zu unterstützen. Die Bürgerschaft wurde am nächsten
Tag nochmals verwarnt und am Morgen des
29. Mai rückte die Besatzung wieder ab. Das
Ende dieses dramatischen Ereignisses sei kurz
skizziert: Eine gerichtliche Untersuchung, die
angestrengt wurde, verlief im Sand; die Kosten
für die Einquartierung in Höhe von 1 738 Gulden mußte die Gemeinde allerdings, trotz heftiger Gegenwehr, übernehmen.

*Unterschriften Magstadter
Bürger unter dem Protest-
schreiben der Gemeinde vom
23. Mai 1848.*

Die Auseinandersetzungen gehen weiter

Mit dem Abzug des Militärs war der Friede im Dorf aber noch nicht wieder hergestellt, denn die Gemeinderäte waren am 17. Mai 1848, wie bereits dargestellt, von ihrem Amt zurückgetreten. Das Oberamt entließ sie förmlich am 5. Juni 1848. Eine Neuwahl mußte stattfinden, wodurch bereits Zündstoff für neue Auseinandersetzungen entstand. Schultheiß Häring bat deswegen das Oberamt, die Wahl durchzuführen. Bevor die Behörde aber begann, dieses Vorhaben in die Tat umzusetzen, erschien eine Abordnung der Mag-

stadter Bürgerschaft, die den Wunsch äußerte, daß auch der Schultheiß zurücktreten solle, da er das Vertrauen der Gemeinde verloren habe. Dieser weigerte sich aber, sein Amt niederzulegen, worauf das Oberamt die Magstadter nachdrücklich vor Umtrieben gegen Häring warnte.

Die Gemeinderatswahl sollte nun am 30. Juni 1848 stattfinden. Auf dies hin versuchte die Bürgerschaft nochmals, eine Neuwahl des Schultheißen zu erreichen, was aber wieder abgelehnt wurde. Am Wahltag verfügte sich Oberamtmann Stetter nach Magstadt. Trotz einer von ihm abgegebenen Erklärung beharrte die auf dem Rathaus versammelte Bürgerschaft auf ihrem Standpunkt, „daß der Ortsvorstand von seinem Amte abtreten solle, da er das Vertrauen verloren habe und sein ferneres Bleiben nur Unruhe herbeiführen und das Wohl der Gemeinde stören werde".[39] Häring solle hier erscheinen, dann wolle man ihm die Gründe schon erläutern. Dieser aber weigerte sich, weil er einen „unruhigen Auftritt" befürchtete. Der Oberamtmann leitete jetzt, ohne weiter abzuwarten, die Wahlhandlung ein. Es wurde zweimal durch Ausschellen unter Androhung von Strafe zum Erscheinen aufgefordert; gewählt wurde öffentlich und mündlich. Von einem geregelten Ablauf der Wahl konnte aber keine Rede sein, denn schon am Vormittag fand Schultheiß Häring einen Drohbrief, der am Nachbarhaus angeheftet worden war. Darin wurde ihm angeküdigt, daß man ihn aus der Welt schaffen wolle. Er habe unter den Bürgern Feinde, die sich rächen wollten, denn man mache ihn für das militärische Eingreifen im Mai verantwortlich. Bis zum späten Nachmittag erschienen auf dem Rathaus nur 13 Bürger, und man mußte daher die Wahl einstellen, da „ein Resultat bei der Stimmung der Bürgerschaft nicht zu erreichen gewesen wäre".

Auch das Oberamt war jetzt überzeugt, der Ortsvorstand könne sich bei der allgemeinen Stimmung wohl nicht mehr halten, und glaubte, mit seinem Rücktritt würden „Ruhe und Frieden in der Gemeinde vollkommen wiederkehren". Einige Vorfälle zeigten, wie richtig man mit dieser Ansicht lag, denn in der kommenden Nacht wurden einem Bürger, der gewählt hatte, die Fenster eingeworfen, und es soll auch ein Schuß in seiner Wohnung gefallen sein. Daß das Innenministerium Gefängnisstrafen gegen diejenigen androhte, die nicht gewählt hatten, blieb ohne Wirkung, da die Wahl vorzeitig abgebrochen worden war. Damit konnten alle Beschuldigten vorbringen, daß sie vorgehabt hätten zu wählen, wenn die Wahlhandlung nicht vorzeitig eingestellt worden wäre. Häring, der nun „der gegen ihn gerichteten Drohungen und sonstigen Feindseligkeiten" müde war, legte sein Amt nieder und machte damit den Weg zu Neuwahlen frei. Aus diesen ging der bisherige Verwaltungsaktuar Rothacker erfolgreich hervor: Am 17. Juli 1848 wurde er zum neuen Schultheißen gewählt.

Damit konnte auch der Gemeindrat neu gewählt werden. Dieser wurde am 29. Juli 1848 vom Oberamt bestätigt. Nach der Neuwahl von Schultheiß und Gemeinderat wurde am 7./8. August 1848 auch noch eine Ergänzungswahl zum Bürgerausschuß vorgenommen.

Das Jahr 1849 bringt noch keine Ruhe

Ruhig wurde es in Magstadt trotz der neu gewählten Gremien nicht. Das Jahr 1849 brachte nichts Gutes. Es begann im Januar bereits damit, daß achtzehn Personen an Pocken erkrankten, an denen ein Mädchen, eine Tochter des Johannes Klotz, starb.

Im Februar ging es damit weiter, daß erneut politische Unruhe entstand: In der Nacht vom 24. auf 25. Februar 1849 wurden an mehreren Orten Schmähschriften ausgehängt, welche „nicht nur die Amtsehre des Ortsvorstehers und die der meisten Gemeinderatsmitglieder . . . [sondern] auch die Ehre des Obmanns des Bürgerausschusses und anderer Personen auf die ungerechteste, böswilligste und gröblichste Weise beleidigten". Wenn dies wahrscheinlich nur die Tat eines Einzelgängers war, so macht sie doch deutlich, wie rebellisch man geworden war, und daß von sozialem Frieden keine Rede sein konnte. Der eher den alten Ordnungsvorstellungen anhängende Pfarrer meinte, es herrsche „ein gänzlich mißverstandener Sinn der Freiheit".[40]

Im März stellte sich dann noch einmal die Frage der Bewaffnung der Bürgerwehr. Bereits im September des vergangenen Jahres hatte man von der Firma C. Bölsterle und Co., Stuttgart, Gewehrläufe für Musketen gekauft, das Stück kostete zweieinhalb Gulden. Diese sollten von den Schlossern und Schreinern des Dorfes zu fertigen Gewehren weiterverarbeitet werden. Im März 1849 wollte die Gemeinde dann die vorhandenen Bürgerwehrmusketen zum Selbstkostenpreis von 13 1/2 Gulden verkaufen. Ratenzahlung sollte zusätzlich den Kauf erleichtern. Aber der Preis war immer noch zu hoch. So wurden die Konditionen weiter verbessert: Die Anzahlung wurde von anderthalb Gulden auf 30 Kreuzer reduziert, die monatliche Rate von einem Gulden auf 30 Kreuzer. Gewehre, die noch nicht fertig waren, wurden unter den Schlossern und Schreinern versteigert.

Die Bewegung auf der großen politischen Bühne war inzwischen auch heftiger geworden: Die Nationalversammlung in Frankfurt hatte eine Verfassung ausgearbeitet und den König Friedrich Wilhelm IV. von Preußen zum Kaiser der Deutschen gewählt. Dieser hatte die Wahl abgelehnt, da er sich seiner Macht in Preußen bereits wieder sicher wußte. Die radikal republikanische Bewegung versuchte nun in der ersten Hälfte des Jahres 1849, besonders in Baden und der Pfalz, die Verhältnisse gewaltsam umzugestalten; aber die Reaktion war bereits auf dem Vormarsch. In Württemberg bemühte sich eine Volksversammlung in Reutlingen am 27. Mai 1849 vergeblich, den Anschluß an die badisch-pfälzische Revolution durchzusetzen. Am 30. Mai übersiedelten die Reste der Frankfurter Nationalversammlung, das sogenannte Rumpfparlament, nach Stuttgart, wo es am 18. Juni 1849 von württembergischen Regierungstruppen aufgelöst wurde. Im Zusammenhang mit diesen turbulenten Ereignissen sind wohl die Beschlüsse des Magstadter Gemeinderats zu sehen, die allerdings nicht mehr in die Tat umgesetzt wurden. Am 25. Mai beschloß man „in Anbetracht der großen Gefahr, in welcher sich das Vaterland befand"[41], einen halben Zentner Scheibenpulver und zwei Zentner Blei auf Kosten der Gemeindekasse anzuschaffen und dann vorerst 3000 scharfe Patronen für die vorhandenen Musketen anfertigen zu lassen. Zur Übung für die Bürgerwehr und um Un-

glücksfälle durch Schießen auf freiem Felde oder in der Nähe des Orts zu vermeiden, wollte die Verwaltung auch noch eine Schießstätte auf der Allmand, in alten Weingärten, herrichten lassen. Mit der Herstellung sollten einige frühere Soldaten beauftragt werden. Zur Ausführung kamen diese Pläne, wie gesagt, nicht mehr, die Revolution war gescheitert.

Ein anderes Ziel erreichte man aber in Magstadt dennoch: Die Eichenerlöskasse wurde unter die Einwohner verteilt.[42]

Die Ergebnisse der Revolution

Wenn die Revolution auch gescheitert war, so heißt das nicht, daß sie ohne Folgen blieb. Ein Ergebnis war sicher, daß sich die Verhältnisse in der Gemeindeverwaltung positiv veränderten. Das lebenslange Mandat der Gemeinderäte wich einem zeitlich befristeten.

Eine weitere Änderung ist in der Neuregelung des Jagdrechts zu sehen. Dieses wurde infolge königlicher Verordnung vom 27. März ab 1. Juli 1848 endgültig der Gemeinde auf die Dauer der gegenwärtigen Regierung, das heißt auf die Lebens- und Regierungszeit des herrschenden Königs Wilhelm I., abgetreten. Der Gemeinderat beschloß am 12. Juli 1848, es durch Pächter ausüben zu lassen. Später ging das Jagdrecht an die einzelnen Grundbesitzer über, welche es jedoch der Gemeinde überließen, die es seitdem verpachtete.[43]

Eine der wohl wichtigsten Folgen aber war die sogenannte Bauernbefreiung, das heißt die Ablösung der Abgaben, die die Bauern zu leisten hatten. Grundlage hierfür waren die Zehntablö-

Unter der Regierung von König Wilhelm I. (1816 – 1864) erhielt das Land eine neue, liberalere Verfassung; außerdem führte der König eine Reihe wichtiger Reformen durch. So organisierte er die Verwaltung und das Gerichtswesen neu, förderte intensiv die Landwirtschaft und vollzog die Bauernbefreiung.

sungsgesetze vom 14. April 1848 und vom 17. Juni 1849. Daß diejenigen, denen die Bauern bisher ihre Abgaben zu leisten hatten, nicht unentgeltlich darauf verzichteten, scheint selbstverständlich. Deshalb mußte eine Ablösungssumme festgelegt werden. Hierzu wurde zunächst der Ertrag festgestellt, den die Zehntrechte in den Jahren 1830 bis 1847 im Durchschnitt erbracht hatten. Dieser jährliche Durchschnittsertrag wurde mit 16 multipliziert, was dann die Summe ergab, die zur Ablösung gezahlt werden mußte. Unter diesen Umständen wird klar, daß die Bauernbefreiung zwar Freiheit in einer ferneren Zukunft bedeutete, in der Gegenwart blieb aber die Belastung. Die Gemeinde schoß den Pflichtigen das Geld zwar vor, aber es mußte natürlich zurückgezahlt werden. Bereits am 28. August 1848 beschlossen die bürgerlichen Kollegien, sämtliche zum Kameralamt Sindelfingen zu liefernden Gülten und Zinse von den Gütern der Ortsmarkung abzulösen. Am 6. Februar 1849 setzten sie fest, das Ablösungskapital solle in 25 Jahren abgetragen werden und auch die Zehnten sollten abgelöst werden. Sie mußten freilich am 9. Juli 1849 noch die Zustimmung der Abgabepflichtigen zum Ablösungsgeschäft beibringen, da die Gemeinde selbst rein rechtlich nur die Übernahme der Zahlungsverpflichtung beschließen konnte.[44]

Daß aber auch die Empfänger der Zehnten gar nicht so erpicht auf deren Ablösung waren, kann folgender Fall deutlich machen: Die Stiftungspflege von Magstadt hatte Abgaben von hiesigen Wiesenbesitzern zu beziehen; bereits 1836 bot das Kameralamt der Stiftungspflege an, ihr diese Zehnten abzukaufen und zwar im sechzehnfachen Betrag. Der Stiftungsrat lehnte jedoch ab.

1837 wiederholte das Kameralamt sein Angebot; diesmal im fünfundzwanzigfachen Betrag. Die Magstadter zogen Bilanz und brachten heraus, daß sie vermutlich keinen Gewinn machen würden, sondern vielmehr bedeutenden Verlust. Man glaubte, daß es der Stiftungspfleger auch schwer habe, die gezahlte Ablösungssumme auf dem Kapitalmarkt gewinnbringend anzulegen, lag der zu erwartende Zins doch unter vier Prozent.[45] Erst 1849 kam das Ablösungsgeschäft in Gang. Die pflichtigen Bürger meldeten sämtliche Gefälle von Gütern der Magstadter Markung ab Martini 1848 zur Ablösung an, was der hiesige Stiftungsrat am 15. Oktober 1849 nachträglich meldete.

An der bedrängten Situation vieler Menschen hatte die Revolution also nichts geändert, und das kommende Jahr 1850 sollte hier noch weitaus schlimmere Zustände schaffen.

Der Wald

Erst im 19. Jahrhundert begann eine geregelte Forstwirtschaft. Vorher war der Wald nur benutzt und als Lieferant für Nutz- und Brennholz sowie für die vielfältigen Belange der Landwirtschaft stark in Anspruch genommen worden, auch als herrschaftliches Jagdgebiet hatte er

Rechte Seite: Der Hölzersee im Magstadter Wald, heute ein beliebtes Naherholungsgebiet, ist bereits als „Magstatt See" auf der Kieserschen Forstkarte von 1681 eingezeichnet. (Siehe Abbildung auf Seite 92.)

dienen müssen. Besonders in Mitleidenschaft gezogene Waldteile wurden für die Benutzung gesperrt, bis sich der erwünschte Nachwuchs von selbst eingestellt hatte. Zu Beginn des 19. Jahrhunderts war der Magstadter Gemeindewald zwar noch Laub- und Weidewald mit vorherrschendem Niederwaldbetrieb. Als aber die Stallfütterung an die Stelle der alten Waldweide trat, ging man mehr und mehr zu einer geregelten Forstwirtschaft über. Nach einer Mittelwaldperiode wurde moderner Hochwaldbetrieb eingerichtet. Mit ihm breitete sich Nadelwald aus. Die geordnete Waldwirtschaft des 20. Jahrhunderts hat dagegen wieder den gesunden Mischwald zum Ziel ihrer Bemühungen gemacht. [46]

Der Zustand des Waldes hing im 19. Jahrhundert stark von der jeweiligen wirtschaftlichen Lage ab. So wurde 1825 noch eine große Anzahl der Waldteile als heruntergekommen bezeichnet, während ein Taxator 1839 meinte, daß wirklich heruntergewirtschaftet nur das Grundwäldle sei. Positiv wirkte sich sicher aus, daß 1839 die Jagdfronen abgelöst wurden und die Jagd allmählich immer weiter zurücktrat. Auch versuchte die Gemeinde, für eine wirksame, fachgerechte Betreuung des Waldes zu sorgen.

Der Forstschutz oblag dem Waldmeister und zwei Waldschützen. Das Hauptaugenmerk lag in erster Linie darauf, menschlichen Forstfrevel zu verhindern. Doch mußte der Waldmeister um eine Besoldung von 40 Gulden alle Waldgeschäfte wahrnehmen. Besonders hatte er die Gemeindewaldungen streng zu beaufsichtigen, sich ohne weiteren Taglohn am Kultivieren zu beteiligen und die Aufsicht über das Schneiden der „Weidengerten" zu führen; mit diesen wurden die

Garben zusammengebunden. 1844 stellte die Gemeinde sogar einen geprüften Forstmann an. Doch machte die Not der Zeit alle Bemühungen der Gemeindebeamten zunichte. Der Forstfrevel nahm von neuem überhand, und 1850 besetzte die Gemeinde die Waldmeisterstelle wieder mit einem nicht vorgebildeten Bürger. [47]

So konnte bei der Aufstellung des Wirtschaftsplans von 1850 wenig Erfreuliches über den Zustand des Gemeindewaldes gesagt werden. Schlimm muß es im größten Teil der Sommerhalde, im Kampfrain sowie im Seestück und in der Dürren Egart ausgesehen haben, wo es reichlich Blößen gab. Der starke Schaftrieb hatte den schlechten Zustand des Grundwäldles verschuldet. Stark verlichtet und vergrast infolge Streunutzung waren Kohlhau, Hörnle, Steigwald und Hochwald. Man wollte nun Schaftrieb und Streunutzung verbieten. Positiv konnte vermerkt werden, daß sich in den meisten Beständen die Eiche einen stärkeren Anteil verschafft hatte. Auch hatte die Fläche des Mittelwaldes gegenüber 1839 zugenommen. Bisher unbebaute Flächen hatten zwar um 28 Hektar abgenommen, was aber die entstandenen Blößen nicht ausgleichen konnte. Diese sollten durch Pflanzungen und Saat mit Laubholz, aber auch Forche rasch wieder kultiviert werden. Im Kulturplan, der eine jährliche Kulturfläche von fast 18 Hektar vorsah, wurde der Gemeinde die Aufforstung der vielen unbestockten Blößen besonders ans Herz gelegt. Obwohl der Gedanke an eine Umwandlung des Mittelwaldes in Hochwald naheliegend war, wurde er in infolge des schlechten Zustandes vieler Waldteile und weil die große Gemeinde viel Bau-, Nutz- und Brennholz brauchte, jetzt noch nicht verwirklicht.

Daß aber die Pläne, die die Wiederaufforstung betrafen, meist nur Pläne blieben, zeigt die „Waldbehandlungsanleitung"[48], die dem neuen Waldmeister 1858 erteilt wurde. Die wieder stark angestiegene Zahl der Blößen war meist eine Folge der Nichtaufforstung von Schlagflächen. Die Armut der Menschen muß auch dazu geführt haben, daß es an den Holztagen schlimm zuging. Die zwei Waldschützen sahen allem tatenlos zu. Einer besseren Regelung bedurfte auch die Leseholz- und Grasnutzung. Es wurde vorgeschlagen, etwa alle zwei Wochen Holz- und Grastage abzuhalten und die wohlhabenden Bürger von ihnen auszuschließen. Ferner war die Weidenutzung abzustellen und für die bisher ungeregelte Streunutzung ein Plan aufzustellen. Dies war sicher schwierig, da die Bauern bei geringeren Ernten zu wenig Stroh hatten, um bei ihrem Vieh entsprechend einstreuen zu können. Dann verwendete man das herabgefallene dürre Laub als Ersatz. Das zur Verfügung stehende Stroh war aber nicht vorhersehbar, und daß sich im Wald durch die fehlende Laubdecke kein Humus mehr bildete, kümmerte die Bauern in ihrer aktuellen Notsituation wohl wenig. In der Anleitung wurde ferner vorgeschlagen, die besonders für die Hainbuchen schädliche Ernteweidennutzung künftig von Holzhauern vornehmen zu lassen. Weiter wurde dort ausgeführt, daß die Aufforstung der Blößen forciert werden und vor allem mit Buchen vorgenommen werden solle. Hierfür sei eine Pflanzschule anzulegen. Auch der Wegebau sei entsprechend vorzunehmen. In wirtschaftlich schwierigen Zeiten waren aber all diese guten Pläne nicht durchsetzbar. In den fünfziger Jahren verschlechterten sich die Zustände so sehr, daß die etwa dreißig Magstadter Bürger, die Holzhandel trieben, im Schwarzwald Holz und Pfähle aufkauften, um sie in Stuttgart wieder abzusetzen.[49]

Erneute Not und wieder Kriege

Magstadt um 1850

Eine 1850 vorgenommene Beschreibung des Oberamts Böblingen wirft ein Licht auf die Verhältnisse, in welchen die Gemeinde Magstadt damals lebte. Als Vorteil, den die Gemeinde hatte, ist die Tatsache zu sehen, daß die ehemalige Poststraße, die von der Residenzstadt Stuttgart nach Calw führte, noch häufig benutzt wurde und so den Durchgangsverkehr zwischen der Hauptstadt und dem Schwarzwald immer noch über Magstadt führte. Aber in allgemeinen Notlagen und Wirtschaftskrisen, wenn es überall stockte oder gar eine Verschlechterung der Zustände eintrat, konnte auch dies nicht helfen. In den fünfziger Jahren des neunzehnten Jahrhunderts war genau das der Fall. Hinzu kam, daß die Zahl der Einwohner „sich auffallend stark vermehrte".[50] Magstadt hatte die höchste Geburtenrate im ganzen Oberamt mit 50,2 Geburten auf 1000 Einwohner. Bei einer Sterblichkeit von 35,7 Sterbefällen auf 1000 Einwohner blieb noch ein gewaltiger Geburtenüberschuß für diese kleine Gemeinde mit ihren 2 209 Einwohnern. Diesem Wandel entsprach aber kein Wandel der wirtschaftlichen Verhältnisse, um für die gewachsene Bevölkerung Lebens- und Arbeitsmöglichkeiten zu bieten.

Noch immer dominierte die Landwirtschaft, Gewerbe und Handel nahmen dagegen, besonders was ihre Produktivität anbelangte, nach wie vor einen recht bescheidenen Platz ein. Zwar fanden in der Landwirtschaft zweckmäßige Neuerungen statt, die landwirtschaftliche Nutzfläche aber war und blieb begrenzt. Inzwischen war natürlich der Anbau von Kartoffeln und Futterkräutern in der Brache üblich geworden, auch die Verbesserung der Ackerwerkzeuge und vorteilhaft angelegte Düngerstätten sind als Fortschritt anzuführen. Doch noch hielt man an der hergebrachten Dreifelderwirtschaft mit ihren drei Zelgen fest. Angebaut wurden dabei im Wechsel Dinkel, Hafer, Gerste, etwas Roggen und das heute längst vergessene Einkorn. Auch Hanf hatte sich noch erhalten. Eine Neuerung war der Anbau von Hopfen, den Rössleswirt Widmaier für seine Brauerei wagte. Zum Verkauf nach auswärts blieben Getreide, Hanf und etwas Kartoffeln. Sicherlich war es auch von Vorteil gewesen, daß die Freilandweide aufgehört hatte. So wurde der Ertrag der Wiesen ganz und gar selbst benötigt, da man zur ganzjährigen Stallfütterung übergegangen war, selbst der Herbstaustrieb des Rindviehs hatte aufgehört. Hier war eine zweite Einnahmequelle: die Viehzucht, namentlich die Rindviehzucht. Drei Farren (Zuchtbullen) sorgten für „eine reine Landrasse", es fanden sich aber auch Kreuzungen von schwarzbraunem Vieh.[51] In Magstadt konzentrierte sich aber auch der Pferdehandel des Oberamts. 1850 gab es 131 Pferde, die meist auswärts gekauft worden waren. Von den Bürgern, die mit ihnen handelten, lieferte einer Pferde für das Militär.[52] Der Viehhandel fand vor allem auf den drei Roß-, Vieh- und Krämermärkten in Magstadt selbst, aber auch auf benachbarten Märkten statt. Der Absatz reichte dabei bis ins Badische.[53] Daneben gab es noch Schafe: Auf den Allmand- aber auch auf den Stoppelweiden

Das alte Schafhaus, vermutlich um die Mitte des 18. Jahrhunderts erbaut, wurde bei einem Luftangriff am 10. September 1944 schwer beschädigt und schließlich 1964 vollends abgebrochen (siehe auch Foto auf Seite 172). Auf den Magstadter Allmand- und Stoppelweiden, die jährlich verpachtet wurden, liefen Mitte des 19. Jahrhunderts bis zu 600 Schafe, die auch im Ort überwinterten. Das Foto entstand um 1912.

liefen 600 Bastardschafe, die im Ort überwinterten. Die Weiden wurden jedes Jahr um 1 300 Gulden verpachtet. Die Pferchnutzung brachte der Gemeinde weitere 800 bis 1000 Gulden ein.[54] Von den 253 Schweinen dienten dreizehn Mutterschweine und ein Eber der Weiterzucht. [55]

Nicht nur Viehzucht und Viehhandel, sondern auch der im 19. Jahrhundert noch kaum betriebene Obstbau hatte sich inzwischen in Magstadt entwickelt. Ja, außer Magstadt war im nördlichen Teil des Oberamts nur Böblingen erwähnenswert, wenn es um systematisch betriebene Obstzucht ging. Außer auf den Baumgütern fanden sich Obstbäume in allen Hauptstraßen und auf einem großen Teil der Allmanden. Es handelte sich vorwiegend um Mostobst und etwas Zwetschgen. Der Ertrag wurde meistens im Ort selbst verbraucht, nur in guten Jahren führte man auch Obst aus. Für die Nachzucht sorgte eine Baumschule auf dem alten Kirchhof, die ein besonders aufgestellter Aufseher besorgte.[56]

Die Forstwirtschaft hatte ihren Stellenwert im Magstadter Wirtschaftsleben behauptet, und so war der Holzhandel auch jetzt noch die Hauptnahrungsquelle der Einwohner nach Feldanbau und Viehzucht.[57]

Gewerbe und Handwerk erreichten längst nicht die Stellung, die Land- und Forstwirtschaft einnahmen. Es waren beinahe alle gewöhnlichen Handwerker im Dorf vertreten, die aber nur die örtlichen Bedürfnisse befriedigten. Eine Ausnahme hiervon bildete die Textilbranche: Einige Baumwollweber arbeiteten für auswärtige Fabrikanten.

Weitere Beschäftigungsmöglichkeiten boten die Steinbrüche: An der Straße nach Stuttgart befand sich jetzt ein Keupersandsteinbruch, der Werksteine lieferte, und gegen den Ihinger Hof hin wurde aus dem Muschelkalksteinbruch Straßenbaumaterial gewonnen.[58]

Ferner gab es noch eine Ziegelhütte, und zu der bereits bestehenden Mühle im Ort kam um 1850 noch eine andere, die Talmühle, eine von der Wasserkraft unabhänige Kunstmühle.

Dennoch kann man von einem Fortschritt, der merklich spürbar gewesen wäre, nicht sprechen, die Verhältnisse blieben eng. Die Produktivität konnte ebensowenig gesteigert werden, da keine prinzipiellen Neuerungen erfolgten. Ferner kann im Verhältnis zum Bevölkerungswachstum von einer Weiterentwicklung schon gar keine Rede sein, im Gegenteil. Die weitgehende Stagnation, die in allen Bereichen sichtbar wurde, entsprach der allgemeinen wirtschaftlichen Situation. Die Lage verschärfte sich aber noch durch Mißernten, was eine erneute Notlage und Hungerkrise zur Folge hatte. Jetzt bot die Auswanderung einen Ausweg für die Notleidenden, wobei Nordamerika das meistgewählte Ziel war.

Auswanderung

„Nach einem Erlaß des Criminal Senats des königlichen Gerichtshofs in Esslingen vom 5. Juni d.J. ist der Arbeitshausgefangene Johann Georg Kettner von Magstadt zur Auswanderung nach Amerika begnadigt worden." So beginnt ein Schreiben der Arbeitshausverwaltung in Ludwigsburg vom 21. Juli 1851 an das Königliche Oberamt in Böblingen. Man benötigte einen Reisepaß für den neunundvierzigjährigen Schreiner, damit dieser ordnungsgemäß auswandern konnte. Um allen Schwierigkeiten vorzubeugen, machte man auch darauf aufmerksam, daß in dem Paß „von dem Gefangenschaftsverhältnis nichts enthalten seyn darf". Der Staat wollte unbequeme Menschen, die nur Ärger und Kosten verursachten, so schnell wie möglich loswerden. Auch in der Gemeinde war man froh, daß Kettner nicht nach Magstadt zurückkehrte, und versicherte umgehend, daß seiner Auswanderung nichts im Wege stehe. Die Kosten für die Überfahrt trugen teilweise seine Brüder, den verbleibenden Rest übernahm die Gemeinde. Die Formalitäten wurden rasch erledigt und am Morgen des 10. August 1851 verließ Kettner Heilbronn, wohin er inzwischen gebracht worden war, in Richtung Rotterdam; dort begann die Schiffsreise nach New York. Das Beispiel zeigt, wie die Behörden mit gesellschaftlichen Schwierigkeiten umgingen; in der Auswanderung hatten sie eine Möglichkeit gefunden, mehrere Probleme gleichzeitig zu lösen: Man sparte die Armenunterstützung, weil Kettner bei der gestiegenen Bevölkerungszahl ohnehin keine Arbeit gefunden hätte; ferner ersparte man sich die Kosten für alle Verfahren, die durch die schwierige Lage Kettners schon vorprogrammiert waren.

Ein anderes Beispiel, das ausführlich dokumentiert ist, zeigt diese Denk- und Vorgehensweise deutlich. Am 7. Januar 1851 war der Schuhmachergeselle Johann Wilhelm Stahl „wegen wiederholten erschwerten Bettelns und wegen Ungehorsams zu einer Bezirksgefängnisstrafe von 4 Wochen" verurteilt worden. Die Frage war nun, was mit diesem jungen Mann zu geschehen habe, wenn seine Haft vorüber war. Das Oberamt dachte daran, ihn in der polizeilichen Beschäftigungsanstalt in Vaihingen unterzubringen, und man ließ Stahl aus der Haft vorführen, um ihn zu befragen. Das Protokoll, das von diesem Gespräch angefertigt wurde, gibt Aufschluß über die Lebenssituation Stahls, warum er seiner Ansicht nach mit dem Gesetz in Konflikt geraten war und wie er seine Zukunftschancen sah. Für ihn stand fest, daß er auf keinen Fall nach Magstadt zurück wollte. Dort hatte er im Jahr vor seiner Inhaftierung „den Sommer über . . . in der Ziegelhütte und den letzten Winter an der Mühle . . . gearbeitet". In seinem erlernten Beruf habe er keine Arbeit gefunden. Von zu Hause fand er auch keine Unterstützung, die Eltern lebten selbst im Armenhaus. Mit dem Vater, der „gern trinkt", wie Stahl aussagte, gab es „immer Händel". Seine Voraussetzungen und

Die Auswanderungswellen im 19. Jahrhundert waren für die Agenturen ein blühendes Geschäft. In fast allen größeren Orten gab es entsprechende Büros oder Agenten. Im Jahr 1852 sind allein von Bremen aus 58 551 Auswanderer auf 338 Schiffen über den Atlantik befördert worden. Zwischen 1849 und 1855 wanderten mehr als fünf Prozent der württembergischen Bevölkerung aus.

Möglichkeiten sah er folgendermaßen: „Wenn ich Startgeld gehabt hätte, so wäre ich nicht mehr da. Bei den schlechten Kleidern, die ich habe, und bei meinem schlechten Wanderbuch war es mir nicht möglich auf meiner Wanderschaft Arbeit zu finden. Man nimmt ... nicht jeden mit Lumpen, es laufen genug draußen herum, die Kleider haben, und diese nimmt man zuerst. Es wäre mir lieber gewesen, wenn ich Arbeit bekommen hätte. Wäre ich ordentlich von Hause fortgekommen, so wäre das Ding anders gewesen, aber soviel Lohn bekommt man nicht gleich, daß man sich Kleider anschaffen kann. Ich hätte umsonst gearbeitet, wenn ich Arbeit bekommen hätte. Die Kleider und der Mangel an Reisegeld haben alles ausgemacht. Und so wäre es auch jetzt, wenn ich die Wanderschaft wieder antreten würde. Alle, die ohne ein Reisegeld fortgehen, müssen betteln, nur daß der eine mehr Glück hat als der andere." Hatte er eine wirkliche Chance gehabt? So realistisch wie seine Vergangenheit sah Stahl seine Zukunft. Ihm war klar, daß er in Magstadt keine Arbeit finden würde, und Steine schlagen wollte er nicht. „Unter diesen Umständen", so sagte Stahl, „bin ich damit einverstanden, wenn man mich in die Beschäftigungsanstalt nach Vaihingen thut ... Es mag in Vaihingen ein Geschäft kommen, was für eines will, es ist mir recht." Auf die Wünsche Stahls wurde aber keine Rücksicht genommen, denn die Gemeinde war nicht bereit, das Kostgeld für ihn zu übernehmen, das sie an die Beschäftigungsanstalt entrichten mußte. Und so schrieb der Schultheiß an das Oberamt, daß man beschlossen habe, den „Stahl der bedeutenden Kosten wegen und da einige früher Eingewiesene ungebessert zurückkamen nicht in die Be-

schäftigungsanstalt aufnehmen zu lassen, um so weniger als derselbe hier beschäftigt werden kann und sich Schuhmachermeister Kohler bereits erboten hat, den Stahl in Arbeit zu nehmen". Auch wollte man lieber seinem „Gesuch um Auswanderung nach Amerika auf Gemeindekosten" stattgeben, als die Belastungen für die Beschäftigungsanstalt auf sich zu nehmen. Warum Stahl die Arbeit bei Kohler nicht angenommen hat, wissen wir nicht, aber es müssen gravierende Dinge vorgefallen sein, denn erstens hatte man ihm bereits mit Strafen gedroht und zweitens schlug er lieber Steine für den Straßenbelag, womit „er seither beschäftigt worden ist und noch beschäftigt wird". Die Kreisregierung unterstützte Stahl noch halbherzig und entband die Gemeinde Magstadt von der Pflicht, die Kosten für seinen Aufenthalt in Vaihingen zu übernehmen, solange „Stahl die ihm bei dem Schuh-

machermeister Kohler in Magstadt dargebotene Gelegenheit zur Arbeit benützt und sich geordnet beträgt". Die Gemeinde wollte sich mit diesem Zustand aber auf keinen Fall abfinden und Stahl die Auswanderung finanzieren, um so ein für alle Male Ruhe vor ihm zu haben. Sie fand beim Oberamt Unterstützung. Man sah die Auswanderung im Hinblick auf das „schlechte Prädikat dieses Purschen und die Lasten, die der Gemeinde von seiner Seite noch drohen würden", als die beste Lösung an. Auch in diesem Fall waren die Formalitäten rasch erledigt und die Gemeinde war wieder von einem potentiellen Sozialfall und Störenfried befreit.

Die genannten Beispiele waren aber nicht die Regel und daß die Mehrzahl der Auswanderer „moralisch verkommene und gefährliche Subjekte" waren, wie man von Seiten der Obrigkeit in Magstadt meinte, ist nicht zutreffend. Die meisten sahen in ihrer Heimat keine Lebensgrundlage mehr und hofften, in Amerika eine bessere Zukunft zu finden. Dies belegt die große Zahl der Auswanderer, die wir im ganzen Oberamt Böblingen, ja im gesamten Königreich Württemberg registrieren können. Genaue Zahlen lassen sich zwar nicht mehr ermitteln, aber in den drei Jahren von 1851 bis 1854 waren allein in Magstadt über 100 Personen, die auf ihr Bürgerrecht verzichteten, um nach Amerika auszuwandern. Wenn wir diejenigen noch hinzuzählen, die kein Bürgerrecht hatten oder deren Urkunden nicht abgeliefert wurden, kommen wir auf mindestens 200 Auswanderer in diesem Zeitraum. Dies waren zehn Prozent der Bevölkerung.[59]

Trotz der hohen Zahl von Auswanderern war die Zahl der unterstützungsbedürftigen Armen im Dorf auf 400 gestiegen. Der „Lokal-Armenverein" war hier wieder gefragt. Am 23. Februar 1854 beantragte er bei Stiftungsrat und Bürgerausschuß, daß bei der „gegenwärtigen Nahrungslosigkeit so vieler Familien" über „Art und Umfang" der öffentlichen Armenunterstützung beraten werde. Die genannten Gremien beschlossen darauf, daß aus Gemeindemitteln „eine Unterstützung an Habermehl, Reis und Gerste ... veranstaltet" und „so weit ausgedehnt werden solle, daß die Unbemittelten ein Mittagessen haben"; für „Morgen- und Abendsuppen ... [könne man] nicht sorgen". 113 Familien, das waren immerhin 395 Personen, konnten daraufhin versorgt werden.[60]

Erst Ende der fünfziger Jahre kam es durch einen wirtschaftlichen Aufschwung zur Besserung der Verhältnisse. Die Auswanderung hörte zwar nicht sofort und vollständig auf, aber es waren jetzt nur noch wenige, die ihr Glück und ihr Auskommen im Ausland suchten. 1857 waren es noch zehn Personen, 1858 und 1859 waren es jeweils nur noch drei Personen, die auf ihr Bürgerrecht verzichteten, um nach Amerika auszuwandern. Auch in den Folgejahren bis ins zwanzigste Jahrhundert hinein hörte die Auswanderung nie ganz auf, aber die Ausmaße wie am Anfang der fünfziger Jahre des neunzehnten Jahrhunderts erreichte sie nie mehr. Der wirtschaftliche Aufschwung, der hier die Auswanderung stoppte, brachte ein neues Element, das die Zustände völlig verändern sollte, ins Spiel: Die Industrie.

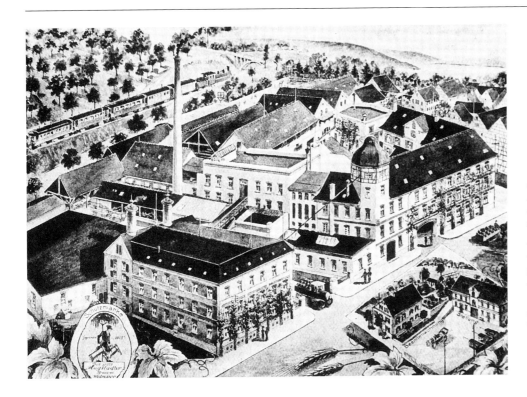

Die 1808 gegründete Brauerei Widmaier war das erste größere Unternehmen in Magstadt. Mit dem wachsenden Bedarf an Hopfen begann im Ort auch der Hopfenanbau und brachte damit wieder Arbeit für die Landwirtschaft. (Siehe auch Text auf Seite 149.)

Beginnende Industrialisierung

Seit 1857 hörte man von Fabrikarbeitern im Dorf. Sie arbeiteten in einer hier ansässigen Korsettfabrik. Sie gab 1862 den meisten und besten Verdienst. Als Schattenseite fiel den Zeitgenossen die Ausgabenfreudigkeit der verhältnismäßig gut verdienenden Mitbürger auf. Eine weitere Beobachtung, die man als genauso negativ empfand, war, daß mit der Fabrik fast alle selbständigen Webermeister im Dorf verschwanden. Dennoch war klar, daß dieser Art zu arbeiten die Zukunft gehörte. Auch gelegentliche Schwankungen im Unternehmen konnten nichts an dieser Tatsache ändern. So hatte die Korsettfabrik 1864 mehrmals ihren Betrieb eingestellt, 1866 beschäftigte sie aber wieder über 100 Leute. 1870 arbeiteten 150 Männer und 40 Frauen in drei Magstadter Korsettfabriken.

Mit der Fabrikarbeit verstärkte sich aber auch die demokratische Bewegung in Magstadt. Sie war nach der Revolution von 1848/49 zunächst spürbar schwächer geworden. 1851 meinte der Pfarrer, die „demokratischen Hochgewässer" verliefen sich. Aber schon 1856 traten die Vertreter demokratischer Gedanken wieder hervor. Bei den Wahlen zum Gemeinderat, so der Pfarrer, bekam der die meisten Stimmen, dessen „Ansichten zum christlichen Glauben entgegengesetzt sind".[61] Um das evangelische Pfarrhaus sammelte sich die Gegenpartei. Auch in anderer Hinsicht wurde man mit neuen Erscheinungen konfrontiert: Junge Mädchen und Frauen arbeiteten in den Fabriken. Dies fanden viele besonders verderblich. Auch glaubte man, daß die Arbeiten die „physische Beschaffenheit" und die „Moralität" der Arbeiter schwäche.

Neben den Korsettfabriken gewann die Brauerei in Magstadt zunehmend an Bedeutung. Mit ihrer Vergrößerung hielt der Hopfenanbau Einzug in die landwirtschaftlichen Betriebe.

Daneben gab es noch eine neue Frucht, deren Anbau sich lohnte: die Zuckerrübe. Ansonsten wurden die Aussichten für die Landwirtschaft immer schlechter. Der Ackerbau wurde immer noch wenig rationell betrieben, die Viehzucht mit ihren alten Methoden nicht sorgfältig genug gehandhabt. Holzfuhrwerke und Steinfuhren brachten wenig Gewinn, wie auch das Waldgeschäft immer seltener Arbeit und Verdienst gewährte.

Die Kriege von 1866 und 1870/71

Daß es in der Wirtschaft aufwärts ging, zeigte sich auch im Erscheinungsbild der Gemeinde. Die Pfarrscheuer wurde 1861 abgebrochen, wodurch das Pfarrhaus seinen alten landwirtschaftlichen Anstrich verlor; der Platz der Scheune und das Gärtchen wurden 1863 für die Verbreiterung der Straße verwendet. Der Aufschwung wurde 1866 aber jäh unterbrochen. Die große Politik griff wieder einmal nachhaltig in das Leben unserer Gemeinde ein. Was war geschehen?

Die Gegensätze zwischen den beiden Hauptmächten des Deutschen Bundes, Preußen und Österreich, hatten einen Höhepunkt erreicht. Es ging um die Frage der Vorherrschaft, und nach verschiedenen diplomatischen Manövern kam es zum Krieg; das Königreich Württemberg stand dabei auf der Seite Österreichs. Der Krieg verlief für Österreich und seine Verbündeten aber sehr unglücklich, wodurch die öffentliche Meinung auf die preußische Seite umzuschwenken begann. Der endgültige Gesinnungswandel sollte aber erst mit dem Krieg von 1870/71 erfolgen. Dieser begann mit Auseinandersetzungen zwischen Frankreich und Preußen wegen der hohenzollerischen Thronkandidatur in Spanien. Nationale Leidenschaften wurden geschürt und

nach beiderseitigen Provokationen kam es am 19. Juli 1870 zur Kriegserklärung Frankreichs an Preußen, das mit den süddeutschen Staaten, so auch Württemberg, verbündet war. Mit dem württembergischen Kontingent rückten auch Magstadter ins Feld. Die genaue Zahl der Kriegsteilnehmer ist nicht bekannt, doch ein Anhaltspunkt ist, daß 1871 dreißig Soldaten des Dorfes aus dem aktiven Militärdienst entlassen wurden. 1906 lebten noch zweiundzwanzig Veteranen dieses Krieges. Zur Unterstützung der im Feld stehenden Soldaten wurde 1870 ein Sanitätsverein gegründet, der 472 Gulden 10 Kreuzer sammelte. Aber auch Verbandszeug wurde für die Ausmarschierten gesammelt; Magstadter Bauern leisteten mit ihren Pferden Vorspann für Militärfahrzeuge, teilweise bis nach Frankreich hinein. Auch die Gemeinde stand nicht zurück, sie bot ein Fabrikgebäude für die Aufnahme von Verwundeten an. Der Magstadter Wundarzt Metzger fuhr mit einem Sanitätszug nach Frankreich.

Die deutschen Truppen rückten rasch gegen den sogenannten „Erbfeind" vor, und bereits am 1. September kam es zu einer entscheidenden Schlacht bei Sedan; am nächsten Tag kapitulierte die Armee Mac Mahons, der französische Kaiser, Napoleon III., wurde gefangengenommen. Zum Gedenken an diesen Sieg wurden überall „Sedansfeiern" begangen, bei denen man Fackelzüge veranstaltete und nationale Lieder sang. Der endgültige Sieg über Frankreich war nur noch eine Frage der Zeit. Bismarck gelang es, die nationale Begeisterung auszunutzen und nach Verträgen mit den süddeutschen Einzelstaaten das Zweite Deutsche Reich zu gründen. Am 18. Januar 1871 fand im Spiegelsaal von Versailles

Im Heimatmuseum wird die Fahne des 1872 gegründeten Krieger- und Militärvereins aufbewahrt. Sie zeigt das königlich-württembergische Wappen mit den Hirschstangen und den Stauferlöwen sowie dem Wahlspruch des Königreichs: Furchtlos und treu.

die Proklamation des deutschen Kaiserreiches statt, dessen Kaiser als Wilhelm I. der preußische König wurde.

Für die heimgekehrten Soldaten gab die Gemeinde im Juni 1871 ein Festessen. Dazu lud man die damals noch lebenden Veteranen aus den Freiheitskriegen von 1813/15 ein, nämlich Donatus Schmidt, Michael Schüle, Jacob Eberhard Schmidt, Sebastian Klotz und Johannes Klein. Für die Kriegsbeschädigten sorgte die Kaiser-Wilhelm-Stiftung für deutsche Invaliden.

Der damals gegründete „Krieger- und Militärverein" bemühte sich, Kriegsteilnehmer und jüngere gediente Soldaten auch in Friedenszeiten kameradschaftlich zu vereinen.[62] Die Gründung erfolgte 1871. Am Jakobifeiertag 1873 war die Fahnenweihe des Vereins; 1883 trat er dem Württembergischen Kriegerbund bei. Nach dessen Satzung verfolgten die hier organisierten Vereine nicht nur gesellschaftliche Zwecke, sondern sie waren darüber hinaus ein Instrument der Regierung, um die Stimmung im konservativ-monarchischen Sinn zu beeinflussen und fortschrittliche Bestrebungen zurückzudrängen. Dies zeigte sich auch an den Aktivitäten des Kriegervereins in Magstadt. Er bekundete seine Verbundenheit mit dem angestammten Herrscherhaus auf mannigfache Weise. So nahmen die Vereinsmitglieder am 16. März 1888 mit den Gemeindekollegien, dem Liederkranz und der Einwohnerschaft am Gottesdienst anläßlich der Beisetzung Kaiser Wilhelms I. teil. Im Januar 1889 ließ der Verein zum Andenken an die drei Kaiser, Wilhelm I., Friedrich und Wilhelm II., welche im Jahr 1888 Deutschland regierten, drei Linden auf dem Ratberg pflanzen. Der Verein

machte es sich auch zur Aufgabe, die jährlichen Sedansfeiern auszurichten. Gleich zur ersten Nachkriegsfeier am 2. September 1870 wurde ein Freudenfeuer auf dem Ratberg entzündet. Die Sedansfeier von 1895 dauerte gleich zwei Tage; man illuminierte das Rathaus und veranstaltete ein Kinderfest.[63]

Neben dem Kriegerverein gab es noch den Liederkranz. Dieser trat Anfang der siebziger Jahre und nun endgültig ins Leben. 1873 weihte er seine jetzige Fahne. 1874 ließ er sich öfters sonntagnachmittags mit seinen Darbietungen im Dorf hören.

Doch die Gründung des Deutschen Reiches hatte auch gravierende Folgen.

Im Kaiserreich

Gute Jahre nach der Reichsgründung

Die Folgen des Krieges waren mannigfaltig. Infolge der politischen Einigung Deutschlands unter preußischer Führung entstand ein einheitliches Zoll- und Wirtschaftsgebiet mit gleichen Maßen, Münzen und Gewichten. Durch die französischen Reparationszahlungen flossen große Geldmengen nach Deutschland, die umfangreiche Investitionen ermöglichten. Die sogenannten Gründerjahre, die damit begannen, waren von einem enormen wirtschaftlichen Aufschwung gekennzeichnet.

Auch in Magstadt wurden wichtige Voraussetzungen für die zukünftige Entwicklung geschaffen: Eine 1871 angelegte neue Chaussee nach Renningen vermittelte den Zugang zu der 1868 bis 1872 gebauten Eisenbahnlinie von Stuttgart nach Calw. Es folgte 1878/80 der Bau der neuen Straße im Hölzertal nach Stuttgart. Beides sollte für die Ansiedlung von Industrie und Gewerbe von Bedeutung sein.

Das Verhältnis von Kirche und Staat erfuhr eine Neuregelung: Die Trennung wurde immer vollkommener. Bereits 1851 war ein gewählter Pfarrgemeinderat neben den alten Kirchenkonvent getreten. 1873 übernahm die politische Gemeinde das Armenwesen vollständig.[1] Es wurde eine neue Armenpflege geschaffen, in die das Vermögen der Stiftungspflege überführt wurde. Dazu gehörten das einstockige Armenhaus an der Maichinger Gasse, ferner die zum Zweck der Armenunterstützung gestifteten Kapitalien in Höhe von 103 Gulden, außerdem der Ertrag aus 350 Gulden, die aber in Verwaltung der Stiftungspflege blieben.[2] An die Stelle des Kirchenkonvents trat die vorgeschriebene Ortsarmenbehörde, der der Gemeinderat mit Schultheiß und Pfarrer angehörten. Die laufenden Geschäfte besorgte der seit Juli 1873 aufgestellte Armenpfleger.[3] Aufgrund des Gesetzes vom 14. Juni 1887 wurde das kirchliche Vermögen aus dem allgemeinen Ortsvermögen ausgegliedert.[4] Damit übernahm die Gemeindepflege vollends das alte Schulhaus in der Plangasse, die Besoldung der Lehrer und die Schulstiftungen. Der erste Schullehrer blieb bis 1905 noch Mesner und Organist; von da an wurde das Amt geteilt: Mesner wurde der seitherige Mesnergehilfe, das Amt des Organisten konnte von der Kirchengemeinde frei vergeben werden. Die Aufhebung der geistlichen Schulaufsicht 1910 machte schließlich aus der Schule eine ganz und gar weltliche Einrichtung, für deren sachliche und persönliche Kosten, bis auf einige Staatsbeiträge, die Gemeinde aufkam. Schulaufsicht hatte ab 1910 nicht mehr der Kirchenkonvent, sondern ein Ortsschulrat.[5]

Demokratisches Gedankengut breitet sich aus

Zwar gab es viele Korsettweber in Magstadt, doch darf man darüber nicht vergessen, daß der Ort noch immer von Bauern und ländlichen Handwerkern geprägt war. So hatte sich gerade hier viel Altes in Tracht und Gebräuchen erhalten. Daneben aber entwickelten sich mit den Arbeitern neue Formen des Zusammenlebens und

Mit der Zunahme der Arbeiterschaft im Ort begannen sich sozialpolitische Spannungen bemerkbar zu machen. Das Foto, um 1904 aufgenommen, zeigt die 1866 gebaute Ziegelhütte von Georg Kienle, später dann von Gottlob Groß, an der Renninger Straße. Der Betrieb wurde 1912 nach einem Brand eingestellt. (Siehe auch Foto Seite 167.)

neue Ansichten waren im Dorf zu hören. Bereits 1875 waren in mehreren württembergischen Orten, darunter auch Magstadt, neue „Mitgliedschaften", das heißt Ortsgruppen der Sozialdemokratischen Arbeiterpartei Württembergs entstanden. Es bestand hier zwar kein förmlicher Sozialdemokratischer Verein, aber die Sozialdemokratie in Magstadt und Sindelfingen hatte „mehrere Anhänger", hauptsächlich unter den Arbeitern der Korsettfabriken. Die Ideen der Sozialdemokratie wurden in Magstadt von einem namentlich nicht bekannten Korsettweber verbreitet, der vier Jahre zuvor von Reutlingen hierher gekommen war. Das Wirken der Partei wurde nach außen hin in Versammlungen sichtbar. Auch in den Wahlergebnissen und in Korrespondenzen mit der „Süddeutschen Volkszeitung", einem „in sozialdemokratischem Geist redigierten Blatt", zeigte sich die Existenz der Partei. Offenbar machte sich bei dieser ganzen Bewegung der Einfluß der nahen Landeshauptstadt bemerkbar. So hatten Stuttgarter Sozialdemokraten von 1875 bis 1878 Versammlungen in Magstadt abgehalten; als Veranstalter wurden Redakteur Hillmann und Emil Leininger genannt. Von Stuttgart kamen auch neben der „Süddeutschen Volkszeitung" noch mehrere andere sozialdemokratische Blätter ins Dorf.[6]
1878 änderte sich die Situation der Sozialdemokratie grundsätzlich dadurch, daß unter Federführung des Reichskanzlers Bismarck das sogenannte Sozialistengesetz in Kraft trat. Dies verbot alle Organisationen, die sich in irgendeiner Weise zu sozialistischen oder sozialdemokratischen Ideen bekannten. Die Vorstellung Bismarcks, daß sich diese Bewegung dadurch auflöse, erwies sich als falsch, das Gegenteil trat ein.

Unter dem Druck jener Jahre jedoch beschränkte sich die Tätigkeit der Partei mehr auf die Beeinflussung der Wahlen zu Landtag und Reichstag. Beim Fehlen eigener Kandidaten unterstützten die Sozialdemokraten in der Regel die Bewerber der Demokratischen Volkspartei gegen die Vertreter der konservativen Parteien. Während im gesamten Bezirk eher konservativ gewählt wurde, erhielten die Bewerber in Magstadt durchweg mehr Stimmen als ihre konservativen Gegner, was sich unter anderem wohl mit der besonderen Stellung der Sozialdemokraten hier erklären läßt, auch hatten schon die Jahre von 1848/49 gezeigt, daß die Gedanken der Demokraten in Magstadt Anklang fanden. Ein Beispiel hierzu kann die Landtagswahl von 1876 sein. Hier ging der Nationalliberale Dr. Otto Elben als Abgeordneter des Oberamts Böblingen mit 2 210 abgegebenen Stimmen hervor, sein demokratischer Gegner Leibfried erhiellt nur 789 Stimmen. In Magstadt aber bekam Leibfried 256 und Elben nur 191 Stimmen. Dabei muß bedacht werden, daß Magstadt damals noch einen Abstimmungsdistrikt zusammen mit Maichingen und Schafhausen bildete, die beide wohl konservativer als Magstadt waren. Erst ab 1882 war jede Gemeinde in der Regel ein eigener Abstimmungsbezirk, wie dies in den Reichstagswahlen immer schon gewesen war.[7]

144

*An der wirtschaftlichen Entwicklung im Ort hatte die
1871 gegründete Gewerbebank Magstadt wesentlichen Anteil. Die Bilanz für das Geschäftsjahr 1872
schloß mit 47 187,36 Gulden. Bei der Volksbank
Magstadt, der Nachfolgerin, standen 1996 über 219
Millionen DM in der Bilanz: Zeugnis eines gesunden
Wachstums.*

Auch bei den Reichstagswahlen hatten die demokratischen Bewerber oder wenigstens die, die man dafür hielt, in Magstadt die Nase vorn, wie folgendes Beispiel zeigt. In den Reichstagswahlen vom August 1878 siegte der Vertreter der Konservativen, der seiherige Abgeordnete, Oberfinanzrat von Knapp, wieder im Wahlkreis. In Magstadt bekam er aber nur 136 Stimmen, während der Kandidat der Demokratischen Volkspartei, Maier, 163 Stimmen erhielt. Es war gut, daß dieser erst nach der Wahl äußerte, der Arbeitsstaat, den die Sozialdemokraten erstrebten, sei tyrannisch, weil hier jeder zur Arbeit gezwungen werde. In der „Süddeutschen Volkszeitung" meinte ein Magstadter Einsender hierzu, daß man ihn nicht gewählt hätte, wenn er vorher so geredet hätte.[8]

Das „Neue Schulhaus" wurde 1878/79 aus Magstadter Schilfsandstein gebaut und bis 1964 als Schule genutzt. Nach Umbau und Renovierung 1987 dient es heute den Vereinen und der Volkshochschule.

Es geht aufwärts

Doch noch mußte niemand zur Arbeit gezwungen werden, man war froh, wenn man eine Beschäftigung fand. Zunächst hatten die Gründerjahre verheißungsvoll begonnen, das Geschäft in den Magstadter Korsettfabriken florierte; 1876 wurde auf 160 Stühlen gearbeitet.

Ferner entstand auch in Magstadt eine Institution, ohne die wirtschaftlicher Aufschwung nicht möglich war: eine Bank. Die bisher bestehenden Einrichtungen waren mehr oder weniger obrigkeitlich organisiert und „Wohltätigkeitsbanken" gewesen. Sie spezialisierten sich entweder auf das Kreditgeschäft oder auf das Sparen, ohne beides miteinander zu verbinden. In der 1871 gegründeten Gewerbebank Magstadt bildete sich nun zum ersten mal eine privatrechtliche Genossenschaft, die sich auf Selbsthilfe stützte. Die Genossenschaft wollte ihren Mitgliedern Gelegenheit zur Anlage von Ersparnissen geben und ihnen gleichzeitig die zu ihrem Geschäftsbetrieb nötigen Geldmittel zur Verfügung stellen. Hierzu dienten das Eintrittsgeld sowie die Einlagen der Mitglieder und natürlich auch von Nichtmitgliedern. Es ist bezeichnend, daß die Gewerbebank keine ländliche Kreditgenossenschaft nach Raiffeisenschem Prinzip war, sondern im Zuge der Entwicklung der von Schulze-Delitzsch ins Leben gerufenen Vorschußvereine entstand. So wandte sie sich an einen inzwischen in Magstadt entstandenen gewerblichen Mittelstand und wollte nicht vornehmlich der Landbevölkerung mit Krediten dienen. Es konnten zwar alle volljährigen Personen Mitglied werden, aber es überwogen die handwerklichen Berufe.

Daß es aufwärts ging zeigte sich auch auf einem anderen Gebiet. Die Schule war für die 398 Schülerinnen und Schüler, die 1876 unterrichtet wurden, viel zu eng geworden. Schon im Jahr zuvor hatte das evangelische Konsistorium von der Gemeinde einen Neubau verlangt, weil die Zustände untragbar seien. So beschlossen die bürgerlichen Kollegien am 24. Mai 1876, ein neues Schulhaus zu bauen. Als Bauplatz erwarb die Gemeinde das Anwesen des Jakob Friedrich Kettner und Jakob Schneider. Das baufällige Gebäude sollte abgebrochen und an dieser Stelle nach den Plänen von Baurat Professor Stahl in Stuttgart das neue Schulhaus erstellt werden. Nach Auseinandersetzungen zwischen Gemeinde und Konsistorium um Lage und Größe des Baus konnte am 28. Mai 1878 endlich der Grundstein gelegt und am 30. September das fertige Schulhaus eingeweiht werden. Das Gebäude war auf Anraten von Professor Stahl massiv aus gelbem Lettenkohlensandstein erbaut, der aus einem Steinbruch des Gemeindewalds Kohlhau stammte. Der ganze Bau hatte zirca 65000 Mark gekostet.[9]

Neue Wirtschaftskrise und Umorientierung

Folgen der Rezession

Dem wirtschaftlichen Aufschwung, der mit der Reichsgründung eingesetzt hatte, folgte schon Ende der siebziger Jahre eine Rezession. Dies zeigt sich auch in der Entwicklung der Gewerbebank. Der Geschäftsgang war nicht überwältigend, und die Verhältnisse blieben bescheiden. Es gab noch keine eigentlichen Geschäftsräume. Die Sitzungen von Vorstand und Aufsichtsrat fanden auf dem Rathaus oder in einer Gaststätte statt, ebenso die Generalversammlungen. Kasse und Akten wurden in der Wohnung des jeweiligen Kassiers aufbewahrt, wo auch die Geschäfte abgewickelt wurden.[10]

Daß es auch in den Korsettfabriken nicht immer aufwärts gehen konnte, erfuhr man erstmals 1876: Die große Korsettweberei brannte ab und 1878 standen statt 160 nur noch 80 Stühle zur Verfügung. Es kam zu Ausschreitungen der jungen arbeitslos gewordenen Weber. Neben demokratischen machten sich sozialdemokratische Bestrebungen bemerkbar. Doch allzugroßer Radikalität wirkte der Umstand entgegen, daß viele Magstadter Arbeiter zugleich kleine Grundbesitzer waren und etwas Landwirtschaft betrieben.[11]

Doch die Branche erholte sich im Gegensatz zu den meisten anderen Wirtschaftsbereichen wieder. Die Unternehmer stellten auch mehr Stühle auf: 1884 waren es 130 und 1886 erhöhte sich die Zahl nochmals auf 160. Magstadt machte den Eindruck einer Mittelstandsgesellschaft; es gab zwar wenig Reiche, aber dafür auch wenig unterstützungsbedürftige Arme. Aber dann traf die Krise auch die Korsettindustrie, was die Beschäftigungszahlen eindrücklich zeigen. Hatten 1884 noch 140 Korsettweber in vier Magstadter Fabriken gearbeitet, so schmolz ihre Zahl bis 1890 auf 60 zusammen. Die Gründe hierfür sind einerseits in der allgemeinen Wirtschaftslage zu sehen, waren andererseits aber branchenspezifischer Natur. Die Korsettindustrie hing nicht nur von der Binnenkonjunktur des Deutschen Reiches ab, „sondern von der Geschäftslage und der Zollpolitik der Vereinigten Staaten", weil nahezu die gesamte Korsettproduktion dorthin exportiert wurde. Mit plötzlichen hohen Einfuhrzöllen wurde der amerikanische Markt praktisch abgeriegelt, und die deutsche Korsettindustrie erhielt einen Schlag, von dem sie sich nicht mehr erholte.

Aber nicht nur die Entlassenen, sondern auch die wenigen Korsettweber, die 1890 noch in den Magstadter Betrieben beschäftigt waren, traf die Situation hart. Sie fanden nur etwa vier Tage in der Woche Arbeit, und ihr Lohn lag zwischen 80 Pfennigen und 1,50 Mark pro Arbeitstag. In einer Aufstellung des „Schwäbischen Wochenblattes" war die Rede von einem Magstadter Weber, der vom 1. Januar bis 31. Mai 1890, also in 150 Tagen, nur 105 Tage gearbeitet hatte. Sein Lohn betrug dafür 118 Mark, was einem Tagesverdienst von 79 Pfennigen entspricht. Davon mußten sieben Familienangehörige leben, was bedeutet, daß eine Person mit 11 Pfennigen täglich auskommen mußte.

Im „Schwäbischen Wochenblatt" finden wir ei-

Schon im 16. und 17. Jahrhundert drängte die herzogliche Regierung darauf, als Arbeitstiere Zugochsen einzusetzen, da sie im Unterhalt billiger waren als Pferde und dazu als Schlachtvieh noch einen guten Ertrag brachten. Die ärmeren Bauern mußten allerdings bis in die Mitte des zwanzigsten Jahrhunderts Kühe einspannen, die der schweren Arbeit wegen dann auch noch weniger Milch lieferten. Das Foto entstand um 1935 vor der Zehntscheuer.

nen weiteren Bericht eines Magstadter Beobachters, der seine Eindrücke schildert. Früher hätten sich die Weber der einzelnen Fabriken sonntags in verschiedenen Bierwirtschaften zusammengefunden und seien dort einige Stunden vergnügt beisammen gewesen. Das sei jetzt alles aus. Nun begegne man einander da und dort mit traurigen Gesichtern auf einem Wald- oder Feldweg mit ein paar hungernden Kindern an der Hand. Hinzu kam, daß die Lebensmittel damals in Magstadt sehr teuer waren. Dies kam daher, daß von den vielen Händlern alles zum Verkauf nach Stuttgart gebracht wurde, wodurch die Preise angeglichen und nun auch Fleisch, Mehl und Bier so teuer wie dort wurden.[12]

Obwohl die Zustände auf Dauer unerträglich waren, bestand nicht die geringste Aussicht, daß sie sich besserten. Im Sommer 1890 gingen ganze Gruppen von Webern nach Stuttgart, um dort Arbeit zu suchen, aber ihre Bemühungen blieben vergebens.

In dieser schwierigen Lage war die Gemeinde gefordert. Doch Magstadt sah sich bei den großen Ausgaben der letzten Jahre für Schulhaus- und Straßenbau nicht in der Lage zu helfen. Auch die Aufforderung des Böblinger Dekans, der zu einer Schulvisitation in Magstadt war, die Gemeinde solle im Interesse der Notleidenden selbst ein Opfer bringen, hatte keinen Erfolg. Einigen allerdings konnte man doch eine kleine Hilfestellung geben. So wurden sämtliche Gemeindediener aus den Reihen der Korsettweber genommen: Amtsdiener, Nachtwächter, Waldschützen, Postboten und Straßenwärter. Sie waren zwar alle recht schlecht bezahlt, aber doch im Vergleich zu ihren arbeitslosen Kollegen von der drückendsten Not befreit.

Wege aus der Krise

Auch arbeitslos gewordene Weber, die noch über etwas Ackerland verfügten, konnten sich nicht auf die wenig ergiebige Landwirtschaft, die noch ohne Maschinen und Kunstdünger arbeitete, zurückziehen. Denn meistens handelte es sich um kinderreiche Familien, die von den kleinen Flurstücken ohnehin nicht zu ernähren gewesen wären. Die Ackerfläche war im Lauf der Zeit durch Erbteilungen stark zersplittert und erreichte eine durchschnittliche Größe von nur 10 bis 15 Ar. Dabei besaß ein Landwirt im Schnitt zwei Hektar, die Vermögendsten vielleicht fünf Hektar Land. Insofern befanden sich auch die meisten Landwirte in einer schwierigen Situation. Eines ihrer wichtigsten Besitztümer war die Kuh. Sie lieferte Milch nicht nur für den eigenen Verbrauch, man konnte sich auch noch etwas dazuverdienen, wenn man diese bei der örtlichen Molkereigenossenschaft ablieferte. Die Kuh war aber auch bis weit ins 20. Jahrhundert hinein ein wichtiges Zugtier für Pflug, Egge und Wagen.

Besser als die brot- und verdienstlosen Weber und die meisten Landwirte stellten sich wohl die Handwerker, die sich zur Vorsorge eine kleine Landwirtschaft erhalten hatten und nun gewis-

Viele Magstadter fanden in den Steinbrüchen Arbeit. Etwa um 1904 ließ sich diese Steinhauerkolonne im Schilfsandsteinbruch auf der Steige fotografieren.
Die Steinblöcke wurden vorwiegend nach Stuttgart transportiert. Das im Zweiten Weltkrieg zerstörte Stuttgarter Rathaus war aus Magstadter Stubensandstein gebaut, ebenso wie viele Häuser im Stuttgarter Westen.

sermaßen auf zwei Beinen stehen konnten. Den bäuerlichen Nebenerwerb mußten zum großen Teil Frauen und Kinder bewältigen.

Viele Weber sahen nun keine Existenzgrundlage mehr in ihrer Heimat und wanderten aus, häufig nach Amerika. Aber die beginnende Mechanisierung mit ihren maschinellen Fertigungsmethoden und die Entwicklung der nahen Landeshauptstadt Stuttgart zur Großstadt eröffneten auch wieder neue Möglichkeiten für die Daheimgebliebenen. Die mächtig heranwachsende Stadt wurde überhaupt ein Motor der Entwicklung. Dorthin gingen auch viele der jungen Mädchen „in den Dienst", manche blieben ganz dort. Andere Wirkungen gingen von den seit den achtziger Jahren neu entstehenden Stadtquartieren aus. Der Magstadter Wald und die Steinbrüche auf der Markung mußten vielfach als Lieferant für Baumaterial dienen. Die Holz- und Steinfuhrwerke benutzten die Straße nach Stuttgart und machten sie zu einer immer bedeutenderen Verbindung. Schilfsandsteine von der Steige und

Stubensandsteine vom Steinbruch Gatter wurden als Blöcke oder Werkstücke mit dazwischengestopften Strohbüscheln auf Pritschenwagen zu den Baustellen gefahren. Das alte Stuttgarter Rathaus, das im Zweiten Weltkrieg zerstört wurde, bestand aus weißem Stubensandstein aus Magstadt. Natürlich mußten die Steinbrüche infolge der florierenden Bautätigkeit ihre Arbeitskräfte aufstocken. So kam es, daß zeitweise über 200 Steinbrecher und Steinhauer in Magstadt arbeiteten. Arbeiter zogen nun auch von außerhalb hierher, so daß die Einwohnerzahl wieder stieg.

In den verlassenen Gebäuden der Webereien richteten sich andere Unternehmen ein. 1891 verlegte die Drahtfabrik Carl Beisser einen Teil ihres Betriebs von Stuttgart nach Magstadt, in die Weilemer Straße. In der neuen Fabrikstraße arbeitete nun auch für Jahrzehnte die Möbelfabrik Karl Kreß.[13]

Mit der sich belebenden Konjunktur gegen Ende des Jahrhunderts bot auch der überörtliche

Nachdem sich die Brauerei Widmaier vor dem Ersten Weltkrieg zu einem der größten und modernsten Betriebe entwickelt hatte, brachte sie die Nachkriegszeit durch die Zwangsbewirtschaftung der notwendigen Produktionsstoffe (Gerste, Kohle u. a.) sowie die Inflation in schwere Bedrängnis. 1923 mußte sie schließen. (Siehe auch Bild Seite 139.)

Fuhrverkehr zunehmend Verdienstmöglichkeiten. Dieser Fuhrverkehr wurde von Pferdegespannen übernommen. Auftraggeber waren die Post, die sich im Gasthaus zum Hirsch befand, insbesondere aber die Steinbrüche und die Bierbrauerei Widmaier. Deren Dreispänner lieferten nicht nur Bier bis weit in den Schwarzwald hinein, sondern nahmen auch Erzeugnisse des örtlichen Gewerbes mit. Diese Transportweise war durchaus zeitgemäß, wie auch sonst die maschinelle Einrichtung der örtlichen Betriebe völlig dem allgemeinen Standard entsprach. Das galt besonders für die große Brauerei Widmaier, die technisch den Stuttgarter Brauereien in nichts nachstand. Schon 1897 wurde hier mit einer Dampfmaschine der erste elektrische Strom erzeugt und bereits vor dem Ersten Weltkrieg hatte die Firma einen Lastwagen.

Auch die örtlichen Handwerker hingen der Entwicklung nicht hinterher. So kaufte der Schlossermeister Jakob Kindler 1883 ein Lokomobil mit einer Leistung von dreieinhalb Pferdestärken. Mit dieser Maschine und anderen, die er nachher anschaffte, war Kindler nun jedes Jahr vom August bis in den März hinein weit auswärts im Unterland mit Lohndrusch und Steinbrechen beschäftigt.

Die alten Wassermühlen hatten bald ausgedient; nun wurde in einer Kunstmühle an der Maichinger Straße Mehl gemahlen.

Ferner fand ein ganz neuer Geschäftszweig Eingang im Dorf. 1898 kehrte Otto Mundinger von der Schweiz zurück und gründete in der Weilemer Straße eine Buchdruckerei und Buchbinderei.[14]

Die Arbeitskräfte der neu emporblühenden Unternehmen mußten aber auch versorgt werden.

Es entstanden weitere Betriebe und bald konnten die Magstadter in fünf Kolonialwarenläden, fünf Bäckereien und acht Metzgereien einkaufen.

Besonders der Durst der im Staub arbeitenden Steinmetzen muß sehr groß gewesen sein; bei gutem Verdienst saßen sie oft schon am Montag in der großen Kantine. So wuchs die Bedeutung der örtlichen Brauereien, ja, sie wurden tonangebend. Dabei lebte die größere Widmaiersche Brauerei in ständigem Zwist mit der kleineren Brauerei Kienle; beide lagen in der Maichinger Straße. 1896 gruppierten sich um die Brauereien zwei große Parteien, welche die gesamte Einwohnerschaft spalteten. Die Auseinandersetzungen kamen besonders auch bei Wahlen zum Gemeinderat und in diesem Gremium selbst „in unguter Weise zum Vorschein".[15]

Zu den Brauereien gehörten die nötigen Wirtschaften. Bald waren es nicht weniger als 19, die für viele eine der wenigen Abwechslungen in der geringen, meist sonntäglichen Freizeit boten. Dort befand man sich in einer mehr oder weniger geschlossenen Männerwelt; Frauen durften nur an Hochzeiten ins Wirtshaus gehen.

Der Wald am Jahrhundertende

Im Zeitraum zwischen 1880 und 1910 kam man zu einem ausschließlichen Hochwaldbetrieb im Gemeindewald Magstadt. Die Betriebsart Mittelwald lief vollends aus. 1880 lagen die Schwerpunkte der Nadelholzvorkommen im Grundwäldle, ferner im Leimbach, im Kohlhau und im Norden der äußeren Winterhalde. 1886 verursachte Schneedruck in den Hochwaldungen der Gemeinde erheblichen Schaden und enorme Preiseinbußen mußten hingenommen werden. Um die Ausfälle der Einnahmen zu ersetzen, bewerkstelligte die Verwaltung in der Folgezeit mehrere außerordentliche Holzhiebe.

Das besondere Interesse sollte dem Nadelholz gehören. Ein auf 160 Hektar, das entsprach 20 Prozent der Gesamtfläche, gesteigerter Nadelholzanteil war zwar mehr die Frucht einer Durchforstung und Reinigung der Mischbestände als von neuen Kulturen, aber in Zukunft sollte die Forche verstärkt in die Buchenschläge eingebracht werden. Insbesondere legte man um 1900 gesteigerten Wert auf Nutzholz, und schon dazu sollte besonders Nadelholz gezogen werden. Im Zusammenhang damit machte sich ein starker Wildbestand recht schädlich bemerkbar. Ungeschützte Saaten und Pflanzungen von Nadelholz hatten keine Chance zu überleben. Während die Fichte infolge ihrer geringeren Anfälligkeit gegen Verbiß größere Möglichkeiten hatte durchzukommen, schien es ganz unmöglich, die Forche ohne Zaun hochzubringen. Obwohl eine Umzäunung bedrohter Kulturen auf fast un-

überwindliche Schwierigkeiten stieß, sollte doch ein Versuch gemacht werden.[16] Nun wurde der Magstadter Gemeindewald aber ganz von der damals in den Laubholzgebieten Württembergs herrschenden „Fichtenwelle" erfaßt. 1910 betrug der Waldanteil der Fichte 25 Prozent. 1912 erreichte sie mit 135 000 gepflanzten Bäumen den Höhepunkt. Gleichzeiti entstanden jedoch erhebliche Sturmschäden. Scnon 1913 aber löste das Streben nach einem gesunden Mischwald die Fichtenwelle in Magstadt ab; dies war früher als in anderen Wäldern. Die Verhältnisse verbesserten sich auch durch die ständige Senkung der Streunutzung. Das Bild des Waldes wurde dem heutigen immer ähnlicher. Auch der Ausbau der Waldwege war vorgesehen. Da diese sich 1913 in einem sehr schlechten Zustand befanden, sollten im Verlauf der nächsten 20 Jahre Bauarbeiten im geschätzten Wert von 100 000 Mark durchgeführt werden. Dieses Geld wollte man durch außerordentliche Holzhiebe aufbringen. Aber es sollte alles anders kommen.

Um die Jahrhundertwende tauchten plötzlich wieder die beiden SS in einem Wappensiegel der Gemeinde auf, neben dem königlich-württembergischen Wappen und unter der Krone.

Auf dem Weg
ins neue Jahrhundert

Florierendes Gewerbe

1904 war die Palette von Gewerbe und Industrie in Magstadt schon recht bunt und vielfältig. Es gab hier besonders viele Schneider, von denen zeitweise 42 als Selbständige arbeiteten. Dabei handelte es sich natürlich zum Teil um sehr kleine Geschäfte. Sie lieferten Konfektionswaren auch nach Stuttgart. Groß war auch die Zahl der Schreiner, die Möbel anfertigten. Die Fuhrbetriebe profitierten nicht nur von der Tätigkeit der Industrie, sie beförderten auch viel Milch nach Stuttgart, hinzu kamen die Erzeugnisse der Ziegelei, der Mühle und der Steinbrüche. Industriebetriebe waren die Drahtfabrik mit 30 Beschäftigten, zwei mechanische Strickereien, wovon in der größeren 50 Mädchen arbeiteten. Vor allem aber müssen die beiden Brauereien genannt werden. Mit dieser „nicht unbedeutenden gewerblichen Tätigkeit" nahm Magstadt damals den dritten Platz im Oberamt Böblingen hinter den beiden Städten Böblingen und Sindelfingen ein. Insgesamt erwirtschafteten 1904 196 Gewerbetreibende einen steuerbaren Ertrag von 65 535 Mark.

Daß es am Ende des Jahrhunderts und in den Jahren vor dem Ersten Weltkrieg aufwärts ging, zeigt ein Blick auf die Entwicklung der Gewerbebank. 1898 erhöhte man die Besoldung des Kassiers, weil der Arbeitsaufwand größer geworden war. Man betrat im selben Jahr auch neue Wege und stieg ins Immobiliengeschäft ein, indem man sich an der Zwangsversteigerung eines Hauses und verschiedener Güterstücke beteiligte. Im Juli 1902 erwarb man die Ziegelhütte an der Maichinger Straße. Zwei Jahre später, 1904, wurde das Statut geändert, um den Forderungen des Genossenschaftsgesetzes vom 1. Mai 1889 gerecht zu werden. Ungleich eingehender als die Bestimmungen von 1871 befaßte sich dieses Statut mit den Organen der Genossenschaft; auch wurde ihr Geschäftskreis gegenüber früher stark erweitert: Sie gewährte ihren Mitgliedern Darlehen und Vorschüsse auf bestimmte Zeit, vergab Darlehen auf Schuldscheine, trat mit Bankhäusern und anderen Genossenschaften in Geschäftsverbindung und erwarb auf diesem Weg bei Bedarf Kredit. Außerdem kaufte sie Staats- und sonstige Wertpapiere zur Anlage eines Reservefonds oder zur zeitweiligen Unterbringung „müßiger", das heißt momentan überschüssiger Gelder. Auch die weitere Entwicklung war vielversprechend: 1906 konnte man nicht weniger als 10 000 Mark bei der Handwerkerbank Sindelfingen anlegen. Als wesentliche Neuerung wurde dann ab 1. Juli 1909 versuchsweise der Scheckverkehr eingeführt. Die Geschäfte mehrten sich, die Geschäftsstunden dehnten sich aus, und das Gehalt des Kassiers mußte weiter erhöht werden, es stieg auf 1 200 Mark im Jahr. Auch das allgemeine Interesse an den Geschäften hatte sich gut entwickelt: Im Mai 1911 besuchten 194 Mitglieder die Generalversammlung; 1896 waren es gerade sieben gewesen.[17]

Die tägliche Postkut-
schenverbindung von
Böblingen über Sindel-
fingen, Maichingen, Mag-
stadt nach Renningen
wurde, seit die Eisen-
bahn fuhr, eingestellt.
Der letzte, geschmückte
Wagen verließ Magstadt
am 30. September 1915.
Vor der Kutsche (mit
Bart) Postmeister Stähle.
Die Post- und Telegra-
phen-Station befand sich
zuvor beim „Hirsch" in
der Alten Stuttgarter
Straße. (Siehe auch Foto
Seite 159.)

Verbesserung der Infrastruktur

Mit zunehmendem Gewerbe wurde die Infrastruktur der Gemeinde weiter ausgebaut. Ein
besonderes Problem bildeten die Verkehrsver-
hältnisse. Noch am Ende des 19. Jahrhunderts
befanden sich die Ortsstraßen in einem bekla-
genswerten Zustand. Aus einem Sitzungsprotokoll des Gemeinderats geht beispielsweise hervor, daß es 1878 beim Bau des neuen Schulhauses
infolge der grundlosen Ortswege bei schlechtem
Wetter arge Verzögerungen gegeben habe. Ein-
schotterungen sollten hier abhelfen und noch
nach dem Ersten Weltkrieg praktizierte man diese Technik.[18] Verglichen mit den heute üblichen
Straßenbelägen muß das natürlich immer noch
als schlecht bezeichnet werden, aber Neuerungen auf diesem Gebiet ließen noch lange auf sich
warten.
Über die Straßen bestand die Verbindung zur
Außenwelt; 1904 gingen jeden Tag Postwagen-
kurse mit Personenbeförderung von Böblingen
über Sindelfingen, Maichingen und Magstadt
nach Renningen. Der Anschluß an die „große

Welt" kam aber erst mit dem Bau der Bahnlinie
von Böblingen nach Renningen, welche auch
Magstadt berührte. 1913 begannen die Arbeiten.
Aber schon im folgenden Jahr, als der Erste
Weltkrieg begann, blieben sie liegen. Viele Italie-
ner, die führend im Eisenbahnbau waren, waren
hier beschäftigt gewesen und mußten nun in ihre
Heimat entlassen werden. Bald begann der Bau
aber wieder, jetzt mit einheimischen Arbeitern
aus dem Bezirk. Im Frühjahr 1915 war alles fertig und die Eisenbahn betriebsbereit.[19] Mit der
Bahn waren auch auswärtige Arbeitsplätze at-
traktiver geworden. Dies galt besonders für Robert Bosch, der schon vor dem Ersten Weltkrieg
Arbeiter und Lehrlinge des Dorfes in seinem
Stuttgarter Betrieb beschäftigt hatte. Bosch hatte übrigens lange Jahre die Magstadter Jagd ge-
pachtet.
Eine weitere wesentliche Verbesserung war die
Versorgung mit elektrischem Strom. Hier löste
allerdings erst 1916 die Glühbirne die Petro-
leumlampe ab. Das Ortsnetz war dabei anfangs
noch lückenhaft und mußte erst nach und nach
ergänzt werden.[20]

Nachdem 1916 Magstadt schließlich auch mit Strom versorgt war, hatten die Petroleumlampen als Straßenbeleuchtung ausgedient. Der Mast stand vor dem Haus Joh. Kreß in der Neuen Stuttgarter Straße, Ecke Brühlstraße.

Ein anderer wichtiger Schritt in die Moderne war der Bau einer Hochdruckwasserversorgung. Die Finanzierung erfolgte mit einem Darlehen der Gewerbebank in Höhe von 20 000 Mark.[21] Die Durchführung übernahm die Firma Kindler; die Grabarbeiten führte ein italienisches Unternehmen aus.[22] Die im Dezember 1905 in Betrieb genommene Anlage baute sich auf einem gemischten System von natürlichem Wasserzufluß und künstlicher Förderung auf. Der Stellebrunnen im Gemeindewald Tiergärtle lieferte als natürlicher Zufluß durchschnittlich 40 Liter Wasser, die Quellfassung in den Allmanden mit der Pumpstation 300 Liter Wasser in der Minute. Der Hochbehälter auf dem Gollenberg hatte zirka 300 Kubikmeter Nutzraum bei 40 Meter Höhenunterschied zum Ortskern, woraus sich ein Wasserdruck von vier bar ergibt. Es bestanden 475 Hauswasserleitungen. Daneben gab es 70 Hydranten, die im Abstand von 50 bis 60 Meter voneinander entfernt im ganzen Ortsgebiet verteilt waren.

Einen enormen Fortschritt bedeutete dies auch für die Feuerwehr, die ihre Spritzen nun unmittelbar an die Hydranten anschließen konnte. Auch fielen nun die vielen Wasserträger und Schöpfer fort, die man zuvor gebraucht hatte, um das Wasser von den Brunnen zum Brandherd zu bringen. Deshalb war es möglich, im Oktober 1906 eine zahlenmäßig geringere, auf rein freiwilliger Basis beruhende Feuerwehr einzurichten. Sie hatte jetzt noch eine Stärke von 149 Mann gegenüber 260 im Jahr 1887.[23]

Die Industriealisierung erfordert neue Bildungsinhalte

Ohne Entwicklung von Gewerbe und Industrie wäre auch eine Einrichtung des Bildungswesens wie die 1897 ins Leben gerufene Magstadter Gewerbeschule nicht denkbar gewesen. Diese Anstalt entwickelte sich aus dem von Lehrern der Volksschule erteilten Zeichenunterricht. Schon in der Jahrhundertmitte, 1850, hatte es zaghafte Anfänge gegeben. Aber 1896 hörte der Zeichenunterricht, den der Schulgehilfe zwei Stunden sonntags für die hiesigen „jungen Leute" erteilte, wieder auf. 1871 unterrichtete der Schullehrer den gleichen Personenkreis auf freiwilliger Basis gegen ein kleines Schulgeld im Zeichnen. Es handelte sich somit jetzt um eine „gewerbliche Zeichenschule". 1897 bildete sich dann in Magstadt ein Zweigverein des „Deutschen Handwerkervereins". Sein Ausschuß schlug den bürgerlichen Kollegien vor, den Zeichenunterricht durch Einrichtung einer besonderen Klasse für geometrisches und Fachzeichnen zu erweitern. Die Kollegien stimmten dem Vorschlag am 8. Juli 1897 zu, aus der „gewerblichen Zeichenschule" wurde eine „gewerbliche Fortbildungsschule", denn es kamen noch weitere Fächer hinzu. Der Lehrplan umfaßte 1902 Zeichnen, Deutsche Sprache, Rechnen, Buchführung und Rea-

1913 begannen die Arbeiten an der Eisenbahn. Durch den Kriegsbeginn etwas verzögert, konnte der Betrieb im Frühjahr 1915 aufgenommen werden. (Siehe Text Seite 152.)

Unten: Das Foto vom Kleinkinderschüle wurde 1905 vor der Kirche gemacht. Betreut worden sind die Kinder von Kinderschwester Marie, die viele Jahre in Magstadt tätig war (siehe Text Seite 155).

lien in insgesamt 140 Jahresstunden. Der Unterricht fand nur im Winter und abends statt. Die Lehrkräfte erteilten alle den Unterricht nur nebenamtlich; sie waren im Hauptamt Lehrer an der Volksschule.

1909 verlangte der königliche Gewerbeschulrat die Einrichtung einer Gewerbeschule. Das wichtigste Erfordernis hierzu war die Festlegung des Kreises der Schulpflichtigen sowie die Ausdehnung des Unterrichts auf insgesamt 280 Stunden über das ganze Jahr. Da die Angehörigen des Handwerkerstandes einen Unterricht in der vorgeschriebenen Stundenzahl auch im Sommer und dazu noch am Tag für unmöglich hielten, einigte man sich schließlich darauf, einen Unterricht von lediglich 240 Stunden den Winter über zu erteilen. Es handelte sich dabei um 160 Stunden wissenschaftlichen und 80 Stunden Zeichenunterricht. Das Ministerium für Kirchen- und Schulwesen befreite die Gemeinde bis zum Beginn des Schuljahres 1912 von der Verpflichtung , die gewerbliche Fortbildungsschule zu einer Gewerbeschule umzubilden. Der Stundenplan mußte jedoch schon jetzt dem Lehrplan der

Gewerbeschulen einigermaßen angeglichen werden. Nach einigem Widerstand beschlossen die Kollegien, mit Beginn des Jahres 1912 den Unterricht in 240 Jahresstunden über das ganze Jahr auszudehnen und auch im Sommer wöchentlich drei Stunden wissenschaftlichen und zwei Stunden Zeichenunterricht erteilen zu lassen. Das bedeutete die Einführung der Gewerbeschule.[24] Im Ersten Weltkrieg mußte der Schul-

Der älteste noch bestehende Verein ist der 1839 gegründete und 1873 wiederbelebte Liederkranz. Das Foto zeigt die Sänger im Jahr 1888. (Siehe auch Text Seite 169 und Seite 231.)

betrieb immer mehr eingeschränkt werden, weil Lehrer und Schüler einberufen wurden. Im Frühjahr 1917 wurde der Unterricht aus Mangel an Schülern ganz eingestellt.

Das Angebot im Erziehungsbereich wurde noch durch eine weitere Einrichtung ergänzt. 1896 richtete die Gemeinde eine Kleinkinderschule, wie man den heutigen Kindergarten nannte, ein. Die zunächst von etwa 70 Kindern zwischen drei und sechs Jahren besuchte Schule kam unter die Leitung der hiesigen Schwester Maria Schüle und war im alten Schulhaus untergebracht.[25]

Das Zusammenleben ändert sich

Der allmähliche Wandel des Bauerndorfes zur modernen Wohn- und Industriegemeinde zerstörte langsam die ländlichen Lebensverhältnisse, wie man sie im 19. Jahrhundert gewohnt war. Sicher betrieb die größere Hälfte der Bevölkerung im Dorf immer noch Landwirtschaft, wobei die Pferdezucht und die starke Ziegenhaltung hervorzuheben sind. Dies weist darauf hin, daß es sich in vielen Fällen aber um eine sehr kleine Landwirtschaft gehandelt haben muß, denn die Ziege war „die Kuh des kleinen Mannes". Deutlicher jedoch wird der Wandel, wenn wir die neu entstehenden Vereine betrachten. Man schloß sich mit Menschen zusammen, die die gleichen Vorstellungen und Interessen hatten und mit denen man die Freizeit gemeinsam verbringen wollte. Man war nicht mehr in die alte dörfliche Not- und Zweckgemeinschaft eingebunden, sondern suchte sich seinen eigenen Kreis, in dem man sich aufgehoben fühlte.

So fand am 31. Oktober 1897 im Gasthaus zur Traube eine Besprechung mit dem Ziel statt, einen Turnverein zu gründen. Zugegen waren neben den Vertretern des Turnvereins Sindelfingen einige Magstadter Herren. Sie bildeten eine Kommission, um Einzelheiten zu beraten, und so konnte am 7. November 1897 die Gründungsversammlung im Gasthaus Hirsch durchgeführt werden. Der Verein hatte zunächst 35 Mitglieder. Man traf sich oft; regelmäßig fand eine sogenannte Monatsversammlung statt, in der aktuelle Fragen behandelt sowie ein Kassen- und Turnbericht abgegeben wurden. Der junge Verein war gerade in finanzieller Hinsicht gefordert, mußte er doch all die teuren Geräte beschaffen, die für den Turnbetrieb notwendig waren; die Summe hierfür betrug 100 Mark, für die damaligen Verhältnisse ein stattlicher Betrag. Hirschwirt Kienle stellte seinen Saal unentgeltlich als „Turnlokal" zur Verfügung. Zuerst stand das Turnen im Vordergrund, leichtathletische Disziplinen kamen erst später dazu.

Um sich den Mitbürgern zu zeigen und unter ihnen für die hohe Kunst des Turnens zu werben, wurde am 7. August 1898 ein Werbe- und Schauturnen An den Buchen durchgeführt. Auch an auswärtigen Turnfesten nahm man teil.

Am 5. Juni 1904 konnte der Verein die Fahnenweihe vornehmen. Mit der Größe des Vereins wechselten die Lokale: 1904 turnte man im Rat-

*Die erste Fußballmannschaft
des Turnvereins im Jahr 1920.
(Siehe auch Text Seite 170
und 237.)*

haus, seit 1910 besaß man eine Turnhalle oder, besser gesagt, einen „Turnschuppen" im Brühl. Nach zähen Verhandlungen und vielen Versuchen war es gelungen, diesen nach den Plänen von Oberamtsbaumeister Baumann zu errichten. Der Kostenvoranschlag belief sich auf 2 500 Mark. Der Bau war allerdings nur als Provisorium gedacht, weshalb man einen Baufonds zur Erstellung einer richtigen Turnhalle gründete.[26] Zunächst turnte man im Turnschuppen beim Licht von zwei Petroleumlampen; erst 1912 ließ die sparsame Verwaltung eine elektrische Beleuchtung einrichten. Daß aber die zunächst nicht optimalen Voraussetzungen die Leistungsfähigkeit nicht beeinträchtigte und daß man sich zeigen konnte, bewies der erste Preis in der Unterstufe, den man auf dem 28. Gauturnfest im Juli 1910 errang, das dazu noch in Magstadt selbst stattfand.[27]

Die kommunikative Seite des Vereinslebens wird an einem weiteren Verein deutlich: 1905 wurde der „Radfahrerklub Magstadt" gegründet.[28] Er pflegte in erster Linie die geselligen Zusammenkünfte mit Ausfahrten in die Nachbardörfer. 1911 erhielt der Klub, anläßlich der Weihe des Vereinsbanners, den heutigen Namen Radfahrerverein „Pfeil" Magstadt. Der Verein konnte im Juli 1912 das Bundesfest des „Württembergischen Radfahrerbundes" in Magstadt ausrichten, dem am folgenden Tag noch ein Kinderfest folgte.

Die letzte große Vereinsgründung vor dem Ersten Weltkrieg war der Musikverein. Zwar hatten sich schon 1871 vier aus dem Krieg heimkehrende Bürger zu einem Quartett zusammengefunden, aber es hatte keinen Bestand. Erst 1908 konnte dann ein Musikverein gegründet werden. Am 18. Juli 1908 bewilligte die Gemeinde dem „im vorigen Jahr neugegründeten Musikverein" einen Beitrag in Höhe von 50 Mark für Musikalien. Die Initiative des offenbar nur aus aktiven Mitgliedern bestehenden Vereins ging von Albert Schüle aus, der bisher Musiker in Reutlingen gewesen war. Der junge Verein beteiligte sich an den Gemeindefesten. Beispielsweise sorgte er für das „Blasen und Schlagen der Tagwache" anläßlich des Geburtstages „Seiner Majestät, des Königs".[29]

Hinzu kamen neue Feste, bei denen die Vereine mitwirkten. Dazu gehören die Waldfeste, wie beispielsweise das im August 1894 von Kriegerverein und Feuerwehr gemeinsam veranstaltete, bei dem drei Wirte auf dem Festplatz wirtschafteten.

Die großen Vereine pflegten nach der Jahrhundertwende überhaupt die Geselligkeit in Magstadt. Zu diesen gehörte auch der Arbeiterverein, der nicht parteipolitisch in Erscheinung trat und sich auch sonst unpolitisch verhielt, wie

Auch der Radfahrerverein „Pfeil", 1905 gegründet, ist einer der alten Magstadter Vereine. Das Foto könnte ebenso wie das des 1908 gegründeten Musikvereins anfangs der 1920er Jahre aufgenommen worden sein. (Siehe auch Text Seite 169/170 und 234.)

wir aus den Pfarrberichten erfahren können.[30] Daß die alte Dorfgemeinschaft sich allmählich auflöste, wird aber an den nun entstehenden karitativen Vereinen noch deutlicher. Bereits 1904 hielt der damalige Ortspfarrer Payer die Anstellung einer Krankenschwester für ein „wirkliches Bedürfnis".[31] Er stand damit nicht allein. Am 10. Juli 1906 regte auch der Kirchengemeinderat die Gründung eines Krankenpflegevereins an. Zweck dieses Vereins sollte sein, „Kranken und pflegebedürftigen Armen . . . durch eine für ihren Beruf herangebildete Krankenpflegerin die Wohltat einer geregelten Wartung und Pflege in ihren Wohnungen zu verschaffen".[32] Um die Einrichtung einer Krankenpflegestation zu ermöglichen, erklärten sich die bürgerlichen Kollegien am 26. September bereit, einen jährlichen Beitrag in Höhe von 200 Mark zu leisten; und sie versprachen am 7. November 1906 auch, soweit die Mittel des Vereins nicht ausreichen sollten, für Wohnung und Ausstattung der anzustellenden Krankenschwester aufkommen zu wollen. Zu diesen Leistungen kam noch ein einmaliger Gründerbeitrag von 150 Mark, sowie ein Beitrag der Zentralleitung für Wohltätigkeit in Württemberg. Der nun ins Leben gerufene Verein hatte Ende September 1907 bereits 326 Mitglieder. Sie entrichteten ein Eintrittsgeld von einer Mark und zahlten einen jährlichen Beitrag von zwei Mark. Dafür konnten sie unentgeltlich die Hilfe der Krankenpflegerin für sich und ihre Familien in Anspruch nehmen. Als Krankenschwester konnte Schwester Luise Müller vom Mutterhaus der Olgaschwestern in Stuttgart gewonnen werden. Sie begann am 10. September 1907 ihren Dienst in Magstadt. Dieser war hart; sie war „angewiesen, ihren Dienst unter pünktlicher Be-

folgung der ärztlichen Verordnungen mit Stille und liebender Sorgfalt zu versehen". Es mußte ihr „täglich mindestens eine Stunde zur Erholung an frischer Luft frei bleiben", und sie durfte „auch die Hälfte des Sonntags zu ihrer leiblichen und geistigen Erholung beanspruchen". Sie erhielt dafür ein jährliches Gesamtgehalt von 800 Mark.

1909 stellte die Mitgliederversammlung fest, die Einrichtung der Krankenpflege habe seit ihrem

Ein Einzelsportler besonderen Formats war der Rennfahrer Christian Lautenschlager. Der 1877 geborene Magstadter arbeitete bei Daimler als Automechaniker. Seit 1906 fuhr er für das Werk Rennen mit, und 1908 errang er mit seinem Mercedes den Großen Preis von Frankreich. Nur unterbrochen vom Ersten Weltkrieg, fuhr Lautenschlager von Sieg zu Sieg. Bis 1923 war er einer der erfolgreichsten Rennfahrer auf den internationalen Strecken.

Besteben segensreich gewirkt und könne nicht mehr entbehrt werden, was aber zunehmend problematisch wurde, weil die Einnahmen zu gering waren. Auch für diese Instituion wurde der Erste Weltkrieg zu einem einschneidenden Ereignis.

Die aufkommenden Vereine und politischen Parteien, die eine moderne Jugendarbeit betrieben, ließen es geboten erscheinen, auch die kirchliche Jugend zu organisieren. Am 18. August 1895 beriefen der Lehrer und Professor Zimmermann, ein Lehrer am Korntaler Töchterinstitut, alle jungen Männer von Magstadt in der Schule zusammen. Bei der ersten Zusammenkunft stellte man ihnen vor, daß ein „Leben in der Gemeinde nur aufgeschlossen sein kann, wenn das Wort Gemeinde als Gemeinschaft verstanden wird". Grundlage eines neuen Vereins sei das Wort Gottes. Man wolle die Sonntagabende künftig mit fröhlichem Spiel, Gesang und Spaziergängen verbringen. 24 junge Männer wurden zu Gründungsmitgliedern des Jünglingsvereins. Zum Vorstand und zum Kassier wählte man die Stundenleute Schreinermeister Johannes Stähle und Wilhelm Bächle.[33] Die Mitgliederzahlen blieben aber in der Zeit vor dem Ersten Weltkrieg sehr gering. Für die Mädchen gab es den Jungfrauenverein, der seit 1894 bestand. Seine Mitglieder versammelten sich während der Wintermonate einmal wöchentlich im Pfarrhaus. Man bastelte

für die Innere Mission, Bücher und Schriften wurden gelesen. Auch dieser Verein hatte vor dem Ersten Weltkrieg nur geringen Zulauf. Bei beiden Vereinen machte man den „eng pietistischen" Standpunkt für die geringe Attraktivität verantwortlich.[34] Die Pfarrer nahmen so gut wie keinen Einfluß, auch ihnen schien wohl die Anlehnung an die pietistische Gemeinschaft zu eng.[35]

Der Pfarrer hätte sich sicher eine erfolgreichere Jugendarbeit gewünscht, da er mit der immer spürbarer werdenden Stimmung im Dorf sehr unzufrieden war; gemeint ist die Sympathie für die Sozialdemokratie. Die neue Einstellung fand ihren Niederschlag in den Ergebnissen der örtlichen Wahlen zu den Volksvertretungen. Sie gehörten, nach den Worten des Pfarrberichtes, gegen Ende des 19. Jahrhunderts „zu den schlechtesten des Bezirks", das heißt sie erfolgten ganz im sozialdemokratischen Sinn.[36] Pfarrer Brezger stellte 1908 fest, daß es hier „viele Leute [gibt], denen der religiöse Sinn abgeht, die das religiöse Leben nicht zu schätzen wissen". Mit neuen Mitteln versuchte er dagegen zu wirken. In seiner Amtszeit wurde das Evangelische Gemeindeblatt in Magstadt ins Leben gerufen. Auch die vom Pfarrer verwaltete Ortslesebibliothek erwies sich als nützliche Einrichtung.[37]

Insgesamt gesehen hatten sich die Lebensumstände im neuen Jahrhundert gebessert, die großen Hungerkrisen, wie sie noch 1850 möglich gewesen waren, gehörten der Vergangenheit an. Die Menschen hatten aber nicht viel Zeit, die neuen Errungenschaften zu genießen: 1914 begann ein Krieg, wie man ihn sich bisher nicht vorstellen konnte, und an dessen Ende sich vieles grundlegend ändern sollte.

Vom Ersten zum Zweiten Weltkrieg

Der Krieg 1914 – 1918

Kriegsbeginn und die Folgen für das Leben im Dorf

Das Jahr 1914 schien zunächst nichts Außergewöhnliches zu bringen. Bemerkenswert war höchstens, daß das Frühjahr kalt und regnerisch war und das Wetter sich erst im Juni besserte. Das Leben im Dorf ging seinen gewohnten Gang. Mitten in dieser Zeit fielen auf höchster politischer Ebene Entscheidungen, die zum Krieg führten. Wie war es dazu gekommen? Nach der Ermordung des österreichischen Thronfolgers Erzherzog Franz Ferdinand am 28. Juni 1914 in Sarajewo hatten auf österreichischer Seite Überlegungen begonnen, wie auf diese serbisch-nationalistische Aktion zu reagieren sei. Die Lage zwischen dem habsburgischen Vielvölkerstaat und Serbien spitzte sich zu, bis Österreich Serbien den Krieg erklärte. Deutschland stand fest zum Bündnispartner Österreich. Da aber Rußland auf serbischer Seite stand und Frankreich Rußland unterstützte, war ein europäischer Krieg zu befürchten. Im Lauf des Juli verdichteten sich lange schwelende Konflikte und Streitpunkte der europäischen Politik, was bei zunehmender Aufrüstung und übersteigertem Nationalismus zu einem explosiven Gemisch wurde. Die deutschen Militärs, ausgerüstet mit fertigen Aufmarschplänen und in Erwartung eines Zweifrontenkrieges, wollten Frankreich

Das Foto zeigt Fuhrleute vor dem Gasthaus Hirsch und der früheren Postagentur kurz vor dem Ersten Weltkrieg. Noch ahnte keiner der Männer, daß er bald würde ins Feld ziehen müssen. Die ersten Einberufungen kamen Anfang August 1914.

Bekanntmachung.

Seine Majestät der Kaiser haben die

Mobilmachung

Armee befohlen.

1. Der erste Mobilmachungstag ist der   *2. August*

    der zweite   „   „ „   *3. „*

    der dritte   „   „ „   *4. „*

    der vierte   „   „ „   *5. „*

    der fünfte   „   „ „   *6. „*

    und so weiter.

2. Sämtliche Offiziere, Unteroffiziere und Mannschaften des Beurlaubtenstandes, einschließlich der Ersatzreservisten, haben sich zu der auf den **Kriegsbeorderungen** angegebenen Zeit an dem bezeichneten Orte pünktlich einzufinden; dagegen verbleiben die nur mit einer **Paß-Notiz** Versehenen zunächst in der Heimat.

3. Alle augenblicklich außer Kontrolle befindlichen Mannschaften, sowie diejenigen, welche sich **nicht** in dem Besitze einer **Kriegsbeorderung oder einer Paß-Notiz** befinden, haben sich behufs Herbeiführung einer Entscheidung sofort an die Haupt-Meldeämter, Meldeämter oder die betreffenden Bezirksfeldwebel der Bezirkskommandos zu wenden.

    Ausgenommen hiervon ist nur, wer ausdrücklich von der Gestellung im Mobilmachungsfalle befreit ist.

4. Wer dem obigen Befehle nicht Folge leistet, verfällt in strenge Bestrafung nach den Kriegsgesetzen

5. Das Marschgeld wird beim Truppenteil, nicht bei der Ortsbehörde empfangen.

6. Sämtliche Einberufenen vom Feldwebel abwärts haben, um ihren Gestellungsort zu erreichen **freie Eisenbahnfahrt***) ohne Lösung einer Fahrkarte und ohne vorherige Anfrage am Schalter lediglich gegen Vorzeigung der Kriegsbeorderung oder anderer Militärpapiere an die Zugbeamten

*) Wenn nicht in den Kriegsbeorderungen ausdrücklich Fußmarsch befohlen ist.

Der kommandierende General

des 13ten (Kgl. Württ.) Armeekorps.

rasch niederwerfen, um sich dann Rußland zuwenden zu können; sie drängten daher auf Eile. So stellte Deutschland an Frankreich und Rußland kurzbefristete Ultimaten, die erwartungsgemäß nicht beantwortet wurden und die deutsche Kriegserklärung zur Folge hatten.

Von der nun in weiten Landesteilen ausbrechenden Kriegsbegeisterung und einem Hurrapatriotismus war in Magstadt nichts zu spüren. Als man merkte, daß es zum Krieg kommen würde, fingen die Menschen an, sich gegenseitig zu helfen, wo es nötig war. So lebte sich die Bevölkerung allmählich in die Gefahr ein und nahm dann die Mobilmachung selbst mit Ruhe hin; sie wurde mit Maueranschlag, Glockengeläute und Ausschellen bekanntgegeben. Der erste Schrecken sei bei Eintreffen der Gestellungsbefehle schon überwunden gewesen, wird berichtet. Jedermann war davon überzeugt, daß man für eine gerechte Sache kämpfe und die Ausrückenden schon in einigen Wochen wieder daheim seien. Ernst und entschlossen zeigten sich die Männer, als sie am letzten Sonntag im Juli zur Kirche und anschließend an die Predigt zum Abendmahl gingen. Überhaupt schien der Krieg zu einer christlichen Erneuerung zu führen. Die Menschen wandten sich in ihrer Furcht wieder mehr zu Gott und suchten hier Hilfe und Trost.

Die Leute glaubten an den Sieg, waren aber doch vor allem darüber erfreut, daß es den deutschen Truppen gelang, den Krieg in Feindesland zu tragen und so der Heimat Verwüstung und Schrecken zu ersparen. Dieses Gefühl half auch darüber hinweg, daß weitere Einberufungen von Soldaten nötig wurden, dadurch Lücken in der Wirtschaft entstanden und die Zurückgebliebenen – Frauen, Kinder und alte Männer – doppelte Arbeit leisten mußten. Es gab nur wenige Kriegsgefangene hier, die in der Landwirtschaft mithelfen mußten. Diese Arbeit ließ selbst auch viel anderes, Schweres vergessen. Der Alltag hatte sich völlig verändert, das eben erst so richtig in Gang gekommene Leben in den Vereinen hatte völlig aufgehört. Der Lehrbetrieb in der Gewerbeschule wurde 1917 aus Mangel an Schülern ganz eingestellt. Selbstverständlich machte sich der Krieg auch im Volksschulbetrieb bemerkbar. Von sieben Lehrern rückten im Lauf der Zeit drei ein und die Verbleibenden mußten den Schülern wieder Abteilungsunterricht erteilen. Für die Jungen wurde eine sogenannte Jugendwehr eingerichtet, welche sie möglichst frühzeitig auf den Kriegs- und Militärdienst vorbereiten sollte. Schließlich belegte der Gemeinderat im April 1918 das Erdgeschoß des neuen Schulhauses mit Kriegsgefangenen.[1] Die Handarbeitslehrerin bekam 1917 vom Ortsvorsteher den Auftrag, die hiesigen Mädchen und Frauen während der Wintermonate in der Herstellung von Schuhen aus Ersatzstoffen zu unterweisen. Auch Sammlungen für das Rote Kreuz wurden durchgeführt. Allein 1916 gingen durch die Hand des Pfarrers 1 650 Mark. Von einem Teil des Betrags wurde Wolle angeschafft, aus der die Frauen und Mädchen Strümpfe und Socken für die Soldaten strickten. Ebenso beteiligte man sich an Sammlungen von Eiern und anderen Lebensmitteln für das Rote Kreuz. Auch das Rote Kreuz verbündeter Staaten unterstützte man: Im Dezember 1915 erklärte sich die Gemeindeverwaltung bereit, „in Anbetracht der großen Vorteile, die das Eingreifen Bulgariens in den Weltkrieg an der Seite der Zentralmächte . . . bietet, und in Würdigung der von der

*Im August 1914 verabschiedete das württem-
bergische Königspaar die ins Feld ausrückenden Truppen des Grenadierregiments 119 im
Hof der Stuttgarter Rotebühlkaserne.
Auch viele Magstadter mußten zu den 119ern
einrücken. Die schreckliche Bilanz dieses
Krieges waren am Ende von 423 Einberufenen
80 gefallene und vermißte Soldaten aus Magstadt. (Liste der Kriegsopfer auf Seite 246.)*

bulgarischen Armee vollbrachten Heldentaten"[2]
einem Aufruf des Reichsverbandes deutscher
Städte zu folgen und einen Beitrag für das Bul-
garische Rote Kreuz zu bewilligen.
In den Kriegsjahren wuchsen auch die Anforde-
rungen an die Krankenschwester. 1917 mußte sie
nicht nur die Kranken, sondern auch die bedürftigen Armen und die Wöchnerinnen betreuen.
Um die Belastung etwas zu verdeutlichen, sei eine Zahl genannt: Im Jahr 1917 waren es allein
300 Krankheitsfälle, die die Pflege der Schwester erforderten. Im Jahr 1918 mußte sie darüber
hinaus den örtlichen Leichenschaudienst ausüben.

Selbst der Wald mußte seine Opfer bringen. In
großem Umfang ging man wieder zur Nutzung
des Laubs als Streu über, was die bekannte Folge
hatte, daß man dem Boden die Möglichkeit der
Humusbildung entzog. Auch in anderer Hinsicht
mußte der Wald den Krieg unterstützen. In den
Jahren 1916/17 wurden durch außerordentliche
Holzhiebe insgesamt 5 047 Festmeter einge-
schlagen. Ein großer Teil der Erlöse wurde während des Krieges zur Zeichnung von Kriegsan-
leihen verwendet. Dies waren langfristige staatliche Anleihen, um die Kriegskosten zu decken,
da die Steuermittel hierzu nicht ausreichten.[3]
Bei allen Einschränkungen, die der Krieg mit
sich brachte, waren die Zustände in Magstadt
aber dennoch besser als in anderen Gemeinden.
Magstadt eignete sich nicht für die Anlage militärischer Einrichtungen und man blieb sogar
von militärischen Einquartierungen verschont.
Auch hatte der Staat die Fürsorge für die Familien der Einberufenen und der kriegsgeschädigten Familien übernommen. Ebenso sah die Gemeindeverwaltung zu, daß sie kriegsversehrten

Bereits 1915 mußte die Zwangsbe-
wirtschaftung eingeführt werden; erst
nach der Inflation 1923 wurde sie ganz
aufgehoben. Abgebildet sind Fleisch-
markenabschnitte vom Frühjahr
1916.

Soldaten half; so waren einige Beamtenstellen der Verwaltung speziell diesen Personen vorbehalten. Dazu gehörten zum Beispiel die Stellen des Feld- und des Waldschützen.

Im materiellen Bereich konnte man auf diese Weise mit mancherlei Maßnahmen den vom Krieg Betroffenen Linderung verschaffen. Aber schon bald nach Kriegsbeginn war die Bevölkerung mit der grausamen Wirklichkeit des Krieges konfrontiert worden: Die ersten Nachrichten von Gefallenen und Vermißten ließen nicht lange auf sich warten. Von insgesamt 423 Einberufenen fielen im Lauf des Krieges 67 und 13 blieben vermißt. Denjenigen, die auf Urlaub kamen, fiel es daher zunehmend schwerer, wieder an die Front zurückzugehen, auch wenn sie von zu Hause unterstützt wurden, wie es nur irgend möglich war. Und mancher reiste „nicht wie ein Krieger, sondern wie der Nikolaus oder Weihnachtsmann mit Päckchen beladen" zurück.[4]

Der Krieg dauert an

Als sich der Krieg in die Länge zog, wurden die Lebensmittel immer knapper. Sie wurden daher von der Regierung rationiert und die Zwangswirtschaft wurde eingeführt. Für die Landwirte bedeutete dies, daß man ihnen Zwangsablieferungen von Getreide, Kartoffeln, Eiern, Heu und Stroh vorschrieb. Für Milch wurden Sammelstellen eingerichtet. Die Verbraucher erhielten Marken, Bezugs- und Erlaubnisscheine, die sie vorweisen mußten, um die ihnen zustehende Ration an Lebensmitteln oder Kleidungsstücke zu bekommen. So war es wieder erstrebenwert geworden Bauer zu sein, und den Landwirten ging

es trotz Auflagen und Einschränkungen relativ gut. Entsprechend groß war die Anziehungskraft der Bauernhöfe. Scharen von „Hamsterern" aus den notleidenden Städten überschwemmten jetzt das Land und suchten zu bekommen, was nur irgendwie zu erhalten war. Nichts ließen sie wohl unversucht, weshalb es nicht verwunderlich ist, daß sie als lästige Plage empfunden wurden. Dennoch siegte bei den Magstadtern immer wieder das Mitleid mit dem menschlichen Unglück oder sie suchten doch nach einem tragbaren Kompromiß. Sie mußten schließlich auch an ihre Angehörigen denken, auch an diejenigen im Kriegseinsatz, die ebenso auf ein Päckchen warteten.

Allmählich schwand die anfängliche Zuversicht, und mit der Länge des Krieges, den zunehmenden Entbehrungen und den Verlusten an Menschen trat „nach und nach eine gedrückte und gereiztere Stimmung" ein. Die Kritik am Bestehenden ging von der jungen Generation und besonders von denen aus, die bereits in der Sindelfinger Industrie arbeiteten und so über den engen dörflichen Horizont hinaussahen. Ja, ein amtlicher Bericht sagte geradezu, „in den Fabriken oder in der Bahn, auf der Fahrt von und zur Arbeitsstätte werde die Luft verpestet". Demgegenüber blieben in Magstadt die Vorstellungen und Verhaltensweisen dominant, die sich an der bestehenden Ordnung orientierten. Das Motto hieß: „Arbeiten, und, wer arbeitet, hat für das Andere keine Zeit." Besonders die Frauen scheinen sich „jeder Politik und Beeinflussung von außen ferngehalten [zu] haben".[5]

Das Ehrenmal für die Gefallenen und Vermißten des Ersten Weltkrieges auf dem Friedhof in Magstadt.

Das Ende

Das bittere Ende kam, und am 15. November 1918 stellten die bürgerlichen Kollegien fest: „Nach großen Opfern und mutigem Durchhalten ist der Krieg verloren, obwohl das Heer unbesiegt[!] tief in Feindesland steht. Schwere Zeiten harren unser."

Mit Kriegsende vollzogen sich tiefgreifende Veränderungen. Die Revolution, die am 4. November 1918 mit den Matrosenaufständen in Kiel begonnen hatte, breitete sich in kürzester Zeit über ganz Deutschland aus. Die alten Mächte, die Monarchien, wurden gestürzt und am 9. November 1918 in Berlin die Republik ausgerufen. Der Reichskanzler Prinz Max von Baden hatte eigenmächtig die Abdankung des Kaisers verkünden lassen, um die Massen zu beschwichtigen, die in ihm die Symbolfigur des preußisch-deutschen Militarismus sahen.

Auch in Württemberg hatten sich die Ereignisse überstürzt, und am 9. November hatte auf dem Wilhelmspalais in Stuttgart für kurze Zeit die rote Fahne der Revolution geweht. König Wilhelm reiste an diesem Abend unter dem Schutz des Arbeiter- und Soldatenrates nach Bebenhausen. Am 30. November verzichtete er auf den Thron. Eine provisorische Regierung war gebildet worden; daneben existierten Arbeiter- und Soldatenräte. Diese hatten sich auf betrieblicher oder kommunaler Ebene spontan gebildet und standen der Sozialdemokratie nahe.

In Magstadt nahmen am 30. November 1918 erstmals acht Mitglieder eines Arbeiter- und Bauernrates, der am 26. November gewählt worden war, an der Sitzung der bürgerlichen Kollegien teil. Die Räte hatten in wirtschaftlichen und sozialen Angelegenheiten beratend mitzuwirken. Sie bestanden aber nur bis 1919, bis eine neue Verfassung geschaffen worden war. Eine andere Neuerung sollte sich als dauerhafter erweisen. Durch Notgesetz vom 15. Mai 1919 gingen die dem Gemeinderat und Bürgerausschuß bisher zustehenden Befugnisse auf den Gemeinderat über, der seither das einzige Gemeindegremium ist. Die Anzahl seiner Mitglieder wurde von 11 auf 14 erhöht. Es wurde dabei nach dem Verhältniswahlrecht gewählt, und man durfte jetzt kumulieren und panaschieren. Zum ersten Mal erhielten nun auch Frauen das aktive und passive Wahlrecht. Die erste Wahl zu diesem neuen Gremium fand am 18. Mai 1919 statt.

Die Weimarer Republik

Belastungen am Anfang der Republik

Die Entwicklung Magstadts wurde jetzt maßgeblich von zwei Faktoren geprägt: zum einen wirkte der verlorene Krieg und mit den daraus entstehenden Konsequenzen; zum anderen übte die Großindustrie im nahen Sindelfingen einen immer stärkeren Einfluß aus.

Hier ist zuerst die Firma Daimler-Benz zu nennen, die als führender Betrieb im Fahrzeug- und Motorenbau zu einem wahren Magneten für Arbeitsuchende wurde. Das galt nicht nur für Einheimische, sondern auch für viele Zugewanderte. Sie arbeiteten dort und ließen sich in der Umgegend, so auch in Magstadt, nieder. Die Einwohnerzahl stieg denentsprechend ständig: von 1900 bis 1925 von 1 994 auf 2 320 Einwohner; 1939 wohnten 2 784 Menschen in Magstadt.

Schon im vergangenen Jahrhundert hatte die Landwirtschaft keine ausreichende Beschäftigungs- und Nahrungsgrundlage mehr gebildet. Die Folge war, daß aus vielen Bauern Handwerkerbauern geworden waren. Jetzt ließ die Entwicklung aus vielen Handwerkerbauern so-

Die Maichinger Straße im Winter 1920. Im Hintergrund das Rathaus.

Flachsbrechen – etwa 1920 im Hof der Krone – und „Hopfenzopfen" (Abpflücken der Dolden von der Ranke) waren ausschließlich Frauenarbeit. Vor allem der Hopfenanbau brachte bis etwa in die Mitte der 1930er Jahre manch guten Gewinn. Das Foto wurde 1934 im Ihinger Hof aufgenommen.

genannte Daimlerbauern werden. Sie verdienten im Betrieb, in dem sie nun arbeiteten, so viel, daß es ausreichte, wenn sie ihre Felder nach Feierabend bewirtschafteten. Jeder Handwerker und fast jeder Arbeiter bearbeitete einige Äcker, und so bestand „eine gewisse Zufriedenheit unter ihnen",[6] weil sie wenigstens teilweise ihren Lebensunterhalt direkt erwirtschafteten und so die schlimmsten Auswirkungen der Wirtschaftskrisen gemildert wurden. Ein Industrieproletariat wie in den Großstädten gab es hier nicht. Neben den Handwerkern und Daimlerbauern hatten nur noch einige Kleinbauern und lediglich zwei Großbauern Vollerwerbsbetriebe.

Auf dem guten „Mittelboden" der Magstadter Markung ließen sich verhältnismäßig gute Ernten erzielen. Neben dem Getreideanbau hatte der Anbau von Hopfen besondere Bedeutung, und so war der bedeutendste Handel, der in Gang kam, der Hopfenhandel.

Aber der Hopfen war ein rechtes Teufelsgewächs, wie ihn Karl Eberle nannte. Denn er verleitete oft genug zu unheilvollen Spekulationen, welche Streit und Unfrieden in die Häuser des Dorfes brachten. Dies kam daher, daß kein anderes landwirtschaftliches Produkt so stark wechselnde Preise hatte, wie der Hopfen. Da konnte der Zentner heute 100 Mark wert sein, übermorgen 150 Mark, nach weiteren zwei Tagen 200 Mark, aber dann in der Woche darauf nur noch 50 Mark. Nun hatte der eine um 200 Mark verkauft, während sein Nachbar nicht vekaufte, weil er der Meinung gewesen war, daß die Preise weiter steigen. In einer Zeit, in der man das Geld bitter nötig hatte, bedeutete solch eine Fehlspekulation eine Katastrophe, und Neid und Mißgunst waren die Folge. Auch in der eigenen Familie konnten gegenseitige Vorwürfe nicht ausbleiben und vergifteten den häuslichen Frieden. Ein weitere Einnahmequelle bildeten der Viehhandel und die Viehzucht. Wenn man sparsam wirtschaftete, was in den meisten Magstadter Haushalten der Fall war, konnte man auch hier einen kleinen Gewinn erzielen.

Die Veränderungen im Erwerbsleben waren aber noch tiefgreifender. Manche Handwerker mußten ihren Betrieb ganz aufgeben, weil ihre Erzeugnisse nicht mehr gefragt waren. Hierzu gehörten besonders die Wagner, Küfer, Hafner, Seiler und noch manche andere. Dafür entstanden unter dem Einfluß der nahen Metallindustrie neue Werkstätten für Mechaniker, Werkzeugmacher und Kraftfahrzeughandwerker. Dazu kamen jetzt und in den folgenden Jahren erste Zulieferbetriebe für die Metallindustrie. Und dane-

Das 1918 aufgenommene Luftbild zeigt die Reste der ehemaligen Ziegelei Kienle, eine der einst drei Ziegelhütten in Magstadt (siehe auch Foto Seite 143). Nach 1921 wurden die Gebäude nach und nach abgebrochen.

ben gab es natürlich immer noch die alten Betriebe. Die Strickerei beschäftigte ungefähr 60, die Drahtweberei Beisser 20 Personen; ebenso viele fanden in der Brauerei Widmaier Arbeit. Aber die wirtschaftlichen Verhältnisse waren schlecht, denn mit Kriegsende belebte sich die Konjunktur nicht automatisch, im Gegenteil, sie schwächte sich ab, was mehrere Ursachen hatte. Zunächst war die Inflation durch die Kriegsfinanzierung bereits in Gang gekommen und setzte sich nach Kriegsende fort, weil von staatlicher Seite keine Gegenmaßnahmen erfolgten. Verschärft wurde die Situation dadurch, daß die Zwangsbewirtschaftung nicht aufgehoben werden konnte, die Güter waren zu knapp. Dazu kam eine drückende Wohnungsnot. Die Arbeitslosigkeit nahm zu, immer mehr zurückkehrende Soldaten suchten eine Beschäftigung.

Katastrophale Formen nahm die Entwicklung nach der Besetzung des Ruhrgebiets am 11. Januar 1923 an: Die Inflation steigerte sich ins Unermeßliche. Der französische Ministerpräsident Poincaré hatte geringfügige Mißstände bei den Reparationszahlungen, die Deutschland an Frankreich zu leisten hatte, zum Anlaß genommen, Truppen ins Ruhrgebiet einmarschieren zu lassen. Die deutsche Reaktion bestand in passivem Widerstand; das künstlich arbeitslos gemachte Revier mußte aus öffentlichen Kassen versorgt werden. Die Folgen waren sowohl wirtschaftlich wie politisch verheerend.

Die wirtschaftliche Seite war, daß die Geldentwertung ins Galoppieren geriet. Die Betriebe bekamen für ihre Produkte keinen Gegenwert mehr, das Geld war nicht mehr das Papier wert, auf dem es gedruckt war. Die Brauereien und die Strickerei fielen dieser Entwicklung zum Opfer,

sie mußten ihre Tore für immer schließen. Nur die Drahtweberei hielt durch.

Auch im sozialen Bereich machte sich die Inflation schmerzlich bemerkbar. Der Krankenpflegeverein mußte die ständig steigenden Ausgaben durch höhere Mitgliederbeiträge und kommunale Zuschüsse ausgleichen. Bald war der Verein am Ende seiner Leistungsfähigkeit angelangt, und über das kritische Jahr 1923 konnte ihm die Gemeinde nur dadurch hinweghelfen, daß sie für ihn den gesamten erwachsenden Aufwand bestritt. Auch in Zukunft konnte ein ständiges Defizit, obwohl sich die Zustände wieder besserten, nicht beseitigt werden. So mußte dieser wichtige Verein – allein im Jahr 1925 bewältigte er 3 019 Pflegegänge – seine Tätigkeit 1928 einstellen. Die Mitglieder waren finanziell nicht in der Lage, den entstehenden Aufwand durch entsprechende Leistungen aufzufangen.[7]

Mit welchen ungeheuren Summen während der Inflation gerechnet wurde, zeigen die Briefmarken. Der höchste Frankaturwert war im November 1923 fünfzig Milliarden Mark. (Siehe auch Text Seite 171.)

*Politische und gesellschaftliche Folgen
des verlorenen Krieges*

Wenn der Krieg zunächst eine stärkere Religiosität zur Folge gehabt hatte, so war eine eher gegenteilige Wirkung eingetreten, je länger der Krieg dauerte. Entsprechend stellte Pfarrer Brezger 1920 fest, daß der an sich schon „etwas rauhe und widerborstige Charakterzug der Gemeinde", welcher sich inzwischen etwas gemildert habe, durch den langanhaltenden Krieg und seine Folgen wieder ausgebildet sei. Mit Folgen sind die wirtschaftliche Entwicklung, aber auch der Versailler Vertrag, der für die Besiegten äußerst negativ ausgefallen war, gemeint. In Magstadt entwickelte sich eine außerordentlich kritische Haltung. Der eher noch in den alten monarchischen Denkmustern verhaftete Geistliche formulierte dies so, daß die Gemeinde „für negative Beeinflussung leicht empfänglich" geworden sei. Er meinte damit, daß die mehr und mehr vertretene Arbeiterschaft „in politischer Beziehung ziemlich weit nach links" neige.[8] Die Kirche hatte für manche keine Bedeutung mehr, der Pfarrer sprach davon, daß der offene Abfall einsetze, was besonders für Kommunisten gelte und für die von auswärts Zugezogenen. Eine solche Familie sei konfessionslos und lasse ihre Kinder nicht am Religionsunterricht teilnehmen. Etliche von den jüngeren, „kommunistisch ausgerichteten" Bürgern, so der Pfarrer, standen den „Freidenkern" nahe. Auch von ihnen hatte einer seinen Buben vom Religionsunterricht abgemeldet. Dazu kamen noch vier Taufunterlassungen in kommunistisch orientierten Familien und elf unterlassene Trauungen.[9] Diese Entwicklung hielt an: Bis 1929 hatten weitere sechs Männer

der Kirche den Rücken gekehrt; ihre Frauen und Kinder jedoch blieben weiterhin in der Kirche. Die Arbeiter wurden auch nicht durch die Ortsgruppe des Evangelischen Bundes angesprochen, der am 13. März 1921 gegründet worden war, obschon dieser sich um eine breit angelegte Bildungsarbeit bemühte und in Kursen und Vorträgen kirchliche und soziale Fragen behandelte.[10]

Neben dem linken Standpunkt war natürlich auch das andere Extrem vertreten, das gerade diese Haltung für die schlechten Zustände verantwortlich machte. Als Beispiel hierfür kann der Jünglingsverein, der sich ab 1924 CVJM (Christlicher Verein junger Männer) nannte, dienen. Ziemlich kritiklos hatte er beispielsweise 1923 die Inflation, Not und Arbeitslosigkeit und die ganzen verheerenden Zustände auf den verlorenen Krieg zurückgeführt. Daran aber, daß man den Krieg verloren habe, sei nur der „Ausbruch der unglückseligen Revolution" schuld.[11] Gerade in wirtschaftlich schwierigen Zeiten polarisierten sich die Standpunkte, die Vertreter der politischen Extreme erhielten Zulauf, was sich noch deutlicher in der Wirtschaftskrise 1929 zeigen sollte.

Gespaltene Kultur

Die Arbeiter bildeten nach dem Krieg auch ihre eigenen Organisationen im musisch-sportlichen Bereich, sie entwickelten eigene Vorstellungen davon, wie sie ihre Freizeit gestalten wollten.
So wurde in Magstadt im März 1919 der Arbeitergesangverein „Freiheit" als Glied des „Deutschen Arbeitersängerbundes" gegründet. Im

April 1919 hatte der Verein bereits 56 Mitglieder. Man wirkte auch bei öffentlichen Veranstaltungen mit und veranstaltete im Lauf des Jahres eine Reihe von Festen. Da war beispielsweise die im Gasthof Ritter stattfindende „Frühjahrsunterhaltung" mit Musik, Theateraufführungen und einem Humoristen. Im Sommer machte man Ausflüge oder besuchte die Fahnenweihen und Sängerfeste in den Nachbargemeinden. Es gab Herbstfeiern, manchmal noch eine „Kirchhoffeier" im November und die alles krönende Weihnachtsfeier mit Christbaum, Geschenken und immer einer Theatervorstellung von Amateuren aus den Reihen des Vereins. Der Verein sang auch auf Beerdigungen und er beteiligte sich 1923 am Verkauf von „Bausteinmarken", einer Selbsthilfeaktion, um die drückende Wohnungsnot zu beseitigen. In Anerkennung dieser Bemühungen beschloß der Gemeinderat, einen jährlichen Betrag von 100 Mark zur Entlohnung des Dirigenten zu leisten. Er räumte dem Arbeitergesangverein 1922 auch ein Schulzimmer im Erdge-

Magstadt im Sommer 1924, aufgenommen von Nordosten nach Südwesten. Den oberen, also südwestlichen Ortsrand begrenzt die Bahnlinie. Mitten durch den Ort, von oben links nach rechts unten, führt die Straße von Maichingen her weiter über den Marktplatz in die Weilemer Straße und in die Neue Stuttgarter Straße. In der linken Bildhälfte sieht man von oben nach unten die Mühlstraße, Bachstraße und Oswaldstraße. Rechts unten im Bild, schräg verlaufend, die Brühl- beziehungsweise Blumenstraße. (Vergleiche das Luftbild auf den Seiten 210/211.)

schoß des neuen Schulhauses als Übungslokal ein.[12]

Eine weitere musikalische Vereinigung war ein Bläserchor, der in den zwanziger Jahren neben dem Musikverein existierte. Sein Name, Musikkapelle „Frisch auf", zeigt seine Nähe zur Arbeiterbewegung. Er veranstaltete wie der Musikverein zuweilen im Sommer eine „schöne Platzmusik" auf dem Marktplatz und belebte auch sonst die öffentlichen Gemeindefeste, so vor allem das Kinderfest, mit seinen Beiträgen.[13]

Partie in der Alten Stuttgarter Straße. Vorne links das Haus, in dem nach der Gründung 1871 die Gewerbebank Magstadt untergebracht war. (Siehe auch Text Seite 145.) Danach die Einmündung der Keplerstraße, dann das Gasthaus Zum Anker und am Ende die Zehntscheuer. Im Vordergrund führt die Straße über den noch offenen Erbach.

Dem Arbeitergesangverein und dem Bläserchor entsprach auf dem Gebiet der Leibesübungen der „Freie Turn- und Sportverein Magstadt". Als sich der Turnverein Magstadt im März 1920 entschlossen hatte, kein Arbeitersportverein zu werden, berief sein bisheriges Mitglied Eugen Thony ins Gasthaus Linde ein. Eingeladen waren alle, die gewillt waren, einen freien Turn- und Sportverein im Rahmen der Arbeiterbewegung zu unterstützen. Die Versammelten gründeten sogleich den neuen Verein, dem zunächst 30 Mitglieder und 20 Zöglinge angehörten. Bald jedoch stiegen die Zahlen so, daß er mit dem alten Turnverein gleichziehen, ihn gar übertreffen konnte. Das Vereinslokal war das Gasthaus Linde. Eine Vereinbarung mit dem Turnverein sowie mit der Gemeindeverwaltung ermöglichte es, die Turnstunden in der Turnhalle abzuhalten. Auch ein Barren und ein Reck konnten vom Parallelverein erworben werden. An erster Stelle der Vereinsaktivitäten stand aber das Fußballspiel, das nach dem Krieg nicht nur in Magstadt einen wahren Siegeszug angetreten hatte. Entsprechend machte die Platzfrage dem Verein den

größten Kummer. Vorübergehend benutzte er das Leimbachflöschle und eine Wiese bei der Talmühle. Erst 1921 kam er dazu, einen Sportplatz An den Buchen anzulegen.[14] Das Vereinsleben blühte auf, es gab Besuche bei Nachbarvereinen, Kreisfeste, Frühjahrs- und Winterfeiern. Diese wurden meistens gemeinsam mit dem Gesangverein Freiheit abgehalten.[15]

Neben dem bürgerlichen Radfahrerverein „Pfeil" entstand ein weiterer Verein, der der Arbeiterbewegung zuzurechnen ist: der „Radfahrerverein Solidarität". Beiden Vereinen stand die Turnhalle für Saalsport und Reigenfahren zur Verfügung.[16]

Die Arbeitervereine blieben aber nicht auf die angesprochenen Bereiche beschränkt, diese Entwicklung führte auch zur Gründung des Arbeitersamariterbundes. Nach dem Ersten Weltkrieg gelang es dem Arbeitersamariterbund, im damaligen Oberamt Böblingen mit der Gründung von Sanitätskolonnen 1920 in Sindelfingen und 1923 in Böblingen festen Fuß zu fassen. Die Arbeitersamariter wollten vor allem den kranken und notleidenden Menschen im Alltag helfen. Die bald nach den beiden zuvor genannten Kolonnen entstandene Gruppe der Arbeitersamariter in Magstadt gehörte der Kolonne Sindelfingen an. Der Gemeinderat übergab die seit dem 1. Januar 1924 genehmigten Jahresbeiträge in Höhe von fünf Mark, später dann zehn Mark, ausdrücklich an die „Arbeitersamariterkolonne Sindelfingen".[17]

Von 1906 bis 1929 war Rudolf Brezger Pfarrer in Magstadt.

Unten: Der 1915 erbaute Magstadter Bahnhof. Er wurde seither äußerlich nur unwesentlich verändert.

Hilfsversuche in der Inflationszeit

Neben den neuentstandenen Arbeitervereinen bemühten sich verschiedene andere Vereinigungen und Zusammenschlüsse, die Not, die durch die Inflation eingetreten war, zu lindern. So versorgte jetzt ein Kosumverein seine Mitglieder mit Lebensmitteln zu billigeren Preisen. Mitten in der Inflation erhielt er auf seine Bitte die Bürgschaft der Gemeinde für einen Kredit in Höhe von sage und schreibe fünf Milliarden Mark bei der Gewerbebank Magstadt zur Beschaffung von Lebensmitteln.[18] (Zum Vergleich: Am 3. August 1923 kostete ein Kilo Roggenbrot 42 000 Mark, ein Pfund Butter 112 000 Mark.) Auch der Landwirtschaftliche Ortsverein versuchte Hilfe zu leisten. Schon ab 1919, als die Not zunehmend spürbarer wurde, mußte man den Sommer und Herbst über, besonders an den Sonntagen und abends, für eine bessere Feldschutzwache sorgen, um so den häufig gewordenen Felddiebstählen vorzubeugen. Dünger war zu bestellen; eine Windfege beziehungsweise Putzmühle für das Getreide und ein Beizapparat für Saatgut wurden angeschafft, weil man mit den zur Verfügung stehenden Mitteln möglichst ökonomisch umgehen mußte. In Zeiten wirtschaftlicher Not empfahl sich auch die damals erfolgte Anlage eines Grünlandlehrgartens beim Gänsegarten.[19]
Ein weiterer Verein, der hier zu nennen ist, ist der am 14. Januar 1922 im Gasthaus Schwanen geründete „Geflügel – Kaninchen – Zuchtverein". Die Zahl seiner Mitglieder wuchs rasch, am 1. Februar 1923 waren es bereits 78. Daß man mit der Kleintierzucht auch daran interessiert war, die wirtschaftliche Lage zu verbessern, zeigt die

Tatsache, daß sich die Ziegenzüchter schon bald dem Verein anschlossen: Eine Ziege war, wie gesagt, die „Kuh des kleinen Mannes". Selbstverständlich war dies nicht der Hauptzweck des Vereins: Man wollte seine Zuchtergebnisse zeigen und Ausstellungen organisieren, was trotz aller Schwierigkeiten bereits am 4. Februar 1923 erstmals gelang.[20]
Die Gemeinde versuchte der Erwerbslosigkeit entgegenzuwirken: Ein Teil der seit 1921 entstandenen Waldwege war im Rahmen der produktiven Erwerbslosenfürsorge durch Arbeitslose gebaut worden.[21]

Alltag in der Zeit der Krise

Daß sich das Alltagsleben trotz der bewegten Zeiten nach dem Krieg und während der Inflation zu normalisieren begann, kann man zum Beispiel daran sehen, daß das Vereinsleben wieder aufgenommen wurde. Der Liederkranz ging mit

Die Neue Stuttgarter Straße. Vorne links das Schafhaus, danach die Einmündung der Blumenstraße, rechts die Brühlstraße. Vor der Straßenbiegung im Hintergrund steht bei der Abzweigung der Planstraße das Waaghäusle.

Eifer an die Arbeit, ja, selbst ein Flügel konnte 1923 angeschafft werden. Wie sich die Zeiten aber geändert hatten, zeigte sich daran, daß Freizeitvergnügen nicht mehr nur für Männer da war: 1923 erhielt der bisher reine Männergesangverein auch einen gemischten Chor.

Dem Musikverein fiel der Anfang schwer; der Krieg hatte auch unter seinen Mitgliedern Opfer gefordert. Doch 1921 wagte es die Kapelle, an einem Wertungsspiel in Leonberg teilzunehmen. Auch der Sportverein, der seine aus dem Krieg heimgekehrten Mitglieder in einer Begrüßungsfeier willkommen hieß, nahm die Arbeit wieder auf. Wie der Liederkranz öffnete auch er sich für Frauen: Eine Damenabteilung wurde gegründet.

Sportlich aktiv wurde auch wieder der Radfahrerverein, bei dem sich auch ein Wandel des sportlichen Geschmacks zeigte: In den zwanziger Jahren kam der Rennsport auf.

Kurzer Aufschwung und neue Krise

Ende des Jahres 1923 gelang es durch Einführung der Rentenmark, die Währung zu stabilisieren und damit die Grundlage für eine Belebung der Konjunktur zu legen; amerikanische Kredite taten ein weiteres. Nach 1924 begann die Zeit der „goldenen Zwanziger". In den Metropolen erlebten die Künste und Wissenschaften einen ungeheueren Aufschwung. „Golden" waren die Jahre zwischen 1924 und 1929 in Magstadt zwar nicht, aber man hatte sein Auskommen. Die Verhältnisse besserten sich, die Zwangsbewirtschaftung fand ihr Ende und von Wohnungsnot war auch bald nichts mehr zu spüren. Neue Häuser wurden gebaut, wobei Altes und Neues unmittelbar nebeneinander stand und das

Ortsbild dadurch seinen inneren Zusammenhang verlor. Es war Hanns Baum, dem 1928 auffiel, „daß in der Bahnhofsgegend sehr viel gebaut worden ist. Die Häuser laufen dem eigentlichen Dorf einfach davon und kümmern sich nicht um die Trauer der Altgemeinde".[22] Die Neubauten schienen von einer neuen Lebenslust beseelt, von einer inneren Lebendigkeit, welche in starkem Kontrast zum Einerlei des alten Lebensstils stand. Dies mißfiel konservativen Menschen wie Hanns Baum. Höchstens für eine Großstadt, fand er, passe die moderne Buntheit. Man konnte es auch anders sehen: Bei der Gemeinde Magstadt handle es sich „um ein wirklich fortschrittliches Gemeinwesen . . ., in dem trotz der schweren Zeit das Gewerbe blüht".[23] So urteilte ein „treuer Mitarbeiter" des Böblinger Boten.

Es war in der Tat gelungen, neue Gewerbe anzusiedeln. Auf dem Gelände der gescheiterten Brauerei Widmaier begannen 1927 zwei Betriebe ihre Tätigkeit. Zum einen handelte es sich um die Malzfabrik Dr. Karl Flik, die sich bald zum größten süddeutschen Unternehmen dieser Art entwickelte, zum anderen war es das Pflanzensaftwerk von Apotheker Walther Schoenenberger, das den Namen von Magstadt gleichfalls in der Welt bekannt machen sollte.

1927 konnte „ein Gang durch das glänzend verwaltete große Dorf, das entschieden städtischen Charakter hat", den Fortschritt deutlich werden lassen. Ein besonderer Anziehungspunkt war damals die „wohlbekannte Badeanstalt von R. Wildbrett", das Erholungsheim „Thalysia". Der Bademeister „Onkel Fritz" bereitete ein prächtiges Kräuterbad aus heilkräftigen Kräutern und Blumen der Muschelkalkheide. Seine Wirkung wurde noch durch eine wohltuende Massa-

ge erhöht. Ein Sonnen- und Luftbad für den Kurgast auf der „zweckmäßig eingerichteten Veranda der Sommerseite ließ die Behandlung ausklingen".[24]

Der Aufschwung war aber nicht von allein gekommen, man half, soweit dies möglich war, tatkräftig mit. Es hatte sich ein Handwerkerverein gebildet. Im März 1925 überließ ihm der Gemeinderat das Zimmer der Kleinkinderschule, um darin Ausschußsitzungen und Mitgliederversammlungen abzuhalten. Der Gemeinderat sicherte dem Verein auch zu, daß der Gemeindebedarf nach Möglichkeit und soweit andere berechtigte Interessen nicht entgegenstanden, von den ortsansässigen Handwerkern bezogen werden sollte.

Am 2. März 1924 schließlich schlossen sich 70 Handels- und Gewerbetreibende zu einem örtlichen Gewerbeverein zusammen, um den Unbilden der Zeit gemeinsam zu trotzen, sowie bei Be-

Die Maichinger Straße Richtung Ortsmitte. Links das Erholungsheim Jungborn, wie sich die Dampfbadeanstalt in den 1930er Jahren nannte. Das querstehende Gebäude im Hintergrund ist die Malzfabrik Flik (siehe auch Text Seite 173). Der Schornstein gehört zur Brauerei Widmaier (siehe auch Bildtext Seite 149).

hörden, Staat und Parteien mehr Gewicht zu erlangen. Die Nähe Sindelfingens wirkte bald fördernd, bald hemmend. So gaben bei der Vereinsgründung Sindelfinger Geschäftsleute Hilfestellung. Aber bald darauf fanden im Verlauf der zwanziger Jahre heftige Auseinandersetzungen mit ihnen statt, da ihr Handel auf Magstadt übergriff. Durch gegenseitige Information und Solidarität konnten sich die Mitglieder des Vereins jetzt besser im Existenzkampf behaupten und ihren Besitzstand wahren. Seinen Einfluß sicherte sich der Gewerbeverein aber vor allem dadurch, daß er eine große Integrationsfähigkeit besaß. Er verhielt sich nämlich gegenüber den Parteien weitgehend neutral, und seine Vorstände stammten aus den verschiedensten Lagern, selbst aus den Reihen der KPD.

Die wirtschaftliche Gesundung war aber nur scheinbar und nicht auf Dauer gewesen. Der Zusammenbruch der New Yorker Börse im Oktober 1929 war der Beginn einer internationalen Wirtschaftskrise. Das Deutsche Reich, durch starke Exporttätigkeit und amerikanische Aufbaukredite in das System der Weltwirtschaft eingebunden, mußte zwangsläufig mit hineingezogen werden. Arbeits- und damit Verdienstlosigkeit in einem bisher nicht gekannten Ausmaß waren die Folgen dieser Krise, die 1932 einen Höhepunkt erreichte.

Gegenmaßnahmen auf kommunaler Ebene wurden von der Gemeinde und von privater Seite unternommen. Die Gemeinde belastete sich dabei ungemein und büßte dadurch ihre finanzielle Manövrierfähigkeit weitgehend ein. Sie ließ Notstandsarbeiten durchführen, um die Arbeitslosen zu beschäftigen, und mußte dazu allein in den Jahren 1927 bis 1930 nicht weniger als 21 500 Reichsmark Schulden aufnehmen, eine für die damalige Zeit sehr große Summe. Im Rechnungsjahr 1932 kostete die Beschäftigung von Erwerbslosen die Verwaltung sogar 39 000 Reichsmark. Die Gemeinde war trotz der staatlichen Arbeitslosenunterstützung zum Eingreifen genötigt. Die Höchstdauer dieser Unterstützung war im Oktober 1931 auf 20 Wochen gekürzt worden; danach wurde der Arbeitslose „ausgesteuert" und an die allgemeine Fürsorge seiner Wohngemeinde verwiesen.[25]

Ein Opfer der Wirtschaftskrise wurde auch die Gewerbeschule. Zwar gab es seit 1925 auch Schülerinnen, aber die Zahl der Lehrlinge wurde immer kleiner. Die Notlage des Handwerks hatte zur Folge, daß es keine Lehrlinge mehr einstellte. Als sich im März 1932 nur noch sieben

Pflichtschüler für das neue Schuljahr anmeldeten, wurde der Schulbtrieb für immer eingestellt.

Um der Krise entgegenzuwirken wurde auch der Gewerbeverein initiativ; er versuchte über alle Parteigrenzen hinweg Lösungen zu finden. So arbeitete er gemeinsam mit dem Landwirtschaftlichen Ortsverein und den Nationalsozialisten einen gemeisamen Antrag an die Gemeindeverwaltung aus. Die drei Gruppen beantragten am 31. März 1932, den Kleinbauern und Kleinhandwerkern, welche nachweislich nicht mehr imstande seien, ihren steuerlichen Verpflichtungen nachzukommen, die Steuern ohne Zinszuschläge zu stunden und ihnen in ganz dringenden Fällen Gelegenheit zu geben, ihre Schuldigkeit durch Arbeit zu tilgen. Die Gemeinde sah sich trotz aller Einwände dazu veranlaßt, da, wo wirtschaftliche Schwierigkeiten bestanden, von Fall zu Fall einzugreifen und einen angemessenen Nachlaß zu gewähren.

Im Januar 1933, kurz vor der nationalsozialistischen Machtergreifung, stellten Landwirtschaftlicher Ortsverein und Gewerbeverein sogar gemeinsam ein förmliches Programm zur Behebung der herrschenden wirtschaftlichen Not auf.[26]

Dennoch schritt die politische Radikalisierung, wie sie 1923 schon angeklungen war, immer weiter voran. Dies zeigte sich beispielsweise bei der Besetzung des Gemeinderats. Im Dezember 1928 schieden aus diesem Gremium vier Vertreter des Bauernstandes und des Handwerks, ferner zwei Sozialisten und ein Kommunist aus. Neugewählt wurden für sie wiederum vier Bauern beziehungsweise Handwerker, jedoch nur ein Sozialist, aber zwei Kommunisten. 1933 gehörten drei

Kommunisten dem Gemeinderat an. Mit der extremen Linken wuchsen aber auch die extremen Rechten. Bald gab es mehr Nationalsozialisten als Kommunisten in Magstadt, und die übrigen Parteien wurden zwischen diesen beiden Machtblöcken mehr oder weniger zerrieben. Die SPD konnte sich dabei noch am ehesten halten. Die Ergebnisse der Reichtagswahlen vom Juli 1932 zeigen dies sehr deutlich: Die Nationalsozialisten erhielten 586, die Kommunisten 341 und die Sozialdemokraten 119 Stimmen. Die wenigen noch verbleibenden Stimmen verteilten sich auf Splittergruppen.[27]

Dabei kann man davon ausgehen, daß die Bauernschaft anfälliger für extreme politische Parolen war, denn auch schon in den vorhergegange-

Der Wald war nach wie vor eine wichtige Einnahmequelle für die Gemeinde und bot vielen Magstadtern Arbeit.
Oben: Waldarbeiter auf einer mit der Hand gefällten riesigen Eiche. Links: Waldarbeiterinnen an der Saatschule beim Pflanzgarten.

nen Jahren war „die wirtschaftliche Not in Bauernfamilien größer als in reinen Arbeiterfamilien" gewesen.[28]

Krise und Normalität lagen aber eng beisammen, das Leben mußte ja weitergehen. Es kam sogar zu neuen Vereinsgründungen und die Aktivitäten der Vereine gingen weiter. 1928 war der „Kleinkaliber-Schützenverein Magstadt" ins Leben gerufen worden.[29] In den ersten Jahren hatte der Verein etwa 20 Mitglieder. Noch im Oktober 1928 bat er die Gemeinde um pachtweise Überlassung von Gelände am Gollenberg für einen Schießstand. Die Vereinsmitglieder errichteten dort eine Anlage, die am 5. Juni 1931 ihrer Bestimmung übergeben werden konnte.[30]

Auch auf dem Höhepunkt der Krise gab es Veranstaltungen. So führte im Juli 1932 das Musikhaus Mayer aus Stuttgart-Bad Canstatt eine Werbeveranstaltung in Magstadt durch, um die Dorfbevölkerung mit dem Volksmusikinstrument „Ziehorgel" bekannt zu machen. Diese Werbung muß einen guten Erfolg gehabt haben, denn kurze Zeit später, am 27. Juli 1932, fanden sich sechs junge Magstadter im Gasthaus Ritter zu einer Spielgruppe zusammen. Dies war die Geburtsstunde des Handharmonikaclubs.

Bereits 1929 schlossen sich einige Hundebesitzer dem Sindelfinger Hundeverein an. Bald kamen noch andere Kameraden dazu, und 1933 wurde dann im Haus von Robert Schuhmacher ein eigener Magstadter Verein der Hundefreunde gegründet. Er hatte zunächst 18 Mitglieder.

So gab es neben den Sorgen und Nöten auch die Freuden des Alltags, und niemand hätte zum Jahreswechsel 1932/33 geglaubt, daß sich binnen kürzester Zeit alles radikal verändern sollte.

Rechts: 1930 wurde die bisherige Amtsbezeichnung Schultheiß in Bürgermeister umbenannt.

Die Zeit des Nationalsozialismus bis 1939

Machtergreifung und Machtsicherung

Am 30. Januar 1933 ernannte der inzwischen 85jährige Reichspräsident von Hindenburg Adolf Hitler zum Reichskanzler. Für viele verband sich damit die Hoffnung auf eine Besserung der Verhältnisse, ein grundlegender Wandel der verfassungsmäßigen Ordnung schien aber ausgeschlossen, gab es in der Regierung Hitler doch nur drei Nationalsozialisten. Sie waren von einflußreichen konservativen Männern „eingerahmt"; man denke nur an Alfred Hugenberg, Pressezar der Weimarer Republik und Chef der Deutschnationalen. Auch in Magstadt waren viele von einer positiven, voraussehbaren Entwicklung ausgegangen. Selbst die Eingriffe in die Grundrechte und erste Verhaftungen, die nach dem Reichstagsbrand am 27. Februar 1933 erfolgten, machte viele noch nicht stutzig.

Auch das zielstrebige Vorgehen der Nationalsozialisten in Magstadt schien nicht zu größeren Bedenken Anlaß zu geben. Sie attackierten den seit 1902 amtierenden Schultheißen Ernst Bissinger, der mit Geschick das Steuer der Gemeinde selbst in politisch bewegten Zeiten geführt hatte. Er tat dies auch in betont demokratischem Geist, was seinen nationalsozialistischen Gegnern ein besonderer Dorn im Auge war. Am 16. März 1933 richtete die Ortsgruppe Magstadt der Nationalsozialistischen deutschen Arbeiterpar-

tei (NSDAP) ein Schreiben an den Schultheißen, in dem sie feststellte, er habe die Partei „auf dem Wege von der Schandrevolution 1918 bis zur nationalen Wiedererhebung im März 1933 ... behindert und ... [ihr] bei jeder Gelegenheit Prügel in den Weg geworfen". Die Absender zogen nun folgenden Schluß: „Nachdem nun Magstadt eindeutig gezeigt hat, daß [es] mit dem bisherigen System nichts mehr zu tun haben will und Sie als Systemgänger überall bekannt sind, fordern wir sie auf, freiwillig auf das Amt des Ortsvorstehers der nationalen Gemeinde Magstadt zu verzichten." Bissinger sah, daß unter solchen Umständen „eine vertrauensvolle Ausübung des Dienstes unmöglich war", ließ sich zunächst beurlauben und schied am 29. April 1933 definitiv aus seinem Amte.[31]

Inzwischen hatte Hitlers NSDAP auf Reichsebene das Heft fest in die Hand genommen. Zunächst hatte Hitler versucht, durch Reichstagswahlen am 5. März 1933 eine Mehrheit zu erreichen. Aber trotz Terror und einer mit allen Mitteln der Zeit arbeitenden Propagandamaschinerie konnte die NSDAP nur 43,9 Prozent der Stimmen erzielen. In Magstadt hatten die Nationalsozialisten zugelegt und erreichten 774 Stimmen, den Sozialdemokraten und Kommunisten aber war es gelungen ihre Stellung zu behaupten; die übrigen Parteien konnte man jetzt nur noch als Splitterparteien bezeichnen.

Trotz des verhältnismäßig schlechten Wahlergebnisses auf Reichsebene gelang es Hitler am 23. März, das „Ermächtigungsgesetz" mit einer Zweidrittelmehrheit vom Reichstag verabschieden zu lassen, wodurch die Verfassung ausgeschaltet wurde und die ganze Macht faktisch auf den Reichskanzler – und damit Adolf Hitler –

Diese Wahlversammlung vor dem Rathaus 1933 könnte vor der Reichstagswahl am 5. März stattgefunden haben. Da auf dem Foto niemand in SA-Uniform zu sehen ist, der Zulauf andererseits recht groß war, ist anzunehmen, daß die SPD oder die KPD um Stimmen geworben hat. Beide waren damals in Magstadt noch stark vertreten; alle anderen Parteien waren praktisch bedeutungslos geworden.

überging. Propagandistisch eingeleitet worden war dieser Akt durch den Tag von Potsdam. Anläßlich des Zusammentritts des neugewählten Reichstags fand in Anwesenheit Hindenburgs, des diplomatischen Korps, des ehemaligen Kronprinzen Wilhelm und der Mitglieder des Reichstags mit Ausnahme der sozialdemokratischen und kommunistischen Abgeordneten ein Staatsakt in der Garnisonskirche von Potsdam statt. Dieser von NS-Propagandaminster Goebbels inszenierte und vom Rundfunk übertragene Festakt gipfelte im symbolischen Händedruck von Hitler und Hindenburg als Zeichen der Zusammenarbeit des „alten" und „neuen" Deutschlands. Auch in Magstadt hatte man dieses Ereignis entsprechend zur Kenntnis genommen. Mitglieder des CVJM dachten „voll innerer Ergriffenheit und Freude an jenen Tag von Potsdam, den 21. März 1933, als der junge Kanzler und Regierungschef des Deutschen Reiches ... die Regierungserklärung, den Umschwung und damit die nationale Erhebung feierlichst proklamierte und auslöschte die Schmach der vergan-

genen Jahre tiefster Erniedrigung ... Wir danken unserem Gott dafür, daß er aus Gnade und Erbarmen unser Vaterland so geführt hat".[32] Viele, die so dachten, ahnten noch nicht, was auf sie zukommen sollte, und daß sie selbst schon bald Opfer des bevorstehenden Unrechtsregimes werden konnten. Denn mit dem Ermächtigungsgesetz war es möglich, alle demokratischen und föderativen Strukturen des Reiches zu zerschlagen, was dazu führte, daß die Nationalsozialisten innerhalb kürzester Zeit eine umfassende Herrschaft ausüben konnten. Ziel war es aber auch, eine möglichst breite Zustimmung zu erzwingen oder, wie es im offiziellen Sprachgebrauch hieß, eine auf den „Führer" eingeschworene „Volksgemeinschaft" zu schaffen.
Wie eilig es die neuen Machthaber damit hatten, ihre Vorstellungen in die Tat umzusetzen, zeigt die rasche Folge der Gesetze, mit denen Vertreter der alten demokratischen Ordnung aus ihren Ämtern verdrängt und durch Parteileute ersetzt wurden. Durch das „Gesetz zur Gleichschaltung der Länder mit dem Reich" vom 31. März 1933

Ernst Wilhelm Bissinger war von 1901 bis 1933 Schultheiß (ab 1930 Bürgermeister) von Magstadt.

wurden alle Landtage und kommunalen Selbstverwaltungsorgane aufgelöst und entsprechend dem Reichstagswahlergebnis neu zusammengesetzt. Bei der Neubildung des Gemeinderats in Magstadt wurde das für die Nationalsozialisten schon günstige Wahlresultat noch verfälscht. Denn die kommunistischen Stimmen hatten keine Gültigkeit und die sozialdemokratischen ließ man unberücksichtigt. Die Nationalsozialisten erhielten nun neun der insgesamt nur noch zehn Sitze, die übrigen Splittergruppen stellten einen Gemeinderat. Am 14. Juli 1933 gab es in Deutschland nur noch eine Partei, die NSDAP, alle anderen Parteien waren verboten worden. Damit war die Umformung der demokratischen Grundlagen der Gemeinde aber noch nicht abgeschlossen. Am 1. April 1935 trat die neue Gemeindeordnung in Kraft. Sie setzte auch auf Gemeindeebene das sogenannte „Führerprinzip" durch. Die Gemeinderäte wurden nicht mehr gewählt, sondern vom Ortsvorsteher „im Benehmen mit einem Vertreter der Partei" berufen. Der Gemeinderat war auch nicht mehr dazu da, demokratisch zu beschließen, er durfte den Bürgermeister, wie seit 1930 die Anrede des ehemaligen Schultheißen war, nur noch beraten, dieser verfügte dann darüber, was zu tun war. Die bereits von 14 auf zehn verminderte Zahl der Mitglieder des Gemeinderats wurde weiter auf sieben reduziert. Den Bürgermeister unterstützten jetzt zwei Beigeordnete.[33] Daß das Magstadter Gremium tatsächlich mehr war als ein bloßer Beirat, wie in so vielen anderen Orten, verdankte es dem ebenso tüchtigen wie integren Bürgermeister Alfred Stumpf, dem bisherigen Bürgermeister von Mötzingen.

Wie gravierend die Umgestaltung der Lebensverhältnisse war, zeigte sich nicht nur im politischen Bereich. Auch die Vereine, die ihre Angelegenheiten bisher nach eigenem Gutdünken geregelt hatten, mußten sich den Prinzipien der Nationalsozialisten unterwerfen. Für den Turnverein zum Beispiel bedeutete dies, daß auch hier das „Führerprinzip" eingeführt wurde. Man konnte den Vorstand nur noch bedingt wählen; dieser hatte seinerseits zusätzliche Mitarbeiter zu „berufen". Der Turnverein gehörte jetzt zu den übergeordneten „Deutschen Turnern". Die nach dem Ersten Weltkrieg entstandenen Arbeitervereine wurden verboten. Selbst der erfolgreiche Gewerbeverein, dem 1934 bereits 100 Firmen angehörten, mußte sich unter dem Druck der Nationalsozialisten auflösen.[34] Vereine, die auf Gebieten tätig waren, die die Nationalsozialisten als ihre Domäne betrachteten, wurden verboten oder umgestaltet. Politisch unverdächtige Vereine konnten ihre Arbeit fortsetzen, wobei es natürlich nicht gern gesehen wurde, wenn man private Vereinigungen den Angeboten der Partei vorzog.

Wirtschaftliche Entwicklung

Noch 1933 lagen das Handwerk und die Landwirtschaft infolge der Massenentlassungen in der Industrie, der Arbeits- und Verdienstlosigkeit völlig darnieder und kämpften ums Überleben. Früher gingen fast aus jedem Bauernhaus Kinder zur Arbeit nach auswärts und brachten bares Geld nach Hause, das für die kleinen Bauernwirtschaften unbedingt nötig war. Das aber fiel jetzt weg, und da die Bauernkinder im Unterschied zu den Arbeiterfamilien nach der da-

*Die Maichinger Stra-
ße ortsauswärts, Ecke
Mühlstraße. Rechts
zweigt die Schafhau-
ser Straße ab. Aus ir-
gend einem Anlaß
– und einen solchen
gab es im Dritten
Reich oft – mußten
die Häuser beflaggt
werden.*

maligen Gesetzgebung keine Unterstützung bekamen, war die Not in der Landwirtschaft, die
selbst kaum mehr etwas mit ihren Erzeugnissen
verdienen konnte, besonders schwer, ja manchmal schwerer als in den reinen Arbeiterfamilien
der Gemeinde. Auch in Magstadt hatten sich die
Erwerbsmöglichkeiten nicht zum besten entwickelt. Eine Strickerei war geschlossen worden, die Drahtfabrik arbeitete verkürzt, und
man mußte sich darauf gefaßt machen, daß sie
vielleicht wegverlegt wurde. Der einzige Lichtblick war die Firma von Apotheker Schoenenberger, der in seinem Pflanzensaftwerk etwa 40
Leute beschäftigte. Außerdem verdienten noch
viele Bürger durch das Anpflanzen von Kräutern
und Heimarbeit etwas Geld.[35]
Die Verwaltung wollte Notstandsarbeiten für
Erwerbslose durchführen lassen. Die Arbeitslosen hatten noch in der Zeit der Weimarer Republik die Möglichkeit bekommen, sich in ein Lager des „Freiwilligen Arbeitsdienstes" (FAD) zu
melden. Dies war der noch wirklich freiwillige
Vorläufer des späteren Reichsarbeitsdienstes
(RAD), einer 1935 eingeführten militärähnlichen

Zwangsorganisation, die zu den Parteigliede-
rungen zählte. Zunächst dachte man in Magstadt auch an einen Einsatz des FAD. Eine erste
Planung im Mai 1933 zerschlug sich, da der neu
gebildete Gemeinderat und sein Bürgermeister
sich erst mit ihrem neuen Geschäftskreis bekannt machen mußten. Kurze Zeit später bestand die Absicht, Erwerbslose und Ortsarme
beim Bau von Straßen und Hauptfeldwegen einzusetzen. Nach der Heuernte sollten die Arbeiten beginnen. Doch die schlechte finanzielle Lage zwang die Verwaltung, das Projekt auf das
nächste Jahr zu verschieben.
Im Februar 1934 bezogen in Magstadt 49 Bürge-
rinnen und Bürger Unterstützung von der Gemeinde. Dadurch schwer verschuldet, bat diese
um staatliche Fördermittel; auch die Besoldung
der Beamten hatte sie mehr gekostet als im
Haushaltsplan vorgesehen. Bei einer Besprechung im Mai 1934 in Böblingen wurde auf die
„hohen, nationalpolitischen und erzieherischen
Aufgaben" des FAD hingewiesen. Im Kreis Böblingen sollte ein Arbeitsprogramm für ihn aufgestellt werden. Magstadt wollte im Rahmen dieses

Der 1. Mai, der „Tag der nationalen Arbeit", war immer eine große Propagandaveranstaltung. Teilnahme war für alle Pflicht. Das Foto vom 1. Mai 1933 ist im Hof der Firma Schoenenberger (vormals Brauerei Widmaier) aufgenommen. Ein Parteifunktionär hält eine Ansprache.

Programmes einen Holzabfuhrweg auf der Markung bauen lassen. Der Baubeginn der etappenweise durchzuführenden Arbeiten sollte zwischen Heuet und Ernte sein, damit die Fuhrleute, die in dieser Zeit weniger ausgelastet waren, die Steine herbeiführen konnten. Doch nichts tat sich. Vielmehr mußte das Arbeitsamt Stuttgart im September 1934 feststellen, daß sich gerade wieder in den letzten Tagen eine größere Anzahl von Arbeitskräften aus Magstadt arbeitslos gemeldet habe, und forderte die Verwaltung auf, doch endlich mit den geplanten Notstandsarbeiten zu beginnen. Die Kosten des Unternehmens waren inzwischen von 15 000,– Reichsmark auf 25 000,– Reichsmark gestiegen. Dafür sollte der sogenannte Lachenweg mit ungefähr 1 100 Meter Länge chaussiert und in seiner Verlängerung eine Waldstraße in der Winterhalde mit 2 400 Meter Länge hergestellt werden. Ein erster Bauabschnitt kam voraussichtlich auf 3 000,– Reichsmark. Inzwischen verursachte aber eine notwendig gewordene Teerung der Ortsstraßen unerwartete Mehrkosten in Höhe von fast 7 000,– Reichsmark. Das verzehrte die ganze Rücklage, und so konnten die Arbeiten wieder nicht beginnen.

Auch im folgenden Herbst 1935 war die Gemeinde infolge des damals hohen Schuldenstandes von ungefähr 100 000,– Reichsmark nicht imstande, die Arbeiten ohne staatliche Förderung durchführen zu lassen. Noch immer waren in Magstadt viele Menschen ohne Arbeit, welche sich auf die Notstandsarbeiten als einziger Beschäftigungsmöglichkeit angewiesen sahen. Man beabsichtigte, neben einer unbestimmten Zahl von Stammarbeitern noch 30 bis 40 Arbeitslose in 3 500 Arbeitslosentagwerken zu beschäftigen. Die Notstandsarbeiter sollten einen Stundenlohn von 45 Pfennigen erhalten und täglich nach Hause gehen können. Arbeiter von auswärts wollte man nicht beschäftigen.

Was dann aber im folgenden Sommer in Angriff genommen wurde waren lediglich 700 Meter Waldwegbau in der äußeren Winterhalde.[36] Glücklicherweise erübrigten sich jetzt Notstandsarbeiten überhaupt. Schon 1937 hatten sich die Möglichkeiten zu arbeiten auswärts und im Ort selbst stark vermehrt, so daß fast keine Arbeitskräfte mehr zu bekommen waren. Die Magstadter, welche außerhalb arbeiteten, gingen vor allem in die Firma Daimler-Benz nach Sindelfingen, zu Klemm nach Böblingen und zu Bosch nach Feuerbach und Stuttgart. Hunderte fuhren täglich hin und her.

In Magstadt selbst hatte Schoenenberger seinen Betrieb so vergrößert, daß er direkt 60 Personen und indirekt noch viel mehr Personen beschäftigte. Die Drahtfabrik ging wieder sehr gut, und es gab jetzt noch zwei kleinere Firmen, die Arbeitskleidung herstellten. Es kam also verhältnismäßig viel Geld in den Ort und wurde entsprechend, vor allem durch die Jugend, verbraucht. In der Landwirtschaft wollte niemand mehr arbeiten, und so standen viele Äcker zum Verkauf.[37]

Die Einwohnerzahl der Pendlergemeinde stieg durch Zuzüge an und so nahm auch die Bautätigkeit ständig zu und das Bauhandwerk bekam in allen Sparten einen großen Aufschwung. 1936 wurde die erste Arbeitersiedlung am Gollenberg errichtet. Vom Magstadter Bahnhof aus beförderte man Material an die Baustelle der damals im Wald zwischen Magstadt und Stuttgart entstehenden Autobahn. Sie lag etwas entfernt vom Dorf, aber die Standortgunst der Gemeinde verbesserte sich trotzdem zusehends.[38]

Für den durch das Wachstum des Dorfes nötig gewordenen Ausbau von Infrastruktur und öffentlichen Einrichtungen wollte die Verwaltung den inzwischen an die Stelle des FAD getretenen RAD heranziehen. Da Deutschland autark werden, sich also selbst versorgen sollte, hatte auch die Landwirtschaft immer noch eine größere Bedeutung für die Planer als ihr eigentlich zukam. So umfaßte ein im April 1939 aufgestelltes Programm auch ausgedehntere Arbeiten auf diesem Gebiet. Man kann diese Maßnahmen durchaus als Kriegsvorbereitung betrachten. Es sollten 33 Hektar Äcker und Wiesen entwässert werden. Hinzu kamen anderthalb Kilometer Ausbau von Bächen, 15 Hektar Umbruch von entwässerten Flächen, 20 Kilometer landwirtschaftliche Wegebauten, rund drei Kilometer Straßenbauten in Baulandumlegungen, ferner die Anlage eines Sportplatzes von 80 Ar Größe und der Bau eines Schwimmbades. In Anbetracht der vielen Arbeiten wäre es Bürgermeister Stumpf recht gewesen, man hätte das in Renningen geplante RAD-Lager nach Magstadt gelegt. Doch bald, im Krieg, sollte es um Wichtigeres gehen.

Umzug zum Erntedankfest 1936 in der Mäuerles- und der Maichinger Straße. Dieser eigentlich christlich geprägte Danktag paßte den Nationalsozialisten mit ihrer „Blut- und Boden"-Ideologie genau ins Konzept. Sie benützten das Fest für ihre Zwecke.

Das Regime und seine Gegner

Natürlich wurden durch die wirtschaftliche Entwicklung viele für das nationalsozialistische Gewaltregime gewonnen, dessen wahren Charakter sie nicht durchschauten. Die Nationalsozialisten verfolgten Menschen aus sogenannten rassischen und politischen Gründen. Auch in Magstadt wurden Einwohner verhaftet und ins Kozentrationslager (KZ) verschleppt. Es handelte sich hierbei um Personen, die sich politisch dem Nationalsozialismus widersetzten, und um eine Gruppe Sintis. Eine nichtjüdisch/jüdische Mischehe blieb unbehelligt.[39]

Eine Liste vom 5. Februar 1946 nennt acht Namen politisch Verfolgter.[40] Alle mußten einige Zeit in einem Konzentrationslager verbringen. Verhaftungsgründe waren zum Beispiel antifaschistische Propaganda, politische Einstellung oder Schwarzhören und Feindbegünstigung. In einem Verzeichnis polizeilich gemeldeter Entschädigungsberechtigter vom 1. Januar 1947 erscheinen von diesen dann nur noch drei, dagegen vier weitere Personen. Das würde insgesamt 12 Einweisungen aus politischen Gründen in Magstadt ergeben. Allerdings sind mit den bisher genannten Aufstellungen Personen, die während der Inhaftierung starben, nicht erfaßt. So mag die Zahl der Inhaftierten noch größer gewesen sein.

Es fällt auf, daß fast alle diese Menschen sich nur kürzere Zeit in Konzentrationslagern befanden. Lediglich über den wegen Abhörens ausländischer Radiosender und Feindbegünstigung Verurteilten wurde eine lange Zuchthausstrafe verhängt. Einen ganz anderen Leidensweg hatten die Sintis zu gehen, von denen nur wenige der geplanten Ausrottung entgingen. Von vier Familien mit insgesamt 60 Mitgliedern kehrten nur neun aus den Konzentrationslagern nach Magstadt zurück. Eine der Überlebenden berichtete über das Schicksal dieser Personengruppe, und ihre Erzählung ist durch die verdienstvolle Dokumentation einer Schülergruppe am Goldberg-Gymnasium über die „Zwangsarbeiter in Sindelfingen 1940 – 1945" weiteren Kreisen bekannt geworden.[41] Eine Überlebende, Frau L., berichtete, daß sie sich 1940 zunächst bei der Firma Daimler-Benz gemeldet habe, um dort Arbeit zu bekommen und so einer Einweisung ins KZ zu

Das 1939 erbaute Hitlerjugendheim, in dem HJ und Jungvolk, BDM und Jungmädel ihre Dienstzimmer und Gemeinschaftsräume hatten. Nach dem Krieg wurde das Gebäude einige Zeit mit als Grundschule, heute als Kindergarten genutzt (siehe Text Seite 203).

entgehen. Denn wer als Sinti einen festen Arbeitsplatz hatte, war zunächst nicht in Gefahr in ein KZ zu kommen. Deshalb nahmen Frau L. und ihre Schwestern, die auch eine Stelle bei Daimler erhalten hatten, den täglichen Fußmarsch von sechs Kilometern von Magstadt nach Sindelfingen ebenso auf sich wie die Tatsache, daß sie nur ein Viertel des ihnen zustehenden Lohnes ausbezahlt bekamen. Die Behandlung durch Vorgesetzte und Kollegen bezeichnete Frau L. jedoch als gut. Am 15. März 1943 aber tauchten acht SS-Männer in schwarzen Uniformen und mit Maschinenpistolen bewaffnet auf, um alle Sintis im Werk zu verhaften und in ein KZ zu bringen. Wenn diese nur versuchten, in ihrer Sprache miteinander zu reden, schlugen die SS-Männer sofort zu. Auch die Versuche des Meisters und des Ingenieurs, ihre Mitarbeiter zu retten, indem sie ihre Arbeit lobten und sich für sie einsetzten, waren vergebens. Frau L., ihre Schwestern und andere Sintis wurden auf Lastwagen verladen, dann in Viehwaggons gesteckt und schließlich nach Auschwitz deportiert. Nach einem Jahr kamen sie weiter nach Ravensbrück bei Berlin, hierauf nach Dachau und schließlich noch nach Bergen-Belsen. Auf jeder dieser Leidensstationen mußte Frau L. den Verlust von Familienmitgliedern und Verwandten beklagen. Noch heute, so berichtete sie, klängen ihr nachts die „Schreie derer . . ., die in der Gaskammer umkamen, die nur nachts betrieben wurde" in den Ohren. Und sie hat noch immer „den Rauch der Verbrannten" vor dem Auge, „der unterschiedlich, je nach Todesursache, aus dem Kamin der Verbrennungsanlage kam. War der Tote eines natürlichen Todes gestorben, so war der Rauch weiß und stieg gerade aus dem Kamin auf. War der Verbrannte vergast worden, so kam der Rauch geballt und grau aus dem Kamin. Aber in beiden Fällen", so berichtete sie, „roch es immer wie bei einem Hufschmied, nämlich nach verbranntem Horn, nach Kohle und Feuer".[42]

Zusammen mit Frau L. war auch ein Verwandter mit seinen Angehörigen verhaftet worden, die ebenfalls zuerst nach Auschwitz deportiert wurden. Von dort aus kamen sie nach Buchenwald und Nordhausen. In Bergen-Belsen wurden sie dann im Mai 1945 von den Engländern befreit. Als die Überlebenden völlig mittellos nach Magstadt zurückkehrten, waren viele nicht begeistert. Ein Teil wunderte sich, daß sie überhaupt noch lebten. Von einigen erhielten sie aber Geschirr, etwas zu essen und Bettzeug.

Das Schicksal der Sintis scheint uns umso unbegreiflicher, als es sich hier um alteingesessene württembergische Familien handelte, deren Mitglieder schon im Ersten Weltkrieg für Deutschland gekämpft hatten. Die Diskriminierung dieser Bevölkerungsgruppe ist aber ein Thema, das hier nicht weiter erörtert werden kann.

Während die bisher dargestellten Maßnahmen an der örtlichen Verwaltung vorbei durch zentrale Stellen des Reiches vorgenommen wurden, veranlaßte im Falle eines als „asozial" bezeichneten Magstadter Bürgers die Ortsgruppe der

NSDAP die Deportation in das KZ Sachsenhausen, wo er am 3. März 1941 ums Leben kam. Die Gemeindverwaltung wurde von der Deportation in Kenntnis gesetzt,[43] ohne Einwände dagegen zu machen. Der Grund hierfür war wohl, daß dies ohnehin folgenlos geblieben wäre, denn gerade Bürgermeister Stumpf setzte sich in vielen Fällen für die Wahrung rechtsstaatlicher Verhältnisse ein, soweit dies überhaupt noch möglich war. Deutlich wird dies an seinem Eintreten für die Kirche, so daß ihn Parteimitglieder nur den „Stundenmann" nannten.[44]

Die Kirche zwischen 1933 und 1945

Widerstand kam in Magstadt insbesondere von der Kirche. Bereits 1933 war der Kirchenbesuch eine Angelegenheit, sein Bekenntnis offen abzulegen. Pfarrer Martin Haug, der von 1929 bis 1940 in der Gemeinde war, kam „es nicht darauf

an, die Leute auf die Kirche aufmerksam zu machen, sondern vor allem, sie zu Christus hinzuführen und möglichst Einzelne zu gewinnen, die dann selbst wieder mithelfen können in der Arbeit".[45] So bildete sich eine „Kerngemeinde" für die Mithilfe heraus. Unter anderem gab es die Vertrauensfrauen. Dieser Zusammenschluß von Frauen existierte zwar schon seit Anfang der dreißiger Jahre, sie hatten sich aber bisher auf die Organisation von Frauenabenden beschränkt. Nun weitete sich das Tätigkeitsfeld aus. Als bemerkenswerte Neuerung trat der 1933 in Württemberg eingerichtete Gemeindedienst in Magstadt in Erscheinung. Er sollte landesweit die Voraussetzung für eine großangelegte volksmissionarische Arbeit schaffen und den Gemeinden mit Vorträgen und Druckschriften zu einer klaren Stellungnahme in der Behandlung der theologischen und kirchlichen Zeitfragen verhelfen. 1937 führten ihn besonders die Vertrauensfrauen der Frauenhilfe durch. Sie waren für

1936 wurde für Arbeiterfamilien die Gollenbergsiedlung gebaut, Häuser mit einem Gartenanteil und der Möglichkeit zur Kleintierhaltung. Im Hintergrund der Ratberg. (Siehe auch Text Seite 182.)

Die Beflaggung der Häuser war zu allen möglichen Anlässen obligatorisch. Wer dieser Pflicht nicht nachkam, wurde als Regimegegner diskriminiert. Auf dem Foto vorne rechts ist der „Hirsch" zu sehen, dann die alte Schule und im Hintergrund das Pfarrhaus, das die Hakenkreuzfahne ebenfalls zeigen mußte.

die einzelnen Straßen bestellt, teilten dem Pfarrer unter anderem die Namen von Kranken mit und unterrichteten ihn, wenn jemand mit Dingen des kirchlichen Lebens unzufrieden war. Sie machten auch selbst Krankenbesuche und brachten den zum Verteilen bestimmten Predigttext in die einzelnen Häuser.[46]

Die kirchliche Arbeit war den Nationalsozialisten ein Dorn im Auge und sie erschwerten sie, wo es nur möglich war. Zeitweise drohte sogar die Verhaftung von Pfarrer Haug. 1937 kam die Ortsbibliothek in weltliche Hand, die Arbeit des Jungmännervereins hörte fast ganz auf, nur ein ganz kleiner Kreis konnte erhalten werden. Die Jugendorganisationen der Nationalsozialisten übten einen zu großen Druck, aber auch eine zu große Faszination aus, als daß sich die Jugendlichen hätten entziehen können. Der von den nationalsozialistischen Organisationen an Sonntagen angesetzte Dienst führte dazu, daß besonders die jüngeren Jahrgänge und die Männer im Gottesdienst fehlten.[47]

Ende der dreißiger Jahre schien die Partei nach den Eingriffen der vorangegangenen Zeit ihr Interesse an der Kirche verloren zu haben. Die Überwachung hörte auf. Doch der entfesselte Weltkrieg brachte rasch eine Verschärfung der Verhältnisse.[48]

Schon bald nach Kriegsbeginn kam Pfarrer Richard Tramer nach Magstadt. Er durfte keinen Religionsunterricht mehr in der Schule halten. Der dort zeitweise erteilte Weltanschauungsunterricht hatte aufgehört, seit der zuständige Lehrer, der Ortsgruppenleiter Mayer, zum Militärdienst eingezogen war. Als der Krieg sich in die Länge zog, holte die Partei unter Vorwänden oder ganz offen zu weiteren Schlägen gegen die Kirche aus. Mit Wirkung vom 1. Mai 1941 mußten alle kirchlichen Blätter im Interesse einer „Konzentration aller Kräfte", wie es hieß, ihr Erscheinen einstellen. Doch stellte die örtliche Druckerei Mundinger, trotz des Verbotes, sowohl das Konfirmandenbüchlein als auch die „Bibellese" in genügender Menge für die Gemeinde her. Am 15. November 1941 folgte die Entlassung der Diakonissenschwester Marie und die Übernahme des Kindergartens durch die Nationalsozialistische Volkswohlfahrt (NSV). Die hinausgedrängte Schwester stand jedoch weiterhin als Gemeindeschwester für Magstadt und Maichingen zur Verfügung und erteilte auch in einem Raum des gerade neu erbauten Gemeindehauses Religionsunterricht.

Der Bau dieses Hauses war schon 1939 begonnen worden und war ein Lichtblick in diesen schweren Zeiten. Am 1. Advent 1941 konnte das Haus in Gegenwart des Landesbischofs Wurm, der auch die Festpredigt hielt, eingeweiht werden. Nur die tätige Mithilfe von Bürgermeister

*Unten: Im BDM (Bund deutscher Mädel) waren
die 14- bis 18jährigen Mädchen organisiert.
Sie trugen eine weiße Bluse mit schwarzem
Halstuch, das durch einen Lederknoten gezogen
wurde, dazu einen dunkelblauen Rock. Die
Aufnahme dieser Magstadter Mädel entstand
in der zweiten Hälfte der 1930er Jahre.*

Stumpf hatte den Neubau des kirchlichen Gebäudes ermöglicht. Stumpf zeigte sich auch hier als „treuer Christ", der die Interessen der Kirche zu vertreten suchte, wo er nur konnte.[49]

In Magstadt gab es auch die den Nationalsozialisten nahestehenden „Deutschen Christen". Hier fand vor allem die „Volkskirchenbewegung", die vom Ortsarzt vermittelt wurde, Eingang in den Ort.[50]

Die Schule

1933 begann auch in der Schule eine andere Zeit. Die Lehrer sollten nun Politiker werden und an der Gestaltung einer von der Partei entworfenen Zukunft mithelfen. Die evangelische Bekenntnisschule wandelte sich zur Deutschen Volksschule Magstadt.

Mittlerweile war der Zustand der beiden Schulhäuser so schlecht geworden, daß sie gründlich erneuert werden mußten. So wurden 1934 bis 1937 zunächst das neue, dann das alte Schulhaus und schließlich der Turnschuppen in der Traubenstraße instand gesetzt und hergerichtet.

Jedoch bestand die Ministerialabteilung des Kulturministeriums im Februar 1936 auf der baldigen Einführung des achten Schuljahres; gleichzeitig brauchte man auch eine Hauswirtschaftsschule. Ein Neubau an der Ecke Bahnhof- und Hohberger Straße sollte den benötigten Schulraum erbringen. Die Planung sah im Untergeschoß Luftschutzräume für etwa 100 Personen, im Erdgeschoß die Schulküche sowie die Schulwaschküche mit den Nebenräumen, im Obergeschoß einen Schulsaal der Volksschule für 60 Kinder und im Dachgeschoß eine Dienstwohnung für eine Lehrerin vor. Die unter der Leitung von Architekt Paul Groß stehenden Bauarbeiten begannen Anfang September 1939 und fielen ganz in die Kriegszeit. Es tauchten daher mannigfache Schwierigkeiten auf, und bevor der Bau fertiggestellt werden konnte, mußte die inzwischen eingerichtete achte Klasse provisorisch im Heim des CVJM, Rießstraße 8, untergebracht werden. Erst 1943 wurde der Neubau in der Hohberger Staße bezogen.

Der Krieg beeinträchtigte natürlich den gesamten Schulbetrieb. So gab es oft „Kohleferien", da die Heizvorräte im Winter nicht ausreichten und die Klassenzimmer bitterkalt waren. Auch waren die Kinder morgens häufig müde, da sie wegen des Fliegeralarms die Nacht im Luftschutzkeller verbracht hatten. Die Schülerinnen und Schüler waren ferner durch Sammlungen für die Kriegswirtschaft in Anspruch genommen, so daß für Schulaufgaben nicht die nötige Zeit blieb. Hinzu kam, daß es zu wenig Lehrer gab, weil mehrere Lehrer, darunter der Schulvorstand, zum Kriegsdienst einberufen worden waren.

Gegen Kriegsende wurde dann vor allem das alte Schulhaus durch Bombenangriffe beschädigt. Das Dach wurde zerstört, und die Decken im oberen Stock drohten einzustürzen.[51]

Der Zweite Weltkrieg

Über die Außenpolitik der Nationalsozialisten mußte man am Anfang des „Dritten Reiches" keineswegs besorgt sein. Zwar hatte Hitler in dem Buch „Mein Kampf" unzweideutig den „Lebensraum im Osten" als Ziel der Außenpolitik formuliert, die außenpolitischen Erklärungen nach der Machtergreifung, besonders diejenigen von Propagandaminister Goebbels, schienen aber eine Abkehr von dieser gewaltsamen Expansionspolitik zu bedeuten. Gleichberechtigter Partner zu sein, die „Schmach des Versailler Schandfriedens" zu revidieren, schienen die neuen Ziele zu sein. Unter diesem Vorwand vollzog sich Schritt für Schritt eine gigantische Aufrüstung. Viele vertrauten weiterhin der Propaganda, die den Friedenswillen der Nationalsozialisten beteuerte. Aber mit der Einführung der allgemeinen Wehrpflicht konnte man ahnen, daß das Militär nicht nur zu Demonstrationszwecken benutzt werden sollte. Die Außenpolitik wurde zunehmend aggressiver, und man stand mehrfach am Rand eines Krieges, der nur durch Zugeständnisse der Westmächte verhütet wurde. Mit der Besetzung der sogenannten „Rest-Tschechei" im März 1939 brach Hitler aber alle zuvor gemachten Abkommen, und es wurde klar, daß er den Krieg wollte. Am 1. September überfielen deutsche Truppen Polen und entfesselten damit den Zweiten Weltkrieg; zwei Tage später folgten die Kriegserklärungen Großbritanniens und Frankreichs.

Im Ort ähnelte das Bild in vielem dem Geschehen im Ersten Weltkrieg: Einberufungen und Einrücken von Soldaten ohne Begeisterung, Mangel an Arbeitskräften, der Versuch, sie durch Kriegsgefangene und hierher deportierte sogenannte „Fremdarbeiter" zu ersetzen, Kriegszwangswirtschaft mit Rationierung von Lebensmitteln, Kleidungsstücken und schließlich aller Produkte des täglichen Lebens. Vor allem aber forderte dieser Krieg noch größere Opfer an Menschen und verschonte auch nicht die Heimat mit seinen Kampfhandlungen.[52]

Die Luftangriffe

1942 begann über Deutschland der Luftkrieg. Die folgende Darstellung beruht auf den Aufzeichnungen des damaligen Ortspfarrers Tramer, der die Ereignisse in Magstadt als Augenzeuge und Handelnder miterlebte.

Ab 1943 wurden Fliegeralarme und Luftangriffe im Großraum um Stuttgart immer häufiger. Magstadt selbst blieb zunächst verschont. Doch sorgte der örtliche Luftschutzleiter für eine erhöhte Bereitschaft, und seit 1943 mehrten sich die Fälle, in denen die Feuerwehr zur Bekämpfung von Großbränden nach Fliegerangriffen in die Nachbargemeinden gerufen wurde. Die Ausrüstung der Feuerwehr war zwar gut, aber die Einberufungen der Männer zum Kriegsdienst drohten ihre Schlagkraft zu vermindern. Um für eine erhöhte Bereitschaft zu sorgen, teilte der örtliche Luftschutzleiter die aktive Feuerwehr in vier Gruppen, deren jede aus einem Leiter und sieben bis acht Mann bestand. Bei Fliegeralarm mußte sich jeweils eine dieser Gruppen im Luft-

Bäuerin, sei auch Du luftschutzbereit!

1. Bringe von jeder Art deiner Vorräte einen Teil in Sicherheit, indem du sie leicht transportabel aufbewahrst, z. B. Mehl in Säcken zu ebener Erde. Dosen und Gläser verschiedenen Inhalts in je eine Obstkiste packen und in Keller stellen; Rauchfleisch in Holzasche oder in gelöschten pulverisierten Kalk in Kisten oder Standen legen; Dörrobst oder andere Trockenvorräte, z. B. Nudeln, Gries usw. in Säckchen griffbereit aufhängen; Fett in Eimern mit Henkeln aufbewahren; Gemüse und Aepfel in Freiland einmieten; bei größeren Mengen mehr Mieten mit gemischtem Inhalt anlegen.

2. Verteile deine Kleider und Wäsche bei verschiedenen Verwandten und bündle den Rest im Wäscheschrank in Leintücher.

3. Packe für jede Person einen Handkoffer oder Rucksack und lege hinein: Wertvolle Schriftstücke, einmal Leibwäsche, 1 Paar Schuhe, 1 Kleid, 1 Besteck, 1 Eßnapf und Waschzeug.

4. Bündle nicht benützte Betten.

5. Sichere einen Teil deiner nötigsten Arbeitsgeräte, z. B. mehrere Stücke in einen Sack packen. Sensen, Gabeln usw. in unteren Räumen aufbewahren. Wichtigstes Handwerkszeug in Kistchen.

schutzraum des Rathauses aufhalten, um sofort einsatzbereit zu sein. [53]

Dann kam „wohl der schwärzeste Tag, den die Gemeinde Magstadt je erlebt hat". Am 10 September 1944, vormittags 11 Uhr, belegte ein feindlicher Kampffliegerverband den Ort mit Bomben. Außer schweren Schäden durch Sprengbomben entstanden sofort verschiedene Großbrände. In den alten, eng bebauten Ortsteilen zwischen Weilemer, Brunnen-, Trauben- und Neuer beziehungsweise Alter Stuttgarter Straße, Kepler-, Bach- und Schulstraße loderten zwei große Flächenbrände. Die Wasserleitung fiel wegen mehrerer Volltreffer sofort aus, doch gelang es unter Verzicht auf Einzelmaßnahmen, die Brände in der Schul- und an der Weilemer Straße mit Hilfe verschiedener Nachbarwehren und der Einsatzbereitschaft aller einzudämmen. An Löschwasser mangelte es infolge der vorsorglich geschaffenen Wasserreserven nicht. Aber das Ortszentrum wurde weitgehend zerstört.

Pfarrer Tramer, der zum Zeitpunkt des Angriffs gerade in Breitenberg bei Bad Teinach zur Vorbereitung eines Trauergottesdienstes dienstlich unterwegs war, berichtete seine Rückkehr folgendermaßen: „Kaum war ich aber [in Breitenberg] weggefahren, als schon von überall her Sirenengeheul zu hören war. Alarm! Doch weiter ging's über Bad Teinach nach Calw. Unterwegs, in Kentheim, machte ich bei Familie Pfrommer schnell halt ... Wir verfolgten die immer noch kreisenden Flugzeuge und sahen, daß diese, auffallenderweise, immer in der Gegend von Sindelfingen und Böblingen kreisten. Doch ich durfte mich nicht aufhalten lassen. Schnell ging es weiter ... Kurz nach Stammheim konnte ich mich gerade noch vor einem tieffliegenden feindlichen Jäger ... in Deckung – unter einen Baum – bringen ... Mit einer gewissen inneren Unruhe und von einem unheimlichen Gefühl getrieben, fuhr ich immer zu, um auf dem kürzesten Wege die Heimat zu erreichen. Auf der Höhe von Magstadt aber sah ich den Rauchpilz und ahnte nichts Gutes!

Die Gemeinde war hart getroffen und heimgesucht worden. Ich zitterte an Leib und Seele, als ich die Bilder sah. ... Es war mir, als ich durch die Maichinger Straße ging und die angsterfüllten Gesichter und die brennenden Häuser sah, als ob mir jemand eine Riesenlast auf die Schulter legte ... Viele sprangen auf mich zu, sprachen mich an, irgend jemand hielt mich um den Hals, weinend ... Viel Tränen, Leid und Todesgrauen! ... Nun galt es sofort zu veranlassen, daß Stroh herbei kam und in den Chor der Kirche gelegt wurde, um die vielen Toten darauf zu

betten ... Ich war vor allem in der Kirche, wo nun die geborgenen Toten auf Stroh gelegt wurden. Ein Bild des Elends und des Jammers! Manche waren in der Tat nicht wiederzuerkennen. Oder es stand nur ein Eimer da mit den letzten aufgefundenen sterblichen Überresten. Immer wieder sollte ich ein tröstliches, gutes Wort sagen, und ich war selber so arm und verwundet! Wem blutete da nicht das Herz?"

Man beklagte 51 Tote und fünf Vermißte. 209 Personen wurden obdachlos. Viele Verwundete mußten sofort in die Krankenhäuser und Lazarette der Umgebung gebracht werden, elf nach Böblingen und zehn nach Leonberg. Auch die materiellen Schäden waren erheblich: Total zerstört waren 129 Gebäude, davon 78 Wohnhäuser und solche mit Scheunen, schwer beschädigt waren 343 Gebäude, davon 188 Wohnhäuser und solche mit Scheunen, leicht beschädigt waren 252 Gebäude, davon 183 Wohnhäuser, teils mit Scheunen.

Als dann am 13. September 1944 die vielen Opfer beerdigt werden sollten, mußte die Trauerfeier wegen Alarm und starker Fliegertätigkeit um eine Stunde verschoben werden. „Man hört deutlich das Heulen und die darauffolgenden Detonationen der Bomben ... Jedermann glaubt, daß es wiederum Magstadt gilt ... Bald darauf ist Entwarnung und sofort spricht sich herum, daß der Angriff dem Daimler-Werk in Sindelfingen gegolten hat, das bis zu 90 Prozent vernichtet sei!"

Es war für die Fliegergeschädigten sehr schwer, die erforderlichen Baumaterialien zur notdürftigen Instandsetzung ihrer Gebäude zu bekommen. Auch Handwerker fehlten, die immer irgendwo im Einsatz oder dienstverpflichtet waren. So mußten die Arbeiten von den Geschädig-

ten selbst vorgenommen werden. Da ein Wiederaufbau bei Totalschäden und bei schweren
Schäden gewöhnlich nicht erfolgen durfte, entstanden nun auch Behelfsheime und Notunter-
künfte.

Dabei wurden die Fliegeralarme häufiger, und
am 24. März 1945 kam es zu einem erneuten Angriff, den Pfarrer Tramer so erlebte: „Bereits
morgens um 6.30 Uhr war Voralarm. Hoch oben
flogen, immer kreisend, die Jäger und Jabos."
Trotzdem sollte eine auf acht Uhr früh angesetzte Beerdigung stattfinden. Es herrschte noch die
Sitte, mit dem Leichenzug vom Trauerhaus
durch die Gemeinde zum Friedhof zu ziehen. Der
Pfarrer „hatte ein besonderes Gefühl, eine Vor-
ahnung, als könnte etwas passieren. Aber trotzdem ging alles gut vonstatten. Wir kamen heil
auf dem Friedhof an. Aber kaum hatte ich mit
der Beerdigung angefangen, als die feindlichen

Einer der schwersten Luftangriffe auf Anlagen und Städte im Großraum Stuttgart erfolgte am Vormittag des 10. September 1944. Insgesamt hatten die Amerikaner 1145 viermotorige Langstreckenbomber eingesetzt. Schwerpunkte des Großangriffs waren Industriegebiete und Bahnanlagen um Stuttgart und Sindelfingen; auch Magstadt war schwer betroffen. Hier starben 56 Menschen im Bombenhagel, 129 Gebäude waren total zerstört, 343 schwer beschädigt. Die beiden Fotos wurden in der Mäuerlestraße/Brühlstraße aufgenommen.

Jagdflugzeuge, mit [einem] Höllenlärm und aus
allen Bordwaffen feuernd, zum Tiefflug ansetzten. Ich konnte nur eines tun, ‚Hinlegen' kom-
mandieren.

Die ersten Geschoßgarben gingen bereits auf
dem Friedhof nieder. Man konnte die Piloten in
den Maschinen sitzen sehen. Zum Glück galt der

Nördlich der Weilemer Straße war das Ortszentrum nur noch ein Trümmerhaufen. Hinten quer steht das völlig abgedeckte Gasthaus zum Ochsen. Die Angriffe auch auf Dörfer, in denen es nichts Kriegswichtiges zu zerstören gab, sollten die Bevölkerung demoralisieren und Wirtschaftskraft vernichten.

Angriff nicht uns, sondern einem auf der Strecke [von] Renningen nach Böblingen fahrenden Güterzug, der kurz vor Magstadt stand. Bei diesem Luftangriff auf den Zug, dem das Lokpersonal zum Opfer fiel, [wurde] auch ein Wohnhaus getroffen. Da der Dachstuhl in Brand geriet, sollten die Rettungsarbeiten sofort einsetzen. Die Leute wollten soeben auseinanderlaufen, als die Maschinen gerade zu einem neuen Angriff ansetzten, so daß alle nochmals in Deckung gehen mußten. Die Beerdigung mußte nachher mit den Angehörigen allein ganz kurz abgeschlossen werden, da die Gemeindeglieder zur Hilfeleistung wegeilten." Ergänzend zum Bericht Pfarrer Tramers sei bemerkt, daß damals durch den Fliegerangriff in drei Wohn- und Ökonomiegebäuden der Weilemer- und der Rotstraße ein Großfeuer ausbrach. Es gelang der Feuerwehr und den Selbstschutzkräften, der Brände in zweistündiger harter Arbeit Herr zu werden und die Wohngebäude teilweise zu erhalten und ein Übergreifen des Feuers auf angebaute Nachbargebäude zu verhindern.[54]

Einmarsch französischer Truppen

Die Front kam dem Dorf immer näher. Schon hörte man das Donnern der Geschütze. Doch die Partei und ihre Führung glaubten immer noch, es sei möglich, sich zu verteidigen.[55] Der „Volkssturm" [alte Männer und Jugendliche] wurde einberufen. Es gingen mancherlei Reden, die Einwohnerschaft müsse evakuiert werden. Und es sollten Panzersperren errichtet werden. Darüber herrschte große Aufregung in der Gemeinde. Was war zu tun? Als die Einberufungen zum Volkssturm kamen, gingen sie von Parteidienststellen und nicht von der Wehrmacht aus. Das gab manchem den Mut, ihnen nicht zu folgen. Doch die Befehle wiederholten sich. Nun stand der Kreisleiter über den Offizieren des Wehrmeldeamtes, und diese mußten sich fügen. Auch die jungen, 14 bis 16 jährigen Buben sollten jetzt noch in letzter Minute ihren Eltern genommen werden. Niemand brauchte diesen zu sagen wie sinnlos das Ganze war – Ausfluß der fanatischen Haltung verbohrter HJ-Führer. In ihrer Not gingen die Mütter zu Pfarrer Tramer, der ihnen den Rücken stärkte.

Die Magstadter dachten auch nicht daran, sich evakuieren zu lassen. Es war wiederum der Pfarrer, der sich standhaft weigerte, gerade in dieser schweren Zeit die Schwachen in der Gemeinde, die Alten und Kranken, zu verlassen. Der damalige Leiter der Gemeindeverwaltung, der stellvertretende Bürgermeister Baitemann, hatte volles Verständnis für diese Haltung der Einwohner und ihres Pfarrers. Doch konnte er in diesen letzten Kriegstagen, „wo die Kugeln sehr lose saßen", manches nicht verhindern. Befahlen doch noch immer die Parteigrößen und es herrschte eine Art Ausnahmezustand.

So versuchte man auch in Magstadt jetzt noch krampfhaft, den Feind aufzuhalten. In aller Eile wurden Panzersperren errichtet: beim Schafhaus, am Haus von Otto Mundinger in der Weilemer Straße, bei Waldmeister Kress in der Alten Stuttgarter Straße, oben in der Maichinger Straße und beim Anwesen der Familie Gommel in der Bahnhofstraße. Da waren ganze Eichenstämme in den Boden gerammt worden. Jedermann wußte, was Panzersperren zu bedeuten hatten: Kampf, Tod und Zerstörung für den Ort. Deshalb griffen alle zu, besonders Mädchen und Frauen machten sich ans Werk, um die Hindernisse wieder zu entfernen.

In der Weilemer Straße hätten es die Frauen nicht ohne Winden und die Hilfe von Männern geschafft. Zu allem Unglück kam noch die Polizei. Da verschwand alles in Winkeln und Höfen, kroch nachher unter größtem Herzklopfen wieder hervor und schaffte es dann doch. In der Bahnhofstraße, der Maichinger Straße und der Alten Stuttgarter Straße lauerten viel zu viele

Aufpasser, so daß die Sperren stehen bleiben mußten. Schließlich verabredete man, am Sonntag, früh morgens um fünf Uhr, noch bei Nacht, mit ihrer Demolierung wieder zu beginnen. Als der Morgen graute, war schon alles getan, aber es wurde bekannt, wer sich beteiligt hatte. Alle Teilnehmerinnen und Teilnehmer waren bereits höheren Ortes gemeldet; so hätte es für sie noch schlimm ausgehen können, wenn der Feind nicht schneller gekommen wäre als erwartet. Die Panzersperren im Dorf waren zwar beseitigt, aber außerhalb zerstörten die deutschen Truppen die Verbindungen zwischen den einzelnen Orten, so gut sie es vermochten, um den Vormarsch des Gegners aufzuhalten. Sie sprengten die Brücke der Autobahn, die von Stuttgart über das Frauenkreuz nach Warmbronn führte und machten die Straße von Magstadt nach Renningen nahe der Talmühle unpassierbar. Später unterbrachen sie auch noch die Bahnverbindung von Renningen über Magstadt nach Böblingen, indem sie die Eisenbahnbrücke auf Maichinger Markung und die Kreuzung am Gatter beim Vaihinger Weg sprengten.

Aber der Kriegsschauplatz näherte sich unaufhaltsam. So kam ein Hauptverbandsplatz nach Magstadt; er wurde im HJ-Heim untergebracht. Sanitätskraftwagen jagten hin und her und brachten Verwundete. Die Magstadter erlebten hier wieder den ganzen Ernst des Krieges.

Am Freitag, 20. April, überstürzten sich die Ereignisse. Der Hauptverbandsplatz wurde fluchtartig verlassen, der Feind kam näher, um den Kessel bei Stuttgart zu schließen. Da die Verbindung über Warmbronn durch die Sprengung unterbrochen war, versuchte alles in Richtung Vaihingen zu entkommen. „Es war", so berichtet

Pfarrer Tramer, „ein Bild des Jammers, wenn man die eigenen Truppen so auf der Flucht sehen mußte, gehetzt und getrieben. Mensch und Tier konnten kaum noch! Schnell wurde im Backhaus ein Stück Kuchen oder Brot in Empfang genommen, ein Schluck Wasser am Brunnen, an der Kirche im Vorbeilaufen getrunken."

Mittags, etwa um 15.30 Uhr, setzte Artilleriebeschuß aus Richtung Weil der Stadt und Schafhausen ein. Die Franzosen schossen zum Teil mit Phosphorgranaten auf den Ort. Die Anwesen Gottlob Schneider in der Brühlstraße und Hartenbauer am Friedhof wurden zur gleichen Zeit in Brand gesetzt. So war es schwer, die Feuerwehr zu bekommen, zumal nun auch Werkstatt, Wohnhaus und Holzlager der Schreinerei K. Stähle in der Schafhauser Straße zu brennen begannen. Schließlich gelang es, die erstgenannten Wohnhäuser zu retten. Bei Stähle aber erhielt das Feuer reichlich Nahrung, und da die Dunkelheit hereinbrach und der Feind einmarschierte, wurden die Löscharbeiten eingestellt und alles brannte nieder.

Gegen 18 Uhr fuhren französische Panzer in den Ort. Ihnen folgten französische und marokkanische Truppen. Es handelte sich um die Vorhut der dritten algerischen Infanteriedivision, nämlich das über Schafhausen vorrückende vierte marokkanische Regiment, wozu wahrscheinlich noch Mannschaften des 152. Infanterieregiments und Panzer der fünften Panzerdivision kamen. Schon beim Einmarsch kam Christian Schöck in der Maichinger Straße ums Leben; er hatte aus dem Fenster geschaut und wurde dabei von einer Kugel getroffen. Noch verhängnisvoller war, daß die Marokkaner offenbar vorher in der Schnapsbrennerei Schafhausen größere Mengen Schnaps getrunken hatten. Sie benahmen sich „teils schlimmer als die Tiere" und ließen sich, so Pfarrer Tramer, zu gewaltsamen Ausschreitungen gegen die weibliche Bevölkerung hinreißen. In dem verhältnismäßig kleinen Ort wurden ungefähr 260 Vergewaltigungen ärztlich festgestellt, wobei alle Altersgruppen, von der Konfirmandin bis zur ältesten Frau, betroffen waren. So gehört diese Nacht, zusammen mit den Luftangriffen, wohl zum Furchtbarsten, das die Gemeinde je hat erdulden müssen.

Viele begehrten Einlaß im Pfarrhaus und suchten im Keller Zuflucht. Es traf sich gut, daß Pfarrer Tramer bereits vorher einem Holländer, der als Fremdarbeiter aus einem Leonberger Krankenhaus entlassen worden war, „Asyl" im Pfarrkeller gewährt hatte. Er war ebenso auf der Flucht vor den deutschen Behörden gewesen, wie einige französische Zivilarbeiter, die noch in letzter Minute abtransportiert werden sollten. Sie hatten auf der Suche nach einem Versteck mit dem Pfarrer Verbindung aufgenommen und von ihm Rat und Beistand bekommen. Beides gab ihm jetzt die Möglichkeit, gegen Auswüchse und ungerechte Handlungen aufzutreten.

Doch selbst er konnte es mit dem Einsatz seiner ganzen Persönlichkeit nicht verhindern, daß die, welche Schutz bei ihm gesucht hatten, das Furchtbare erleben mußten. Er selbst war durch seine Haltung „in äußerster Gefahr, im Amtszimmer erstochen zu werden". Ebenso ging es überall, wo Männer sich zur Wehr setzten, „hart am Tode vorbei".

Der Geistliche glaubte freilich auch „greifbare Gotteshilfe erfahren [zu] dürfen", denn schließlich erreichte er durch seinen Protest beim französischen Colonel, daß dieser in der kommenden

Jedes Jahr am Totensonntag hält der VdK Magstadt am Ehrenmal auf dem Friedhof eine Gedenkfeier für die Kriegsopfer ab.

Nacht Frauen und Mädchen im Bunker bewachen ließ. Auch viele ehemalige französische Kriegsgefangene stellten sich jetzt schützend vor ihre Wirtsleute, wodurch Schlimmes verhütet werden konnte.

In der verhängnisvollen Nacht vom 20. auf 21. April 1945 brannten noch gegen Morgen die große Mälzerei und die danebenstehenden Häuser von Heinz Schroth und Gottlob Hering aus. Niemand hatte sein Heim verlassen können, um zu löschen. Die Ursache des Brandes konnte nicht geklärt werden.[56]

So hatte in Magstadt der Krieg sich noch einmal von seiner fürchterlichsten Seite gezeigt, bevor er und mit ihm das „Tausendjährige Reich" in dieser Nacht zu Ende gingen.

Die Entwicklung seit 1945

Der Wiederaufbau

Die Stunde Null

Am 22. April 1945 waren für Magstadt die Kampfhandlungen vorüber. Aber es sollte im Reich noch bis zum 7. beziehungsweise 9. Mai dauern, bis die Kapitulationsurkunden von den Befehlshabern der deutschen Wehrmacht unterzeichnet wurden. Das „Dritte Reich" war untergegangen. War dies die Stunde eines Neubeginns?

Der Krieg ließ ein allerorten blutendes, ausgeplündertes, verwüstetes und zerstörtes Land zurück. Auch in Magstadt lastete, wohin man blickte, drückende Not. 124 Bürger waren gefallen oder in der Heimat umgekommen, 46 weitere blieben vermißt. Zum Schmerz der Angehörigen gesellte sich oft die quälende Ungewissheit vieler über das Schicksal der vermißten oder noch in Kriegsgefangenschaft befindlichen Kinder, Brüder, Schwestern oder Eltern, von denen oft jahrelang keine Nachricht kam.

Zur psychischen Belastung kam die materielle: Es fehlte an allem, besonders an Lebensmitteln, Kleidung und Heizmaterial, aber auch am Notwendigsten, um den zerstörten Wohnraum wenigstens notdürftig bewohnbar zu machen.

Diese bereits sehr schwierige Situation wurde noch dadurch erschwert, daß man jetzt nicht daran gehen konnte, um aus dem Vorhandenen das Beste zu machen, denn die französische Besatzungsmacht bestimmte das Geschehen. Eine wichtige Rolle in dieser Zeit spielte wieder Pfarrer Tramer für Magstadt; der Seelsorger wurde „in jeder Weise zum Dolmetscher für die Gemeinde".[1] Das zeigte sich bereits direkt nach dem Einmarsch. Das erste, was zu geschehen hatte, war, daß die gefallenen Soldaten und alle anderen Opfer, die bei der Besetzung ums Leben gekommen waren, beerdigt werden mußten. Aber in der allgemeinen Unordnung glaubten die Fremdarbeiter ihre Stunde gekommen, um sich an den Deutschen, die sie verschleppt hatten, zu rächen. Die Russen brachen noch vor der Beerdigung der Gefallenen in die Schneiderwerkstätte Renner ein, um Stoffe und Kleider an sich zu nehmen. Pfarrer Tramer, der sie kannte, wurde zu Hilfe gerufen, um zu vermitteln. Mehr unbewußt als absichtlich drang er nun, zur Belustigung der herumstehenden Franzosen französisch schimpfend bei Renner ein und überrumpelte damit die Russen. Ob sein Französisch richtig war oder falsch, wußte er selbst nicht; auf alle Fälle glaubten die Russen nichts anderes, als daß ein französischer Offizier gekommen sei, sie ließen die Sachen fallen und hörten auf zu plündern. Erst als sie merkten, daß „dieser schreiende und französisch schimpfende Mann kein französischer Offizier war, sondern der Pfarrer", kam eine „ganz heikle Situation". Doch der Geistliche wählte weiter den Angriff als beste Verteidigung: Er griff sich aus den Plünderern ein Ehepaar, das er besonders gut kannte, heraus und sagte ihm „ganz gehörig die Meinung".[2] Wie durch ein Wunder fügten sich alle. Als Tramer eine halbe Stunde später im Talar zur Beerdigung ging, standen sie auf der anderen Straßenseite vor dem Haus des Schmieds Vögele und stießen sich mit den Ellenbogen an. Der Pfarrer fühlte sich herausgefordert, sein Handeln zu verteidigen. Wiederum ging er auf sie zu und bat sie, sie möchten doch Vernunft annehmen, zumal sie es doch bisher so gut gehabt hätten! Zudem hatten manche von ihnen noch im vorigen Jahr mitgeholfen, die Kirche notdürftig umzudecken. Damit war diese Angelegenheit zu einem guten Ende gebracht.

Jetzt mußte der schwere Gang auf den Friedhof getan werden, um die Gefallenen zu beerdigen. Es waren dies neben den Magstadter Bürgern Ruth Eberle und Christian Schöck noch die Soldaten Unteroffizier Georg Kirsch, Grenadier Rudolf Lang, Grenadier Robert Kunkele und Oberfeuerwerker Spiller, dazu vier unbekannte Soldaten im Alter von 36 bis 40 Jahren, die man außerhalb des Ortes gefunden hatte.

Doch das Leben mußte weitergehen. Die kirchliche genauso wie die kommunale Verwaltung mußten neu geordnet werden. Auf dem Rathaus war niemand. Die Besatzer hatten erst mal allen seitherigen Kräften den Zutritt verwehrt und es hatte keine ordnungsgemäße, wohlvorbereitete Übergabe stattfinden können. Ja, den Ortspolizisten Blinkle hatten die Franzosen sofort gegen alles Recht verhaftet. Zunächst war nur der französische Kampfkommandant auf dem Rathaus und gab seine Befehle. Eine Frau, die während des „Dritten Reiches" gute Beziehungen zu den Fremdarbeitern gehabt hatte, machte sich zu seiner Sekretärin. Diese Frau, die nur zu ihrem eigenen Vorteil arbeitete, richtete mehr Schaden an als sie nutzte. So lieferte sie zum Beispiel deutsche Soldaten, die sich gerade im Urlaub befanden oder schon entlassen waren, an die Franzosen aus. Andere Personen, die die Geschicke der Gemeinde hätten in die Hand nehmen können, waren nicht da. Bürgermeister

Stumpf war schon lange als Soldat bei der Wehrmacht. Der stellvertretende Bürgermeister Baitemann hatte selbst für Landwirtschaft und seine Familie zu sorgen, so daß er sich nicht mit ganzer Kraft für die Gemeinde einsetzen konnte. Da war es ein Glück, daß Pfarrer Tramer kurzfristig einsprang und half, die Verbindung zur Besatzungsmacht herzustellen.

Die ersten Maßnahmen, die von dieser Seite ergriffen wurden, unterschieden sich nicht von denjenigen in anderen Ortschaften: Die Einwohnerschaft mußte Waffen, Radiogeräte und Fotoapparate, Fahrräder und anderes abliefern. Hierzu kamen aber auch ständige Übergriffe und Requisitionen der Besatzungtruppen. So liefen häufig Marokkaner mit offenem Licht, meist Kerzen, über das Gebälk der Scheunen und suchten nach Frauen und Mädchen, die sich versteckt hatten. Sie zündeten in den Scheunen ihr Lagerfeuer an, und es ist ein Wunder, daß dabei nichts passierte. Die gequälten Menschen kamen zum Pfarrer, um sich auszusprechen und auszuweinen, wenn sie mißhandelt worden waren. Er leistete überall Beistand und er tat, was er konnte.

Die Franzosen entwendeten auch Groß- und Kleinvieh. Auch hier setzte sich der Pfarrer ein und stand Wache vor den Viehställen seiner Pfarrkinder. Einmal war er gerade in die Weilemer Straße geholt worden, weil man dort Schafe und sonstiges Vieh wegholen wollte. Da wurde er gebeten, sofort aufs Rathaus zu kommen. Dort standen der stellvertretende Bürgermeister Baitemann und Amtsbote Baither mit zwei Franzosen, die mit einem Auto von Stuttgart gekommen waren und Schafe, Hühner und dergleichen wollten. Der Pfarrer verlangte Papiere von ihnen, um sich zu legitimieren, was sie aber nicht konnten. Als er ihnen darauf vorhielt, daß es streng verboten sei, ohne „Certifikat" der Militärregierung zu requirieren, und man ihnen ohne eine solche Bescheinigung nichts geben werde, wurden sie sehr zornig. Sie fuhren mit der Bemerkung davon, sie würden morgen, am Sonntag, um zehn Uhr, wiederkommen, um einen ganzen Lastkraftwagen für Stuttgart mit Vieh zu laden. Sie kamen aber nie wieder. Trotzdem erhielt der Ortsschäfer einen Wink, seine Herde in Sicherheit zu bringen.

Es gab nur einen sicheren Raum im Ort: das Gemeindehaus. Da eine zwischen Kirche und Pfarrhaus niedergegangene Granate die Kirche beschädigt hatte, sorgte Pfarrer Tramer dafür, daß im Gemeindehaus der Gottesdienst abgehalten werden konnte, und bei der Ortskommandantur bewirkte er, daß dieses Gebäude einen besonderen Schutz erhielt. Ein Schild „Local reservé au culte religieux" hinderte die Besatzungstruppen am Betreten.

Ein Lichtblick in der doch trostlosen Lage war ein französischer Offizier, M. Farrat, evangelischer Geistlicher aus Paris, der der Gemeinde als stellvertretender Kommandant in Renningen „manchen Dienst tat, ohne daß es jemand erfuhr".[3] Pfarrer Tramer konnte sich mit ihm in einer Zeit, „als jeden Tag, oft mehrmals die Autos vorfuhren, um Butter, Eier und alles Mögliche zu requirieren", besprechen und Hilfe erhalten. So auch, als für das Lager in Renningen 2 000 Eier, 30 Kilogramm Butter, einige Zentner Weizen und sonst noch mehr abgegeben werden sollte. Die Gemeindeverwaltung brachte die Eier auf, und viele gaben ihr letztes her. Doch der Pfarrer verhandelte inzwischen und drückte die Ablie-

ferungsquote stark herab, so stark, daß man mit dem Rest noch lange haushalten konnte. Die Butter wurde ganz erlassen, und die bereits abtransportierte Frucht konnte wieder ausfindig gemacht und nach Magstadt zurückgebracht werden.

Im Juli 1945 lösten die Amerikaner die Franzosen in der Besetzung des Landes ab. Am 7. Juli 1945 bekam Magstadt eine amerikanische Besatzung in Höhe von ungefähr 100 Mann, die den Ort jedoch bald wieder räumte.[4]

Auch auf dem Rathaus gingen die Geschäfte wieder auf die deutsche Gemeindeverwaltung über. Noch 1945 übernahm der langjährige Bürgermeister der Nachbargemeinde Maichingen, Robert Burkhardt, die Amtsgeschäfte für Bürgermeister Stumpf, der sich in Kriegsgefangenschaft befand.

Schwieriger Neubeginn

Die Amerikaner begannen nun die bei der Potsdamer Konferenz der Siegermächte gefaßten Beschlüsse in ihrer Besatzungszone umzusetzen. Hierzu gehörte unter anderem die „Entnazifizierung". Die Durchführung dieser Maßnahme war aber äußerst schwierig und problematisch, was folgende Tatsache belegen kann: Die „Spruchkammern", die man zur Überprüfung der politischen Vergangenheit aller Deutschen eingesetzt hatte, wurden durch Ausschüsse aus Vertretern der politischen Parteien zur Klärung der einzelnen Fälle unterstützt. Dabei bemängelte die Böblinger Kammer im April 1947, daß die Vertreter der bürgerlichen Parteien des Magstadter Ausschusses täglich wechselten.[5] Die Sache

*Die 1939 eingeführte Warenbe-
wirtschaftung konnte erst
1950 nach und nach aufgehoben
werden. Die schlimmste Zeit
war der Mangel in den Jahren
1945 bis 1947, besonders der
harte Winter 46/47.*

wurde daher bald nur noch schematisch durchgeführt, die Frage, inwieweit jemand schuldig
geworden war, ließ sich oft ohnehin kaum mehr
klären. Ein weiterer Aspekt, der die Entnazifizierung erschwerte, war der, daß man Fachleute,
die auch häufig nur der Form halber Parteimit-
glied gewesen waren, zur Bewältigung der an-
stehenden Aufgaben dringend benötigte.

Eine weitere Maßnahme war das Entmilitarisie-
rungsprogramm. In diesem Rahmen wurden
1945 und 1946 die noch vorhandenen militärischen Anlagen und Einrichtungen auf Magstadter Markung beseitigt. Man schleppte die zerstörten Geschütze und Panzerwagen ab. Die
Bunker, ja sogar der Schießstand am Gollenberg
wurden abgebaut, die Reste der Panzersperren
entfernt und die Splittergräben eingeebnet.[6]

Keine Änderung gab es aber zunächst, was die
Versorgung mit Lebensmitteln betraf. Die im
Krieg eingeführte Zwangswirtschaft bestand
nach wie vor. Auch die Wohnungssituation war
denkbar schlecht. Gerade in Magstadt waren ja
durch Fliegerangriffe und sonstige Kampfhandlungen viele Häuser, aber auch Betriebe zerstört
worden. Erschwerend kam hinzu, daß sich in
Magstadt auch evakuierte Personen befanden.
So waren noch im Februar 1946 Bürger aus dem
schwer beschädigten Pforzheim in Magstadt.
Nahezu dramatisch entwickelten sich die Zustände, als Flüchtlinge und Heimatvertriebene
in die westlichen Besatzungszonen strömten. Es
ist für einen, der die damaligen Verhältnisse
nicht selbst erlebt hat, geradezu unfaßlich, daß
in dieser Notlage und bei noch nicht einmal
3 000 Einwohnern zusätzlich fast 1 100 Heimatvertriebene nach Magstadt einströmten, die untergebracht werden mußten. Denn einerseits wa-

ren die Wohnungen ohnehin knapp, andererseits
waren die noch vorhandenen Magstadter Bauernhäuser für die Aufnahme fremder Familien
sehr ungünstig gebaut: Es ließen sich in ihnen
keine geschlossenen Räume frei machen. So
mußte man Zuflucht zu Massen- und Notquar-
tieren nehmen. Unter anderem wurden zwei Lokale im alten Schulhaus beschlagnahmt, und es
entstanden Barackenwohnungen – die Bahnhof-
und die Schoenenbergerbaracke –, die noch lange einen Schatten auf die sozialen Verhältnisse
warfen und erst 1954 verschwanden.

Um die Belastung zu verdeutlichen, seien einige
Zahlen genannt: Bis 1969 mußten insgesamt
1 831 Flüchtlinge und Vertriebene in Magstadt
aufgenommen werden. Davon stammten aus der
Tschechoslowakei 1 019, aus Ungarn 264, aus
den ehemaligen deutschen Ostgebieten 254, aus
Jugoslawien 220, aus Rumänien 54, aus Polen 14
und aus der UdSSR 6.

Mit der Zahl der Neubürger stieg natürlich auch
die Zahl der Kinder in der Gemeinde. Von 1939
bis 1946 wuchs die Kinderzahl von 361 auf etwa
600 an. Da das alte Schulhaus aber als Wohnraum herangezogen worden war, hatte man jetzt

Befehl.

Laut Anordnung der Regierung der Republik Polen hat die gesamte deutsche Bevölkerung das polnische Staatsgebiet zu verlassen.

Vorgeschrieben ist das deutsche Gebiet über Görlitz an der Neiße. Der Weg geht über Frankenstein—Reichenbach—Schweidnitz—Striegau—Jauer—Goldberg—Löwenberg—Lauban—Görlitz.

Bei Verlassen des polnischen Staatsgebietes dürfen nur 20 kg Gepäck mitgenommen werden.

Alle Personen, welche dieser Aufforderung nicht nachkommen, werden mit Gewalt entfernt.

Diejenigen Personen, die im Besitz einer Bescheinigung des Bevollmächtigten der polnischen Regierung sind, werden vom Verlassen des Gebietes befreit.

Bis zum 30. Juni 1945, mittags 12 Uhr muß der Befehl ausgeführt sein.

Glatz, den 29. Juni 1945.

Der Bevollmächtigte
der Polnischen Regierung
für den Bezirk XXIV
in Glatz

Die Kommandantur
des Polnischen Heeres
in Glatz

Rücksichtslos vertrieb die polnische Regierung nach dem Krieg die deutsche Bevölkerung aus Schlesien. Von heute auf morgen mußte sie Haus und Hof verlassen. Ähnlich erging es den Deutschen in der Tschechoslowakei, in Ungarn und anderen Gebieten. Die Einbürgerung im Westen stellte die Behörden und die Menschen vor schier unlösbare Probleme (siehe Text Seite 199).

weder genügend Lehrer noch genug Raum für einen sinnvollen Unterricht. So unterichteten beispielsweise 1946 sechs Lehrer etwa 600 Schüler. Da war nur Abteilungsunterricht möglich.

Dabei mangelte es an allem: an Kleidungsstücken und an Nahrungsmitteln. Glücklicherweise half die in den Jahren 1947 bis 1950 von den USA gestiftete „Hoover-Speisung" für Schulkinder den Familien in ihrer Not.

Allmählich besserte sich auch die räumliche Ausstattung der Schule. 1948 stellte die Kinderschule der Volksschule ihr Lokal im alten Schulhaus zur Verfügung, und man konnte dort eine neue Klasse unterbringen.[7]

Zur Linderung der Not entstanden Vereine, die sich für ihre Mitglieder einsetzten. Dazu gehörten 1946 der Verein der Kriegsgeschädigten und der Bund vertriebener Deutscher. Auch ein „Ortsverein der Siedler und Kleingärtner" bildete sich, dessen hauptsächliches Ziel wohl darin bestand, Kleingärten bei der Festhalle anzulegen – ein Projekt, das von der allgemeinen wirtschaftlichen und politischen Entwicklung überholt wurde.[8]

Eine weitere Initiative kam von seiten der Kirche. Das Magstadter Pfarrhaus wurde Sitz der Bezirksstelle des Evangelischen Hilfswerkes und der Care-Abteilung im Kreis Böblingen. Pfarrer Tramer übernahm die ganze Bezirksarbeit in 14 Gemeinden. Flüchtlinge, Vertriebene, aber auch einheimische Notleidende suchten das neu eingerichtete Zentrum auf. Besonderen Erfolg hatten die Magstadter in der produktiven Flüchtlingsfürsorge, indem sie in einer Zeit, „wo es tatsächlich keine Bezugsscheine und keinen Meter Stoff gab",[9] die Handweberei einführten und aufbauten. In der kurzen Zeit vor der Währungsreform zahlte die Bezirksstelle 60 000 Reichsmark finanzielle Hilfen aus, darunter 4 500 Reichsmark an Fliegergeschädigte. Bedürftige erhielten mehr als 22 000 Kilogramm hochwertige Lebensmittel, Kranke, Unterernährte und Heimkehrer allein sieben Zentner Malzextrakt. Große Not konnte auch durch die Verteilung gespendeter Kleidungsstücke gelindert werden. Eine Diakonisse wurde angestellt, welche alle Bedürftigen an Ort und Stelle aufsuchen und so auch für die richtige Verteilung der Hilfsgüter sorgen konnte.

Nicht zuletzt war es der Bezirksstelle zu verdanken, daß das im Krieg beschädigte Magstadter Kirchendach noch während der Reichsmarkzeit umgedeckt werden konnte, in der kaum ein

Handwerker zu bekommen war. Das Hilfswerk stellte den Dachdeckern, die alle aus den Reihen der Vertriebenen und Flüchtlinge stammten, die nötige Arbeitskleidung zur Verfügung und half auch ihren Angehörigen, soweit dies nur irgend möglich war.

Der Flüchtlingsstrom brachte auch immer mehr Katholiken nach Magstadt, so daß dort bald eine katholische Seelsorgerstelle eingerichtet wurde. Bis zum Bau eines eigenen Gotteshauses aber benutzte die neue Gemeinde das evangelische Gemeindehaus für ihre Gottesdienste. Das gegenseitige Verhältnis war gut.[10]

Neben den Vereinen, die sich auf der Grundlage besonderer Interessen gebildet hatten, fand man sich auch wieder in den alten Vereinen zusammen, um gemeinsam zu musizieren, zu singen, Sport zu treiben und so weiter.

So sammelten sich zum Beispiel wie durch ein Wunder die Reste des Musikvereins bereits 1946. Die Instrumente wurden zusammengesucht, zum Teil buchstäblich aus dem Schutt gegraben. Meist waren sie nicht mehr gebrauchsfähig, so daß sie mit großen Kosten wieder repariert werden mußten. Man sammelte Naturalien, vor allem Eier, um die Reparaturen überhaupt bezahlen zu können.

Auch beim Gesangverein konnten einige Männer, die der Militärregierung tragbar erschienen, die Vereinstätigkeit wieder beleben und organisieren. Da man keine Mittel hatte Noten zu kaufen, mußten die Noten an die Tafel geschrieben werden.

Zu den Vereinen der ersten Stunde gehörte auch der Sportverein. Bereits am 9. Dezember versammelten sich alle Interessierten im Adlersaal zur Neugründung eines „Sport- und Kulturver-

eins Magstadt". Trotz dieses Namens setzte sich der neue Verein bald nur noch das Ziel, sämtliche Sportarten zu pflegen.

Auch die Kleintierzüchter gehörten aus naheliegenden Gründen zu den Vereinen, die rasch nach Kriegsende wiedererstanden.

So kehrte man trotz aller Entbehrungen wieder zum Alltag zurück, und es zeigt ein Stück Hoffnung, daß die Menschen wieder daran gingen sich ohne äußeren Zwang zusammenzufinden und in einer wirklichen Gemeinschaft ihr Leben zu gestalten.

Vorerst sollte sich die materielle Lage nicht bessern, bis zur Währungsreform 1948 war noch eine schwierige Zeit zu überwinden.

Die Währungsreform – eine Wende

Die zunehmende Konfrontation der Siegermächte führte dazu, daß sich die Westmächte daranmachten, die Entwicklung in ihren Zonen in die Hand zu nehmen und den Aufbau voranzutreiben. Sie schlossen die amerikanisch, britisch und französisch besetzten Zonen zu einem Wirtschaftsgebiet zusammen und schufen eine gemeinsame Verwaltung unter Ausschluß der sowjetisch besetzten Zone.

Die Währungsreform im Juni 1948, verbunden mit dem Marshallplan, einem amerikanischen finanziellen Unterstützungsprogramm, waren der Beginn des sogenannten deutschen Wirtschaftswunders. Zwar änderten sich die Zustände nicht von heute auf morgen, aber die Magstadter Gemeindeverwaltung, die seit 1948 von Bürgermeister Erich Bohlinger geleitet wurde, profitierte von der sich nun überall entwickelnden Kon-

ACHTUNG!
Währungsreform

Wie durch Rundfunk bekanntgegeben, erfolgt die Auszahlung eines Kopfbetrages am

Sonntag, den *20. Juni 1948*

in der Zeit von 8-12 Uhr ~~und 13-20 Uhr~~

durch endstehend aufgeführte Auszahlstellen.

Der Kopfbetrag im neuen Geld beträgt RM. *40* , d. h. für RM. *40,-* altes Geld können RM. *40,-* neues Geld einmalig umgetauscht werden.

Jeder Inhaber einer Lebensmittelkarte ist zur Annahme eines Kopfbetrages berechtigt.

Von jedem Haushalt kann nur ein Haushaltangehöriges den Umtausch vornehmen. Der Umtauschbetrag ist möglichst in größeren Geldscheinen <u>abgezählt</u> bereitzuhalten.

Die Auszahlung erfolgt gegen Vorlage eines Ausweises (Kennkarte des Abholenden). Der Umtauschberechtigte hat den Empfang des Kopfbetrages in einer bei der Auszahlstelle aufliegenden Liste durch seine Unterschrift zu bestätigen.

Personen, die als vorübergehend abgemeldet geführt werden, erhalten den Kopfbetrag nur gegen Vorlage der Reise-Abmeldebescheinigung oder Abmeldebescheinigung G unter gleichzeitiger Vorlage der Kennkarte.

Personen, die lebensmittelkartenmäßig nicht gemeldet sind, werden von der Möglichkeit zum Bezuge des Kopfbetrages ausgeschlossen.

Die Geldinstitute haben am Umtauschtag Bereitschaftsdienst für evtl. Geldabhebung.

Oertliche Auszahlstellen:

Die Währungsreform am 20. Juni 1948 war für alle in der Bundesrepublik ein Neuanfang. Jeder Bürger, ob jung oder alt, bekam als erstes 40,– neue Deutsche Mark für 40,– alte Reichsmark und dann nochmals 20,– neue gegen 20,– alte Mark, bevor nach und nach eine Abwertung des alten Geldes auf zehn, teilweise auf 6,5 Prozent erfolgte. Schon am Tag nach der Auszahlung lag in den Geschäften fast wieder alles, was vorher nicht zu bekommen war.

ne Gemeinderäte beim Wiederaufbau und der Vergrößerung des Ortes mitwirken. Was auf diesem Gebiet geleistet wurde, sah man bereits zehn Jahre später, als die erste Gewerbeschau „Magstadt stellt aus" auf dem Festhallengelände stattfand.[11]

Im Vergleich dazu gab es 1958 unter 4 600 Einwohnern gerade noch vier Haupterwerbslandwirte.

Die Neubürger wurden zunehmend integriert und nahmen auch am Wiederaufbau teil, der ohne ihre Tüchtigkeit und ihren Fleiß wohl nicht in dem Maße möglich gewesen wäre. Von den zwischen 1946 und 1969 errichteten 593 Neubauten gehörten ihnen 168; von 170 neugegründeten Betrieben in Handwerk, Handel und Industrie hatten sie 24 gebaut beziehungsweise ins Leben gerufen.

---

junktur. Magstadt lag im Ausstrahlungsbereich der nahen industrie- und gewerbereichen Landeshauptstadt und des Industriezentrums Sindelfingen.

Daß die Landwirtschaft ihre führende und in den Kriegs- und Nachkriegsjahren bedeutende Rolle immer mehr einbüßte und daß sich die Lage stabilisierte zeigte sich daran, daß der „Ortsverein der Siedler und Kleingärtner" vom „Obstbauverein Magstadt" abgelöst wurde, dessen Gründung am 24. Februar 1949 war; seit 1967 heißt er „Obst- und Gartenbauverein".

Das Gewerbe begann sich wieder zu entwickeln. Am 6. November 1949 fanden sich 60 Selbständige zur Gründung eines „Gewerbe- und Handelsvereins" zusammen. Er wollte durch ortskundige, sachverständige und geschäftserfahre-

Die frühere „Kochschule" in der Hohberger Straße wird heute als Kindergarten genutzt.

Unten: Schon seit seiner Gründung 1927 ist das Pflanzensaftwerk Walther Schoenenberger in Magstadt ansässig.
(Siehe Text Seite 173).

Der Ort verändert sein Gesicht

Ausgedehnte Bautätigkeit

Mit dem wachsenden wirtschaftlichen Aufschwung war auch eine Erweiterung der öffentlichen Einrichtungen möglich geworden. 1951/ 52 erhielt Magstadt eine Turn- und Festhalle auf dem Gollenberg. Dazu kamen 1954/55 der Kindergarten im Gebäude Brunnenstraße 6.

Allmählich besserte sich auch die räumliche Ausstattung der Schule. 1951/52 wurden unter der Leitung von Architekt Paul Groß mit einem Gesamtaufwand von 64 210 DM in dem 1939 errichteten HJ-Heim auf dem Gollenberg durch einen Umbau fünf weitere Schulräume gewonnen; die Gollenbergschule konnte 1953 bezogen werden. Es gab jetzt zusammen 16 Räume für 457 Volksschüler und 55 ländlich-hauswirtschaftliche Berufsschüler. Die Vermehrung des Schulraums ermöglichte es auch, weitere Lehrstellen zu errichten. 1953 unterrichteten 13 Lehrkräfte die in 12 Klassen eingeteilten Schülerinnen und Schüler.

Weitere Verbesserungen der Schuleinrichtungen erfolgten gleichzeitig mit dem Bau der Gollenbergschule: so die Errichtung der Turn- und Festhalle 1951/52. Auch der Unterricht wurde reichhaltiger; das Angebot umfaßte jetzt neben fremdsprachlichen Kursen auch Werkunterricht.[12]

Die Feuerwehr, die 1946 wieder einen Neuanfang gemacht hatte, erfuhr ebenso wesentliche Verbesserungen. 1955 erhielt sie ein Kleinlöschfahrzeug. Ein weiterer wesentlicher Fortschritt war die Anlage eines Löschwasserbehälters im Jahr 1958/59.[13]

Nach der Zeit der Zerstörung war auch die private Bautätigkeit groß. Die tatkräftige Verwaltung ließ den stark in Mitleidenschaft gezogenen Ortskern freilegen und schuf so die Voraussetzungen für ein neues Ortszentrum östlich der Kirche. Es hatte die Form eines geräumigen Marktplatzes mit einer liebevoll gepflegten Grünanlage, um die sich Apotheke, Drogerie, Postamt, Volksbank und Einzelhandelsgeschäfte gruppieren. Durch neue Siedlungen in den Gewanden Steußler und Esslinger Weg wuchs Magstadt nach Osten.

Im Rahmen dieser Bautätigkeit wurde das alte Ortsgebiet mit der Anlage von Hauptsammlern in der Maichinger-, Weilemer-, Renninger Straße, Brühl-, Garten- bis Hutwiesenstraße kanalisiert. Bei der Talmühle fand 1961/62 eine mechanisch-biologische Sammelkläranlage ihren Platz. Die Wasserversorgung sicherten der

1951/52 wurde die Turn- und Festhalle an der Alten Stuttgarter Straße gebaut. Links das zur Schule umgebaute ehemalige HJ-Heim (siehe auch Foto auf Seite 184), im Hintergrund das Siedlungsgebiet Steußler.

Bau des Wasserhochbehälters Gollenberg im Jahr 1958 sowie der 1960 erfolgte Anschluß an die Bodenseewasserversorgung.

Auch im kirchlichen Bereich gab es bauliche Veränderungen. Da Magstadt 1950 nicht weniger als 1 033 katholische Mitbügerinnen und Mitbürger hatte, konnte der Bau eines Gotteshauses nicht länger aufgeschoben werden. Pfarrer Nikolaus Richter, seit 1949 Kurat in Magstadt, bemühte sich unter großen Schwierigkeiten um einen Bauplatz. Die von der Gemeinde angebotenen Plätze am Gollenberg beziehungsweise dem Auffüllplatz bei der Bahnhofstraße reichten für den angestrebten Zweck nicht aus. Endlich wurde im Gewann Steußler ein geeignetes Grundstück angeboten, und das bischöfliche Ordinariat erwarb im Dezember 1950 den auf einer Anhöhe zwischen Alt-Magstadt und einem neu geplanten Siedlungsgebiet schön gelegenen Baugrund. In der zweiten Woche im Mai 1952 erfolgte der erste Spatenstich; bereits am 21. November 1952 konnte das Richtfest gefeiert werden. An dem rasch vorangetriebenen Bau wirk-

ten Magstadter Firmen maßgeblich mit. Der so unter allgemeiner Anteilnahme, nicht nur der katholischen Bevölkerung, entstandene Kirchenbau wurde tatkräftig unterstützt durch Sach- und Geldspenden der evangelischen Kirchengemeinde sowie zahlreicher Magstadter Geschäfte und Firmen. Die bürgerliche Gemeinde stiftete das Holz für den Dachstuhl und den Bau einer Zufahrtsstraße. Nicht zuletzt nahmen Mitglieder der Kirchengemeinde selbst durch Spenden und freiwillige Arbeitsstunden große Mühen auf sich, um in ihrer neuen Heimat wieder einen religiösen Mittelpunkt zu schaffen. Am 19. und 20. September 1953 konnte Bischof Dr. Carl-Joseph Leiprecht die neue Kirche auf den Namen „Zur Heiligen Familie" weihen.[14]

Auch das Vereinsleben der Kirchen entfaltete sich aufs neue. Hierzu gehörten in der evangelischen Kirche die Jugendorganisationen, und die alten Einrichtungen der Inneren und Äußeren Mission verbanden sich mit den jetzt gebildeten Freundeskreisen. Auch die pietistischen Gemeinschaften bestanden weiter.[15] Der Krankenpflegeverein bekam kräftigen Zuspruch; er entwuchs jedoch mehr und mehr dem engeren konfessionell-kirchlichen Bereich und nahm zunehmend überkonfessionell-weltliche Züge an.[16] Die Mitgliederentwicklung war positiv; nach einem vorübergehenden Rückgang stieg die Mitgliederzahl von 456 (1953) auf 550 (1956). Eventuell auftretende Defizite im Haushalt deckte die Gemeinde.[17]

Auch in der katholischen Kirche gab es eine Vielzahl von Gruppen und Vereinen, wobei man die 1956 gegründete Kolpingfamilie hervorheben kann, die im Sinne Adolf Kolpings wirkt. Sie widmet sich besonders der Erwachsenenbil-

Am 20. September 1953 wurde die neue katholische Kirche „Zur Heiligen Familie" durch den Rottenburger Bischof Carl Joseph Leiprecht geweiht.

dung, pflegt die Freundschaft unter den Mitglieder und ist aktiv an der Arbeit der Kirchengemeinde beteiligt.

Aber es gab nicht nur eine weitere Konfession in Magstadt, die Vielfalt war hier weit größer geworden. Um 1954 gab es noch eine methodistische und eine neuapostolische Gemeinde, einige Adventisten sowie Anhänger der Christengemeinschaft beziehungsweise Anthroposophie.[18] In dieser Zeit, in der sich die Verhältnisse besserten, hatte man auch mehr Möglichkeiten, sich um Freizeit zu kümmern; so gab es zum Beispiel neben den bestehenden Vereinen ab 1955 eine Flugsportgruppe. Seit 1949 koordinierte eine Arbeitsgemeinschaft das örtliche Vereinsleben und sorgte auch der Gemeinde gegenüber für die

Kruzifix und Tabernakel (Die Hochzeit zu Kanaan) in der katholischen Kirche hat 1953 der bekannte Stuttgarter Künstler Otto H. Hajek geschaffen.

Durchsetzung gemeinsamer Ziele. Die Gemeindeverwaltung nahm ihre alte Förderpolitik wieder auf. Sie unterstützte jetzt nicht mehr besonders die kulturellen, sondern auch die sporttreibenden Vereine. Ja, bald rückte der Sport ganz an die Spitze des örtlichen Interesses.

Beschleunigter Wandel seit den sechziger Jahren

Wenn die Gemeinde in den fünfziger Jahren zusehends ihr Gesicht verändert hatte, bewirkte der Bevölkerungszuwachs nun einen weiteren Wandel. Es erfolgten Ortserweiterungen nördlich und östlich des Friedhofsgeländes in den Gewannen Käpelle, Seele, Stützweg und Hanfländer ins Hölzertal hinein. Ihnen folgte am nordwestlichen Ortsausgang das Gewann „Mühlbergle".[19]

Doch nicht nur die Lebenden brauchten zunehmend Raum, auch die Toten beanspruchten ihren Platz. Der Friedhof mußte mehrfach nach Norden und Osten erweitert werden, 1967/68 wurde ein Leichenhaus mit Aussegnungshalle gebaut.[20]

Die Verwaltung ließ nahezu alle Ortsstraßen ausbauen und im Rahmen des „Grünen Planes" Feldwege herstellen, um eine moderne Landwirtschaft zu förden. Besonders bemerkenswert waren der Ausbau der Ortsdurchfahrt im Zuge der Maichinger und der Neuen Stuttgarter Straße in den Jahren 1963/64, sowie der Ausbau der Hölzertalstraße in Richtung Stuttgart, der L 1185 von Magstadt nach Maichingen beziehungsweise von Magstadt nach Renningen und der K 1005 von Magstadt zum Gatter. So konnte es die Gemeinde hinnehmen, daß die Bundes-

bahn den Personenverkehr auf der Nebenlinie von Sindelfingen nach Renningen einstellte.

Die Versorgungseinrichtungen wurden weiter ausgebaut; 1974 mußte die Kläranlage vergrößert werden.

Die Ausrüstung der Feuerwehr wurde den Erfordernissen angepaßt. Der Gerätepark vergrößerte sich 1968 um ein Tanklöschfahrzeug und 1976 um ein Löschgruppenfahrzeug. Das bedeutete, daß das 1964/65 gebaute Feuerwehrgerätehaus erweitert werden mußte. Bei diesen Arbeiten, die 1972/73 vorgenommen wurden, errichtete man den Bauhof gleich mit. In das Feuerwehrgerätehaus wurde 1974 eine feste Funkstation installiert.[21]

Seit 1959 stiegen auch die Schülerzahlen immer schneller, und die Unterbringung der Schülerinnen und Schüler im vorhandenen Schulraum wurde immer problematischer. Die vorhandenen vier Schulgebäude, altes Schulhaus, neues Schulhaus, Hauswirtschaftsschule und Gollenbergschule, genügten auch in anderer Hinsicht den modernen Erfordernissen nicht mehr.

Als Ausweg bot sich die Erstellung eines neuen Volksschulgebäudes an. Bereits 1955 hatte der Gemeinderat vorsorglich beschlossen, das rund 32 Hektar große Gebiet zwischen der Alten Stuttgarter Straße, Jahnstraße, Schillerstraße und Marienstraße als Baugelände für eine neue

In der 1964/65 gebauten Johannes-Kepler-Grund- und Hauptschule werden heute etwa 650 Kinder unterrichtet. Sie zählt zu den Schulen mit dem höchsten Anteil ausländischer Kinder im Land.

Volksschule, eine zweite Turnhalle mit Kleinschwimmhalle sowie den zweiten Kindergarten auszuweisen und die hier liegenden Grundstüke nach und nach aufzukaufen.

Am 9. September 1963 begannen die Bauarbeiten am ersten Bauabschnitt der Johannes-Kepler-Volksschule. Bereits am 5. Juni 1964 konnte das Richtfest gefeiert werden, dem am 10. September 1965 die feierliche Einweihung folgte. Die vier fertigen Baukörper liegen als Mittelpunkt der geplanten Gesamtanlage auf einem Höhenrücken, wo sie sich geschickt zwischen die in der Nachbarschaft stehenden Gebäude der Festhalle und der katholischen Kirche einfügen. Im quadratischen Hauptbau gruppieren sich um eine geräumige Halle im Erdgeschoß sämtliche Räume für die Verwaltung. Im ersten Obergeschoß liegen die Fachräume. Im Untergeschoß befinden sich die Heizungsanlage sowie auch eine gut belichtete Schulküche und die Hauswirtschaftsklasse. Zwei zweigeschossige, langgestreckte Baukörper beherbergen sechzehn Normalklassen. Für die außerschulischen Zwecken

dienenden Räumlichkeiten hatte man einen weiteren und letzten Bauteil errichtet.
Überdachte Gänge verbinden die einzeln liegenden Bauten zu einem Ganzen.
Schon 1974/75 mußte der Schulkomplex erweitert werden. Er entwickelte sich jetzt durch die Einrichtung einer Ortsbücherei und Mediothek immer mehr zu einem örtlichen kulturellen Mittelpunkt.[22]
Mit über 800 Schülern und 40 Lehrern zählte die Johannes-Kepler-Schule in den achtziger Jahren zu den großen Grund- und Hauptschulen im Landkreis mit zeitweise dem höchsten Anteil von Ausländerkindern in Baden-Württemberg. Überall war ein Wandel vollzogen worden, nur die Gemeindeverwaltung amtierte noch immer in dem schon 1607 gebauten und seither lediglich durch den Einbau neuer Räume modernisierten Rathaus. Erst 1988 wurde das benachbarte ehemalige Kaufmann Schmidtsche Haus am Markt, das sogenannte „Alte Rathaus", zu einem weiteren Mittelpunkt von Kultur und Verwaltung der Gemeinde.[23]

Zunehmende Industriealisierung bedingt neue Lebensformen

Grundlage dieser Entwicklungen war ein wirtschaftliches Wachstum, das in vergangenen Zeiten unvorstellbar war. Nicht nur in den industriellen Zentren der näheren und weiteren Umgebung fanden die Menschen Arbeit, sondern auch in Magstadt selbst. Zwar liefen in der örtlichen Industrie alte Fabrikationszweige aus

und neue wurden eingeführt, aber es waren viele Bereiche vertreten, so daß die Struktur sehr ausgewogen war. Für notwendig werdende Erweiterungen schufen die Erschließungen der Gewerbe- und Industriegebiete ostwärts der Bahnhofstraße und Neue Stuttgarter Straße Süd die nötigen Voraussetzungen. Ein weiteres Gebiet liegt in den Hühneräckern.
Zwar gab es in Magstadt keine großen Textilbetriebe und keine Brauereien mehr, auch die Malzfabrik Flik hatte ihre Tätigkeit eingestellt. Dagegen konnten die alteingesessenen Firmen Karl Beisser (Metallwebefabrik) und Walter Schoenenberger (Pflanzensaftwerk) kräftig expandieren. Auch neuere Unternehmen mit höherer Beschäftigungszahl siedelten sich an, Betriebe für Automatenbau, Montagebau, Papierwaren, Uhrenarmbänder, Elektrotechnik, Lochkarten, Textilwaren und Stahlhandel.
Die Anzahl der Menschen, die in Magstadt in den Handwerksbetrieben Beschäftigung fanden, entwickelte sich dabei folgendermaßen: 1968 arbeiteten in 106 Betrieben 547 Personen, 1977 waren in 103 Betrieben 827 Personen beschäftigt. In den siebziger Jahren gab es in Magstadt 1 779 Arbeitsplätze in Handel, Gewerbe und Industrie.
Die Landwirtschaft ist demgegenüber stark im Rückgang begriffen. Allein von 1960 bis 1974 nahm die Zahl der land- und forstwirtschaftlichen Betriebe um nicht weniger als 71,1 Prozent von 148 auf 60 ab. Hierbei sind natürlich auch die kleinsten Nebenerwerbsstellen erfaßt, denn Haupterwerbslandwirte gab es Mitte der sechziger Jahre nur noch vier! Die großen Höfe gewannen dabei natürlich eine immer größere Bedeutung. Die Hauptnutzungsarten waren Getreide-

anbau und Dauergrünland. Die Viehhaltung blieb unter dem Landesdurchschnitt.

Insgesamt gesehen machte die Gemeinde eine recht stürmische Aufbauphase durch, in der sich natürlich auch die gesamte Sozialstruktur und die Lebensgewohnheiten der Menschen veränderten. Während Magstadt in den sechziger Jahren eher links orientiert war, wobei die Sozialdemokratie vorherrschte, zeigte sich später ein Wandel zu einer mehr konservativ-bürgerlichen Haltung. Im Pfarrbericht von 1968 heißt es, daß die alte „dörfliche und zugleich proletarische Mentalität" überwunden und die „dörfliche Sitte von einst durch die Säkularisierungstendenzen der modernen Industriegesellschaft" verdrängt worden sei.[24]

Die mit der Entwicklung der Industriegesellschaft einhergehenden Tendenzen der Isolation des einzelnen wurde durch die ständig sich vergrößernde Zahl von Vereinen aufgefangen. Der Angelsport entdeckte 1970 den idyllisch gelegenen Hölzersee. 1977 entstanden der Bogen-Club und die Sportschützengilde, 1980 ein Modellsportverein. Es wurde ein Verein der „Wanderfreunde Magstadt", ein Schachclub und ein Heimatgeschichtsverein gegründet. (Siehe auch Seiten 228 und 236).

Von der Veränderung der gesamten Lebenswelt

Im September 1982 fand die Einweihung des Sportgeländes „An den Buchen" statt. Schon 1976 bis 78 ist auf dem Rasenplatz ein Sportheim mit Umkleide- und Vereinsräumen, einer Platzwartwohnung und einem Restaurant errichtet worden.

waren auch die Feste und die in der Gemeinde praktizierten Bräuche betroffen. Das Festjahr beginnt mit der Fasnet, wobei die katholische Kirchengemeinde ausgesprochene Prunksitzungen veranstaltet. Mit der katholischen Bevölkerung kamen auch die Fronleichnamsprozessionen nach Magstadt. Im Mai wird ein Maibaum aufgestellt, am 22. Juni wird auf dem Ratberg eine Johannisfeier durchgeführt. Unter der Regie der Kolping-Familie ziehen die katholischen Gläubigen bei Einbruch der Dunkelheit auf den Ratberg, wo gegen 22 Uhr das Johannisfeuer entzündet wird. Im Juli 1985 wurde erstmals das „Magstadter Fleckenfest" gefeiert; ein Jahr zuvor hatte der Musikverein das inzwischen ebenfalls zur Tradition gewordene Weinfest organisiert. Weitere Feste – nicht zu vergessen das regelmäßig von den Vereinen ausgerichtete große Kinderfest – tragen zur Gestaltung des Gemeindelebens bei. (Siehe auch Seiten 220 ff.).

Magstadt am 25. Mai 1997. Der Pilot flog die Gemeinde von Westen her an. Am Bildrand unten ist die Renninger Straße zu sehen mit Einmündung der Ihinger Straße und der rechts davon verlaufenden Bahnlinie. Neben den Schienen das kleine Gewerbegebiet Hühneräcker. Der linke, nordwestliche Ortsrand wird begrenzt von der Feldbergstraße, dann dem Baugebiet Mühlbergle. In der Bildmitte links, nordöstlich vom Ratberg, die Wochenendhaussiedlung Reisach/Eck-

pfad. In der Bildmitte oben führt die Straße aus dem Ort nach Stuttgart. Hier liegt auch das große Gewerbegebiet Ost. Weiter nach rechts ist die Alte Stuttgarter Straße zu erkennen. Die Häuser rechts oben im Hintergrund gehören schon zu Maichingen. Rechts im Foto dann das Gewerbegebiet Süd.
Wie gewaltig sich der Ort in den vergangenen nur sieben Jahrzehnten verändert hat, zeigt deutlich der Vergleich mit dem Luftbild von 1924 auf Seite 169.

Der Jahrtausendwende entgegen

Die letzten anderthalb Jahrzehnte des 20. Jahrhunderts stehen unter anderen Vorzeichen als die vergangenen. Um 1990 zeichnete es sich für alle erkennbar ab, daß die fetten Jahre vorbei sind. Eine hohe Staatsverschuldung einerseits, ein harter Konkurrenzkampf auf den Weltmärkten andererseits sowie die radikale Veränderung der Arbeitswelt durch die elektronische Datenverarbeitung zwingen Politik und Wirtschaft, sich neu zu orientieren. Der Verlust von Arbeitsplätzen, Einschnitte ins soziale Netz, die bevorstehende europäische Währungsunion, rigorose Sparmaßnahmen des Staates verursachen Unsicherheit und Sorge bei großen Teilen der Bevölkerung.

Noch aber ging in den achtziger Jahren in Magstadt alles wie gewohnt. In allen Bereichen entfaltete sich das Leben in der Gemeinde weiter. Anzuführen sind, um nur einiges zu nennen, die Aktivitäten der Kirchen, der Vereine und der politischen Parteien, Veränderungen bei den Betrieben und anderen wirtschaftlichen Unternehmungen sowie natürlich bei den kommunalen Einrichtungen. Die ganze Vielfalt der Ereignisse darzustellen ist nicht möglich; das Folgende kann nur eine kleine Auswahl aus dem kommunalen Geschehen sein. Vieles, vielleicht auch Wichtiges, muß unberücksichtigt bleiben, es können nur Entwicklungen und Trends angesprochen werden.

Diese Jahre waren dabei vornehmlich durch zwei Faktoren gekennzeichnet: durch Bewahrung und Fortschritt. Bürgermeister Benzinger setzte hier kontinuierlich die Arbeit seines Vorgängers, Bürgermeister Erich Bohlinger, fort, nahm aber Neues in Angriff. Am deutlichsten wird dies bei der Betrachtung der Bauvorhaben.

Bewahrenswertes wurde erhalten und wieder ins Ortsbild integriert. In diesem Zusammenhang ist die schrittweise Durchführung der Ortskernsanierung zu nennen. Dazu gehören das Alte Schulhaus, das 1984 eingeweiht wurde und nun in vielfältiger Weise genutzt wird. Heute sind dort der Seniorentreff, der Polizeiposten, das Notariat, die Diakonie/Sozialstation, das Gemeindearchiv und die Torschauer Heimatstube untergebracht. Drei Jahre später, 1987, konnte das renovierte Neue Schulhaus seinen Benutzern übergeben werden. Es kann als „Haus der Vereine" bezeichnet werden. Musikverein, Liederkranz, Türkischer Sport- und Kulturverein und Volkshochschule haben hier ihre Übungs- und Versammlungs- beziehungsweise Unterrichtsräume. Seit Dezember 1996 wurde im Neuen Schulhaus zusätzlich ein Jugendcafé eingerichtet. Im Rahmen der Ortskernsanierung ließ die Gemeinde auch das Alte Rathaus abreißen und originalgetreu wieder aufbauen. In ihm sind neben Diensträumen der Gemeindeverwaltung über zwei Stockwerke die Räumlichkeiten des

Heimatmuseums untergebracht. Daneben entstanden in der Ortsmitte neue Wohn- und Geschäftshäuser. Auch umfangreiche Tiefbauarbeiten waren notwendig; der Obere und Untere Marktplatz und der Bereich Am alten Brauereiplatz wurden neu gestaltet.

Aber auch ganz neue Vorhaben sind geplant und durchgeführt worden. Die Gemeinde erschloß in zwei Abschnitten das Baugebiet Mühlbergle. Im November 1987 nahm Bürgermeister Benzinger den ersten Spatenstich zur Errichtung von 60 Eigentumswohnungen und zehn Reihenhäusern vor. Ende der achtziger Jahre kam dort noch ein Kindergarten dazu.

Auch auf kulturellem Gebiet leistete die Gemeinde Vorbildliches. So wurde 1988 die erweiterte Ortsbibliothek eingeweiht. Über Platzprobleme konnte sich der damalige Bibliothekar Stierle in der von 320 auf 520 Quadratmeter erweiterten Bücherei nun nicht mehr beklagen.

In diesen Jahren sind die Vereine zu einem immer wichtigeren Faktor im Leben der Gemeinde geworden. Sie prägen mit ihren vielfältigen Unternehmungen den Jahreslauf, und sie waren und sind noch immer diejenigen, von den Kirchen abgesehen, die ein Gemeinschaftsleben im Ort

Das Alte Rathaus (linke Seite unten), von der Gemeinde aus Privatbesitz erworben, wurde 1989 völlig umgebaut und renoviert. Hier ist das Heimatmuseum untergebracht sowie Sitzungsräume und Verwaltungsbüros. Das repräsentative Gebäude ist Teil der Neugestaltung des Oberen Markts. Der Brunnen wurde 1988 saniert.

Der Untere Marktplatz (Foto oben) ist schon 1986 neu gestaltet worden. Das Gesamtensemble gab dem Zentrum um Kirche und Rathaus, das 1989 ebenfalls renoviert worden ist, ein ganz neues Aussehen.

erst möglich machen. Am deutlichsten zeigt dies das schon erwähnte, im Juli 1985 von sechs Vereinen gemeinsam mit der Volksbank Magstadt ausgerichtete 1. Magstadter Fleckenfest. Daß es sehr gut besucht war und zur ständigen Einrichtung geworden ist, beweist, wie wichtig die Vereinstätigkeiten und solche Veranstaltungen sind. Die Vereine sehen ihre Hauptaufgabe natürlich nicht in der Organisation von Festen, sondern im Vorantreiben ihrer vereinsspezifischen Angelegenheiten. Dies demonstrieren neue Trainings- und Übungsstätten und Teilnahmen an viel beachteten internationalen Turnieren oder Wettkämpfen.

*Magstadt heute –
modern und lebenswert*

Auch im wirtschaftlichen Bereich war es vorwärts gegangen. Eindrucksvoll bewies das die Leistungsschau „Magstadt stellt aus", die 1984 nach siebenjähriger Pause vom Bund der Selbständigen veranstaltet wurde. Die Palette der 53 Aussteller reichte von Handwerks- und Handelsbetrieben, Banken und Versicherungen bis zu Unternehmen des Maschinen- und Werkzeugbaus.

Daß aber Wachstum und Fortschritt nicht unbegrenzt, vor allem aber nicht unbedenklich machbar waren, zeigten mit unmißverständlicher Deutlichkeit die achtziger Jahre auch. Es wurde klar, daß neben den technischen Errungenschaften und ihrem Einsatz auch die Bewahrung lebenswichtiger Grundlagen Beachtung finden muß. Dies war spätestens 1983 offensichtlich, als der Gemeinderat mit Bestürzung feststellte, daß das Waldsterben enorm fortgeschritten war. Er war sich der Bedeutung des Waldes für Klima, Naturhaushalt und Naturerholung genauso bewußt, wie ihm bekannt war, daß eine der Hauptursachen des Waldsterbens in den Schadstoffemissionen liegt. Ein Umdenken mußte hier eintreten und es war auch feststellbar. Erkennbar war dies schon beim Bau des Zentrallagers der Firma Schoenenberger östlich der Hutwiesenstraße im Jahr 1982 geworden. Dieses preisge-

Im Februar 1988 eröffnete Bürgermeister Benzinger die umgebaute und erweiterte Ortsbücherei und Mediothek bei der Johannes-Kepler-Schule. Sie bietet die Auswahl unter mehr als 24 000 Büchern, Zeitschriften, Kassetten, CDs und Spielen. 1996 gab es 45 611 Ausleihungen.

krönte Werk, dessen jährliche Energiekosten 65 Prozent unter denjenigen vergleichbarer konventioneller Einrichtungen liegen, wurde 1983 Vertretern aus Politik und Medien vorgestellt.

Auch in neuen Aktivitäten zeigt sich ein deutlicher Prozeß des Umdenkens: Regelmäßige Sammlungen wiederverwertbarer Stoffe werden durchgeführt und die Arbeitsgemeinschaft Bachpaten hatte sich gegründet. Aber auch gegenüber dem Straßenbau fing sich die Einstellung an zu ändern. 1984 lehnten die Städte und Gemeinden der Region die vierspurig geplante A 81 Leonberg-Gärtringen mit aller Entschiedenheit ab. Gefordert wurde eine zweispurige Straße mit landschaftsschonender Streckenführung. Sie soll die Gemeinden zur Entlastung der Ortsdurchfahrten umgehen und dabei auch die städtebaulichen Entwicklungen berücksichtigen. Eine Lösung dieses Problems ist aber noch in weite Ferne gerückt.

Unten: Auch das regelmäßig stattfindende Kinderfest hat in Magstadt eine über fünfzig-jährige Tradition. Das Foto wurde bei der Schlußveranstaltung auf dem Sportplatz im Jahr 1989 aufgenommen.

Die achtziger Jahre endeten turbulent und brachten der Gemeinde schwierige Aufgaben. Im Jahresrückblick 1989 zitierte Bürgermeister Benzinger eine Umfrage des Wickert-Instituts, in der es hieß, daß 88 Prozent der Bundesbürger mit Unbehagen und nur 12 Prozent mit Optimismus ins neue Jahr blicken. Ursache dafür dürften die anfangs genannten, sich bereits abzeichnenden Veränderungen gewesen sein; ein weiterer Grund mag in der stark angestiegenen Zahl von Asylbewerbern gelegen haben. Dieses The-

ma hatte auch in Magstadt hohe Wellen geschlagen, da alle Gemeinden durch das „Asylbewerber-Unterbringungsgesetz" verpflichtet waren, diese Menschen aufzunehmen. Der Beschluß des Gemeinderats, auf gemeindeeigenem Grund ein Wohnheim zu errichten, stieß insbesondere bei den Anwohnern auf heftigen Protest. Daraufhin formierte sich ein Arbeitskreis „Fremde unter uns", der Informationsveranstaltungen durchführte, um Unsicherheiten und Ängste abzubauen. Die erste Aufregung legte sich dann rasch

Die beiden Rathäuser am Oberen Marktplatz bilden ein reizvolles Ensemble im Zentrum der Gemeinde.

und von der Bevölkerung nahezu unbemerkt trafen im April 1989 die ersten Asylbewerber ein. Sie wurden in Notunterkünften untergebracht, bis das Wohnheim im Zeilweg fertiggestellt war. Eine völlig unerwartete Umwälzung des Jahres 1989 brachte eher Freude mit sich und Aufgaben, die man gerne übernahm: Die Mauer an der deutsch-deutschen Grenze fiel, und im November 1989 fuhr der erste „Trabi" durch den Ort. Im August 1990 kam dann offizieller Besuch aus der ehemaligen DDR nach Magstadt. Bürgermeister Eckhard Bigl aus Bernsdorf in Sachsen besuchte seinen Amtskollegen. Sein Interesse galt besonders den kommunalen Einrichtungen. Die Magstadter Gemeindeverwaltung wollte Bernsdorf beim Aufbau der kommunalen Selbstverwaltung unter die Arme greifen. Seither unterhalten die beiden Gemeinden partnerschaftliche Beziehungen; insbesonders die beiden Freiwilligen Feuerwehren pflegen einen engen Kontakt. Im September 1997 reisten mehrere Magstadter Vereine nach Bernsdorf und veranstalteten dort einen „Magstadter Tag".

Eine weitere, für die Gemeinde schwierige Aufgabe brachte die seit 1987 wieder steigende Einwohnerzahl. Der zweite Abschnitt des Baugebiets Mühlbergle II wurde ab 1991 planungsrechtlich in Angriff genommen. Ferner wurde die Wohnungsbau Magstadt GmbH gegründet, die 1993 zwei Projekte einweihen und mit 13 Sozialmietwohnungen die Wohnungsnot lindern konnte. Im Oktober 1990 beschloß der Gemeinderat, eine Standardturnhalle zu bauen, um eine Ausweichmöglichkeit zu schaffen, damit die Turn- und Festhalle renoviert werden konnte. Im Mai 1992 wurde die neu errichtete „Sporthalle II" mit einem sportlichen Rahmenprogramm den

Vereinen übergeben, bereits im Mai 1994 die renovierte Festhalle, pünktlich zur 1. Magstadter Kulturwoche, eingeweiht.

In den neunziger Jahren trieb die Gemeindeverwaltung die Ortskernsanierung weiter voran. Im April 1990 fiel die 1895 erbaute Malzfabrik der Spitzhacke zum Opfer; ein neues Gebäude entstand, in dem unter anderen das Postamt einen Platz fand. Das größte Investitionsprojekt der Nachkriegszeit beschäftigte den Gemeinderat im Februar 1994: die Erweiterung der mechanisch-biologischen Kläranlage mit einem Kostenaufwand von mehr als 120 Millionen DM. 1995, dem letzten Jahr unseres Berichtszeit-

raums, fand am ersten Bauabschnitt das Richtfest statt.

Das Jahr 1995 brachte die Gemeinde an Grenzen, die neue Initiativen erfordern. Im Juli beschloß der Gemeinderat, den Flächennutzungs-
plan der Gemeinde Magstadt fortzuschreiben,
denn mit der Bebauung des Plangebiets Mühlbergle sind die Baulandreserven für den Wohnungsbau erschöpft, und auch gewerbliche Bau-
flächen stehen nicht mehr zur Verfügung. Ein
gravierendes Problem sind die leeren Kassen; sie
zwingen zu äußerster Sparsamkeit. Aber wenn
es auch nur noch mit kleinen Schritten vorwärts
geht, entsteht trotzdem Neues und Positives, wie
zum Beispiel der erste Wochenmarkt, der im Mai

*Bushaltestelle am Unteren Marktplatz. Die
Linie Renningen – Magstadt – Maichingen –
Sindelfingen – Böblingen ist eine der am mei-
sten frequentierten Buslinien im Kreis und mit
der S-Bahn-Verbindung der wichtigste
Anschluß Magstadts an das Umland.*

1995 auf dem Oberen Marktplatz und in der
Schulstraße stattfand.

Die Geschichte der Gemeinde Magstadt zeigt,
daß auf Fragen der Zeit immer Antworten gefunden wurden. Mit neuen Ideen und Tatkraft
seitens der Verwaltung, vereint mit dem Willen
der Bürger zum Mitgestalten wird das auch zukünftig so sein.

Magstadt – ein Ort
mit Charme und Tradition

Das Magstadter Vereinsleben

Arbeitsgemeinschaft örtlicher Vereine

„Im Winter 1948/49 wurde in einer Versammlung des Kleintierzüchtervereins der Vorschlag gemacht, den Gedanken des Baues eines in der Gemeinde notwendigen Raumes für Veranstaltungen voran zu treiben. In den damaligen Versammlungen der anderen Vereine wurde diese Frage dann auch angeschnitten und ... so kam es, daß im Frühjahr 1949 die Vereine eine Arbeitsgemeinschaft gegründet haben, die als erstes Ziel festgelegt hat, innerhalb der Gemeinde mit allen Mitteln den Bau einer Turn- und Festhalle voran zu treiben." So beschreibt das Protokoll die Gründung der Arbeitsgemeinschaft. Tatkräftig ging man ans Werk. Um dem Plan eines Hallenbaus eine finanzielle Grundlage zu geben, wurde ein Baufonds gebildet, der aus dem Erlös gemeinsamer Veranstaltungen gespeist werden sollte. So kam Anfang September 1949 das erste große Sommerfest zustande, bei dem ein Reinerlös von über 2 000,- DM verbucht werden konnte. Alle Vereine, die etwas zu bieten hatten, traten auf den Plan mit Radrennen, Seifenkistenrennen der Jugend, sportlichen und musikalischen Darbietungen, der Hundeverein führte Dressurübungen vor. Alles in allem ein Volksfest, wie es noch nie von Vereinen aufgezogen worden war. Der finanzielle Erfolg und noch mehr die Tatsache, daß man es geschafft hatte, gemeinsam ein solches Unternehmen auf die Beine zu stellen, waren Ansporn, weiterzumachen. Ein zweites Sommerfest im August 1950 stand dem ersten in nichts nach. Der Stein, den die Arge damit ins Rollen gebracht hatte, verfehlte sein Ziel nicht: Anfang 1951 beschloß der Gemeinderat den Bau der Turn- und Festhalle.

Die Arge finanzierte einen Architektenwettbewerb, und am 1. April 1951 war schon Baubeginn. Die Vereine waren dadurch allerdings nicht aus ihrer selbstgewählten Verpflichtung zur tätigen und weiteren finanziellen Mitwirkung entlassen. So transportierten sie zum Beispiel nahezu 70 000 Backsteine und 3 000 Sack Zement vom Bauhof der Gemeinde an den Bauplatz. Zur gleichen Zeit organisierte die Arbeitsgemeinschaft eine Lotterie zu Gunsten der Halle, die jedoch nicht ganz den finanziellen Erwartungen entsprach. Das dritte Sommerfest im August 1951, zwei Tage nach dem Richtfest der Halle, brachte dann noch so viel Geld ein, daß die Arge der Gemeinde den runden Betrag von 10 000 DM überreichen konnte.

Am 7. Juni 1952 wurde die Halle, wiederum unter Mitwirkung der Vereine, eingeweiht – für das gesellschaftliche Leben in Magstadt wie für die Schulen und die sporttreibenden Vereine ein bedeutendes Ereignis. Wie bedeutend, zeigt ein frühes Beispiel der Hallenauslastung: Die Statistik für das Jahr 1954 verzeichnete 51 Veranstaltungen mit 20 830 Besuchern; an 192 Übungsabenden nahmen 5 723 Sportlerinnen und Sportler teil. Auch daß die Halle keineswegs zu groß geraten war, wie manche Magstadter während der Bauzeit befürchtet hatten, zeigten schon im Winter 1952/53 die Besucherzahlen der verschiedenen Vereinsfeste. An der nach und nach angeschafften technischen Ausstattung der Halle beteiligte sich die Arge wieder mit dem Erlös aus ihrem Silvesterball.

Im November 1953 stellte sich der Arbeitsgemeinschaft die Existenzfrage. Einen zweiten Kraftakt wie den Bau der Turn- und Festhalle konnten die Vereine nicht leisten, waren sie doch

Bei Veranstaltungen, die einen größeren organisatorischen Aufwand erfordern, helfen die Vereine zusammen. Das Foto zeigt einen Streckenabschnitt beim jährlich veranstalteten Dreikönigs-Cross-Radrennen des Radfahrervereins „Pfeil". (Siehe Seite 234.)

selbst noch in der Aufbauphase nach dem Krieg. Was für Ziele konnte sich die Arge also noch setzen? Eine müßige Frage, wie sich herausstellte: Immer wieder stand eine Aufgabe an, die nur gemeinschaftlich zu lösen war, wie zum Beispiel der Bau einer Stromleitung vom Gollenberg zum Fest- und Sportplatz An den Buchen. Die Arge blieb also bestehen und wurde über die Jahre zur festen Einrichtung. Die Gemeinde honorierte das rege Vereinsleben ab dem Jahr 1954 mit einem Kulturzuschuß, dessen Verteilung der Arbeitsgemeinschaft oblag. Ein großes Ereignis mit eigens veranstaltetem Festzug stand 1960 an, als in Magstadt ein Heimatfilm gedreht wurde. Als Höhepunkt der Arbeit der in der Arbeitsgemeinschaft zusammengeschlossenen Vereine kann ein Bunter Abend im Oktober 1966 bezeichnet werden, dessen Reinerlös von 2 754,72 Mark der Aktion Sorgenkind des Zweiten Deutschen Fernsehens gespendet wurde. Es folgten eine Benefizveranstaltung zugunsten des Deutschen Roten Kreuzes, ein weiterer Bunter Abend im März 1968 sowie im selben Jahr ein umfangreiches Sommerfestprogramm mit einigen Vereinsjubiläen. Eine Bewährungsprobe für den Zusammenhalt der Vereine in der Arge war die vom Radfahrerverein im Februar 1969 veranstaltete Weltmeisterschaft im Querfeldeinfahren, bei der über 100 Helfer aus den Magstadter Vereinen mitwirkten. Die Sammlungen für den Volksbund Deutscher Kriegsgräberfürsorge im November eines jeden Jahres wurden lange Zeit ebenfalls von den Vereinen durchgeführt, ebenso ab 1972 die jährliche Waldputzete, mit der Mitglieder der Vereine eine „Aktion schöner Wald" ins Leben riefen.

Um den im Gespräch befindlichen Bau eines

Hallenbades durch die Arbeitsgemeinschaft der Vereine zu unterstützen, liefen im Oktober 1971 die Planungen für ein Frühlingsfest an, das 1972 trotz widrigster Witterung zu einem großen Erfolg wurde. Mit den Erlösen aus diesem und dem Frühlingsfest des folgenden Jahres sowie Spenden waren nun rund 120 000 Mark auf dem Hallenbadkonto, zweckgebunden vom Bürgermeister in einem Bausparvertrag angelegt. Doch dann verschwand das Hallenbad aus dem Blickfeld, denn die Gemeinde mußte ihre ganze finanzielle Kraft auf den Bau einer Groß-Sporthalle konzentrieren. Im Dezember 1977 wurde sie eingeweiht. Für die sporttreibenden Vereine ging damit ein lange gehegter Wunsch in Erfüllung. Die Arge übernahm fortan die Terminierung für die Belegung, ein oftmals mühsames Geschäft. Den Schwerpunkt in der Arbeit der Arge bildete in den folgenden Jahren die offene Jugendarbeit;

*Im Juni 1994 wurde die umgebaute und reno-
vierte Festhalle unter großer Beteiligung der
Bevölkerung eingeweiht. Wie häufig bei Veranstaltungen war der Liederkranz auch hier
aktiv an der Programmgestaltung beteiligt.
(Siehe Seite 231.)*

1984 kam der Gedanke an ein gemeinsames Straßenfest auf. Das erste Fleckenfest fand schließlich im Juli 1985 unter der Beteiligung von sechs Vereinen statt. Das zweite Fest Ende August 1986 war zwar total verregnet, aber die Gemeinde zeigte erstmals Flagge und stellte die neue Magstadter Fahne vor.

Im Juli 1987 gab sich der Verein eine neue Satzung, die auch Veränderungen in der Zusammensetzung des Vorstands brachte. Die erste Versammlung unter neuer Leitung fand am 11. März 1988 statt. Inzwischen war die Zahl der am Fleckenfest teilnehmenden Vereine auf zehn – später auf zwölf – gestiegen. Mehr ist aus Platzgründen nicht möglich. Im Frühjahr 1990 verursachten die Wirbelstürme Vivian und Wiebke im Magstadter Wald riesige Schäden. Bei deren Beseitigung halfen die Mitglieder der in der Arge vertretenen Vereine mit weit über 100 Personen bei zwei Arbeitseinsätzen tatkräftig mit.

Die deutsche Wiedervereinigung eröffnete die Möglichkeit, mit der Gemeinde Bernsdorf in Sachsen und den dortigen Vereinen Beziehungen zu knüpfen. Die Kontakte, die auch die Gemeindeverwaltung hergestellt hat, haben Anfang September 1997 zu einem „Magstadter Tag" in Bernsdorf geführt, bei dem sich einige Vereine und die Gemeinde Magstadt dort vorstellten. Für 1998 ist ein „Bernsdorfer Tag" in Magstadt vorgesehen. Einen „Magstadter Tag" gab es auch am 19. Juli 1996 auf der Landesgartenschau in Böblingen, bei dem Magstadter Vereine verschiedene Darbietungen zeigten.

In den Jahren 1992 bis 1994 hat die Gemeinde die Turn- und Festhalle gründlich umgebaut und renoviert. Die Arbeitsgemeinschaft stiftete das Magstadter Wappen, das den Westgiebel des Gebäudes ziert. Mit zwei Umlagesammlungen wurden die Mittel dafür aufgebracht.

Angelsportverein Magstadt e.V. 1970

Am 21. Februar 1970 gründeten zehn Magstadter den Angelsportverein. Er konnte den Hölzersee pachten und hatte so von Anfang an ein eigenes Fischwasser zur Verfügung. Als erstes mußte der stark verlandete See jedoch saniert werden, zum größten Teil durch Eigenarbeit der Mitglieder. Im 1975/76 erbauten Vereinsheim, der „Fischerhütte", ist ein kleines Lokal an den Wochenenden und mittwochs auch der Öffentlichkeit zugänglich. 1984/85 legte der Verein in nordsüdlicher Richtung, entlang dem Fahrweg zum Hölzersee, ein weiteres Wasserbecken an. Als seine Aufgabe sieht der Angelsportverein die Hege und Pflege des heimischen Fischbestands sowie die Erhaltung und Pflege des Naturdenkmals Hölzersee mit dem umgebenden Feuchtbiotop an. Mitglieder 1997: 31 Aktive, 48 Passive, 15 Jungfischer.

BiM e.V. Bürgerinitiative
für Kinder und Jugendliche in Magstadt

Die am 1. Juni 1992 gegründete Bürgerinitiative will die Bedingungen für Kinder und Jugendliche in Magstadt verbessern. Der Verein ist die Kontaktstelle für alle, die sich für die Interessen der Kinder und Jugendlichen einsetzen wollen. Im einzelnen sind das die Teilnahme, Planung, Durchführung und Förderung in folgenden Bereichen: kindergerechte Verkehrskonzepte, unter anderem Schulweghelfer in Zusammenarbeit mit der Johannes-Kepler-Schule und der Ortspolizei; Verkehrsschulung für Vorschulkinder unter Mitwirkung der Kindergärten und der

Verkehrspolizei Böblingen sowie Schulbeginnaktionen; Spielplatzsituation; Teilnahme am Sommerferienprogramm, Fleckenfest und Adventsmarkt. Die Einrichtung BiMmelbahn ist der regelmäßige Spiel- und Spaßtreff für kleine Kinder. Für Eltern werden regelmäßig Informationsveranstaltungen über kindergerechte Themen durchgeführt.

Bogen-Club Magstadt e.V.

Sieben Bogenschützen gründeten am 6. Januar 1977 den Verein, aus dem schon bald mehrfach Kreis-, Bezirks- und Landesmeister hervorgingen. Darüber hinaus hat der BC Magstadt mittlerweile auch Deutsche Meister und Weltmeisterschaftsteilnehmer in seinen Reihen: Der Rollstuhlfahrer Roland Lörcher wurde bei der Behinderten-Olympiade sogar Weltmeister im Bogenschießen und gewann die Silbermedaille. Seit 1985 hat der Verein einen eigenen, von der Gemeinde zur Verfügung gestellten Platz. Für die neu gegründete Bogen-Bundesliga hat sich der BC Magstadt 1997 mit dem drittbesten Ergebnis aller deutschen Bogenvereine qualifiziert. Mitglieder 1997: 84.

Bund der Selbständigen –
Ortsverband Magstadt e.V.

Am 2. März 1924 schlossen sich 70 Magstadter Handels- und Gewerbetreibende zu einem örtlichen Gewerbeverein zusammen, um durch gegenseitige Information und Solidarität den Existenzkampf gemeinsam zu bestehen sowie bei

Behörden, Staat und Parteien mehr Gewicht zu erlangen. Vor allem durch seine hohe Integrationsfähigkeit wurde der Verein sehr einflußreich. Er verhielt sich nämlich gegenüber Parteien weitgehend neutral, und seine Vorstände stammten aus sehr verschiedenen Lagern. Im März 1932 beantragte er bei der Gemeindeverwaltung, den Kleinbauern und Kleinhandwerkern, welche nachweislich nicht mehr imstand seien, ihren steuerlichen Verpflichtungen nachzukommen, die Steuern ohne Zinszuschläge zu stunden oder in ganz dringenden Fällen Gelegenheit zu geben, die Schuld durch Gegenleistung (Arbeit) zu tilgen. Ein Ansinnen, dem die Gemeinde trotz aller Einwände weitgehend nachkam. Im Januar 1933, kurz vor der Machtergreifung Hitlers, stellten landwirtschaftlicher Ortsverein und Gewerbeverein sogar gemeinsam ein förmliches Programm zur Behebung der wirtschaftlichen Not im Ort auf. Infolge der hilfreichen Arbeit des Gewerbevereins gehörten ihm im Februar 1934 bereits 100 Firmen an. Doch alle Erfolge und die sachliche Haltung nützten jetzt nichts mehr. Der Verein wurde unter dem Druck der Nationalsozialisten aufgelöst.

Erst im November 1949 fanden sich wieder 60 Selbständige zur Gründung eines Gewerbe- und Handelsvereins zusammen. Niemand konnte damals ahnen, welche Bedeutung dieser Verein für die stürmische Entwicklung der Folgezeit haben würde. Trugen die Selbständigen beim schwindenden Einfluß der bäuerlichen Bevölkerung doch entscheidend zur Entwicklung Magstadts zu einer Kleinstadt bei.

1974 wurden die 120 Mitglieder des Gewerbe- und Handelsvereins in den Bund der Selbständigen (BDS) einbezogen. Unternehmungsgeist und Tatkraft der Gründer gingen auf die Nachkriegsgeneration über. Zum Nutzen der Magstadter Bürger und der Gemeinde wurden das Gewerbepotential am Ort seither weiter ausgeweitet und zusätzliche Arbeitsplätze geschaffen. Eine der wichtigsten Aufgaben des Bundes der Selbständigen ist die Information und Weiterbildung seiner Mitglieder, durchgeführt mit Abendveranstaltungen. Durch gemeinsame Werbung in der 1994 gegründeten Werbegemeinschaft, wird die Leistungsstärke und Branchenvielfalt dargestellt. Sie veranstaltet regelmäßig kleinere Werbe- und Informationsausstellungen. Alle fünf bis sieben Jahre organisiert der Bund der Selbständigen eine große Leistungsschau, bei der dann alle gemeinsam ihr Angebot vorstellen. Der BDS will durch seine Aktivitäten die Wirtschaftskraft im Ort stärken sowie Arbeitsplätze und Lehrstellen ausbauen und sichern. Mitglieder 1997: 150.

Christlicher Verein junger Menschen e.V. (CVJM)

Der CVJM – von 1922 bis 1981 „Verein christlicher junger Männer" – hat eine wechselvolle Geschichte. Vorgänger waren der Ende des 19. Jahrhunderts entstandene Jünglings- und der Jungfrauenverein. War der Jünglingsverein und spätere CVJM bis zu den 1930er Jahren immer wieder durch unterschiedliche kirchliche Einflüsse und Interessen beeinträchtigt, gelang es ihm als nahezu einzigem Verein, in der nationalsozialistischen Zeit selbständig zu bleiben. Nach dem Krieg konnte die christliche Jugendarbeit auf eine breite Basis gestellt werden.

Aus der Gestaltung des kirchlichen Lebens im Ort ist der Posaunenchor nicht mehr wegzudenken.

Jungschar, Jungenschaftsgruppe, Jungmännerkreis und eine Sportgruppe zogen viele neue Mitglieder an.

Auch die Mädchenkreise konnten sich trotz Anfeindungen seitens der NSDAP selbst die Kriegszeit hindurch behaupten, und nach dem Krieg wuchs die Mitgliederzahl der „Mädchenjugendgruppe" rasch an. Dem Christlichen Verein junger Menschen gehören nun Mädchen und Jungen an, wobei Jungschar und Jungenschaft noch den Buben vorbehalten sind, während im Jugendkreis junge Männer und junge Frauen in christlichem Geist zusammenkommen.

Allgemein geschätzt ist der Posaunenchor des CVJM. Der Wunsch nach einem Chor entstand im damaligen Jünglingsverein schon vor der Jahrhundertwende. Mit Hilfe privater Spenden und mit Eintrittsgeldern aus verschiedenen Veranstaltungen des Jünglingsvereins konnten einige Instrumente angeschafft werden, und es fanden sich auch Spielwillige. Nach einer langen Übungszeit stellten sich schließlich Erfolge ein, und im Jahr 1902 erklangen zum ersten Mal die Posaunenklänge vom Magstadter Kirchturm. Anfänglich ließ sich der Chor nur bei besonderen kirchlichen Anlässen im Gottesdienst hören, doch bald wirkte er auch bei Hochzeiten und Beerdigungen mit. 1924 bekamen die jetzt 15 Bläser im Wertungsspiel auf dem Bezirksposaunentag in Gerlingen den ersten Preis.

Seit Ende der zwanziger Jahre trat der Posaunenchor bei allen möglichen Festen und Anlässen auf. Auch nach der versuchten Zwangsauflösung des CVJM blieb ein kleiner Chor bestehen. 1945 festigte sich der Chor und wurde weiter ausgebaut; es kamen viele junge Bläser dazu. Sie hatten jetzt einen vielseitigen Dienst in Gemeinde, Kirche und Vereinen zu bewältigen. Dafür war eine echte Gemeinschaftsarbeit erforderlich, und die Ausbildung neuer Bläser war eine Voraussetzung für die Erhöhung der Leistungsfähigkeit.

Dank der Unterstützung durch die Kirchengemeinde und durch Spenden von Mitgliedern und Freunden konnten – und können – neue Instrumente erworben und alte instandgehalten werden. Heute gehören dem Posaunenchor Bläser jeden Alters, auch Mädchen, an.

Mitglieder 1997 des CVJM: 70.

Mitglieder 1997 des Posaunenchors: 15.

Unten: Zu den lebenswichtigen und oft lebensrettenden Veranstaltungen des Roten Kreuzes gehören die regelmäßig durchgeführten Blutspendeaktionen.

Deutsches Rotes Kreuz – Ortsverein Magstadt

Im Jahr 1935 entstand als Untergruppe des Roten Kreuzes Sindelfingen eine separate „Gruppe Magstadt". Schon viele Jahre vorher waren Magstadter Bürger Mitglied des „Württ. Landesvereins vom Roten Kreuz" gewesen; jetzt konnte der Ortsverein eigene Aktivitäten entwickeln, ohne noch zu ahnen, wie bald mit dem Krieg die Bewährungsprobe kommen sollte.

Nach 1945 kamen auf das Rote Kreuz neue Aufgaben zu.

Aktive Bereitschaft. Durch laufende Aus- und Weiterbildung bereiten sich die Helferinnen und Helfer der aktiven Bereitschaft auf ihre Aufgaben vor. Diese sind: Unterstützung des Rettungsdienstes, Sanitätsdienste bei Sportveranstaltungen, sanitätsdienstliche Unterstützung der Feuerwehr bei Brandeinsätzen und örtlichen Verkehrsunfällen, Organisation und Durchführung von Blutspendeaktionen in Zusammenarbeit mit den Blutspendezentralen, Mitwirkung im Kata-

strophenschutz, Altkleider- und Altpapiersammlungen, Unterstützung von Hilfstransporten.

Sozialarbeit. Schwerpunkte der DRK-Sozialarbeit in Magstadt sind die verschiedenen Angebote für ältere Mitbürger der Gemeinde: Seniorengymnastik, Osteoporose-Gymnastik, Mittagstisch, Verleih von Pflegehilfsmitteln.

Jugendarbeit. Ausbildung in erster Hilfe, Lernen und Durchführen von realistischen Unfalldarstellungen bei Übungen, Unterstützung der Aktiven Bereitschaft bei Blutspendeaktionen, Seniorennachmittagen und bei Veranstaltungen jeder Art.

Breitenausbildung. Erste-Hilfe-Ausbildung der Allgemeinheit, Unterweisung in Sofortmaßnahmen am Unfallort, Erste-Hilfe am Kind, Erste-Hilfe-Training zur Wiederholung nach erfolgter EH-Ausbildung.

Mitglieder 1997: 75 Aktive, 520 Passive, 40 Jugendrotkreuz.

Diakonieverein Magstadt e. V.

Am 27. Januar 1968 benannte die Jahreshauptversammlung den Magstadter Krankenpflegeverein in „Diakonieverein Magstadt" um. Die Namensänderung war die Folge einer Ausdehnung des Aufgabenbereichs auf die Nachbarschaftshilfe und der damit verbundenen Notwendigkeit, der Finanzierung des Vereins eine breitere Basis zu geben. Der von 1907 bis 1928 und dann wieder seit 1933 bestehende Krankenpflegeverein war Förderer der vorbildlichen Krankenpflegestation im Ort mit einer angestellten evangelischen Schwester. Jetzt kamen

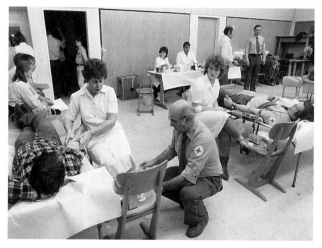

*Das 1964/65 gebaute Feuerwehrgerätehaus
an der Neuen Stuttgarter Straße mit dem modernen
Fahrzeugpark.*

gleich zu Anfang zwölf freiwillige Nachbar-
schaftshelferinnen dazu, deren Zahl sich im
Lauf der Jahre noch erhöhte, und der Diakonieverein erhielt überkonfessionellen Charakter.
Neben der Krankenpflege umfaßt die Arbeit
hauptsächlich Altenbetreuung sowie in Notfäl-
len Unterstützung im Haushalt. Für die Kosten
kommen außer den privaten Mitgliedern die
bürgerliche Gemeinde und die Kirchengemein-
den auf. 1979 kooperierte der Verein mit der So-
zialstation Sindelfingen. Mit mehreren hauptamtlichen Krankenschwestern ist seitdem eine
noch bessere Versorgung und Betreuung der
Kranken möglich, heute auch abgesichert durch
Kranken- und Pflegekassen.
Mitglieder 1997: 800.

Freiwillige Feuerwehr

Vorläufer der Feuerwehren in Württemberg waren in Rotten eingeteilte Löschmannschaften,
bis die Landesfeuerlöschordnung vom 7. Juni
1885 organisierte Feuerwehren für alle Ortschaften vorschrieb. Die erste, aus freiwilligen
und pflichtmäßig bestellten Abteilungen bestehende Magstadter Feuerwehr umfaßte 260
Mann. Die Ausrüstung bestand neben Beilen,
Äxten, Gurten und Steigleitern aus zwei Hand-

feuerspritzen und einer Saug- und Druckfeuer-
spritze. Am 1. Oktober 1906 wurde die „ge-
mischte" in eine rein freiwillige Feuerwehr mit
nur noch 149 Mann umgewandelt. Anlaß dafür
war die 1905 in Betrieb genommene Hochdruckwasserversorgung, die es erlaubte, die Spritzen
direkt an die Wasserleitung anzuschließen. Nach
dem Ersten Weltkrieg stand der Wehr die Motor-
spritze der Daimlerwerke in Sindelfingen zur
Verfügung.
Mit der Verbesserung der technischen Geräte
konnte die Zahl der aktiven Mitglieder der Freiwilligen Feuerwehr verringert werden. So sank
sie von nur noch 97 im Jahr 1934 weiter auf
66 Mann und zwei Führer im Alter unter sechzig
Jahren 1939. Die noch älteren Feuerwehrleute
bildeten die sogenannte Reservefeuerwehr, die
im Krieg bald wieder aktiviert werden mußte.
Nach dem Zweiten Weltkrieg mußte auch die
Freiwillige Feuerwehr wieder neu beginnen. In
einer von der Gemeinde 1946 einberufenen
Hauptversammlung wurden der Kommandant,
sein Stellvertreter, Kassier, Schriftführer und
Gerätewart gewählt und die Mannschaft bis zu

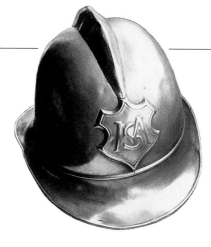

*Der alte Magstadter Feuerwehrhelm
wurde in dieser Form
bis Ende der 1920er Jahre getragen.*

einer schließlichen Stärke von 45 Aktiven aufgestellt, 1955 erhielt die Feuerwehr ein Kleinlöschfahrzeug, 1958/59 wurde ein Löchwasserbehälter angelegt, 1964/65 entstand an der Neuen Stuttgarter Straße ein neues Feuerwehrgerätehaus. Bereits in den siebziger Jahren mußte es wegen Vergrößerung des Geräteparks um zwei Löschfahrzeuge erweitert werden.

Neben der Brandbekämpfung leistet die Feuerwehr wirksame Hilfe bei Katastrophen und Unfällen; mit Ausflügen, Festen und Tagen der Offenen Tür wirkt sie am geselligen Leben der Stadt mit.

Mitglieder 1997: 70.

Handharmonikaclub „Blau-Weiß" Magstadt e.V.

Am 27. Juli 1932 trafen sich sechs junge Magstadter Burschen mit ihrer diatonischen Handharmonika zur ersten Übungsstunde im Gasthaus Ritter; dies war zugleich die Geburtsstunde des Handharmonika-Clubs. Die Spielgruppe vergrößerte sich sehr schnell. So konnte man 1933, ein Jahr nach der Gründung, schon den ersten öffentlichen Auftritt bestreiten. Während des Zweiten Weltkriegs kam der Spielbetrieb zum Erliegen; am 4. Mai 1946 wurde der Club wieder gegründet. Die Verpflichtung neuer Musiklehrer und der unermüdliche Einsatz der Vorstandschaft hatte zur Folge, daß 1949 bereits 45 Kinder Unterricht bekamen – eine stattliche Zahl! Im Jahr 1952 wurde die moderne Orchesterbesetzung eingeführt und die Umstellung von der diatonischen Handharmonika auf das Akkordeon erfolgte. Der Verein gewann zuneh-

mend an Popularität. 1982 feierte er sein fünfzigjähriges Bestehen. Hier wurde eine alte Spielgruppe zu neuem Leben erweckt: die Diatoniker. Im Lauf der Jahre nahm der Handharmonika-Club (HHC) an verschiedenen Veranstaltungen teil. Man musizierte bei befreundeten Vereinen, wirkte bei der SDR-Sendung „Land und Leute" mit, stellte den Verein bei „Radio BB" vor, und als Beitrag zum Umweltschutz rückte die HHC-Jugend zur „Waldputzete" aus. Das traditionelle „Waldfest An den Buchen" des Handharmonika-Clubs am Himmelfahrtstag ist ein fester Bestandteil der jährlichen Aktivitäten und Veranstaltungen in Magstadt. Heute besteht der Verein aus Schülerorchester, Zweitem Orchester, Erstem Orchester und Diatoniker-Gruppe.

Mitglieder 1997: 67 Spieler, 132 Passive.

Heimatgeschichtsverein Magstadt e.V.

Ausstellungen über Geschichte und Brauchtum hatten anfangs der achtziger Jahre in Magstadt großes Interesse gefunden. Dazu kam die Einsicht, daß mit dem Umbau alter Häuser und Werkstätten auch deren Einrichtungen verschwinden und bald auch das Wissen um den dörflichen Alltag früherer Zeit. Um diesem Trend entgegenzuwirken und einen totalen Bruch zu verhindern, entstanden vielerorts Heimatvereine und Heimatmuseen. So gründeten auch in Magstadt 13 Bürger im Mai 1983 einen Heimatgeschichtsverein. Zweck des Vereins ist es, überliefertes Gut jeglicher Form aus der Ortsgeschichte zu sammeln, aufzubewahren und in einem Heimatmuseum darzustellen. Mit wechselnden Sonderausstellungen, Vorträgen

oder Veröffentlichungen möchte der Heimatgeschichtsverein die Bevölkerung über wichtige Ereignisse der Ortsgeschichte informieren. Markungswanderungen und spezielle Nachforschungen zu verschiedenen Themengebieten runden das Aufgabengebiet ab. Alle Aktivitäten des Vereins dienen dazu, in der Bevölkerung den Sinn für die eigene Vergangenheit zu fördern. Denn, wer die Vergangenheit kennt, kann die Gegenwart besser verstehen und die Zukunft mitgestalten.
Mitglieder 1997: 64.

Hundesportverein Magstadt e.V.

Bereits 1929 schlossen sich Magstadter Hundefreunde dem Sindelfinger Hundeverein an; 1933 wurde dann mit 18 Mitgliedern ein eigener „Verein der Hundefreunde" im Ort gegründet. 1934 konnte ein Grundstück erworben und in Eigenarbeit ein Vereinsheim mit Hundeboxen erbaut werden. Mit zunehmender Mitgliederzahl entwickelte sich ein regulärer Ausbildungsbetrieb. Der Zweite Weltkrieg unterbrach die Tätigkeit, erst im März 1948 organisierte sich der Verein neu. Sein Ziel war und ist es, Hunde als Begleit-, Schutz- oder Wachhunde auszubilden. Seit 1964 zeichnete sich der Verein auf dem Gebiet des Hundesports besonders aus. Er veranstaltete Turniere, richtete 1976 die Ausscheidungsprüfung der Kreisgruppe V aus und 1983, im Jahr des fünfzigjährigen Bestehens, die Leistungssieger-Prüfung des Südwestdeutschen Hundesportverbandes. Seit 1982 trägt der Verein seinen heutigen Namen.
Wegen Einsprüchen der Nachbarschaft war der

Verein 1985 gezwungen, ein neues Sportgelände zu suchen. Er kaufte im Gewann Erschel ein 80 Ar großes Grundstück, auf dem er ein ausgedehntes Sportgelände anlegte und, vorwiegend in Eigenleistung, ein Vereinsheim mit 80 Sitzplätzen, Jugend- und Sozialräumen sowie großer Terrasse errichtete.
Mitglieder 1997: 217.

Jugendforum Magstadt e.V.

Aus einer von Magstadter Jugendleitern Ende 1993 durchgeführten Bestandsaufnahme ihrer Arbeit heraus wurde eine Arbeitsgruppe eingesetzt, die die gesammelten Ansätze koordinieren und weiter präzisieren sollte. Sie entwickelte im Lauf des Jahres 1994 ein Modell der Jugendarbeit in Magstadt, das dazu führte, daß als Dachorganisation der vereinsübergreifenden hiesigen Jugendarbeit ein eingetragener Verein gebildet wurde: das Jugendforum Magstadt e. V., gegründet am 10. Mai 1995.
Das Modell wurde seither ständig weiterentwickelt. Es war mit die Grundlage für den Gemeinderatsbeschluß, einen Jugendreferenten beziehungsweise eine Jugendreferentin einzustellen und ein Jugendcafé einzurichten. Gleichzeitig wurde mit verschiedenen Veranstaltungen das Angebot für Jugendliche in Magstadt ergänzt: 1994/95 Mega-Dance Disco in Zusammenarbeit mit der katholischen Jugend, 1995/96 Weihnachtspogo Live Punk Konzert, 1996 FLEKKENFESTival (Open Air Konzert auf dem Flekkenfest) und, zusammen mit dem Musikverein, XXL-Zeltdisco. Außerdem wurden die Jugendleiter Magstadter Vereine zu Informationsveran-

staltungen eingeladen, wie zum Beispiel mit dem Vorsitzenden des Kreisjugendrings als Gastreferent. Das Jugendforum hat sich zum Ziel gesetzt, die Rahmenbedingungen für Jugendarbeit in Magstadt weiter zu verbessern und die Angebote für Jugendliche im Ort zu erweitern.
Mitglieder 1997: 40, darunter 12 Vereine beziehungsweise Organisationen.

Kleintierzüchterverein Magstadt e. V. 1922

Am 14. Januar 1922 trafen sich 20 Magstadter Tierfreunde, um einen Geflügel-Kaninchen-Zuchtverein zu gründen. Innerhalb eines Jahres erhöhte sich die Mitgliederzahl auf 78, und schon bald schlossen sich auch die Ziegenzüchter dem Verein an. Die Qualität der jährlich in der Turnhalle veranstalteten Ausstellungen verbesserte sich ständig; die Züchter errangen hier wie auf Bezirks- und Landesschauen Preise. Seit 1935 trat der Verein auch mit Jungtierschauen an die Öffentlichkeit. Die durch den Krieg sehr reduzierte und 1944 ganz aufgegebene Vereinsarbeit lebte im April 1946 wieder auf und nahm mit vielen Ausstellungen in den folgenden Jahren einen beachtlichen Aufschwung. Ein 1958 erworbener Geräteschuppen mit Jugendraum konnte 1966 zu einem Vereinsheim mit Lokal ausgebaut werden; die Außenanlagen bieten seit 1960 genügend Platz für die jährliche Jungtierschau. In den nunmehr 75 Jahren seines Bestehens hat der Verein viel zu einer gesunden Kleintierzucht in Magstadt beigetragen. Sein Wunsch zum Jubiläum ist, daß es auch zukünftig so bleiben möge. Dies wird allerdings nicht ganz einfach sein. Denn in der Zeit während und nach

dem Zweiten Weltkrieg diente die Kleintierzucht in erster Linie der Versorgung mit Fleisch, und organisierte Züchter hatten den Vorteil, daß sie Futterbezugscheine erhielten. Heute wird die Kleintierzucht ausschließlich als Hobby ohne wirtschaftliche Interessen betrieben. In den Wohngebieten ist aber das Halten von Kleintieren nicht mehr erlaubt, und Zuchtanlagen sind erstens teuer und zweitens nicht überall vorhanden.
Mitglieder 1997: 115, davon 14 Jugendliche.

Kolpingfamilie Magstadt

Auf Initiative des Kurats Karl Rupp gründeten am 15. November 1956 junge Männer der katholischen Kirchengemeinde in Magstadt eine Kolpingfamilie. Für ihre wöchentlichen Zusammenkünfte konnten sie einen Gruppenraum im Pfarrhaus benützen. Schon bald wurde der Gruppe „Erwachsene" eine „Jungkolpinggruppe" angegliedert. Nach sechs Jahren mußte sich die Kolpingfamilie wieder auflösen, weil nach der Abberufung Kurat Rupps kein Raum mehr zur Verfügung gestellt wurde und kein neuer Raum zu finden war. Erst als Pfarrer Franz Schmid sein Amt in Magstadt antrat, wurde im März 1976 eine neue Gruppe gegründet. Seitdem widmet sich die Kolpingfamilie im Sinn Adolf Kolpings vor allem der Erwachsenenbildungsarbeit; sie pflegt die Gemeinschaft und Freundschaft unter den Mitgliedern und ist aktiv an der Arbeit der Kirchengemeinde beteiligt. Durch viele Aktionen unterstützt sie Projekte in der Dritten Welt, so in Mexiko.
Mitglieder 1997: 23.

Die alte (zweite) Vereinsfahne des Lieder-
kranzes hängt heute unter Glas im Heimat-
museum. Das Doppel-S wurde auch hier als
Wappenzeichen verwendet (siehe dazu
Text zum Ortswappen auf dem Vorsatz).

Liederkranz Magstadt 1839 e.V.

1839 war das Geburtsjahr des ältesten Magstadter Vereins. Der damalige Unterlehrer Bolay begann „eine Anzahl junger Bürger und lediger
Bürgersöhne im mehrstimmigen Gesang" zu unterrichten. Der Gesangverein, so wurde vermerkt, verbesserte den „Gesang der ledigen Söhne auf den Straßen" und erbaute die Gemeinde
„bey manchen Feyerlichen Gelegenheiten durch
Choral- und Figuralgesang". Die Versetzung des
Vereinsgründers und die längeren Schwierigkeiten bei der Suche nach einem geeigneten Chor-
leiter brachten einen Stillstand in der Entwicklung. Erst Anfang der siebziger Jahre trat der
Liederkranz neu belebt wieder in Erscheinung.
1877 beteiligte er sich am großen Sängertreffen
in Cannstatt. Dem neu gegründeten Schönbuch-
Gäu-Sängerbund traten die Magstadter 1898
bei; schon 1905 durften sie das Gausängerfest
ausrichten. Bei mehreren Wertungssingen auf
Sängerfesten wurden erste und zweite Preise
„ersungen".
Der Unterbrechung durch den Ersten Weltkrieg
folgte, trotz Nachkriegsnot und Wirtschaftskrise, eine erfolgreiche Zeit im Vereinsleben. 1923
wurde aus dem reinen Männerchor ein gemisch-
ter Chor; fast gleichzeitig konnte ein Flügel angeschafft werden. 1930 war wiederum der Sän-
gergau mit seinem Gaufest zu Gast in Magstadt.
Pokale und andere Trophäen zeugen von erfolgreichen Chorauftritten bei diversen Lieder-
festen, unter anderen beim Bundesliederfest 1938
in Stuttgart. Der Zweite Weltkrieg beendete das
Vereinsleben. Erst einige Monate nach Kriegsende erlaubte die Militärregierung eine Wiederbe-
lebung und Neuorganisation des Gesangvereins.

Die ehemaligen „Liederkränzler" und die Sänger des 1933 aufgelösten Arbeitergesangvereins
„Freiheit" vereinten sich im „Liederkranz Magstadt".
In räumlicher Enge, mit handgeschriebenen Noten, half man sich über anfängliche Schwierigkeiten hinweg. Als 1952 die neue Festhalle eingeweiht wurde, nutzte dies der Liederkranz zu
einem Chorfest und zur Weihe einer neuen Fahne. Die jährlichen Konzerte in der Festhalle, oft
verbunden mit szenischen Operettenaufführun-
gen, wurden zu kulturellen Höhepunkten in
Magstadt. Auch bei Sängerfesten und Sonder-
konzerten wußte der Liederkranz zu gefallen.
1964, aus Anlaß des 125jährigen Vereinsjubilä-
ums, feierte man vier Tage den Gausängertag;
das 150jährige Bestehen, 1979, beging man mit
einem Festkonzert und einem Straßenfest rund
um den Marktplatz, und zum 150jährigen gab es
ein Opernkonzert und ein dreitägiges Sängerfest
mit einem großen Bunten Abend. Zu beiden
Konzerten wurden die Bodensee-Symphoniker

verpflichtet und Schallplattenaufnahmen gemacht.

Aus einem Kinderchorprojekt entwickelte sich 1995 eine Chorgruppe, die ein Jahr später offiziell zum „Magstadter Kinderchor" erhoben wurde. Ein Mozartkonzert und zwei prächtige Aufführungen des Weihnachtsmärchens von Charles Dickens waren das Ergebnis erfolgreichen Zusammenwirkens von jungen und älteren Sängern.

Die Chorproben sind seit 1965 im Musiksaal der Johannes-Kepler-Schule; zum Feiern dient seit 1967 der vereinseigene Garten. Das „Rießfest" des Vereins findet jährlich großen Anklang bei den Magstadtern.

Mitglieder 1997: 64 Sängerinnen und Sänger, 34 Kinder, 168 Fördernde.

Modell-Sportverein Magstadt e.V.

Schon 1965 bestand im Ort eine Interessengemeinschaft, die sich mit der Modell-Fliegerei befaßte. So verfügte man bereits über einige Erfahrung, als sich am 25. März 1980 der Modell-Sportverein Magstadt konstituierte. Zum ersten Mal stellte er sich der Bevölkerung im März 1981 mit einer Ausstellung von 60 selbstgebauten Flugmodellen vor. Außerhalb von Magstadt steht dem Verein ein Gelände zur Verfügung, auf dem ein eingeschränkter Modell-Flugbetrieb möglich ist. Zur Ausrüstung gehört eine elektrische Schleppwinde mit Seil-Rückholeinrichtung. Mit einer ausgereiften Funksteuerung lassen sich die zum Teil maßstabgerecht nachgebauten Motor- und Segelflugzeuge fliegen wie ihre großen Vorbilder – eine Fähigkeit, die sich nur in Jahren erlernen läßt. Bei nationalen und internationalen Flugwettbewerben konnten Mitglieder des Vereins wiederholt beachtliche Preise erringen.

Mitglieder 1997: 28.

Musikverein Magstadt 1908 e.V.

Zaghafte Anfänge soll es bereits 1871 gegeben haben, doch erst 1908 kam es zu einem Zusammenschluß, und die Gemeinde bewilligte dem „neugegründeten Musikverein" 50 Mark zur Beschaffung von Musikalien. Die junge Kapelle beteiligte sich an den Gemeindefesten und 1913 an einem Wertungsspiel in Reutlingen, wo es einen zweiten Preis gab. Der Erste Weltkrieg unterbrach 1914 jäh eine Weiterentwicklung. Der Neuanfang 1918 war sehr mühsam. 1921 wagte es die Kapelle, wieder an einem Wertungsspiel teilzunehmen und erhielt einen zweiten Preis. Sie wirkte auch verstärkt bei kulturellen Anlässen in der Gemeinde mit und war gern gehört bei den Musikfesten in der Umgebung. Reich an Aktivitäten war das Jahr 1927. Dreimal trat die Kapelle mit guten Ergebnissen bei Wertungen an, und sie richtete das Bezirks-Lokal-Musikfest aus, zu dem 18 Musikvereine und -kapellen aus dem Umkreis kamen.

Am 8. Oktober 1927 wurde der Musikverein mit 40 Mitgliedern, darunter auch passive, förmlich neu gegründet. Er bereicherte auch weiterhin das kulturelle und gesellige Leben der Gemeinde und besuchte die Bezirksmusikfeste mit Wertungsspielen, wobei es angemessene Preise gab. Überschattet wurde das Vereinsleben in dieser wirtschaftlich schwierigen Zeit sehr oft von fi-

Kaum ein Fest in Magstadt ist ohne die Mitwirkung des Musikvereins denkbar. Der Verein hat mit seinen Konzerten ein hohes Niveau erreicht und häufig bei Wertungsspielen Spitzenplätze belegt.

nanziellen Nöten. Die Verpflichtung eines geschulten Dirigenten war nur sporadisch möglich. 1933 brachte der politische Umsturz viel Unruhe; eine freie Vereinsarbeit war bald nicht mehr möglich. Es kam zu Zerwürfnissen; der erste Vorsitzende legte sein Amt nieder. Erst 1935 trat die Kapelle wieder zum Wertungsspiel an und erhielt die Note „vorzüglich". 1936 und 1938 konnte der Verein noch ein Bezirksmusikertreffen ausrichten, dann mußte mit Ausbruch des Zweiten Weltkriegs der Spielbetrieb eingestellt werden.

Einige ehemalige Mitglieder wagten 1946 einen neuen Anfang. Die Instrumente wurden zusammengesucht, zum Teil buchstäblich aus dem Schutt der durch Bombardierung verwüsteten Häuser gegraben und mit hohen Kosten repariert. Der Krieg hatte auch unter den Spielern Opfer gefordert, doch bald verstärkten Musiker aus dem Kreis der Neubürger den Verein, der als einer der ersten im Kreis wieder eine intakte Kapelle hatte. Nachdem 1948 das vierzigjährige Bestehen des Vereins mit vier Gastkapellen ge-

feiert worden war, bekam er mit der Einweihung der Turn- und Festhalle 1953 die Möglichkeit, Konzert- und Tanzveranstaltungen in größerem Rahmen durchzuführen. Herausragende Ereignisse waren dabei die Jubiläumsfeste 1958 und 1983, jeweils verbunden mit einem Bezirksmusikfest. Unvergessen ist der Massenchor auf dem Marktplatz mit ungefähr 1000 Musikanten und der Festzug unter Beteiligung der örtlichen Vereine mit vielen schönen Gruppen und Festwagen. Die Mitwirkung der Stadtkapelle Kufstein in Tirol war der Beginn weiterer freundschaftlicher Auslandsbeziehungen wie Besuch und Gegenbesuch der Bergmannskapelle in Dorog/Ungarn.

Der in den Jahren 1962 bis 1964 erfolgte Bau eines eigenen Vereinsheims – 1992 mit großem finanziellem Aufwand und beträchtlicher Eigenleistung erweitert – gab neuen Auftrieb. Die seit 1973 veranstalteten Frühjahrskonzerte wurden zu einem Ereignis höherer Güte, und das seit Oktober 1984 stattfindende Weinfest ebenso wie das alljährliche Sommerfest sind gesellige Ereignisse mit Besuchern aus dem ganzen Umkreis.

Bei Wertungsspielen im Kreis belegten die Magstadter nunmehr mehrfach erste Plätze in der Mittel-, Ober- und Höchststufe. Eine seit vielen Jahren betriebene planvolle und intensive Jugendarbeit zeigt sichtbare Erfolge. Qualifizierte Musiklehrer geben dem Nachwuchs Unterricht. Die Jugendkapelle erringt bei Kritikspielen gute bis sehr gute Noten, leistet eigene Beiträge zu den Frühjahrskonzerten und führt Vorspiel- und Konzertveranstaltungen in der Adventszeit durch. Die Magstadter Patenschaft über die Gemeinde Bernsdorf in Sachsen wird vom Musikverein durch freundschaftliche Beziehungen zum dortigen Jugendblasorchester untermauert. Mitglieder 1997: 311.

Obst- und Gartenbauverein Magstadt

Schon frühzeitig gab es Bestrebungen, die bereits im 19. Jahrhundert „sehr ausgedehnte Obstzucht" auf Magstadter Markung zu fördern. So trat die Gemeinde 1921 dem Württ. Obstbauverein e. V. in Stuttgart bei. Am 24. Februar 1949 gründeten 35 Personen den „Obstbauverein Magstadt". Bedingt durch den Strukturwandel von der Baumwiese hin zum Gemüse- und Obstgarten wurde er im März 1967 in den Obst- und Gartenbauverein umgewandelt. Aufgabe des

Vereins ist es, seinen Mitgliedern und anderen Interessenten durch Kurse und Vorträge Kenntnisse im Gartenbau, insbesondere im Schneiden von Obst- und Ziergehölzen, zu vermitteln. 1974 veranstaltete der Verein zusammen mit der Gemeinde einen örtlichen Blumenschmuck-Wettbewerb, ein weiterer wurde 1978 in Verbindung mit dem Kreiswettbewerb „Unser Dorf soll schöner werden" verbunden. Im Oktober desselben Jahres fand in Magstadt der 44. Landestag der Obst- und Gartenbauvereine Baden-Württemberg statt. In der Sporthalle zeigten 43 Aussteller ihre Erzeugnisse. Aus Anlaß des fünfzigjährigen Bestehens des Vereins 1999 ist eine Sternwanderung von 30 Vereinen nach Magstadt geplant.
Mitglieder 1997: 145.

Radfahrerverein „Pfeil" Magstadt e.V.

Im Jahr 1905 wurde in Magstadt ein Radfahrerklub gegründet, der 1911 den Namen „Radfahrerverein Pfeil Magstadt" annahm. Auf dem Programm standen bis zum Ersten Weltkrieg Wanderfahrten und Reigenfahrten. 1912 richtete der Verein das Bundesfest des Württ. Radsportverbandes in Magstadt mit anschließendem Kinderfest aus, 1926 das Bezirksfest des Schönbuch-Würmtalbezirks. Bis zum Zweiten Weltkrieg bildeten das Wander- und Korsofahren den Schwerpunkt, zusätzlich kam in den zwanziger Jahren der Rennsport auf, und auch das früher betriebene Kunst- und Reigenfahren gewann wieder an Bedeutung. Zu dieser Zeit errangen Vereinsmitglieder in Württemberg in verschie-

Mit seinen Radrenn- und Cross-
veranstaltungen, besonders
aber mit den Kunstradfahrern
ist der Radfahrerverein „Pfeil"
weit über die Landesgrenzen
hinaus bekannt geworden.

denen Sparten mehrere erste, zweite und dritte Plätze, so drei Vereinsmitglieder 1927 bei den Württembergischen Meisterschaften im Kunstradfahren den zweiten Platz im Dreier-Gruppenfahren. 1940 nahm der erste Rennfahrer des Vereins an den Deutschen Meisterschaften teil und belegte den 12. Platz der Jugend. Während des Zweiten Weltkriegs hörte das Vereinsleben nahezu auf.

Als nach Kriegsende in Magstadt ein Groß- oder Einheitsverein gegründet werden sollte, widersetzten sich die Mitglieder und beschlossen, den Radfahrerverein „Pfeil" weiterzuführen. Die durch Fliegerangriff schwer beschädigten Reigenmaschinen wurden wieder zusammengeflickt; aus zwölf alten entstanden vier neue Räder. Eine Sammlung ermöglichte nach der Währungsreform den Kauf von sechs Kunstfahr- und Radballmaschinen. Der Hallenradsport bekam durch den Bau der Turn- und Festhalle Auftrieb, der Radball erlebte von 1955 bis 1970 großen Aufschwung. Es waren ständig Mannschaften in der Landesliga und mehrere Jahre lang auch in der Oberliga, der damals höchsten deutschen Liga. 1956 wurde auch der Rennsport wieder aufgenommen, vor allem das Querfeldeinrennen erfreute sich großer Beliebtheit. Die Ausrichtung der Deutschen Meisterschaft im Querfeldeinrennen 1967 mit 10 000 Zuschauern und der Querfeldein-Weltmeisterschaft 1969 waren Höhepunkte im Vereinsleben.

1984, 1990 und 1995 richtete der Verein die Deutsche Cross-Meisterschaft aus. Seit den siebziger Jahren kam neben dem Leistungssport das Wanderfahren wieder zu Ehren. Seit 1953 qualifizierten sich Mitglieder des Vereins mit großem Erfolg für Württembergische, seit 1959

Sylvia Steegmüller und Angelika Ziegler
(unten) errangen im Zweier-Kunstradfahren
unzählige Meistertitel; sechsmal wurden sie
Deutscher Meister, dreimal Europameister,
einmal Vize- und dreimal Weltmeister.

für Deutsche und Europäische, seit 1965 für Weltmeisterschaften. Die Sportlerinnen und Sportler errangen bis Mitte 1997 über hundert Landes- und 18 Deutsche Meistertitel im Kunstrad- und Rennsport. Im Zweier-Kunstradfahren wurden vier Europameisterschaften und ein Vizeweltmeistertitel gewonnen. 1990, 1994 und 1995 wurden Angelika Ziegler und Sylvia Steegmüller Weltmeister im Zweier Kunstradfahren der Damen. Mitglieder 1997: 270.

Schachclub Magstadt

Im November 1979 wurde als Unterabteilung des Sportvereins Magstadt eine Schachabteilung gebildet, die sich im Februar 1980 als selbständiger Schachclub konstituierte. Im Herbst 1980 kämpfte erstmals eine Mannschaft im Bezirk Stuttgart-West in der C-Klasse um Punkte; im zweiten Spieljahr wurde der Aufstieg in die B-Klasse geschafft. Der Bevölkerung zeigte sich der Schachclub 1983 beim Musikfest mit einem eigenen Festwagen. Im November desselben Jahres beteiligten sich 22 Jugendliche am ersten Jugendturnier in Magstadt, das zusammen mit der Kreissparkasse Böblingen ausgerichtet wurde. Zum zweiten Jugendturnier mit der Kreissparkasse im März 1985 kamen bereits 31 Jugendliche. Durch die erfolgreiche Jugendarbeit, die der Verein als festen Bestandteil beibehalten will, konnte 1985 eine Jugendmannschaft gegründet werden; 1994 wurde unter Führung des Jugendleiters der Schachtreff für Jugendliche eingerichtet. Nach einer Satzungsänderung 1996 wurde der Verein ins Vereinsregister eingetragen, und die Jugendlichen organisierten sich als eigenverantwortliche Schachjugend im Hauptverein.

Inzwischen hatte sich der Schachclub um eine zweite (1983) und eine dritte Mannschaft (1988) erweitert. Neben den traditionellen Turnieren wie dem Kinder-Schach-Turnier (bis 1997 13 Mal durchgeführt), der Ortsmeisterschaft für Jugendliche (7 Mal), Schnellschachturnieren mit befreundeten Vereinen (7 Mal), werden noch eine Vielzahl an internen Turnieren abgehalten. In loser Folge werden auch Seniorenschach und von den Sommerferien bis nach Pfingsten jeden Freitag zwei Stunden Schach für Jugendliche angeboten. Außerdem beteiligt sich der Verein am Sommerferienprogramm der Gemeinde.
Mitglieder 1997: 28 Erwachsene, 17 Jugendliche.

Sportschützengilde Magstadt anno 1577 e.V.

Die Jahreszahl im Namen der Sportschützengilde bezieht sich auf frühe Vorgänge. Zur Pflege einer Art Landmiliz waren die Einwohner der Dörfer gehalten, Schießübungen in ihrer Amtsstadt zu veranstalten – die dortige „zilstatt" zu besuchen. 1577 protestierten Sindelfingen und Magstadt dagegen, für eine neue „Schießbehausung" in Böblingen bezahlen zu müssen, weil sie eigene „zilstätten" errichten wollten, was ihnen vom Herzog auch zugestanden wurde. Die Magstadter Schießstätte lag südlich des Eisweihers vor den Hanfländern und ist heute noch durch den Flurnamen Schießmauren gekennzeichnet. 1809 beendete die Volksentwaffnung Schützenwesen und Landmiliz. Erst Ende des 19. und Anfang des 20. Jahrhunderts entstanden im ganzen Land rein private Schützenvereine.

In Magstadt wurde angeblich 1925 ein Schützenverein gegründet, laut Gemeinderatsprotokoll jedoch 1928 ein „Kleinkaliber-Schützenverein Magstadt". Ebenfalls laut Gemeinderatsprotokoll schloß er sich 1933 mit dem Magstadter Kriegerverein zum „Krieger- und Schützenverein" zusammen, der alsbald zu einer NS-Kriegerkameradschaft umgebildet wurde. Nach Kriegsende löste er sich auf.

Im Jahr 1977 gründeten Schützenfreunde unter dem heutigen, bewußt unmilitärischen Namen einen neuen Verein. Nach anfänglicher Notlösung – die Wirtin des Gasthauses Zur Linde hatte eine Scheuer für Schießübungen zur Verfügung gestellt – erhielt die Gilde 1978 von der Gemeinde im Gewann Rotsteinbruch einen Platz für Schießanlage und Vereinsheim. Zwei Jahre dauerten die Bauarbeiten, zum größten Teil in Eigenleistung der Vereinsmitglieder. Am 23. Oktober 1981 konnte die neue Anlage eingeweiht werden.

Die Sportschützengilde ist Mitglied des Württembergischen Landessportbundes und des Württembergischen Schützenverbandes. Mitglieder 1997: 64.

Sportverein Magstadt 1897 e.V.

Am 31. Oktober 1897 fand im Gasthaus Zur Traube in Anwesenheit einiger Vertreter des Turnvereins Sindelfingen eine Besprechung statt mit dem Ziel, in Magstadt einen Turnverein zu gründen. Ihr folgte am 7. November mit zunächst 35 Mitgliedern die Gründungsversammlung. Dachorganisation war der „Keplergau", einer der ältesten und größten Gaue im VIII.

Turnkreis „Schwaben". Erstes „Turnlokal" war der Saal im Hirschen, den der Hirschwirt unentgeltlich zur Verfügung stellte. Um für die „hohe Kunst des Turnens" zu werben, veranstaltete der junge Verein im August 1898 ein „Werbe- und Schauturnen" An den Buchen, zugleich Preisturnen für Aktive und „Zöglinge". Im Juli 1910 fand das 28. Gauturnfest des Keplergaus in Magstadt statt, bei dem der Verein in der Unterstufe den ersten Preis errang. Eine „Musterriege" trat im selben Jahr erstmals beim Gauturnfest in Herrenberg auf. Ab 1904 stand dem Verein ein Turnlokal im Rathaus zur Verfügung, seit 1910 verfügte er über eine Turnhalle, oder, besser gesagt, einen „Turnschuppen" im Brühl.

Während des Ersten Weltkriegs hörte der Turnbetrieb ganz auf; 1919 wurde mit der Eingliederung einer Schüler- und einer Damenabteilung die Arbeit wieder aufgenommen. Im Oktober 1919 beteiligte man sich an der Gründung des Würm-Schönbuch-Gaues als Mitglied des Schwäbischen Turn- und Spielverbands. Als sich der Verein 1920 dafür entschied, in diesem

Links: Das Foto zeigt eine Pyramide als Schlußbild einer Vorführung der Jazztanz-gruppe des Sportvereins.

Unten: Bei den jährlich veran-stalteten Jugendsportnach-mittagen zeigen die Kinder Übungen am Schwebebalken.

neutralen Verband zu bleiben, anstatt sich in einen Arbeitersportverein mit politischer Zielsetzung zu verwandeln, spaltete sich ein zweiter Verein als „Freier Turn- und Sportverein" ab.

In den zwanziger Jahren erweiterte der Turnverein, trotz großer Schwierigkeiten in der Inflation und später in der Weltwirtschaftskrise, seine Aktivitäten kontinuierlich. Zum „Turnschuppen" kam 1920 ein Spielplatz An den Buchen, dessen Einweihung man mit einem großen Schauturnen verband. 1921 wurde die Fußballabteilung gegründet. Die Leichtathletik nahm gegenüber dem Turnen immer breiteren Raum ein. Auch Erfolge blieben nicht aus. So belegte der Verein allein 1928 bei Sportfesten sechs erste, neun zweite sowie elf dritte Plätze und errang außerdem noch 20 weitere Auszeichnungen. An den Buchen entstand ein provisorisches Vereinsheim.

Der politische Wandel 1933 hatte einschneidende Veränderungen zur Folge. Die freien Arbeitersportvereine wurden aufgelöst; vom Freien Turn- und Sportverein Magstadt traten 31 Mitglieder dem Turnverein Magstadt bei. Dieser übernahm auch dessen Sportplatz – den heutigen Rasenplatz – sowie das Vereinsleben An den Buchen, so daß er jetzt neben dem „Turnschuppen" im Brühl noch über zwei Sportplätze und zwei Vereinsheime An den Buchen verfügte. Der

„gleichgeschaltete" Verein selbst gehörte jetzt zu den „Deutschen Turnern"; 1936 wurde er in „Verein für Leibesübungen" umbenannt. Die einst lebhafte Vereinstätigkeit ließ spürbar nach. 1937 gab es anläßlich des vierzigjährigen Bestehens noch ein glanzvoll gefeiertes Jubiläumsfest, aber zur Teilnahme an Wettkämpfen kam es nicht mehr. Im Krieg ruhte die Arbeit schließlich ganz, und 1945 erklärte die Besatzungsmacht alle noch bestehenden Vereine für aufgelöst.

Doch der alte Sportgeist wirkte weiter. Schon am 9. Dezember 1945 gründeten ehemalige Vereinsmitglieder und andere den „Sport- und Kulturverein Magstadt". Trotz des Namens hatte der neue Verein bald nur noch das Ziel, sämtliche Sportarten zu pflegen. Die Unterkünfte und Plätze An den Buchen wurden hergerichtet, die noch vorhandenen Turn- und Spielgeräte in-

Zwei Hallen stehen den Sportlern heute zur Verfügung. Die dreiteilige Halle I für den Schul- und Vereinssport, mit Zuschauertribüne und Cafeteria, wurde 1976 fertiggestellt. Halle II, eine Standardturnhalle für den Vereinssport, konnte im Mai 1992 in Betrieb genommen werden.

standgesetzt, und es konnte wieder trainiert werden. Im Juni 1946 siegte beim Kreissportfest ein Magstadter im Tausendmeterlauf. Es gab gut organisierte turnerische und sportliche Darbietungen. Von besonderer Zugkraft war das neu eingeführte Theaterspiel. In der Leichtathletik waren die Mädchen besonders aktiv; sehr rührig war die Fußballabteilung. Eine Boxergruppe und eine Skiabteilung konnten sich dagegen nur kurze Zeit halten, sowenig wie eine Anfang der fünfziger Jahre gegründete erste Tischtennisabteilung. Dafür florierte von Anfang an die 1951 eingerichtete Handballabteilung. Das Hauptgewicht lag aber beim Turnen, der Urdomäne des Vereins. Eine neue Damenabteilung brachte ihm damals weiteren Zulauf. 1947 war der Rasenplatz An den Buchen zu einem Spielfeld mit Normalmaßen ausgebaut worden; 1951/52 kam durch die Gemeinde eine neue Turn- und Festhalle dazu, die dem Verein beste Trainingsmöglichkeiten bot.

Im Jahr 1955 trug die neue Bezeichnung „Sportverein Magstadt" einer schon längst eingetretenen Entwicklung Rechnung. Der gemeinnützige Sportverein mit zunächst 250 Mitgliedern gliederte sich seitdem in immer mehr Abteilungen für immer mehr Disziplinen. Die materiellen Voraussetzungen schufen Gemeinde und Verein gemeinsam durch mannigfache, vor allem bauliche Investitionen wie Sportheim und Sporthalle sowie Unterstützung beim Bau der Tennisplätze und Bereitstellung der Grundstücke. Seit 1963 gibt es eine Abteilung „Breitensport", der sogenannte „Zweite Weg". Ihre Mitglieder treiben Konditionsgymnastik und verbinden damit Ballspiele. 1975 wurde das Turnen für Mutter und Kind eingeführt; ein neues Aufgabenfeld erwuchs aus der neu aufgekommenen Trimmdich-Bewegung. Zu großem Erfolg brachte es die seit 1968 bestehende Kraftsportabteilung im Gewichtheben. Ihre Mannschaft, auch die Junioren, haben schon eine Reihe von Meistertiteln errungen. 1970 wurde eine Tennisabteilung gegründet und 1975 erneut eine Sparte Tischtennis eingerichtet. Ihre Jugendmannschaft machte sogleich Magstadt zu einer Hochburg des Tischtennisnachwuchses. Auch in den achtziger Jahren ging die positive Entwicklung des Vereins weiter. Heute – 1997 – umfaßt der Sportverein die Sparten Breitensport, Faustball, Frauengymnastik, Fußball, Handball, Kegelsport, Kraftsport, Mädchenturnen, Squash, Tennis, Tischtennis und Turnen.

Mitglieder 1997: 550 Aktive, 200 Passive, 620 Jugendliche = 1370.

Die Wanderfreunde auf einem Ausflug im Altmühltal.

VdK Ortsverband Magstadt

Der Ortsverband ist eine Unterorganisation des Sozialverbands VdK Deutschland e. V. (Verband der Kriegs- und Wehrdienstopfer, Behinderten und Rentner). Dieser wurde nach dem Zweiten Weltkrieg als „Verband der Kriegsbeschädigten und Kriegshinterbliebenen" gegründet mit dem Ziel, die Interessen der Kriegsopfer sozialrechtlich zu vertreten und ihnen mit Rat und Tat zu helfen.

Der Magstadter Ortsverband besteht seit Januar 1947. Die anfangs kleine Mitgliederzahl stieg bis 1948 bereits auf 105; 1958 hatte der Ortsverband 224 Mitglieder. Mit 34 anderen Ortsverbänden gehörte er zum Kreisverband Böblingen, der wiederum Mitglied des Landesverbands Baden-Württemberg e. V. ist. In den neunziger Jahren wurde der VdK vom ursprünglichen Kriegsopferverband zu einem Sozialverband umgestaltet, der nunmehr auch Wehrdienstopfer der Bundeswehr, Behinderte und Renter betreut. Regelmäßig hält der Kreisverband in Sindelfingen und Böblingen Sprechstunden ab; die Mitglieder können dort in allen Fragen des sehr umfangreichen Renten- und Behindertenrechts kompetente Auskunft erhalten. Darüber hinaus besteht die Möglichkeit, beim Landesverband in Stuttgart von hauptamtlichen Sozialexperten Rechtsbeistand zu erhalten. Der Landesverband verfügt auch über zwei Kur- und Erholungszentren, bei denen die Mitglieder eine Kur beantragen können.

Neben der beratenden Funktion pflegt der Ortsverband auch die Geselligkeit, kranke und alte Mitglieder erhalten am Jahresende ein Geschenk.   Mitglieder 1997: 72

Wanderfreunde Magstadt und Umgebung 1975 e. V.

Vielleicht inspiriert durch die vielen Teilnehmer an den in den siebziger Jahren aufgekommenen Volkswandertagen fanden sich am 26. Januar 1975 in Magstadt 77 Wanderfreunde zu einem Verein zusammen. Schon im Juni 1975 wurde er in den Deutschen Volkssportverband aufgenommen, der wiederum Mitglied des internationalen Volkssportverbandes ist. Außer geführten Wanderungen der Mitglieder veranstaltet der Verein jährlich an Silvester und Neujahr mit großem Erfolg eine Volkssportwanderung, an der neben den deutschen Gästen auch zahlreiche amerikanische, kanadische und französische Soldaten und Zivilisten teilnehmen. Von auswärtigen Veranstaltungen konnten die Magstadter in jedem Jahr Pokale und Gruppenpreise mit nach Hause nehmen. Mehrtägige Bergwanderungen gehören zu den Höhepunkten im Jahr. Großer Wert wird auf die Jugendarbeit gelegt. Die Kinder und Jugendlichen sind voll in den Verein integriert, spezielle Jugendwanderungen sind auf ihre Bedürfnisse zugeschnitten.

Mitglieder 1997: 160.

Außerdem bestehen in Magstadt eine *Flugsportgruppe*, der *Portugiesische Elternverein e. V.*, der *Türkische Kultur- und Sportverein* sowie eine *Reservistenkameradschaft*.

Anhang

Die Namen der gesamten Herdstättenliste von 1525 *(siehe Abbildung auf Seite 63)*

Zu Magstatt in dem Dorf Anslag / An Heußern und Herdtstettenn

Jörg Bynder	10 gulden	Jung Pur	22 gulden
Kenliß seligen Kind	100 gulden	Jeronimus Konly	10 gulden
Lenhart Schefer	28 gulden	Eberlin	40 gulden
Madalenß seligen Kinds Huß	10 gulden	Brosius	25 gulden
Baltas Weber	22 gulden	Beckenhans	12 gulden
Michel Betzner	100 gulden	Jousen Michel	40 gulden
Naßhansen seligen Erben	90 gulden	Rout Michel	45 gulden
Jacob Hoß	60 gulden	Senffte Hennse	15 gulden
Schmidberbelin	8 gulden	Dominicus Wild	45 gulden
Endriß Schuchmacher	15 gulden	Hanns Fetz	60 gulden
Zymmer Conrat	15 gulden	Auberlin vorm Thor	20 gulden
Justen Symon	10 gulden	Hanns Bechlin	40 gulden
Jörgenhansen	40 gulden	Bartle Wiest	40 gulden
Schützenpetter	15 gulden	Jörg Boll	18 gulden
Uny	10 gulden	Happenhanns	10 gulden
Jörg Stecher	10 gulden	Bastion Romey	10 gulden
Pur Hanns	65 gulden	Kiepetter	15 gulden
Endriß Löffler	30 gulden	Martin Wieß	130 gulden
Bernhart Kettener	45 gulden	Teffingerhennse	90 gulden
Schefa Hennßle	40 gulden	Jung Ber	65 gulden
Schieba Lenhart	18 gulden	Schulthais Kleinhans Wiest	60 gulden
Hanns Ziegler	50 gulden	Clas Koler	120 gulden
Unstet Schönhietlin	20 gulden	Hans Schauman	110 gulden
Martin Mogs	30 gulden	Lenhart Hug	90 gulden
Kümich	18 gulden	Lentze Hoß	30 gulden
Schäffmichel	35 gulden	Heinrich Schauman	60 gulden
Matheus Hagelloch	18 gulden	Hanns Schnyder	40 gulden
Jörg Kenly	35 gulden	Lentze Wiest	35 gulden
Beckenmichel	20 gulden	Wüldhanns	110 gulden
Schnyderhanns	10 gulden	Wendel Schnyder	40 gulden
Jacob Kettener	65 gulden	Bur Jörg	90 gulden
Jörg Knor	65 gulden	Michel Wiest	60 gulden
Kleinhans, Müller	140 gulden	Naßmichel	90 gulden
Elle, Müller	45 gulden	Meister Bernhart	60 gulden
Agnes Scheßlerin	20 gulden	Heinrich Wydmayer	110 gulden
Hanns Scheffers	50 gulden	Jung Rout Hanns	45 gulden
Kreya Jörg	15 gulden	Berbelin die alt	
Thoma Wiest	100 gulden	Schulthaysen	120 gulden

Des Friemeßers Huß	20 gulden
Martin Kopp	15 gulden
Steffa Schmid	25 gulden
Hanns Rapp	35 gulden
Gnappers Ketherlin	10 gulden
Seuw Lenhart	10 gulden
Burg Ketherlin	25 gulden
Strow Lentzlin	17 gulden
Wolff Bernlin	70 gulden
Endriß Wegner	30 gulden
Balthas Brotbeck	65 gulden
Mangolt	20 gulden
Jousenhenße	70 gulden
Uhinger	12 gulden
Petters Thorothea	12 gulden
Martin Lutthenschleger	26 gulden
Michel Durchdenbach	26 gulden
Melchior Scheuch	35 gulden
Michel Schmid	65 gulden
Stain Hanns	20 gulden
Jacob Gürtler	40 gulden
Agtha Yesin	40 gulden
Jörg Yeser	65 gulden
Petter Huttenloch	65 gulden
Caspar Löffler	32 gulden
Creutzherrenhuß	20 gulden

Hernachvolgendt die Personen, so kain aigen Behusung haben, dero Vermögen sunst angeslagen

Michel Löffler	121 gulden
Der Jung Schönhut	48 gulden
Jousen Jörg	178 gulden
Joachim	19 gulden
Jörg Mayer	85 gulden
Peter Huttenloch	325 gulden
Das Kind von Ror	50 gulden
Schönhietlins Kind	60 gulden
Kauders Kind	50 gulden
Weytingers Kind	63 gulden
Bartlin Wydmeyer	42 gulden
Conrat Cremers Kind	87 gulden
Teffinger Henses Kind	100 gulden
Dieterich Wiesten Kind	250 gulden
Lenhart Wiest	80 gulden
Das Kind von Gültlingen	110 gulden

Text auf dem Erinnerungsstein zum Rathausneubau

(Abbildung auf Seite 58)

1607
Württemberg
SS

Als man gezält ein tausent Jar
Sechshundertundsiben firwar
Gebawen war diß Rathauß neuw
Stehts nit alhie wacker und frey,
Der durchleichtig und hochgeborn
Von gottesgnaden ausserkorn
Der waidlich Herr, Herr Friderich,
Der Landsfürst war, für gwiß sag ich
Der Ehrenveste und weiße Herr
Hannß Jacob Ochswald, das scepter
Zu Böblingen damal thet führen,
Darzu das gantze Ampt regieren.
Zu Magstatt aber Schulthaiß war
Wol in das sibenzehend Jar,
Rupertus Joß sein name ist.
Die Baumaister zu diser frist
Warn Martin Kling und Hanß Maier,
Jacob Schult und Michel Miller
Beed Bürgermaister allhie waren,
Behüt o Gott für allen gfahren
Nit allein dises Bürgerhauß,
Sondern auch die gehn drein und drauß.
Amen, das ist, es werde war
In diesem Jar und immerdar.

Text auf dem Erinnerungsstein von 1843 am Rathaus

(Abbildung auf Seite 115)

MDCCCXLIII.
Unter
WILHELM I.

Dem Helden im Kriege,
Dem Bürger der Künste des Friedens,
Dem Gründer der Verfassung,
Dem Erneurer unsres Rechts,
Dem Fürsten Furchtlos und Treu,
Erstand dieses Rathhaus neu.

* * *

Bei Dir Gott ist Verstand und Rath
Von der Höhe sende sie in dieses Haus
Durch Schultheis und den Magistrat
Bau der Gemeinde Wohlfahrt aus:
Dass Jeder es in Magstatt merk:
Hie allweg gut Württemberg:

JOH: GEORG.HAERING. SCHULTHEIS
MATH:WIDMAYER. GEMEINDEPFLEGER

Wortlaut der Note des Kriegsministers an das Ministerium des Innern

(Siehe Abbildung Seite 123)

Stuttgart den 19.ten Mai 1848

Note des Kriegs-Ministers an
das K. Ministerium des Innern,
die Absendung 2er Compagnien
Infanterie nach Magstadt betreffend

Der jenseitigen Requisition vom heutigen Tag entsprechend ist der Befehl an das Gouvernement Ludwigsburg ergangen 2 Compagnien des 7.ten Infanterie Regiments wo möglich heute noch nach Magstadt abmarschieren zu lassen. Seine Königliche Majestät haben nemlich gestern vorläufig zu befehlen geruht, daß im Falle eine Verwendung von Truppen nach Magstadt erforderlich würde, hierzu das 7.te Regiment zu wählen wäre.
Die Compagnien sind nach eben eingegangener Meldung heute Mittag 4 Uhr unter dem Commando des Majors von Husuadel von Ludwigsburg über Münchingen und Leonberg abmarschirt und werden muthmaßlich gegen 11 Uhr Nachts in Magstadt eintreffen.

Unterschriften

Wortlaut des Briefes der Gemeinde an das Oberamt

(Siehe Abbildung Seite 125)

Königliches Oberamt
Böblingen
Ganz unerwartet und unvermuthet ist der hiesigen Gemeinde am 19 ds Mts um Mitternacht Militair eingelegt worden, und soll daßelbe dem Vernehmen nach auch noch längere Zeit, jedenfalls so lange hier verweilen, bis die begonnene Untersuchung beendigt ist.
Dem Vernehmen nach sollen die Costen dieser Einquartirung auf die Gemeinde fallen, und da durch den von dem Königl. Ober Amt angekündigten Durchgang mit jedem einzelnen Bürger die Untersuchung zu lange andauren, und dadurch die Kosten der Einquartirung eine enorme Summe erreichen würden; so hat sich heute der größte Theil der Bürgerschaft dahin vereinigt, alsbald diejenigen Schritte zu thun, durch welche die Untersuchung so viel wie möglich abgekürzt, und die Einquartirung aufgehoben wird. Zunächst soll nun an das Königl. Oberamt die Anfrage gerichtet werden, aus welchem Grunde uns eine bewaffnete Macht von mehr als 350 Mann Linien Militair eingelegt wurde, wer dieses Einschreiten veranlaßt und befohlen hat, und von wem die dadurch erwachsenden Kosten zu tragen sind.
Indem wir nun um geneigte Beantwortung dieser Fragen, welche, wegen der Dringlichkeit der Sache, der beifolgenden Deputation gütigst mitgegeben werden wolle, bitten verharrend wir mit aller Hochachtung.   Magstatt den 23 May 1848

Pfarrer und Schultheißen in Magstadt

Die evangelischen Pfarrer seit der Reformation[1]

1534–1548	Melchior Irmenseher (Irmensee)
1549	Joh. Frey
1550	Urban Wiest
1551 Feb. 21.	Anton Reuchlin
1553 Juni 1. –1559	Sixt Fritz
1559–1563	M. Wilhelm Elenheinz
1563–1601	Jakob Broll
1602–1634	M. Georg Faber
1634–1639	M. Georg Friedrich Bausch (seine Witwe starb am 28. Sept. 1674 in Magstadt)
1639–1650	M. Georg Reipchius
1650–1657	M. Felix Ruthard
1657–1679	M. Andreas Hartmann
1679–1711	M. Johann Christoph Andler (in Magstadt am 16. Aug. 1716 gestorben und ebenda begraben)
1711–1723	M. Wolfgang Christoph Andler, Sohn des Vorgenannten
1723–1764	M. Jakob Friedrich Golther
1764–1766	M. Baltasar Haug
1767–1777	M. Christoph Friedrich Neuffer
1777–1791	M. Friedrich Wilhelm Schöndörfer
1791–1799	M. Christoph Friedrich Wunderlich
1799–1814	M. Felix Alexander Heermann
1814–1833	M. Johann Christian Faber
1833 war ernannt:	M. Gottlob Friedrich Rommel. Er starb vor seinem Aufzug hierher.
1834–1843	M. Johann Karl Hölder
1843–1860	M. Johann Gottlob Hauff
1860–1874	Gustav Barth
1874–1887	Heinrich August Herwig

1888–1905	Ernst Robert Wilhelm Payer
1906–1929	Rudolf Brezger
1929–1940	Martin Haug
1940–1948	Richard Tramer
1949–1956	Rudolf Hauser
1956–1964	Peter Wagemann
1964–1972	Pfarrer Werner Honold
1973–1978	Pfarrer Siegel
1979–1983	Pfarrer Erhard Lerch
1983–1985	Pfarrverweser Matthias Steinmann

Seit 1. Januar 1985 bestehen die zwei ständigen Pfarreien Magstadt Nordwest und Magstadt Südost:

Magstadt Nordwest

Sept. 1985– Sept. 1986	Dieter Sautter (Verweser)
Sept. 1986–Sept. 1987	Bill Sterrett
Sept. 1987–Dez. 1992	Martin Guther
Seit 1. Juli 1993	Hermann Maier

Magstadt Südost

Sept. 1985– Sept. 1993	Matthias Steinman (zunächst Verweser, seit Februar 1986 Pfarrer)
März 1994–Febr. 1995	Pfarrvikarin Evelyn Helle
März 1995–Febr. 1996	Vikarin Monika Volz
Seit April 1996	Pfarrerin Anna Lena Frey

Die katholischen Pfarrer[2]

1946–1949	Gottfried Steiner
1949–1955	Nikolaus Richter
1955–1958	Karl Rupp
1958–1963	Johannes Willems
1964–1975	Benedikt Helmlinger
1975–1985	Franz Schmid
1993–heute	Ansgar Leibrecht

Der schon stark verwitterte Grabstein an der Innenseite der Nordmauer des Kirchhofs könnte zu dem um 1550 in Magstadt amtierenden Pfarrer Urban Wiest (Wüst) gehört haben. Leider fehlt der obere Teil des Epitaphs, so daß die Umschrift nicht mehr vollständig ist. Der Abendmahlskelch deutet jedoch auf einen Geistlichen hin und links ist der Name Wust noch zu lesen.

Schultheißen und Bürgermeister[3]

1350 und 1381 gibt es eine Familie Schulthaiz in Magstadt

1403 N.N.

1430 – Juli 8. – Heinrich Blender, von Magstadt, ist Schultheiß von Weil im Dorf

1442 N.N.

1455 Cuntz Peler

1481 N.N.

1491 und 1495 Hans Widmann

1507 Joh. Wiest, der Ältere

1507 Joß Mayer

1514, 1523, 1525, 1527, 1530, (Klein), Hans Wüst (Wiest)

1525 wird Berbelin, die alt Schulthayßen genannt

1533 und 1535, Februar 18. Heinrich Widmayer

1535 Sept. 8. Michael (Michel) Betzner

1536 Barbara Heberin, Hansen Wiestenn, des alten Schultheißen Witwe

1545, 1547 und 1556 Melchior Luthart

1578 Georg Feßler

1579 Mai 13. Amtsverweser, 1582 Schultheiß: Jacob Ketner (Kettiner), wird 1590 alter Schultheiß genannt

Lienhart Kienlin

1590–1616 Ruprecht Jous (Joß)

1616–1622 Matheus Lutthardt

1624 und 1630 Jacob Schuldt

1632 Amtsverweser N.N.

1640 Amtsverweser N.N., Georg Kötner (Köttner)

1653–1671 Matthäus Bechlin (Bechle)

1673–1688 Georg Schaber

1688–1703 Johannes Breuning

1703–1712 Hans Jerg Erhardt

1713–1727 Jerg Köttner

1727–1740 Hanß Leonhardt Stegmüller

1741–1762 Georg Raith

1762–1763 Amtmann C.F. Heller

1763–1809 Amtmann Raymund Schwarz

1809–1838 Häring

1838–1848 Johann Jakob Häring

1848–1869 Rothacker

1870–1897 Friedrich Kofink

1897–1902 Georg Herre

1902–1933 Ernst Wilhelm Bissinger (seit 1930 mit der Amtsbezeichnung „Bürgermeister")

1933–1945 Alfred Stumpf

1945–1948 Robert Burkhardt

1948–1986 Erich Bohlinger

Seit 1986 Hans Benzinger

Die Magstadter Kriegsopfer beider Weltkriege[4]

Gefallene des Ersten Weltkrieges

Appenzeller Karl
* 01.04.1889 Magstadt
† 24.08.1914 Frankreich

Binder Wilhelm-Johann
* 30.09.1885 Untergruppenbach
† 29.09.1914 Frankreich

Breitling Gustav-Adolf
* 11.12.1885 Magstadt
† 21.08.1914 Frankreich

Frey Eugen
* 09.06.1887 Magstadt
† 21.12.1914 Frankreich

Gengenbach Christian
* 20.10.1884 Magstadt
† 09.09.1914 Frankreich

Greiner Johann-Ludwig
* 18.01.1888 Boll
† 28.01.1914 Elsaß

Häring Karl-August
* 12.12.1892 Magstadt
† 08.12.1914 Rußland

Huber Jakob
* 15.05.1887 Magstadt
† 30.10.1914 Frankreich

Kindler Gottlob
* 30.05.1890 Stuttgart
† 08.09.1914 Pretz

Kurz Eugen
* 03.11.1892 Magstadt
† 17.12.1914 Rußland

Kurz Hermann
* 06.01.1887 Magstadt
† 11.12.1914 Frankreich

Mammel Christian-Karl
* 21.10.1889 Magstadt
† 31.10.1914 Frankreich

Steegmüller Friedrich
* 20.09.1893 Magstadt
† 02.11.1914 Holland

Steegmüller Karl
* 29.03.1891 Magstadt
† 06.11.1914 Holland

Back Leo
* 17.12.1881 Magstadt
† 10.04.1915 Frankreich

Behrendt Herbert
* 07.04.1892 Breslau
† 25.09.1915 Frankreich

Betz Karl
* 19.09.1894 Magstadt
† 03.06.1915 Rußland

Eckert Max
* 07.09.1891 Magstadt
† 21.07.1915 Türkei

Eberle Christian
* 21.12.1890 Magstadt
† 18.04.1915 Rußland

Fenchel Karl
* 25.02.1877 Ostelsheim
† 28.02.1915 Frankreich

Klink Wilhelm
* 20.10.1883 Magstadt
† 16.06.1915 Frankreich

Krautter Christian
* 14.04.1897 Magstadt
† 15.07.1915 Rußland

Krautter Karl
* 05.04.1894 Magstadt
† 24.05.1915 Frankreich

Mann Karl
* 02.08.1890 Magstadt
† 06.01.1915 Rußland

Renz Christian Jakob
* 23.05.1880 Magstadt
† 20.08.1915 Frankreich

Schlecht Karl
* 07.09.1892 Magstadt
† 09.01.1915 Rußland

Schmauderer Gottlob
* 16.03.1879 Schafhausen
† 10.04.1915 Frankreich

Schneider Johannes-Wilh.
* 16.12.1890 Magstadt
† 05.08.1915 Frankreich

Wagner Friedrich
* 25.08.1889 Magstadt
† 05.01.1915 Rußland

Zipperle Heinrich
* 26.09.1895 Magstadt
† 01.06.1915 Frankreich

Baitemann Wilhelm
* 03.07.1891 Magstadt
† 11.07.1916 Frankreich

Bauer Gottlob
* 06.11.1895 Schwäbisch Gmünd
† 30.06.1916 Bapausne

Brändle Johannes
* 23.11.1892 Owingen/Müns.
† 25.01.1916 Frankreich

Huber Gottlob
* 04.05.1895 Magstadt
† 03.06.1916 Frankreich

Kreß Adolf
* 28.09.1885 Magstadt
† 11.05.1916 Belgien

Schuhmann Friedrich
* 11.08.1898 Pforzheim
† 15.08.1916 Frankreich

Steegmüller Gottlob
* 04.11.1896 Magstadt
† 11.07.1916 Frankreich

Thony Wilhelm
* 11.02.1892 Magstadt
† 30.10.1916 Frankreich

Vögele Eugen
* 24.03.1894 Magstadt
† 03.06.1916 Frankreich

Bartenschlag Karl
* 19.09.1874 Magstadt
† 20.05.1917 Frankreich

Hainz Albert
* 05.03.1896 Warmbronn
† 08.11.1917 Gent

Huber Christian
* 18.10.1884 Magstadt
† 28.05.1917 Frankreich

Laib Leonhard
* 11.03.1880 Holzgerlingen
† 09.10.1917 Frankreich

Naß Ernst-Ludwig
* 12.01.1895 Magstadt
† 19.08.1917 Flandern

Naß Jakob
* 25.07.1894 Magstadt
† 19.08.1917 Flandern

Raith Otto
* 20.07.1892 Magstadt
† 27.10.1917 Rußland

Schlecht Julius
* 11.08.1886 Magstadt
† 05.09.1917 Flandern

Schlecht Wilhelm
* 11.10.1882 Magstadt
† 20.08.1917 Frankreich

Schmidt Gottlob
* 02.12.1897 Magstadt
† 14.06.1917 Frankreich

Schöck Gotthard-Gottlieb
* 13.08.1887 Magstadt
† 26.01.1917 Frankreich

Steegmüller Herman
* 08.01.1895 Magstadt
† 23.05.1917 Frankreich

Steinhilber Gottlob
* 13.10.1879 Magstadt
† 22.10.1917 Frankreich

Thony Rudolf-Friedrich
* 05.10.1889 Magstadt
† 02.07.1917 Tschechei

Vögele Emil
* 20.11.1897 Magstadt
† 11.04.1917 Frankreich

Beßler Wilhelm
* 03.11.1886 Magstadt
† 28.03.1918 Frankreich

Bock Ludwig
* 31.08.1893 Neckarsteinach
† 15.07.1918 Frankreich

Breitling Eugen
* 17.01.1895 Magstadt
† 17.05.1918 Rußland

Breitling Wilhelm
* 26.06.1894 Magstadt
† 05.12.1918 Bremen/Lazarett

Grözinger Eugen
* 08.07.1898 Magstadt
† 15.04.1918 Frankreich

Kohler Christian
* 20.08.1882 Magstadt
† 13.10.1918 Koblenz/Lazarett

Mundinger Gottlob
* 12.09.1890 Magstadt
† 15.10.1918 Stuttgart/Lazarett

Ruoff Johann-Georg
* 16.04.1888 Wittendorf
† 16.08.1918 Frankreich

Springer Karl
* 31.10.1897 Böblingen
† 14.06.1918 Frankreich

Stahl Jakob
* 30.04.1892 Magstadt
† 16.10.1918 Magstadt

Kolb Karl
* 20.02.1879 Magstadt
† 21.06.1918 Magstadt

Beutler Karl Ferdinand
* 18.10.1897 Ludwigsburg
† 09.07.1919 Frankreich

Eckert Otto
* 24.09.1889 Magstadt
† 02.06.1919 Böblingen/Lazarett

Vermißte
des Ersten Weltkrieges

Danner Ernst
* 02.11.1889 Maichingen
  19.09.1916 Frankreich

Eberle Gottlob
* 06.10.1892 Magstadt
  24.08.1914

Graner Heinrich
* 29.08.1886 Magstadt
  21.08.1914 Frankreich

Häring Eugen
* 27.12.1890 Magstadt
  29.08.1915 Frankreich

Himmel Otto
* 21.05.1897 Magstadt
  1918

Kreß Ernst
* 03.09.1891 Magstadt
  11.09.1914 Frankreich

Reichensperger Willibald
* 21.01.1886 Untergimpern
  16.06.1915 Frankreich

Schmidt Ernst
* 20.06.1891 Magstadt
  11.09.1914 Frankreich

Schmidt Hermann
* 27.12.1896 Magstadt
  10.07.1916 Verdun

Schmidt Karl
* 27.11.1881 Magstadt
  08.1914 Elsaß

Schmidt Max
* 13.07.1895 Magstadt
18.08.1916 Somme

Springer Wilhelm
* 22.07.1896 Magstadt
01.10.1918 Frankreich

Steegmüller Jakob
* 23.12.1883 Magstadt
14.10.1916 Somme

Gefallene des Zweiten Weltkrieges

Eberle Wilhelm
* 25.04.1915 Magstadt
† 06.06.1940 Frankreich

Schüle Albert
* 03.05.1915 Magstadt
† 05.06.1940 Amiens

Schüle Otto
* 16.12.1919 Magstadt
† 09.04.1940 Norwegen

Eberle Ernst
* 09.04.1914 Mettingen
† 24.07.1941 Rußland

Engler Georg
* 02.04.1913 Ertingen
† 22.11.1941 Rußland

Frey Eugen
* 20.11.1914 Magstadt
† 11.12.1941 Rußland

Geiger Gustav
* 12.06.1912 Magstadt
† 09.11.1941 Charkow

Himmel Adolf
* 04.09.1919 Magstadt
† 09.09.1941 Rußland

Himmel Gustav
* 10.06.1908 Magstadt
† 29.12.1941 Rußland

Koch Gottlob
* 12.03.1911 Neubulach
† 19.07.1941 Rußland

Rall Robert
* 14.05.1912 Oelbronn
† 29.07.1941 Rußland

Sattler Wilhelm
* 29.11.1918 Magstadt
† 05.07.1941 Rußland

Schmidt Paul
* 01.09.1917 Magstadt
† 15.06.1941 Afrika

Schmidt Paul
* 04.11.1920 Magstadt
† 02.08.1941 Rußland

Schneider Erwin
* 25.02.1915 Kleinensingen
† 09.09.1941 Rußland

Steinhilber Erich
* 10.01.1912 Magstadt
† 20.07.1941 Rußland

Dussle Hans
* 26.03.1922 Lützenhardt
† 09.09.1942 Kaukasus

Essig Karl
* 12.12.1914 Magstadt
† 13.12.1942 Tunis

Gruber Friedrich
* 06.09.1911 Magstadt
† 19.05.1942 Rußland

Hess Werner
* 08.07.1915 Rüdern
† 15.09.1942 Rußland

Holder Georg
* 03.09.1915 Sirchingen
† 26.07.1942 Leningrad

Kettner Erwin
* 10.07.1913 Magstadt
† 03.11.1942 Rußland

Lamperth Karl
* 02.08.1920 Magstadt
† 08.01.1942 Rußland

Landenberger Paul
* 22.10.1910 Magstadt
† 20.08.1942 Rußland

Rehm Karl
* 18.10.1916 Herligmühle
† 23.03.1942 Rußland

Rosbitzky Werner
* 31.05.1910 Renningen
† 25.08.1942 Dorpat

Schempp Ludwig
* 04.03.1922 Magstadt
† 03.10.1942 Rußland

Schmauderer Alfred
* 20.10.1911 Magstadt
† 07.12.1942 Rußland

Schmidt Wilhelm
* 30.03.1921 Magstadt
† 29.05.1942 Rußland

Weber Friedrich
* 03.11.1918 Mannheim
† 25.01.1942 Rußland

Zimmermann Martin
* 02.05.1910 Aglasterhausen
† 22.07.1942 Leningrad

Bossinger Paul
* 11.07.1915 Magestadt
† 13.09.1943 Rußland

Dukek Robert
* 11.08.1924 Magstadt
† 19.05.1943 U-Boot

Geiger Wilhelm
* 02.01.1915 Magstadt
† 01.03.1943 Rußland

Gerlach Eugen
* 08.02.1912 Aidlingen
† 11.08.1943 Rußland

Greiner Ludwig
* 02.05.1915 Magstadt
† 23.11.1943 Rußland

Gross Friedrich
* 25.06.1906 Magstadt
† 17.09.1943 Rußland

Häring Wilhelm
* 14.03.1911 Magstadt
† 01.06.1943 Rußland

Haigel Georg
* 29.05.1911 Abensberg
† 12.02.1943 Rußland

Huber Eugen
* 26.10.1923 Magstadt
† 18.09.1943 Rußland

Kienle Karl
* 09.08.1908 Magstadt
† 09.07.1943 Esslingen/Lazarett

Kienle Walter
* 22.10.1916 Magstadt
† 19.07.1943 Rußland

König Helmut
* 19.03.1924 Magstadt
† 30.12.1943 Rußland

Kübler Richard
* 02.02.1909 Magstadt
† 22.11.1943 Rußland

Schaffert Georg
* 14.03.1918 Stuttgart
† 05.12.1943 Rußland

Schlecht Helmut
* 17.09.1927 Sindelfingen
† 31.05.1943 Sindelfingen

Schmidt Paul
* 22.01.1912 Magstadt
† 10.11.1943 Rußland

Schmidt Walter
* 08.04.1922 Magstadt
† 15.01.1943 Stalingrad

Schmohl Albert
* 12.01.1917 Schafhausen
† 16.03.1943 Rußland

Schöffler Helmut
* 05.04.1923 Liebenzell
† 19.03.1943 Rußland

Schulz Gottlob
* 09.01.1923 Stuttgart
† 03.08.1943 Rußland

Steegmüller Karl
* 19.03.1923 Magstadt
† 14.01.1943 Rußland

Steegmüller Walter
* 17.11.1907 Magstadt
† 20.08.1943 Rußland

Strölin Richard
* 14.08.1910 Hossingen
† 21.03.1943 Afrika

Suska
* 30.05.1910 Lignitz
† 10.04.1943 Zeits/Lazarett

Weisl Johann
* 27.05.1917 Attendorfberg
† 20.09.1943 Rußland

Wellinger Karl
* 20.02.1910 Magstadt
† 16.03.1943 Rußland

Allgöwer Friedrich
* 11.07.1900 Magstadt
† 14.08.1944 Luftangriff

Bebion Paul
* 28.03.1925 Magstadt
† 20.04.1944 Italien

Beck Gottlob
* 31.01.1913 Magstadt
† 14.07.1944 Rußland

Beck Otto
* 21.12.1917 Magstadt
† 21.10.1944 Rußland

Blömer Wilfried
* 27.05.1920 Bielefeld
† 20.07.1944 Insel Rügen

Dietrich Alfons
* 21.03.1914 Weizen
† 02.03.1944 Rußland

Frey Karl
* 03.04.1919 Magstadt
† 08.06.1944 Cherbourg

Gerlach Hermann
* 19.01.1920 Gültstein
† 31.05.1944 U-Boot

Glaser Gustav
* 19.03.1907 Wimmelburg
† 20.09.1944 Frankreich

Hagenlocher Paul
* 07.11.1912 Malmsheim
† 22.09.1944 Galizien

Himmel Ludwig
* 11.08.1908 Magstadt
† 31.12.1944 Malmedy

Huber Herman
* 16.08.1912 Magstadt
† 06.03.1944 Rußland

Hüttner Friedrich
* 05.03.1924 Lendriedel
† 16.02.1944 Italien

Kettner Karl
* 12.01.1907 Magstadt
† 17.11.1944 Jugoslawien

Kienle Gustav
* 02.03.1900 Magstadt
† 24.11.1944 Düren

Kling Wilhelm
* 09.02.1906 Renningen
† 14.08.1944 Luftangriff

Kohler Albert
* 22.04.1908 Magstadt
† 28.05.1944 Rußland

Kohler Hermann
* 25.08.1913 Magstadt
† 19.07.1944 Brest-Litowsk

Liermann Albert
* 27.11.1914 Pforzheim
† 18.02.1944 Italien

Maier Hermann
* 08.06.1925 Bad Cannstatt
† 06.08.1944 Pisarowce

Mundinger Otto
* 26.11.1920 Magstadt
† 03.10.1944 Mawato/Heide

Ruh Erna
* 04.02.1910 Böblingen
† 19.07.1944 Luftangriff

Schmauderer Karl
* 12.07.1909 Magstadt
† 31.05.1944 Rußland

Schmidt Otto
* 17.07.1914 Magstadt
† 04.07.1944 Rußland

Schmidt Wilhelm
* 08.09.1921 Magstadt
† 24.08.1944 Polen

Schneider Karl
* 17.11.1925 Magstadt
† 01.07.1944 Frankreich

Schneider Philipp
* 25.04.1908 Kempten
† 24.05.1944 Italien

Schöck Ernst
* 08.02.1922 Magstadt
† 14.05.1944 Rußland

Schöck Hermann
* 20.05.1906 Magstadt
† 24.03.1944 Rußland

Springer Ernst
* 25.05.1911 Magstadt
† 03.06.1944 Italien

Steegmüller Robert
* 20.02.1922 Magstadt
† 15.08.1944 Litauen

Strasser Rudolf
* 30.06.1926 Stuttgart
† 16.12.1944 Ardennen

Widmann Albert
* 22.02.1915 Maichingen
† 22.06.1944 Smolensk

Willrich Alfred
* 29.01.1911 Völklingen
† 11.05.1944 Rußland

Wolbold Karl
* 13.01.1926 Magstadt
† 08.07.1944 Rußland

Vögele Walter
* 31.05.1923 Magstadt
† 11.06.1944 Cherbourg

Zipperle Emil
* 31.10.1907 Magstadt
† 30.08.1944 Italien

Bernardin Walter
* 03.10.1913 Kusel
† 17.04.1945 Seefeld/Tirol

Breitling Karl
* 29.10.1901 Magstadt
† 24.10.1945 Rußland

Dittus Friedrich
* 26.09.1906 Stammheim
† 09.01.1945 Elsaß

Drews Arno
* 21.07.1922 Danzig
† 21.02.1945 Saargebiet

Eberle Ruth
* 09.05.1922 Magstadt
† 20.04.1945 Magst.Gr.Spl.

Ebert Karl
* 10.10.1908 Ittlingen
† 15.01.1945 Smolensk

Gross Otto
* 19.09.1905 Magstadt
† 24.11.1945 Frankreich

Gühring Georg
* 04.10.1901 Mühlen/N.
† 28.03.1945 Vaihingen/Filder

Henzler Ernst
* 01.04.1924 Sindelfingen
† 20.06.1945 Österreich

Himmel Jakob
* 11.07.1916 Magstadt
† 03.02.1945 Oberschlesien

Horst Max
* 12.02.1927 Neuhaldensleben
† 31.01.1945 Ostpreußen

Kaufmann Karl
* 27.03.1919 Magstadt
† 28.01.1945 Rußland

Kelber Max
* 01.08.1909 Bachenau
† 29.03.1945 Deutschland

Kienle Edmund
* 24.05.1926 Magstadt
† 05.03.1945 Ungarn

Kohler Hans
* 27.02.1926 Magstadt
† 04.01.1945 Luxemburg

Kohler Karl
* 23.05.1921 Magstadt
† 10.02.1945 Bamberg

Kohler Wilhelm
* 15.03.1925 Magstadt
† 07.05.1945 Steiermark

Kopp Karl
* 26.09.1907 Magstadt
† 02.01.1945 Ungarn

Landenberger Karl
* 02.11.1924 Magstadt
† 03.02.1945 Rußland

Lörcher Walter
* 05.08.1925 Magstadt
† 01.01.1945 Frankreich

Mann Alfred
* 05.02.1920 Magstadt
† 14.01.1945 Polen

Roller Gustav
* 13.03.1919 Magstadt
† 31.01.1945 Fürstenwalde

Schneider Karl
* 15.12.1912 Reutlingen
† 01.03.1945 Rußland

Schöck Christian
* 09.09.1889 Magstadt
† 20.04.1945 Magstadt

Schroth Erwin
* 22.02.1927 Sindelfingen
† 02.06.1945 Herzberge/Lazarett

Stecker Karl
* 15.05.1922 Backnang
† 30.03.1945 Gotenhafen

Steegmüller Hermann
* 24.08.1905 Magstadt
† 27.04.1945 Berlin

Steinhilber Otto
  * 26.01.1907   Magstadt
  † 02.06.1945   Metz/Gef.

Seitz Kurt
  * 01.09.1927   Pforzheim
  † 15.01.1945   Ostpreußen

Wolbold Otto
  * 01.07.1891   Magstadt
  † 18.10.1945   Frankreich/Gef.

Vermißte des Zweiten Weltkrieges

Back Otto
  * 10.02.1915   Magstadt

Beck Hermann
  * 01.10.1914   Magstadt

Beiswanger Rolf
  * 21.11.1925   Böblingen

Blinkle Hermann
  * 17.10.1926   Magstadt

Breitling Otto
  * 11.02.1914   Ludwigsburg

Buckenmaier Max
  * 27.11.1919   Stuttgart

Digel Hermann
  * 02.12.1917   Magstadt

Geiger Paul
  * 20.02.1908   Magstadt

Gessner Ludwig
  * 15.04.1911   Schweinfurt

Grözinger Eugen
  * 23.04.1920   Fellbach

Gross Hans
  * 29.03.1924   Sindelfingen

Häring Erich
  * 31.05.1916   Magstadt

Häring Robert
  * 30.05.1906   Magstadt

Huber Eugen
  * 13.06.1914   Magstadt

Kienle Erwin
  * 01.02.1918   Magstadt

Kleinknecht Alfred
  * 10.09.1911   Magstadt

Kleinknecht Karl
  * 25.01.1904   Magstadt

Klink Wilhelm
  * 25.02.1916   Magstadt

Kohler Albert
  * 08.08.1927   Magstadt

Kohler Karl
  * 09.07.1912   Magstadt

Mann Paul
  * 06.10.1924   Magstadt

Mundinger Hugo
  * 26.03.1906   Magstadt

Naß Alfred
  * 13.06.1926   Stuttgart

Nuffer Otto
  * 22.06.1915   Magstadt

Reichensperger Willibald
  * 15.09.1911   Untergiengern

Seier Karl
  * 21.05.1921   Oberjettingen

Sattler Siegfried
  * 30.12.1921   Stuttgart

Schüfer Fritz
  * 30.09.1917   Magstadt

Schneider Robert
  * 29.12.1909   Magstadt

Schöck Gustav
  * 05.12.1906   Magstadt

Schroth Albrecht
  * 28.10.1903   Magstadt

Stanger Walter
  * 15.09.1911   Magstadt

Staudenmaier Ernst
  * 18.02.1914   Stuttgart

Stecker Hermann
  * 03.04.1926   Backnang

Steegmüller Albert
  * 04.12.1913   Stuttgart

Steegmüller Emil
  * 25.09.1915   Magstadt

Sting Fritz
  * 29.12.1914   Magstadt

Stöhrle Wilhelm
  * 17.07.1911   Huchenfeld/Ba.

Storz Paul
  * 11.07.1924   Sindelfingen

Vögele Karl
  * 12.06.1914   Stuttgart

Winter Robert
  * 18.07.1906   Magstadt

Wörner Eugen
  * 23.01.1913   Magstadt

Wörner Wilhelm
  * 19.12.1906   Magstadt

Wolbold Gustav
  * 10.08.1922   Mannheim

Die Opfer des Fliegerangriffs vom 10. September 1944

Bayer Emma (Mühlbacher)
  * 04.01.1916   Heilbronn

Bauer Ernst
  * 29.03.1898   Sandhofen

Bauer Hedwig
  * 15.12.1924   Magstadt

Bauer Herbert
  * 14.08.1941   Sindelfingen

Benkiser Gerda
  * 23.05.1927   Stuttgart

Breitling Lina
  * 30.07.1926   Magstadt

Breitling Maria (Wellinger)
  * 26.03.1880   Magstadt

Eberle Rosa (Blum)
  * 27.06.1906   Magstadt

Eberle Rudolf
   * 10.10.1938   Magstadt

Eberle Walter
   * 10.07.1931   Magstadt

Eberle Werner
   * 02.06.1936   Magstadt

Frey Hedwig (Kopp)
   * 13.05.1916   Böblingen

Füss Anneliese
   * 30.12.1928   Sindelfingen

Füss Elisabeth (Retter)
   * 12.04.1901   Sindelfingen

Füss Fritz
   * 19.05.1936   Sindelfingen

Gengenbach Hedwig (Müller)
   * 17.06.1905   Magstadt

Gross Georg
   * 19.05.1867   Maichingen

Huber Hildegard (Seffert)
   * 08.03.1919   Berlin

Kopp Richard
   * 01.02.1882   Böblingen

Lamparth Maria (Blinkle)
   * 25.03.1881   Magstadt

Landenberger Else
   * 08.07.1940   Magstadt

Landenberger Ernestine (Renle)
   * 24.12.1901   Iselshausen

Landenberger Gretel
   * 29.09.1935   Magstadt

Landenberger Gottlob
   * 29.01.1906   Magstadt

Mühlbacher Berta (Steinbach)
   * 14.12.1890   Heilbronn

Müller Emilie (Widmaier)
   * 19.02.1878   Magstadt

Mundinger Helene
   * 15.03.1928   Magstadt

Renner Lina (Böttinger)
   * 21.04.1914   Magstadt

Schad Friederike (Schmidt)
   * 18.04.1858   Magstadt

Schlecht Wilhelm
   * 30.10.1885   Magstadt

Schmidt Jakob
   * 04.01.1864   Magstadt

Schneider Anna
   * 09.05.1903   Magstadt

Schneider Gertrud
   * 14.04.1936   Magstadt

Schneider Ilse
   * 10.01.1944   Magstadt

Schneider Rosa (Wagner)
   * 04.06.1905   Maichingen

Schott Karoline (Breitling)
   * 14.11.1878   Magstadt

Schroth Therese (Vogel)
   * 20.09.1875   Kirchlinsbergen

Steegmüller Christa
   * 14.08.1941   Sindelfingen

Steegmüller Else (Lamparth)
   * 08.07.1909   Magstadt

Steegmüller Gerda
   * 20.07.1937   Magstadt

Steegmüller Karl
   * 03.09.1923   Magstadt

Steegmüller Kurt
   * 27.09.1930   Sindelfingen

Steegmüller Loni
   * 23.08.1934   Magstadt

Steegmüller Lotte
   * 22.10.1934   Magstadt

Steegmüller Margarete
   * 17.08.1938   Magstadt

Steegmüller Otto
   * 04.05.1936   Magstadt

Steegmüller Paul
   * 14.08.1941   Sindelfingen

Straub Anna (Schall)
   * 11.07.1914   Weiler

Straub Hilde
   * 07.02.1934   Weiler

Straub Johann
   * 13.06.1912   Horb

Straub Otto
   * 07.03.1938   Magstadt

Straub Viktoria
   * 12.01.1936   Magstadt

Umgelter Anna (Hackius)
   * 26.12.1915   Renningen

Wildbrett Reinhold
   * 02.11.1871   Wildbad

Wochelen Maria
   * 23.04.1898   Magstadt

Wochelen Pius
   * 05.05.1894   Hirrlingen

Maße, Münzen, Gewichte

Maße

Württemberg 1557

1 Linie	=	0,197	cm
1 Zoll	=	12	Linien
	=	2,375	cm
1 Fuß	=	12	Zoll
	=	28,649	cm
1 Rute	=	16	Fuß oder Werkschuh
	=	4,58	m
1 Elle	=	0,641	m
1 Quadratfuß	=	0,082	qm
1 Quadratrute	=	256	Quadratfuß
	=	21,011	qm
1 Morgen	=	150	Quadratruten
	=	31,517	ar

Württemberg 1806

1 Linie	=	0,286	cm
1 Zoll	=	10	Linien
	=	2,864	cm
1 Fuß (Schuh)	=	10	Zoll
	=	28,649	cm
1 Rute	=	10	Fuß
	=	2,864	m
1 Elle	=	0,614	m
1 Meile	=	2600	Ruten
	=	7,448	km
1 Morgen	=	384	Quadratruten
	=	31,52	ar

Münzen

Pfund-Währung

1 Pfund	=	20	Schilling
	=	240	Denare oder Pfennig
1 Schilling-Pfennig	=	12	Pfennig
1 Pfund Heller	=	240	Heller
1 Schilling-Heller	=	12	Heller

Kreuzer-Währung (16. Jahrhundert)

1 Gulden (fl)	=	60	Kreuzer
1 Batzen	=	4	Kreuzer
1 Kreuzer	=	4	Pfennig
1 Pfennig	=	2	Heller

1 Gulden (fl)	=	*1,71 Mark*	
		(in Württemberg seit 1875)	

1 Vorder- und Rückseite eines Schillings des Grafen Eberhard von Württemberg von 1494.

2 Vorder- und Rückseite eines Hellers der Reichsmünzstätte Schwäbisch-Hall aus dem zweiten Viertel des 13. Jahrhunderts.

3 Undatierter Kreuzer Herzog Christophs (1550 bis 1568).

4 Vorder- und Rückseite eines Halbbatzenstücks (Zwei Kreuzer) Herzog Eberhards von 1639.

5 Sechskreuzerstück Herzog Johann Friedrichs von 1621.

1 Jauchert (gewöhnlich nur für Äcker gebraucht) oder 1 Mannsmahd (gewöhnlich nur für Wiesen gebraucht) oder 1 Tagwerk = 1 Morgen (ältere Relation) beziehungsweise $1^1/_2$ Morgen (neuere Relation). Die angegebenen Viertel sind etwas ungenau berechnet.

Hohlmaße

Getreide
Württemberg 1557

1 Scheffel (Malter)	= 8 Simri (Viertel)	= 1,772 hl
1 Simri oder Imi	= 4 Vierling	= 22,153 l
1 Vierling	= 2 Achtel	= 5,538 l
1 Achtel	= 2 Meßle	= 2,769 l
1 Meßle	= 2 Eckle	= 1,384 l
1 Eckle	= 4 Viertele	= 0,692 l
1 Viertele	= 0,173 l	

Württemberg 1806

1 Scheffel	= 1,772 hl
1 Neuscheffel	= 50 l
(seit 1868; kaum in Gebrauch)	
1 Simri	= 22,153 l
1 Vierling (Imi)	= 5,538 l
1 Eckle	= 0,692 l
1 Viertele	= 0,173 l
1 gehäuftes Simri	= 1,5 Vierling
	(seit 1806)

Flüssigkeiten

Württemberg 1557

1 Fuder	= 6 Eimer	= 17,635 hl
1 Eimer	= 16 Imi	= 2,939 hl
1 Imi	= 10 Maß	= 18,370 l
1 Maß	= 4 Schoppen	= 1,837 l
1 Schoppen		= 0,459 l

Im Trübeich (trüber, noch unvergorener Wein):
1 Eimer = 3,067 hl
Im Helleich (heller, vergorener Wein):
1 Eimer = 2,939 hl
Im Schenkmaß (öffentliche Abgabe von
Getränken: 1 Eimer = 2,672 hl

Gewichte

1 Kölnische Mark	= 1/2 Pfund Pfennig	
	= 233,85 g	
1 Pfund	= 2 Kölnische Mark	
	= 32 Lot = 467,58 g	
	Seit 1833 das Zollpfund zu 500 g	
1 Lot	= 4 Quentle	= 14,612 g
1 Quentle	= 4 Richtpfennig	= 3,653 g
1 Richtpfennig		= 0,913 g

1 Schwerer Zentner	= 104 Pfund	= 48,629 kg
1 Leichter Zentner	= 100 Pfund	= 46,758 kg

6 *Guldentaler Herzog Ludwigs von 1573 (60 Kreu-*
zer).
7 *Undatierter, einseitig geprägter Pfennig Herzog*
Ludwigs von Württemberg (1568 bis 1593) mit
Jagdhornmotiv.
8 *Batzen des Konstanzer Bischofs Hugo von Hohen-*
landenberg, geprägt etwa 1510 bis 1518.
Die Münzen sind alle in natürlicher Größe dargestellt.

Zum Ortsplan von 1830

Die im hinteren Buchdeckel eingesteckte Reproduktion der Karte von 1830, Magstadt (Blatt N.W.XXII.6) veranschaulicht ein Teilergebnis der in den Jahren 1818 bis 1840 durchgeführten allgemeinen Landesvermessung im damaligen Königreich Württemberg.

Der seit 1797 regierende Herzog Friedrich II. konnte in den napoleonischen Wirren seinem Land erhebliche Besitzungen einverleiben, so daß der Gebietsstand zwischen 1802 und 1810 auf mehr als das Doppelte, nämlich 19 500 km^2, anwuchs. Friedrich hatte am 1. Januar 1806 die Königswürde angenommen und begann die neuerworbenen Gebiete mit dem alten Württemberg in einem straff geordneten Staatswesen fest zusammenzufügen. Nach seinem Tod, 1816, setzte sein Sohn, König Wilhelm I., das Vereinigungswerk fort. Bei diesen Bemühungen um das Zusammenwachsen der verschiedenen Landesteile erkannte man wieder einmal die Notwendigkeit, einen einheitlichen und gleichen Maßstab zur gerechten Besteuerung anzuwenden.

Mit dem Dekret vom 25. Mai 1818 ordnete König Wilhelm I. die Durchführung einer neuen allgemeinen Landesvermessung an. Diese Maßnahme bezweckte eine Vereinheitlichung im Steuer- und Abgabewesen für die altwürttembergischen und die neuerworbenen Gebiete auf der Grundlage eines für das Land gleichen Systems der Ertragsermittlung. Andererseits war erst mit der Aufnahme aller Eigentumsgrenzen durch Maß-

zahlen die zuverlässige Sicherung der Grenzen zum Schutz des Besitzstandes möglich. Die Anlage großmaßstäblicher Flurkarten in einem geschlossenen Rahmensystem konnte für Planungen – gedacht war an Straßenbau und Flußregulierungen – nützlich sein und war von Anfang an die Grundlage zur Herstellung eines auch für militärische Verwendung gedachten topographischen Kartenwerkes.

Im altwürttembergischen Gebiet reichte die obrigkeitliche Regelung der Maßeinheiten weit zurück. Für das vergrößerte Gebiet des Königreichs Württemberg galt ab 1. Dezember 1806 einheitlich der württembergische Schuh in der bisherigen Größe als gesetzliche Maßeinheit, aber nunmehr in dezimaler Unterteilung, nämlich 1 Rute = 10 Schuh (1˚ = 10'), 1 Schuh = 10 Zoll (1' = 10"), 1 Zoll = 10 Linien (1" = 10''').

Als Flächenmaß wurde die bisherige Größe des Morgens beibehalten; er umfaßte damit 384 Quadratruten. Alle Flächenangaben in den Registern sind in ganzen Morgen, Achtelsmorgen und Quadratruten ausgedrückt. Die ganze württembergische Landesvermessung sowie deren Fortführung samt allen anderen amtlichen Vermessungen erfolgte bis 1871 im Maßsystem von 1806.

1871 wurde in Württemberg die Maß- und Gewichtsordnung des seinerzeitigen Norddeutschen Bundes vom 17. August 1868 in das Landesrecht übernommen. Durch Ministerialverfügung vom 7. September 1871 war für den Bereich der Landesvermessung und ihrer Fortführung ab 1. Januar 1872 die Anwendung des Metermaßes zwingend vorgeschrieben. Die Umrechnung in das neue Metermaß erfolgte nach Tabellen unter Verwendung der Verhältniszahlen 1 württ.

Ein älterer und ein jüngerer Magstadter Zeuge. Solche im Lauf der Zeit unterschiedlich markierte Tonplättchen wurden bei amtlichen Vermessungen durch den FeldUntergänger unter dem Grenzstein verlegt und garantierten bei dessen Versetzen oder Verlust das Wiederauffinden und die Echtheit des Grenzpunktes.

Fuß = 0,28649029 m, 1 württemb. Morgen = 31,51744772 a.

Für die ab Frühjahr 1819 voll einsetzende Parzellarvermessung waren jeweils 10 bis 13 Geometer einem Obergeometer unterstellt. Mit durchschnittlich neun derartigen Geometerabteilungen wurden innerhalb von 22 Jahren rund fünf Millionen Flurstücke vermessen, kartiert und berechnet. Alle gemessenen Zahlen waren auf dem Feld mit Bleistift in das Landesvermessungsbrouillon, ein skizzenhaftes Feldbuch, einzutragen, das am Abend, oft bei Kerzen- oder Kienspanlicht, bis zum heutigen Tage deutlich lesbar, mit Tusche ausgearbeitet wurde.

In diesem Brouillon waren die Grenzpunkte, Grenzlinien, Gebäude und Nutzungsarten eingemessen, die topographischen Gegenstände wie Wege, Gewässer, Ruinen und Kulturdenkmäler dargestellt, sowie die Orts- und Gewandnamen neben den namentlich erfaßten Eigentümern, den bestehenden Hausnummern und den laufenden Nummern der Parzellen eingetragen.

Ein besonderes Problem ergab sich bei der durchgehend angeordneten Abmarkung der Grenzbruchpunkte mit festen Steinen samt den beigefügten Zeugen durch die FeldUntergänger, das alteingeführte Untergangsgericht, wegen Säumigkeit, Interesselosigkeit und Widerstand von Eigentümern und Gemeinden. (Zeugen sind charakteristische und unverwesliche Beigaben zur zweifelsfreien Wiederbestimmung des Standorts der Grenzsteine.)

Für die Vervielfältigung der Flurkarten im Steindruckverfahren wurde noch im Jahr 1818 als staatliche Einrichtung die Lithographische Anstalt in Stuttgart gegründet.

Im Verlauf von 22 Jahren, nämlich von 1818 bis 1840, entstand ein das Land vollständig überdeckendes, lückenloses Flurkartenwerk im Maßstab 1:2500 mit 15 572 Blättern, das auf 15 289 Lithographiesteinen stand. Außerdem wurden unter Kostenbeteiligung der interessierten Gemeinden noch 304 Stadt- und Ortspläne im Maßstab 1:1250 lithographiert.

Nachdem die Gebäude mit den durch die Brandversicherungsordnung von 1807 eingeführten Gebäudenummern bezeichnet waren, erfolgte der Eintrag der Flurstücksnummern für die Feldgüter. Bei der Ortsmitte mit eins beginnend, wurde im Uhrzeigersinn spiralig nach außen fortlaufend durchgezählt. Daneben gab es noch die besonderen Wege- und Gewässerabteilungen. Alle Flächennutzungspläne, die in unserem Land aufgestellt werden, haben bis heute dieses Flurkartenwerk zur Grundlage.

Das Liegenschaftskataster als einziger vollständiger Nachweis aller Grundstücke steht in enger Wechselbeziehung zu dem seit 1900 geführten Grundbuch, das direkt aus dem Güterbuch hervorging. Der durch Eintragung im Güter- beziehungsweise Grundbuch begründete Eigentumsnachweis hat seine eigene, lange zurückreichende Geschichte. Seit der Fertigstellung der Primärkataster sind aber diese beiden Einrichtungen für Nachweis und Sicherung des Grundeigentums eng miteinander verkoppelt.

*Der im hinteren Buchdeckel
eingesteckte Ortsplan*

Dieser von Geometer Roller aufgenommene Plan im Maßstab 1:2500 ist die erste genau vermessene Karte von Magstadt. Sie zeigt das Dorf, wie es im wesentlichen seit der Mitte des 17. bis etwa zum Ende des 19. Jahrhunderts bestand. Die verschiedenen Schraffuren bezeichnen die jeweilige Nutzung. So sind alle schräg schraffierten Gebäude Wohnhäuser oder vorwiegend als solche genutzt. Was zum Grundriß parallel schraffiert ist, sind Scheuern, Ställe, Schuppen oder gewerblich genutzte Gebäude. Die unterbrochene Schrägschraffur kennzeichnet öffentliche Gebäude wie Rathaus, Schule, Schafstall. Die diagonal punktierten Flächen sind Hausgärten. Der Ort ist umgeben von Streuobstwiesen.

Nach Norden, also nach oben führt die Neue Stuttgarter Straße aus dem Dorf, nach links die Weilemer Straße, links unten ist die Schafhauser Straße und nach Süden die Maichinger Straße. Vom Unteren Markt weg geht die Alte Stuttgarter Straße nach Südosten. Oben ist der Planbach zu sehen, im wesentlichen noch so, wie er heute verläuft. Seiner exponierten Lage wegen ist das Rathaus (1) am leichtesten zu finden, ebenso die alte Schule (2) und die Zehntscheuer (3). An der Kirchhofmauer ist auch das Backhaus eingezeichnet (4), damals noch Feuerwehrgeräteschuppen (siehe auch Text Seite 90). Hinter dem Pfarrhaus (5) ist die Pfarrscheuer (6) zu sehen. Nr. 7 bezeichnet den ehemaligen zweistockigen „Heiligenkasten", eine Scheuer, in welcher der dem Pfarrer beziehungsweise der Kirche zustehende Zehnte gelagert wurde.

Die Pfarrgasse war der zweiten nördlichen Mauer wegen wohl nicht mehr als ein enger Durchgang. Rechts von der alten Schule ist mit der Nr. 8 das Gasthaus Hirsch mit der dahinter stehenden großen Scheuer gekennzeichnet. Ganz oben an der Neuen Stuttgarter Straße steht außerhalb des Orts das Wohnhaus des Schäfers, angebaut in der Mitte ist der Schafstall und daneben (9) die Scheuer (siehe auch Foto Seite 135). Noch weiter oben, wo die heutige Warmbronner Straße beginnt, ist der 1615 angelegte „Gottesacker" (10) zu sehen. Ganz im Süden an der Maichinger Straße steht das kleine Armenhaus (11) (siehe auch Text Seite 142). Das sogenannte Keplerhaus (12) – wohl das Wohnhaus der Vorfahren des in Weil der Stadt geborenen Astronomen Johannes Kepler – steht in der heutigen Keplerstraße (siehe auch Abbildung Seite 83). Von Südosten her läuft der Erbach durch den Ort dem Planbach zu. Der Stau dürfte wohl eine Art Rückhaltebecken gewesen sein, um den Zufluß zu regulieren. Die schraffierten Flächen im Süden an der Magstadter Straße waren Lehmgruben.

Das Straßenbild hat sich im wesentlichen bis heute erhalten und erlaubt eine gute Orientierung. Auch der heutige Eissee bei der Oswaldstraße ist zu erkennen. Seiner rechteckigen Form nach ist zu schließen, daß er schon damals künstlich angelegt war (siehe auch Text Seite 12), vielleicht zum Gießen der Setzlinge auf den Feldern.

Abkürzungen

Anm.	Anmerkung
BAM	Bildarchiv Magstadt
Bd./Bde.	Band/Bände
BDM	Bund deutscher Mädel
bearb./Bearb.	bearbeitet/Bearbeiter
Bl.	Blatt
BUB	Böblinger Urkundenbuch
Bü	Büschel
d. Ä.	der Ältere
ders.	derselbe/dieselbe
dgl.	desgleichen
d. J.	der Jüngere
ebd.	ebenda
EPfAM	Evang. Pfarrarchiv Magstadt
ev./evang.	evangelisch
EvDA	evang. Dekanatsarchiv
f./ff.	folgende
fl	Gulden
FAD	Freiwilliger Arbeitsdienst
fol.	Folio
GAM	Gemeindearchiv Magstadt
GV	Geistliche Verwaltung
hg./Hg.	herausgegeben/Herausgeber
HJ	Hitlerjugend
hl	Hektoliter
HStAS	Hauptstaatsarchiv Stuttgart
Jhd.	Jahrhundert
kgl.	königlich
KPD	Kommunistische Partei Deutschlands

l	Liter
LBW	Landesbildstelle Württemberg
LKAS	Landeskirchliches Archiv Stuttgart
MUT	Matrikel Universität Tübingen
NF	Neue Folge
NSDAP	Nationalsozialistische deutsche Arbeiterpartei
OA	Oberamt
OAB	Oberamtsbeschreibung
o. D.	ohne Datum
RAD	Reichsarbeitsdienst
S.	Seite
s.	siehe
s. d.	siehe dort
SPD	Sozialdemokratische Partei Deutschlands
StadtA	Stadtarchiv
StAL	Staatsarchiv Ludwigsburg
stat./Stat.	statistisch/Statistik
StV	Stiftsverwaltung
SW	Südwestdeutschland
Urk.	Urkunde

Der mit einem modernen Fuhrpark ausgestattete Bauhof an der Blumenstraße. Seine Mitarbeiter sind für fast alles in der Gemeinde zuständig: Von der Grünflächenpflege, den Reparaturen am Straßen- und Wasserrohrnetz, der Instandhaltung der Spielplätze, dem Wegebau und Winterdienst bis zur Straßenbeleuchtung und noch vielem mehr.

VdK	Verband der Kriegs- und Wehrdienstopfer, Behinderten und Rentner
WR	Württ. Regesten
Württ./württ.	Württemberg/württembergisch
x	Kreuzer

Anmerkungen

Archivbestände und Literatur sind in Kurzform zitiert. Die vollständigen Angaben sind dem Quellen- und Literaturverzeichnis zu entnehmen.

Natürliche Grundlagen

1 Geologische Karte Baden-Württemberg, Blatt 7219; OAB Böblingen (1850), S. 27.

2 OAB Leonberg (1930), S. 364, 1112 f.

3 F. Heimberger, Magstadt, 800 Jahre Geschichte im Gäu, S. 21.

4 K. O. Müller, Altwürtt. Urbare, S. 270; E. Schwarz, Flurnamen Nr. 53, S. 27.

5 E. Schwarz, Flurnamen Nr. 112, S. 32 f.

6 GAM B 768 Lagerbuch Bebenhausen 1653.

7 E. Schwarz, Flurnamen Nr. 85, S. 27.

8 OAB Böblingen (1850), S. 186.

Die Vor- und Frühgeschichte der Gemarkung Magstadt

1 E. Keefer, Steinzeit, Bd. 1; H.-J. Müller-Beck (Hg.), Urgeschichte in BW; E. Wagner, Das Alt- und Mittelpaläolithikum in BW, in: D. Planck (Hg.), Archäologie in Württ., S. 25 ff.; ebd. J. Hahn, Das Jungpaläolithikum in Württ., S. 41 ff.

2 C.-J. Kind, Das Mesolithikum in Württ., in: D. Planck, wie Anm. 1, S. 55 ff.; E. Keefer, wie Anm. 1, S. 70 ff.

3 Herrenberg: Fundberichte aus Schwaben NF 9, S. 9; H. Stoll, Urgeschichte des Oberen Gäus (Veröffentlichung des Württ. Landesamtes für Denkmalpflege 7), S. 22 und 76; H.-J. Müller-Beck, in: Archäolog. Ausgrabungen in BW 1981, S. 26 ff. Gerlingen: Fundberichte aus Schwaben NF 12/II, S. 13; NF 11, S. 18. Münchingen: Fundberichte aus Schwaben NF 7, S. 3; NF 8, S. 22.

4 E. Keefer, wie Anm. 1, S. 77 ff. und Die Jungsteinzeit – alt- und mittelneolithische Kulturen, in: D. Planck, wie Anm. 1, S. 71 ff.

5 Für die Einsicht in die bislang aufgesammelten Funde danke ich Herrn Helmut Steegmüller, Magstadt, und Herrn Hagen Digel, Sindelfingen. Für die Bestimmung habe ich Herrn Reinhard Rademacher, Tübingen, zu danken.

6 Fundberichte aus Schwaben NF 5, S. 17.

7 H. Schlichtherle, Das Jung- und Endneolithikum in BW, in D. Planck, wie Anm. 1, S. 91 ff.

8 Fundberichte aus BW 17/2, S. 25 f.

9 R. Krause, Der Beginn der Metallzeiten, in: D. Planck, wie Anm. 1, S. 111 ff.; H. Reim, Die mittlere Bronzezeit in Württ., ebd. S. 141 ff.; U. Seidel, Bronzezeit.

10 R. Kreutle, Spätbronzezeit und Urnenfelderzeit in Württ., in: D. Planck, wie Anm. 1, S. 171 ff.

11 K. Bittel/W. Kimmig/S. Schiek (Hg.), Die Kelten in BW; J. Biel, Die Hallstattkultur in Württ., in: D. Planck, wie Anm. 1, S. 199 ff.

12 Fundberichte aus BW 19/2, S. 208 f.

13 W. Kimmig, Die Heuneburg an der oberen Donau (Führer zu vor- und frühgeschichtl. Denkmälern in BW 1); R. Rademacher, Funde der Späthallstatt-/Frühlatènezeit vom Ho-henasperg, in: Fürstensitze, Höhenburgen, Talsiedlungen (Archäolog. Informationen aus BW 28), S. 24 ff.

14 K. Bittel/W. Kimmig/S. Schiek, wie Anm. 11; F. Klein, Die frühe und mittlere Latènezeit in Württ., in: D. Planck, wie Anm. 1, Seite 215 ff.

15 Archäolog. Ausgrabungen BW 1985, S. 100 f.

16 Die Gräber sollen im Rahmen einer Dissertation ausgewertet werden.

17 Fundberichte aus BW 15, S. 598.

18 K. Bittel/W. Kimmig/S. Schiek, wie Anm. 11; F. Fischer, SW im letzten Jahrhundert vor Christi Geburt, in: D. Planck, wie Anm. 1, S. 235 ff.

19 S. Schiek, Eine neue keltische Viereckschanze bei Ehningen (Archäolog. Ausgrabungen in BW 1984), S. 78 ff.; ders. Zu einer Viereckschanze bei Ehningen (Studien zu Siedlungsfragen der Latènezeit, Sonderbd. 3), S. 188 ff.

20 G. Wieland, Die spätkeltischen Viereckschanzen in Süddeutschland, in: A. Haffner (Hg.), Heiligtümer und Opferkulte der Kelten (Sonderheft der Zeitschrift Archäologie in Deutschland), S. 85 ff.

21 Ph. Filtzinger/D. Planck/B. Cämmerer, Die Römer in BW; D. Planck, Der obergermanisch-rätische Limes in SW und seine Vorläufer, in: D. Planck, wie Anm. 1, S. 251 ff.; C. S. Sommer, Die römischen Zivilsiedlungen in SW, ebd. S. 281 ff.

22 F. Hertlein/O. Paret/P. Gößler, Die Römer in BW, Bd. III, S. 336.

23 Ein positiver archäologischer Beweis konnte im Bereich der römischen Siedlung in Sindelfingen erbracht werden. Dort wurde im bisher vermuteten Bereich römischer Straßen tatsächlich eine Straßenkreuzung aufgedeckt. J. J. Heiligmann, Das römische Sindelfingen,

in: Sindelfinger Fundstücke, von der Steinzeit bis zur Gegenwart (Stadtarchiv Sindelfingen, Veröffentlichungen 1), S. 23 ff.

24 E. Schwarz, Die Flurnamen der Markung Magstadt, Nr. 210.

25 ebd. Nr. 90, 94, 105, 161, 200.

26 F. Hertlein, wie Anm. 22, S. 59.

27 Allgemeine Literatur zu den Alamannen: R. Christlein, Die Alamannen; M. Knaut, Die Alamannen, Geschichte und archäologische Erforschung eines Stammesverbandes, in: Archäologie in Deutschland, Heft 1, 1990, S. 14 ff.; Wer kam, als die Römer gingen? Die Alamannen im Oberen Gäu (Der Sülchgau, Bd. 39, 1995); Die Alamannen, Ausstellungskatalog, Stuttgart 1997.

28 H.-P. Kuhnen (Hg.), Gestürmt – Geräumt – Vergessen?

29 D. Geuenich, Zum gegenwärtigen Stand der Alamannenforschung, in: F. Staab (Hg.), Zur Kontinuität zwischen Antike und Mittelalter am Oberrhein (Oberrheinische Studien Bd. 11), S. 159 ff.

30 Der Runde Berg bei Urach (Führer zu archäolog. Denkmälern in BW 14); H. Steuer, Die Alamannen auf dem Zähringer Burgberg (Archäolog. Informationen aus BW 13).

31 M. Knaut, Frühe Alamannen in BW, in: D. Planck, wie Anm. 1, S. 311.

32 A. Gaubatz-Sattler, Der römische Gutshof von Bondorf (Vor- und Frühgeschichte BW 51); Fundberichte aus BW 19, S. 452 Nr. 61.

33 S. Arnold/U. Gross/I. Stork, Mehr als ein Jahrtausend. . . (Archäolog. Informationen aus BW 19); I. Stork, Vor- und Frühgeschichte der Gemarkung Renningen, in: I. Stork/H. M. Maurer u. a. Renningen und Malmsheim, S. 26.

34 I. Stork; Die Merowingerzeit in Württ., in: D. Planck, wie Anm. 1, S. 333.

35 C. Brenner, Tracht und Bewaffnung der Alamannen im Oberen Gäu, in: Der Sülchgau, wie Anm. 27, S. 72 f.

36 H. Schach-Dörges, Die Holzfunde von Oberflacht, in: Archäologie in Deutschland, Heft 1, S. 24 ff.; Leier, Leuchter, Totenbaum – Holzhandwerk der Alamannen; P. Paulsen, Das Gräberfeld der Merowinger bei Oberflacht (Forschung und Berichte Vor- und Frühgeschichte BW, Bd. 14/II).

37 Die Funde wurden in der Dissertation von D. Ade-Rademacher, Funde aus frühmittelalterlichen Gräbern und Gräberfeldern auf der Gemarkung Sindelfingen und aus dem nördlichen Oberen Gäu, Tübingen 1990, unpubliziert, ausgewertet.

38 S. Arnold/U. Gross/I. Stork, wie Anm. 33, S. 11 ff.

39 ebd. S. 14 ff.; I. Stork, wie Anm. 33, S. 25 ff.

40 F. Heimberger, Maichingen S. 22.

41 H. Jänichen, Der oder die Bach, S. 36.

42 K. O. Müller, Altwürtt. Urbare, S. 121, 124, 269 f.

43 H. Jänichen, Der oder die Bach, S. 36 f.

44 OAB Leonberg (1930), S. 445 f.

45 Vgl. F. Heimberger, Magstadt, 800 Jahre Geschichte im Gäu, S. 34.

46 K. Schumacher, Siedlungs- und Kulturgeschichte Bd. 3, S. 21 f., 104; H. Stoll. Alemannische Siedlungsgeschichte, S. 3 f.

47 Vgl. F. Heimberger, Magstadt, 800 Jahre Geschichte im Gäu, S. 34.

48 HStAS A 324 Bü 5; Böblinger Urkundenbuch Nr. 7936.

49 GAM B 769 Lagerbuch des Ortsheiligen 1744; E. Schwarz, Flurnamen Nr. 128, S. 37.

50 W. Grube, Aus der Geschichte, S. 114; WUB Bd. 10 S. 362.

51 H.-M. Maurer, Renningen und Weißenburg, in: I. Stork/H.-M. Maurer u. a. Renningen und Malmsheim, S. 32 f.

52 F. Heimberger, Maichingen, S. 20 f.

Magstadt im Mittelalter

1 OAB Böblingen (1850), S. 189.

2 WUB Bd. 3, Nachtrag Nr. 23, S. 482 f.

3 WUB Bd. 6, Nr. 1630.

4 WUB Bd. 9, S. 359.

5 HStAS J 8, Sammlung Schmidlin Fasz. XVI pars. 1.

6 O. v. Alberti, Adels- und Wappenbuch Bd. 1, S. 481.

7 F. Heimberger, Magstadt, 800 Jahre Geschichte im Gäu, S. 50.

8 BUB Nr. 5754, 5761.

9 ebd. Nr. 3407; O. v. Alberti, Adels- und Wappenbuch, S. 481.

10 BUB Nr. 3960; W. Pfeilsticker, Dienerbuch § 1926; H. Koepf, Die Stuttgarter Baumeisterfamilie Joerg, S. 41 f.

11 BUB Nr. 3297.

12 ebd. Nr. 6364, 7257.

13 OAB Böblingen (1850), S. 189.

14 BUB Nr. 2660.

15 WUB Bd. 10, Nr. 4689.

16 L. Böhling, Beitrag zur Geschichte, S. 87 f.; Regesten der Markgrafen von Baden und Hachberg Bd. 3, passim.

17 L. Böhling ebd.; H. Jänichen, Zur Geschichte des Schönbuchs, S. 49 f.

18 WUB Bd. 10 Nr. 4239.

19 ebd. Nr. 4689.

20 L. Böhling, Beitrag zur Geschichte, S. 87 f.

21 OAB Böblingen (1850) S. 201.

22 WUB Bd. 10 Nr. 4689.

23 HStAS A 602 WR 12 237.

24 BUB Nr. 919.

25 WUB Bd. 8 Nr. 2640.

26 WUB Bd. 9 Nr. 3942.

27 ebd. Nr. 3978.

28 BUB Nr. 880.

29 StadtA Weil der Stadt Spitallagerbuch 1534.

30 BUB Nr. 5803 f., 5834.

31 StadtA Weil der Stadt Spitallagerbuch 1534.

32 OAB Leonberg Bd. 2 (1930), S. 985.

33 HStAS A 54a St. 3.

34 ebd.

35 BUB Nr. 2660; vgl. auch Nr. 2634 und 2639.

36 HStAS H 102/8 Nr. 307.

37 WUB Bd. 10, S. 362.

38 HStAS A 602 WR 12 237.

39 ebd. WR 12 158, 12 160.

40 HStAS A 523 Bü. 5.

41 HStAS A 54a St. 3.

42 HStAS H 102/69 Nr. 3, Nr. 10.

43 HStAS A 489 U 437, 440, 441.

44 HStAS A 54a St. 3.

45 HStAS A 489 U 443.

46 HStAS A 54a St. 3.

47 HStAS H 102/72 Nr. 2.

48 HStAS A 602 WR 7337.

49 L. Schmid, Pfalzgrafen (Urkundenbuch), S. 97.

50 BUB Nr. 1071, 2905.

51 BUB Nr. 2913.

52 HStAS H 102/8 Nr. 3.

53 K. O. Müller, Altwürtt. Urbare, S. 75 f.

54 HStAS H 102/8 Nr. 307.

55 E. Neuscheler, Klostergrundherrschaft, S. 134; BUB Nr. 2367.

56 E. Neuscheler, ebd., S. 182 f.

57 BUB Nr. 1476-1478.

58 E. Neuscheler, Klostergrundherrschaft, S. 124, 136; BUB Nr. 1484, 1487, 1493, 2398.

59 BUB Nr. 2401; E. Neuscheler, ebd., S. 134 f.

60 BUB Nr. 2407.

61 ebd. Nr. 2423; E. Neuscheler, Klostergrundherrschaft, S. 145 f.

62 HStAS A 602 WR 7358; H 102/8 Nr. 319.

63 ebd. A 602 WR 7375.

64 ebd. H 102/8 Nr. 307, 319.

65 ebd. A 54a St. 3

66 ebd. H 102/8 Nr. 307.

67 K.O. Müller, Altwürtt. Urbare, S. 69*

68 ebd. S. 74*; BUB Nr. 5439.

69 WUB Bd. 10 Nr. 4239.

70 HStAS A 602 WR 7249.

71 L. Schmid, Pfalzgrafen. Tafel III.

72 HStAS A 602 WR 6481.

73 K.O. Müller, Altwürtt. Urbare, S. 35*, 117f., 266f.; Das Land Baden-Württemberg Bd. III., S. 69.

74 K.O. Müller, ebd., S. 133 Anm. 2; O.v. Alberti, Adels- und Wappenbuch, S. 1094.

75 HStAS A 602 WR 7261,OAB Böblingen (1850), S.189.

76 K.O. Müller, Altwürtt. Urbare, S. 125, 266f.

77 OAB Leonberg (1930), S. 274.

78 OAB Backnang (1871), S. 174.

79 OAB Böblingen(1850), S. 224f.

80 ebd. S. 118.

81 A.L. Reyscher, Statutarrechte, S. 371f.; H. Graeßle, Sindelfingen, S. 74.

82 H. Weisert, Sindelfingen, S. 11; OAB Böblingen (1850), S. 119.

83 HStAS J 8 Sammlung Schmiedlin, Fasz. XIV, Teil II.

84 G. Bossert a.Ä., Die Urpfarreien Württembergs, S. 28f.

85 E. Paulus d. J. : Die Kunst- und Altertumsdenkmale, S. 109.

86 G. Hoffmann, Kirchenheilige.

87 OAB Böblingen (1850), S.184f; E. Schwarz, Flurnamen, S. 10 und 37. Die Jahreszahl 1511 befindet sich über dem Westeingang.

88 OAB Böblingen (1850), S. 184f.

89 WUB Bd.7, S. 242 Nr. 2341.

90 J. Sydow, Bebenhausen, S. 233.

91 HStAS A 602 WR 7037f.

92 ebd. WR 7324.

93 ebd. 7328f.

94 ebd. 7345.

95 ebd. 7341f.

96 ebd. 7331.

97 ebd. 7357f.

98 OAB Böblingen (1850), S. 189.

Wende vom Mittelalter zur Neuzeit

1 K.O. Müller, Altwürtt. Urbare, S. 64*, 69*.

2 ebd. S. 44*, 51*f., Tabellen.

3 ebd. S. 86*.

4 ebd. S. 266f.; E. Schwarz, Flurnamen, S. 25, 47f., 55.

5 F. Heimberger, Magstadt, 800 Jahre Geschichte im Gäu, S. 57.

6 HStAS H 101/9, Nr. 208; GAM B 768; OAB Böblingen (1850), S. 187.

7 OAB Leonberg (1930), S. 336.

8 F. Heimberger, Maichingen, S. 31f.

9 OAB Leonberg (1930), S. 336f.;
F. Heimberger, Maichingen, S. 32.

10 HStAS H107/3 Nr. 3, 6, 10.

11 ebd. Nr. 3; GAM A 35.

12 E. Schwarz, Flurnamen, S. 39
Nr. 134.

13 HStAS H 107/3 Nr. 10.

14 E.Schwarz, Flurnamen, S. 36
Nr. 124.

15 ebd. S. 12 Nr. 11.

16 HStAS H 101/9 Nr. 208.

17 F. Heimberger, Magstadt, 800 Jahre
Geschichte im Gäu, S. 73f.

18 ebd. S. 74.

19 F. Heimberger, Maichingen, S. 56f.

20 F. Heimberger, Gärtringen, S. 53f.

21 HStAS H 107/3 Nr. 3.

22 HStAS A 324* Bü 1.

23 ebd.; H 101/9 Nr. 208.

24 ebd. A 602 Wr 7307.

25 ebd. 7357f.

26 ebd. H 101/9 Nr. 208.

27 OAB Leonberg (1930) Bd.I, S. 327;
Bd. II, S. 977.

28 Stork, I. u.a.: Renningen und
Malmsheim, S. 108f.

29 ebd. S. 111.

30 HStAS A 45; H. Weisert, Sindelfingen, S. 17f.

31 Stork, I. u. a.: Renningen und
Malmsheim, S. 112f.

32 HStAS A 54a St. 3.

33 HStAS J 8 Sammlung Schmidlin,
Fasz. XVI pars. 2; K.O. Müller,
Altwürtt. Urbare, S. 59.

34 E. Paulus d. J.: Die Kunst- und Al-
tertumsdenkmale, S. 103; OAB
Böblingen (1850), S. 185f.; Der
Kreis Böblingen (1983), S. 160.

35 BUB Nr. 1892 und 2098.

36 G.Wunder, Die Bauernfamilie
Keppler, S. 33f.

37 BUB Nr. 10 849, 10 860, 8518, 6502,
2671, 7337, 3501, 6544; K. Pfaff,
Stuttgart, Bd. 1, S. 461.

38 G. Wunder: Die Bauernfamilie
Keppler, S. 33f, BUB Nr. 1854, 1900,
2270.

39 BUB Nr. 7286, 10 854, 10 870,
10 903f.; M. Krebs, Annatenregister
Nr. 317, 3864, 3857.

40 BUB Nr. 4274.

41 BUB Nr. 3506, 7360, 10 996f.; MUT
41, 26; J. B. Sproll, Georgenstift
Tübingen, S. 196.

42 G.Bossert d.J., Reformation im
Dekanatsbezirk Böblingen, S. 206.

43 H. Pflüger, Herrenalb, S. 54, 58,
88f., Anhang S. 162.

44 J. Sydow, Bebenhausen, S. 233.

45 BUB Nr. 2074, 2081, 2088f; E Neuscheler, Klostergrundherrschaft,
S. 127.

46 J Sydow, Bebenhausen, S. 240.

47 HStAS H 102/14 Nr. 1; BUB
Nr. 6825.

48 BUB Nr. 2634, 2639, 2652; E. Neuscheler, wie Anm. 45, S. 127.

49 BUB Nr. 6502.

Die Reformation

1 BUB Nr. 3802, 7822, 9105.

2 ebd. Nr. 4163. Seit 1529/30 traten
auch Wiedertäufer im Amt Böblingen auf; BUB Nr. 4138, 4144f., 5940.

3 G. Bossert d. J., Reformation im De-
kanatsbezirk Böblingen, S. 185f.; T.
Schieß, Briefwechsel der Gebrüder
Blarer, Bd. 1, S. 555 und 621.

4 G. Bossert d. J., wie Anm. 3, S. 194.

5 ebd. S. 175, 207.

6 ebd. S. 195; G.Bossert d. Ä., Kirchendiener, S. 12; HStAS H 102/14
Nr. 1.

7 G. Bossert d. J., wie Anm. 3, S. 176.

8 HStAS H 102/14 Nr. 1.

9 G. Bossert d. J., wie Anm. 3,
S. 196f., 219f.

10 ebd. S. 197f. Bei der Schatzung von
1525 ist „das friemeßers Huß" 20
Gulden wert. HStAS A 54a, St. 26.

11 ebd. S. 198. Bei der Schatzung von
1525 wurde das „Creutzherrenhuß"
mit 20 Gulden angeschlagen.
HStAS A 54a St. 26.

12 ebd. S. 195.

13 ebd. S. 204.

14 G. Bossert d. Ä., Interim, S 97; BUB
Nr. 9604.

15 G. Bossert d.J., Reformation im
Dekanatsbezirk Böblingen, S. 204.

16 ebd. S. 205.

17 ebd. S 204. Vgl. auch G. Bossert d.Ä,
Acta in Synodo Sindelfingense,
S. 11/12 mit einer Aufzählung der
Priester.

18 G. Bossert d.Ä., Interim, S. 22.

19 HStAS A 324 Bü 3/2.

20 HStAS A 44; BUB Nr. 9613.

21 G. Bossert d.Ä., Interim, S. 2, 62;
BUB Nr. 9574, 9590.

22 G. Bossert d.J., Reformation im
Dekanatsbezirk Böblingen, S. 204.

23 G. Bossert d. Ä.; Kirchendiener
1905, S. 12.

24 Wie Anm. 22, S. 206.

25 ebd. S. 208.

26 G. Bossert d.Ä., Acta in Synodo
Sindelfingense, S. 29; ders., Die
württ. Kirchendiener, S. 12, 23, 25,
30, 33; ders., Granvella in Markgröningen, S. 348f.; Württ. Visitationsakten, bearb. von J. Rauscher, Bd. I,
S. 45 Anm. 2.

27 G. Schäfer, Zu erbauen .. das rechte Heil, S. 38f.; BUB Nr. 4776, 4779.

28 G. Bossert d.J., Reformation im Dekanatsbezirk Böblingen, S. 213f.; Sindelfinger Chronik des Pfarrers Reipchius Nr. 29, S. 15.

29 ebd. Nr. 54, 62, 586, 419, 76, 464; K. Heß, Von der Familie und den Nachkommen des Sindelfinger Schultheißen Thomas Löher, S. 94f.

30 LKAS A 1 Synodusprotokolle 1581f.

31 ebd. 1621; H. Weisert, Sindelfingen, S. 127.

32 HStAS A 54a Nr. 3.

33 E. Schwarz, Flurnamen, S. 55, 66.

34 W. Grube, Aus der Geschichte, S. 114f.; F. Heimberger, Gärtringen, S. 21f.

35 K. E. Bleich u.a., Wolfschlugen, S. 60; HStAS A38 Bü 12; A. L. Reyscher, Statutarrechte Bd. 12, S. 120f., 150f., 172f.

36 Die Akten zu diesem Prozeß finden sich im Bestand HStAS A 209 Bü 456a.

Magstadt im 17. und 18. Jahrhundert

1 HStAS A 29 Bü 47.

2 HStAS A 29 und A 90 B; vgl. auch Heimberger, Maichingen, S. 87f.

3 HStAS A 29 Bü 32, 55, 62, 63, 70, 71, 75, 85, A 91 Bü 47, 49, 60, 62 ,63, 64, 66.

4 Weisert, Sindelfingen, S. 167, 172 und 176; vgl. auch HStAS A 29 Bü 91.

5 HStAS J 8, Sammlung Schmidlin, Fasz. XVI, pars 2; EPfAM Nr. 9, Urkunde 1640.

6 HStAS J 8, wie Anm. 5; LKAS A 1, Synodusprotokolle.

7 EvDA Böblingen, Nr. 63d, 63f.

8 GAM R 68, 69 Bürgermeisterrechnungen 1706-1708.

9 ebd. B 62 - 100 Bürgermeisterrechnungen 1687ff.

10 ebd. B 24 - 26 Gerichtsprotokolle 1738 - 1766.

11 F. Heimberger, Magstadt, 800 Jahre Geschichte im Gäu, S. 349.

12 GAM B 314, 315 Steuerrevisionsakten und Meßprotokolle 1717/18.

13 K. Eberle, Magstadt im Blick der Jahrhunderte; GAM B 765, 766.

14 F. Heimberger, wie Anm. 11, S. 175f.

15 K. Eberle, Das Magstadter Handwerk, S. 13.

16 OAB Böblingen (1850), S. 76; S. Greiner, Calw-Böblingen-Magstadt, Briefwechsel unter König Friedrich. (Aus Schönbuch und Gäu 4/1967); E. Schwarz, Flurnamen, S. 21, Nr. 58.

17 K. Eberle, Das Magstadter Handwerk, S. 13.

18 OAB Böblingen (1850), S. 188f.

19 EPfAM Nr. 102 Visitationsberichte 1769 - 1810.

20 ebd. Nr. 64 und 102; EvDA Nr. 63f. Visitationberichte 1658 - 1703.

21 ebd.

22 ebd.

23 EPfAM Nr. 102 Visitationsberichte 1769 - 1810.

24 H. Baum, Wanderbriefe aus der Heimat, in: Schönbuchbote/Böblinger Bote Nr. 11/1928 (GAM A 90).

25 A. Bischoff-Luithlen, Von Amtsstuben, Backhäusern und Jahrmärkten, S. 166f.

26 EPfAM Nr. 64 Kirchen-Censurbuch bzw. Konventsprotokoll 1793 - 1806.

27 F. Heimberger, Magstadt, 800 Jahre Geschichte im Gäu, S. 433.

28 EPfAM Nr. 64.

29 HStAS A 324 Bü 7.

30 EvDA Böblingen Nr. 63f. Visitationsberichte 1658 - 1703.

31 LKAS A 1 Synodusprotokolle 1724 und 1750.

32 EPfAM Nr. 64 Kirchen-Censurbuch 1767 - 1782. K. Bohnenberger, Volkstümliche Überlieferungen, S. 45.

33 EPfAM Nr. 101.

34 ebd. Nr. 64.

35 F. Heimberger, Magstadt, 800 Jahre Geschichte im Gäu, S. 437.

36 ebd. S. 441.

37 HStAS A 281 I Bü 215.

38 K. Weller/A. Weller, Württembergische Geschichte, S. 178f.

39 F. Heimberger, Magstadt, 800 Jahre Geschichte im Gäu, S. 311.

40 ebd. S. 310.

41 EvDA Böblingen Nr. 63f.

42 ebd.

43 Wie Anm. 39.

44 ebd. S. 310.

45 EvDA Böblingen Nr. 63f.

46 EPfAM Nr. 64.

47 F. Heimberger, Magstadt, 800 Jahre Geschichte im Gäu, S. 312.

48 EPfAM Nr. 64.

49 EvDA Böblingen Nr. 63f.

50 ebd.

51 EPfAM Nr. 64, EvDA Böblingen Nr. 63f.

52 Wie Anm. 47.

53 EPfAM Nr. 64.

54 F. Heimberger, Magstadt, 800 Jahre Geschichte im Gäu, S. 315.

55 HStAS A 281 I Bü 215; EvDA Böblingen Nr. 63c.

56 Wie Anm. 54.

57 LKAS A 1; EPfAM Nr. 103.

58 EPfAM Nr. 64; EvDA Böblingen Nr. 63f.

59 EPfAM Nr. 64.

60 Wie Anm. 58.

61 GAM B 769 - B 770.

62 F. Heimberger, Magstadt, 800 Jahre Geschichte im Gäu, S. 274.

63 Schütz/Hepp, Württembergische Volksschulgesetzgebung; LKAS A 1 Synodusprotokolle 1581 - 1822.

64 F. Heimberger, Magstadt, 800 Jahre Geschichte im Gäu, S. 274.

65 F. Burkhardt, Schulgeschichte, S. 117.

66 F. Heimberger, wie Anm. 62, S. 275.

67 ebd.

68 GAM B 32 - B 39 Gerichtsprotokolle, R 57 - R 60, R 81 - R 99 Bürgermeisterrechnungen 1790 - 1816, R 2 - R4 Amtsvergleichungen 1812 - 1816, A 160, A 161 Militärwesen, Leistungen; Weisert, Sindelfingen, S. 292.

Das 19. Jahrhundert

1 K. Weller/A. Weller, Württembergische Geschichte, S. 213, 226, 230ff.; GAM B 233ff., B 764, R 516ff.

2 EPfAM Nr. 64.

3 F. Heimberger, Magstadt, 800 Jahre Geschichte im Gäu, S. 328.

4 ebd. S. 327.

5 ebd. S. 189.

6 ebd.

7 GAM B 136 Protokoll mit Beilagen über die Trennung des Güter-, Gebäude und Gewerbekatasters 1823/24. K. Eberle, Das Magstadter Handwerk, S. 13.

8 F. Heimberger, Magstadt, 800 Jahre Geschichte im Gäu, S. 264.

9 ebd. S. 192.

10 EPfAM Nr. 103 Pfarr- und Übersichtsberichte 1811 - 1866.

11 ebd. A 101 Pfarrbeschreibung 1827 - 1905; Vom alten Böblinger Handlungswesen, in: Aus Schönbuch und Gäu 5/1955.

12 F. Heimberger, wie Anm. 8, S. 189.

13 Wie Anm. 10.

14 F. Heimberger, Magstadt, 800 Jahre Geschichte im Gäu, S. 277.

15 LKAS A 1 Synodusprotokolle 1822; A 12 Diener- und Stellenbuch, Nr. 26 Schulmeisterbuch, Nr. 2703 Ortsakten Magstadt, Pfarrbeschreibung 1828; GAM R 125 Gemeindepflegrechnungen 1822/23, R 509 - R 510 Heiligenpflegrechnungen 1821 - 1823.

16 OAB Böblingen (1850), S. 186; GAM B 41 Gemeinderatsprotokolle 1839 - 1840, Versuche, die Armut zu bekämpfen.

17 F. Heimberger, wie Anm. 14, S. 218.

18 GAM B 40 - B 45 Gemeinderatsprotokolle 1838 - 1845, R 307 Rezessbuch 1834 - 1854, R 801 - R 806 Hilfleihkassenrechnungen mit Beilagen 1838 - 1845.

19 F. Burkhardt, Magstadter Unruhen, S. 29.

20 F. Heimberger, Magstadt, 800 Jahre Geschichte im Gäu, S. 316.

21 LKAS A 1, A 29 Nr. 2700; EvDA Böblingen Nr. 63b; EPfAM Nr. 102 - 103; C. Sigel, Das evangelische Württemberg; C. Kolb, Feldprediger in Altwürttemberg, Bl. Wk. G. NF X/1906, S. 139.

22 C. Sigel, Das evangelische Württemberg.

23 J. Trautwein, Freiheitsrechte und Gemeinschaftsordnung um 1800, S. 324.

24 LKAS A 1; EPfAM Nr. 102, 103.

25 ebd. Nr. 103.

26 ebd.

27 GAM B 233 Stiftungsprotokoll 1835 - 1841.

28 ebd. B 234 Stiftungsprotokoll 1841 - 1850.

29 EPfAM Nr. 103.

30 ebd.

31 F. Heimberger, Magstadt, 800 Jahre Geschichte im Gäu, S. 359.

32 GAM B 234 Stiftungsprotokoll 1841 - 1850.

33 F. Heimberger, Magstadt, 800 Jahre Geschichte im Gäu, S. 191.

34 ebd. S. 197

35 ebd.

36 ebd.

37 ebd.

38 ebd. S. 198.

39 ebd. S. 202.

40 ebd. S. 204.

41 ebd. S. 196.

42 ebd. S. 202.

43 HStAS E 146 Nr. 6615; GAM B 47 - B 49 Gemeinderatsprotokolle 1847 - 1852; OAB Böblingen (1850), S. 188; F. Burkhardt, Magstadter Unruhen; K. Eberle, Heimatgeschichtliche Aufzeichnungen, in: Sindelfinger Zeitung, 1956/57; F. Vollmer, Der Traum von der Freiheit, S. 73 und 466f.

44 GAM B 48 Gemeinderatsprotokolle 1848 - 1850.

45 ebd. B 233.

46 Der damalige Forstreferendar Thomann hat 1967 auf Grund der Quellen des Staatlichen Forstamts Sindelfingen und des Gemeindearchivs Magstadt eine umfassende Wald-

und Bestandsgeschichte des Gemeindewaldes Magstadt für die Zeit von 1825 bis 1940 verfaßt. Seinen Darlegungen folgt diese Darstellung in Grundzügen.

47 Manuskript Thomann, S. 4ff.

48 ebd. S. 11ff.

49 OAB Böblingen, S. 187f.

50 F. Heimberger, Magstadt, 800 Jahre Geschichte im Gäu, S. 206.

51 OAB Böblingen, S. 65 und S. 188.

52 ebd. S. 64 und S. 187.

53 ebd. S. 65f., 69 und S. 188.

54 ebd. S. 187.

55 ebd. S. 188.

56 ebd. S. 53 und S. 187.

57 ebd. S. 188.

58 ebd.

59 StAL F 157 Bü 86.

60 GAM B 235 Stiftungsprotokoll 1851 -1885.

61 F. Heimberger, Magstadt, 800 Jahre Geschichte im Gäu, S. 211.

62 GAM B 53 Gemeinderatsprotokolle 1869 - 1873, A 162 Deutsch-Französischer Krieg 1870/71; EPfAM Nr. 103 und Nr. 175.

63 F. Heimberger, wie Anm. 61, S. 402.

Im Kaiserreich

1 GAM Nr. 103 und Nr. 175.

2 F. Heimberger, Magstadt, 800 Jahre Geschichte im Gäu, S. 333.

3 GAM B 235, vgl. auch B 237 - B 238 und R 589 - R 649.

4 EPfAM Nr. 153a; GAM B 236.

5 GAM B 236 Stiftungsprotokoll 1886 - 1892, B 62 Gemeinderatsprotokoll, B 64 - B 65 Gemeinderatsprotokolle 1902 - 1905; Schütz/

Hepp, Württembergische Volksschulgesetzgebung.

6 HStAS E 150 Bü 2042 und 2043, E 146 Bü 1971.

7 HStAS E 150 Bü 858 und 859.

8 HStAS E 150 Bü 2042.

9 GAM A 32c Schulhäuser 1824 - 1912. A 33 Schulhausbau 1873 - 1883.

10 F. Heimberger, Magstadt, 800 Jahre Geschichte im Gäu, S. 223.

11 EPfAM Nr. 174 Pfarrberichte von 1876 und 1878.

12 ebd. Pfarrbericht von 1884; HStAS E 150 Bü 2044.

13 EPfAM Nr. 175 Pfarrberichte von 1886 und 1890ff.

14 R. Kienle, Magstadter Handel, Gewerbe und Industrie.

15 EPfAM Nr. 175 Pfarrberichte von 1890ff.

16 Thomann, Manuskript, S. 21f.

17 F. Heimberger, Magstadt, 800 Jahre Geschichte im Gäu, S. 223ff.

18 R. Kienle, Magstadter Handel, Gewerbe und Industrie.

19 GAM B 66 - B 67 Gemeinderatsprotokolle 1914 - 1922; Nr. 175 Pfarrberichte 1910ff.

20 Wie Anm. 18.

21 F. Heimberger, wie Anm. 17, S. 224.

22 EPfAM Nr. 175 Pfarrberichte 1900ff; A 54a Feuerlöschordnungen 1872 - 1914.

23 F. Heimberger, Magstadt, 800 Jahre Geschichte im Gäu, S. 350.

24 ebd. S. 289.

25 ebd. S. 291.

26 ebd. S. 409.

27 ebd. S. 404.

28 GAM B 63 Gemeinderatsprotokolle 1906 -1908.

29 F. Heimberger, Magstadt, 800 Jahre Geschichte im Gäu, S. 382.

30 EPfAM Nr. 175, Pfarrberichte.

31 F. Heimberger, wie Anm. 29, S. 392.

32 ebd.

33 EPfAM Nr. 175 Pfarrberichte.

34 ebd. Nr. 144 und Nr. 175.

35 F. Heimberger, wie Anm. 29, S. 369.

36 EPfAM Nr. 175 (besondes Pfarrberichte 1886-1914).

37 F. Heimberger, wie Anm. 29, S. 321.

Vom Ersten zum Zweiten Weltkrieg

1 F. Heimberger, Magstadt, 800 Jahre Geschichte im Gäu, S. 284.

2 ebd. S. 390.

3 Thomann, Manuskript, S. 29.

4 F. Heimberger, wie Anm. 1, S. 232.

5 ebd. S. 233.

6 ebd. S. 234.

7 Protokollbuch des Krankenpflegevereins Magstadt, 1906 ff.; EPfAM Nr. 175, Nr. 207 - Nr. 209; GAM B 63 Gemeinderatsprotokolle 1906-1908, B 65-B 67 Gemeinderatsprotokolle 1912-1922.

8 F. Heimberger, Magstadt, 800 Jahre Geschichte im Gäu, S. 235.

9 ebd. S. 321.

10 ebd. S. 342.

11 ebd. S. 371.

12 ebd. S. 361.

13 Trost, Vergangenheit und Gegenwart Magstadts, in: 3. Gau-Liederfest 1930, S. 26.

14 Sportverein Magstadt 1897 e. V., Festschrift 1957, S. 24 ff.

15 F. Heimberger, Magstadt, 800 Jahre Geschichte im Gäu, S. 408.

16 Trost, Vergangenheit und Gegenwart Magstadts, in: 3.Gau-Liederfest 1930, S. 27. GAM B 70 Gemeinderatsprotokoll 1929-1931.

17 F. Heimberger, wie Anm. 15, S. 398.

18 GAM, B 68 Gemeinderatsprotokoll 1923-1925.

19 F. Heimberger, wie Anm. 15, S. 380.

20 ebd. S. 378.

21 Thomann, Manuskript, S. 29 ff.

22 H. Baum, Wanderbriefe aus der Heimat, in: Schönbuch Bote, Sonderbeilage des Böblinger Boten Nr. 9/1928 (GAM A 90).

23 H. Baum, Eine Wanderung, in: Sonntagsanzeiger, Wochenbeilage des Böblinger Boten Nr. 2/1927 (GAM A 90).

24 F. Heimberger, Magstadt, 800 Jahre Geschichte im Gäu, S. 235.

25 Willi A. Boelcke, Sozialgeschichte BW 1800-1989.

26 GAM B 71 Gemeinderatsprotokoll 1932-1933.

27 ebd. B 67 - B 71 Gemeinderatsprotokoll 1919-1933; EPfAM Nr. 175; Sindelfinger Zeitung 49, 1. März 1972; K. Eberle, Das Magstadter Handwerk, S. 13; R. Kienle, Magstadter Handel, Gewerbe und Industrie, S. 19.

28 F. Heimberger, wie Anm. 24, S. 323.

29 GAM Gemeinderatsprotokoll 1940, § 257, Blatt 333, Ansprache von Bürgermeister Stumpf.

30 F. Heimberger, Magstadt, 800 Jahre Geschichte im Gäu, S. 401.

31 ebd. S. 236 f.

32 ebd. S. 371.

33 ebd. S. 237.

34 GAM B 71 Gemeinderatsprotokoll 1932-1933.

35 EPfAM Nr. 175.

36 GAM Altregistratur Nr. 4823.

37 ebd. Gemeinderatsprotokoll 1933 ff.; Altregistratur Faszikel „Deutsche Olbas-Gesellschaft"; EPfAM Nr. 175 Pfarrberichte 1933 ff.

38 R. Kienle, Magstadter Handel, Gewerbe und Industrie, S. 19.

39 GAM Altregistratur Nr. 9800.

40 ebd. Nr. 9880.

41 Schülerarbeitsgruppe am Goldberg-Gymnasium, Zwangsarbeiter in Sindelfingen, Sindelfingen, Mai 1989.

42 F. Heimberger, Magstadt, 800 Jahre Geschichte im Gäu, S. 241.

43 GAM Altregistratur Nr. 9895.

44 EPfAM Nr. 175 Pfarrberichte 1933 ff.

45 F. Heimberger, wie Anm. 42, S. 323.

46 EPfAM Nr. 175.

47 ebd.

48 ebd.

49 F. Heimberger, wie Anm. 42, S. 324.

50 ebd. S. 323.

51 GAM B 71 Gemeinderatsprotokoll 1932-1933, A 83c 8. Schuljahr 1926-1931; ebd. Altregistratur 1521, 5000 A, 5000 B, 5025; ebd. lfd. Registratur 5030, 5031.

52 ebd. Gemeinderatsprotokolle.

53 F. Heimberger, Magstadt, 800 Jahre Geschichte im Gäu, S. 351.

54 E. Funk, Luftangriffe und Luftschutz in Böblingen, S. 93 ff.; F. Heimberger, Feuerlöschwesen in Magstadt, S. 54 ff.; Pfarrer Richard Tramer, Erinnerungen aus meiner Magstadter Zeit, S. 35 ff.

55 A. Becker, Die Besetzung des Raumes Böblingen-Sindelfingen durch die Franzosen im April 1945, S. 3 ff.; E. Haid, Sperrschwerpunkt Herrenberg, Die letzten Kriegstage im April 1945; F. Heimberger, Maichingen, S. 194; J. J. M. de Lattre de Tassigny, Histoire de la première armee francaise Rhin et Danube, bes. S. 487, 521, 528 f., 530 f., 538; Etat-Major, 3e bureau,. Les operations de la 3e D.I.A. Du 15 Mars an 22 avril 1945, S. 19, 21 ff.

56 A. Becker, wie Anm. 55, S. 9 ff.; F. Heimberger, Maichingen, S. 196; ders., Feuerlöschwesen in Magstadt, S. 54 f., S. 64; Etat-Major, wie Anm. 55, S. 9 ff.; J. J. M. de Lattre de Tassigny, wie Anm. 55, S. 530 ff.

Die Entwicklung seit 1945

1 F. Heimberger, Magstadt, 800 Jahre Geschichte im Gäu, S. 248.

2 ebd. S. 249.

3 ebd. S. 250.

4 GAM Altregistratur Nr. 7093/1; A. Becker, Die Besetzung des Raumes Böblingen-Sindelfingen, S. 11; F. Heimberger, Maichingen, S. 200; E. Kläger, Böblingen, S. 179.

5 GAM Altregistratur Nr. 9820.

6 ebd. Nr. 9800.

7 F. Heimberger, wie Anm. 1, S. 286.

8 ebd. S. 384.

9 ebd. S. 325.

10 EPfAM Nr. 175; R. Tramer, Erinnerungen aus meiner Magstadter Zeit, S. 61 ff.

11 F. Heimberger, Magstadt, 800 Jahre Geschichte im Gäu, S. 364.

12 GAM lfd. Registratur 5010, 5012, 5030, 5040, 5058, Altregistratur 1535 Turn- und Festhalle, 5040 Werkunterricht, 5057 Hooverspeisung.

13 F. Heimberger, wie Anm. 11, S. 351.

14 ebd. S. 345.

15 EPfAM Nr. 175.

16 F. Heimberger, wie Anm. 11, S. 343.

17 Protokollbuch Krankenpflegeverein, S. 37 ff.

18 F. Heimberger, wie Anm. 11, S. 335.

19 ebd. S. 252.

20 ebd. S. 253.

21 ebd. S. 351.

22 GAM lfd. Registratur 5012, 5058,
Altregistratur 1521, 5033.

23 F. Heimberger, Magstadt, 800 Jahre
Geschichte im Gäu, S. 253.

Das Magstadter Vereinsleben

1 Die Vereinsmonografien basieren
auf F. Heimberger, Magstadt, 800
Jahre Geschichte im Gäu, S. 348–
415, ergänzt durch Angaben der
Vereine 1997.

Anhang

1 C. Binder, Wirtembergs Kirchen-
und Lehrämter, Seite 883; G. Bossert d. Ä., Württ. Kirchendiener,
S. 12; EPfAM Nr. 144; C. Sigel, Das
Evang. Württemberg, S. 221 ff.;
Mitteilungen von Pfarrer Steinmann und EPfAM.

2 Mitteilungen des Kath. Pfarramts
Magstadt.

3 Einzelnachweise bei F. Heimberger,
Magstadt, 800 Jahre Geschichte im
Gäu, S. 72/73 Anm. 211-250.

4 Die Listen der Kriegsopfer wurden
zusammengestellt vom Heimatgeschichtsverein Magstadt.

*Die mechanisch-biologische
Sammelkläranlage, 1961 gebaut,
mußte bis 1997 ständig erweitert,
ergänzt und modernisiert werden.
Sie ist heute eine hochtechnisierte
Einrichtung. Das geklärte Wasser
fließt dem Planbach zu, der Klär-
schlamm wird teils kompostiert,
teils entsorgt.*

Quellen und Literatur

Ungedruckte Quellen

Hauptstaatsarchiv Stuttgart (HStAS)

A 1	Regierungsakten Herzog Ulrichs 1503–1550
A 2	Regierungsakten der habsburgischen Verwaltung 1519–1534
A 4	Statistik und Topographie 1535–1806
A 29	Kriegsakten II 1557–1704
A 30	Kriegsakten III. Jetzt: a–d
A 30 a	Kriegsrat (1685), 1693–1806
A 30 b	Württ. Kommandobehörden 1691–1806
A 30 c	Oberauditoriat und Truppen 1709–1806
A 30 d	Militärische Karten 1670/75–1800
A 38	Landesordnung 1468, 1501–1796
A 43	Urgichten und Malefizakten 1501–1820
A 44	Urfehden 1405–1600
A 45	Aufstand „Armer Konrad" 1514–1516
A 54 a	Steuerlisten 1470–1545, 1607
A 84	Vertreibung Herzog Ulrichs 1519–1534, 1593
A 90	Unions-, Kriegs- und Friedenssachen 1587, 1608–1697
A 90 A	Evangelische Union (1587, 1600, 1608–1629)
A 90 B	Straßburger Bund (1617–1644)
A 90 C	Frankfurter Deputation (1631, 1642–1644, 1653)
A 90 D	Westfälischer Frieden (1643–1653)
A 90 E	Nürnberger Exekution (1647–1653)
A 90 F	Ordinari-Reichsdeputation (1655–1663)
A 90 G	Ryswicker Frieden (1696–1697)
A 151	Weil der Stadt 1295–1708, 1809
A 202	Geheimer Rat: Akten 1640–1806
A 206	Oberrat: Ältere Ämterakten 1500–1748
A 209	Oberrat: Kriminalakten 1513–1806
A 249	Rentkammer: Ämterakten (Spezialakten) 1557–1807
A 260	Kriegsprästationskommission 1792–1821
A 181	Kirchenvisitationsakten 1601–1806
A 282	Kirchenrat: Verschlossene Registratur 1539–1806
A 298	Weltliche Leibeigenenbücher (WLE) 552–1750
A 324	Böblingen W(eltlich) 1493–1792
A 324 L	Böblingen W(eltlich) (1560–1615), 1649–1805
A 325	Böblingen G(eistlich) 1365, 1476–1790, 1857
A 325 L	Böblingen G(eistlich) 1624–1807 (1864)
A 409	Tübingen W(eltlich) 1482–1802
A 409 L	Tübingen W(eltlich) 1512–1806
A 468 a	Geistliche Leibeigenenbücher (GLE) 1524–1687
A 474	Bebenhausen 1187–1808
A 474 L	Klosteramt Bebenhausen um 1550–1812
A 489	Herrenalb 1152–1805
A 491	Hirsau 1223–1807
A 523	Stift Sindelfingen 1502–1753
A 602	Württ. Regesten (WR) 1301–1500
B 4 a	Neuwürttembergische Leibeigenenbücher (NLE) 1487–1728
E 141	Ministerium des Innern I 1806–1850
E 143	Ministerium des Innern II 1805–1882
E 146	Ministerium des Innern III 1806–1906
E 150	Ministerium des Innern IV 1807–1920
H 14	Diplomatare Bd. 143 Codex Hirsaugiensis 11./12. Jhd. (16. Jhd.)
H 54	Bauernkrieg 1522–1535
H 101/9	Weltliche Lagerbücher: OA Böblingen 1495–1818
H 101/33	Weltliche Lagerbücher: OA Leonberg 1350–1820
H 102/8	Geistliche Lagerbücher: Kloster Bebenhausen nach 1304–1821
H 102/14	Geistliche Lagerbücher: GV Böblingen 1535–1813
H 102/17	Geistliche Lagerbücher: GV Calw 1542–1803
H 102/69	Geistliche Lagerbücher: StV Sindelfingen um 1556–1800
H 102/72	Geistliche Lagerbücher: StV Stuttgart 1416–1808
H 107/3	Forstlagerbücher: Böblingen 1556–1781
H 121	Lagerbücher örtlicher Kirchenvermögen 1359–1796

J 1 Handschriften Nr. 36 Teil 23 Friedrich Stumphart: Cronica gewaltiger Verjagung Hertzog Ulrichs von Wirtemperg... 1534

J 8 Sammlung Schmidlin Ende 18. Jhd.

Staatsarchiv Ludwigsburg (StAL)

E 319 Kreisgerichtshof Esslingen, Kriminalsenat 1817–1869

F 157 Oberamt Böblingen 1805–1942

Landeskirchliches Archiv Stuttgart (LKAS)

A 1 Synodusprotokolle I 1581–1822

A 12 Diener und Stellenbücher für württ. evang. Kirchen- und Schulstellen
Nr. 1 Kirchen- und Schuldiener ca. 1550–1600
Nr. 3 Kirchen- und Schuldiener ca. 1550–1720
Nr. 25 Grundbuch der Schulstellen 1837–1899
Nr. 26 Schulmeisterbuch 1816

A 29 Ortsakten
Nr. 2700 Magstadt: Besetzung Pfarrei 1654–1913
Nr. 2703 Magstadt: Pfarrberichte. Pfarrbeschreibung 1828–1920

Evangelisches Dekanatsarchiv (EvDA)

Nr. 63 Magstadt: Pfarrei. Schule 1639 – 1808

Nr. 80 Magstadt: Verschiedenes 1605 – 1797

Gemeindearchiv Magstadt (GAM)

Akten

A 4 Reich. Land 1815 – 1929

A 9 Ruggerichtsrezessbuch. Gemeindevisitationsprotokoll 1827 – 1912

A 32 Liegenschaftsvermögen 1824 – 1932

A 33 Schulhausbau 1873 – 1883

A 35 Gemeindewaldungen 1718 – 1895

A 54 Feuerlöschordnungen. Feuerwehr 1872 – 1932

A 55 Feuerwehr 1875 – 1932

A 56 Brandunfälle 1784 – 1931

A 63 Straßen 1846 – 1932

A 64 Bau der Hölzertalstraße 1878 – 1886

A 70 Gaststättenwesen 1825 – 1935

A 76 Maß und Gewicht. Geldwesen 1840 – 1925

A 83 Schulsachen. Volksschule 1865 – 1932

A 85 Gewerbschule 1889 – 1932

A 88 Evangelische Kirche 1792 – 1925

A 90 Ortsgeschichte

A 160 Militärwesen. Musterung 1759 – 1913

A 161 Leistungen und Landbeschaffung für das Heer 1796 – 1914

A 162 Deutsch-französischer Krieg 1870/71

A 163 –

A 165 1. Weltkrieg 1914 ff.

Bände

B 23 – Gerichtsprotokolle
B 39 1561 – 1809

B 40 – Gemeinderatsprotokolle
B 71 1838 – 1933

B 50 Inventuren und Teilungen 1816 – 1819

B 59 Dgl. 1823/24

B 136 Protokoll (mit Beilagen) über die Trennung des Güter-, Gebäude- und Gewerbekatasters 1823/24

B 158 Protokoll über die Verhandlungen der Feuerwehr 1878 – 1916

B 159 – Rapportbücher des Feuerwehrkommandanten
B 160 1897 – 1905

B 233 – Stiftungsratsprotokolle
B 236 1835 – 1892

B 239 Protokoll des Gewerbschulrats 1902 – 1931

B 263 – Steuer- und Güterbücher
B 297 1606 – 1900

B 314 – Steuerrevisionsakten und
B 315 Meßprotokolle 1717/18

B 316 Protokoll und Beilagen zu dem Steuertrennungsgeschäft 1823/24

B 352 Gebäudekataster 1823

B 353 dgl. 1867

B 358 – Gewerbesteuerkataster
B 367 1823 – 1921

B 368 – Gewerbeanzeigen
B 370 1862 – 1920

B 372 Verzeichnis der Gewerbetreibenden 1922/30

B 373 Verzeichnis der Gewerbetreibenden 1931/36

B 374 Gewerbesteueränderungsliste 1927 – 1931

B 480 – Summarische Steuervermö-
B 486 gensregister ca. 1796 – 1907

B 488 – Brandversicherung, Feuer-
B 516   versicherung 1808 ff.

B 492   Feuerversicherungsbuch
        1867

B 495   dgl. 1888 ff.

B 557   Konskriptionslisten 1810 –
        1813

B 558   dgl. 1814 – 1818

B 708   Inventuren und Teilungen
        (mit Beilagen) 1816 – 1819

B 717   dgl. 1823 – 1824

B 764   Stiftungsratprotokoll 1827 –
        1835

B 765 – Lagerbuch Kellerei
B 766   Böblingen 1648

B 767   dgl. 1744

B 768   Lagerbuch Kellerei Beben-
        hausen 1653

B 769 – Lagerbuch des Magstadter
B 770   Ortsheiligen 1744

Rechnungen

R 2 –   Amtsvergleichungen
R 4   1812 – 1816

R 5 –   Bürgermeisterrechnungen
R 117a (mit Beilagen) 1687 – 1819

R 122 – Gemeindpflegerechnungen
R 302   (mit Beilagen) 1819 – 1930

R 307   Rezessbuch 1834 – 1854

R 480 – Heiligenrechnungen
R 516   (mit Beilagen) 1770 – 1823

R 517 – Stiftungspflegerechnungen
R 585   (mit Beilagen) 1823 – 1892

R 801 – Hilfsleihkassenrechnungen
R 806   (mit Beilagen) 1838 – 1845

R 952   Hauptbuch für die Kasse des
        Ortssparvereins 1856 – 1869

R 953   Kassenbuch des Gesangver-
        eins »Freiheit« 1919 – 1933

Karten: K 1 ff.

Altregistratur:

Nr. 1206, 1521, 1529, 1535, 3080, 3230 –
3231, 3240, 3243, 3250, 3260, 3265 – 67,
3275, 4823, 5000a, 5000b, 5010, 5012,
5015, 5028, 5030 – 5031, 5033, 5040,
5051, 5057 – 5058, 5070, 5111, 5120,
5140, 5445, 5650, 6180, 7095/1, 9800,
9820, 9830, 9845, 9851, 9880, 9890,
9895 – 9897. – Akte Olbas/Schoenen-
berger.

Laufende Registratur:

Gemeinderatprotokolle 1933 ff. Gü-
terhefte 1848 ff. Handakten und Briefwechsel der Gemeindeverwaltung.
Mitteilungen von Gemeindebeamten
(Breitling, Killinger)

Feuerwehr Magstadt

Protokollbuch über die Verhandlungen
der Freiwilligen Feuerwehr 1920 ff.

Rapportbuch des Kommandanten
1944 ff.

Unterlagen (Protokolle, Akten, Fest-
schriften) der Gewerbebank (Volksbank) Magstadt und der Vereine

Evang. Pfarrarchiv Magstadt
(EPfAM)

Urkunden:
Nr. 1 – 9

Bände:

Nr. 50 ff. Kirchenbücher 1640 ff.

Nr. 64   Kirchenzensur- bzw. Kir-
         chenkonventsprotokolle 1693
         – 1884 (einschl. Stiftungspro-
         tokoll 1819 – 1826)

Akten:

Nr. 101 Pfarrbeschreibung 1827 –
         1905

Nr. 102 Visitationsberichte 1769 –
         1810

Nr. 103 Pfarr- und Übersichtsbe-
         richte 1811 – 1866

Nr. 126 Schulsachen 1706 – 1859

Nr. 127 dgl. 1723 – 1875

Nr. 128 dgl. 1825 – 1874

Nr. 130 Erlasse 1845 – 1887

Nr. 132 Sonstige Schulsachen 1802 –
         1882

Nr. 140 Pfarrer 1550 – 1959

Nr. 142 – Materialien und Aufsätze
Nr. 143   zur Ortsgeschichte

Nr. 144 Pfarrbeschreibung 1904 –
         1955

Nr. 147 Pfarrhaus 1745 – 1933

Nr. 172 Krankenpflegeverein 1930 –
         1965

Nr. 175 Pfarrberichte 1870 – 1960

Nr. 183 Schule. Schulorganisation
         1857 – 1928

Nr. 184 Fortbildung. Schulvisitation
         1859 – 1914

Rechnungen:

Nr. 203 Kirchenpflegrechnung mit
         Beilagen 1892 – 1958

Nr. 207 – Krankenpflegeverein:
Nr. 209   Rechnungswesen 1898 ff.

Laufende Registratur:

Pfarrberichte 1964 ff. Mitteilungen von
Pfarrer Steinmann

Stadtarchiv Sindelfingen

Almosenlagerbuch 1597

Erneuerung über der Stadt Sindelfingen Landzinse 1597/98

Stadtarchiv Weil der Stadt

Lagerbuch Spital Weil der Stadt 1534
und 1748

Post- und Botenwesen (Akten)
ca. 1806 – 1850

Gedruckte Quellen

Akten der Universität Erfurt. Teil 1 und 2.

Alberti, Otto von: Württ. Adels- und Wappenbuch. 2 Bände. Stuttgart 1889/1910.

Altwürttembergische Lagerbücher aus österreichischer Zeit 1520 – 1534. Herausgegeben von Paul Schwarz. Stuttgart 1958/1959.

Archäologische Ausgrabungen in Baden-Württemberg 1981 und 1985. Herausgegeben vom Landesdenkmalamt BW.

Arnold S. / Gross, U. / Stork, I.: Mehr als ein Jahrtausend... Leben im Renninger Becken vom 4.–12. Jahrhundert (Archäologische Informationen aus BW 19. 1991).

Baumann, Franz Ludwig: Akten zur Geschichte des deutschen Bauernkrieges. Freiburg i. Breisgau 1877.

Binder, Christian: Wirtembergs Kirchen- und Lehrämter. I. II. Stuttgart 1798 und 1809.

Böblinger Urkundenbuch. Bearbeitet von Dr. Ludwig Lang und Lic. Dr. Albrecht Schaefer. Band 1 ff. Maschinenschriftliches Manuskript in der Landesbibliothek Stuttgart. Nr. 1 – 12266.

Briefwechsel der Brüder Ambrosius und Thomas Blarer. 1509 – 1567. Bearbeitet von Traugott Schiess. Herausgegeben von der Badischen Historischen Kommission. 3 Bände. Freiburg i. Breisgau 1908 - 1912.

Chronici Sindelfingensis quae supersunt e Manuscriptis Crusianis et Gabelcoverianis collecta atque digesta primum edidit annotafionibus illustravit Carolus Fridericus Haug. Tubingae. 1836 (Annales Sindelfingenses. M.G.S.S. 11,299). Deutsche Übersetzung von Hellmut Graeßle. 1947.

Codex Hirsaugiensis. Herausgegeben von Dr. E. Schneider. 1887. In: Württ. Vierteljahreshefte. X/1887. (Hauptstaatsarchiv Stuttgart H 14, Band 143.)

Die Correspondenz des schwäbischen Bundeshauptmanns Ulrich Artzt von Augsburg aus den Jahren 1524 – 27. Herausgegeben von Wilhelm Vogt. Augsburg o.D.

Crusius, Martin: Schwäbische Chronik...aus dem Lateinischen erstmals übersetzt von Joh. Jakob Moser. Frankfurt 1733.

Deutscher Glockenatlas: Württemberg – Hohenzollern. Bearbeitet von Sigrid Thurner.Herausgegeben von Günther Grundmann. München, Berlin 1959.

Epistulae ad Joannem Kepplerum. Edidit Michael Gottlieb Hanschius. 1718.

Ernst, Viktor: Briefwechsel des Herzogs Christoph von Wirtemberg. Band 1 – 4. 1899 – 1907.

Geologische Karte von BW. 1:25000. Blatt 7219 Weil der Stadt. Herausgeben vom Geologischen Landesamt BW. Stuttgart 1961.

Franz, Günther: Aus der Kanzlei der württ. Bauern im Bauernkrieg. In: Württembergische Vierteljahreshefte. 41/1935.

Freiburger Diözesanarchiv: I/1865. Liber Decimationis cleri Constanciensis pro Papa de anno 1275.

Fundberichte aus Schwaben. Herausgegeben vom Württ. Geschichts- und Altertumsverein. XIII/1905. NF 5, 1928-1930; NF 7, 1930–32; NF 8, 1933–35; NF 9, 1935–38; NF 11, 1938–50; NF 12/II, 1938–51; NF 15, 1959; NF 18/II, 1967.

Fundberichte aus Baden-Württemberg. Herausgegeben vom Landesdenkmalamt BW. 15, 1990; 17/2, 1992; 19, 1993; 19/2, 1994.

Glasschröder, Franz: Die Speyrer Bistums-Matrikel des Bischofs M. Ramung. Mitteilungen des Historischen Vereins der Pfalz. 28/1907. Seite 75 – 126.

Gmelin, Moritz: Verzeichnis der Studierenden zu Freiburg und Heidelberg. In: Württ. Vierteljahreshefte. 1880. Seite 177 – 193.

Hartmann, H.: Die evang. Geistlichkeit in Württ. seit der Reformation. 1856.

Hartmann, J.: Chronik der Stadt Stuttgart. 1886.

Heiligmann, J. J.: Das römische Sindelfingen. In: Sindelfinger Fundstücke von der Steinzeit bis zur Gegenwart (Stadtarchiv Sindelfingen, Hg.: Veröffentlichungen 1. 1991).

Hermelink, Heinrich: Die Matrikeln der Universität Tübingen. 1/1900. 2/1931.

Heß, Gottlieb Friedrich: Herrenberger Chronik. Verfaßt vor 1761. Handschriftlich in der Landesbibliothek Stuttgart sowie im Stadtarchiv Herrenberg und im Hauptstaatsarchiv Stuttgart.

Ulrici Hutteni...opera. Herausgegeben von Eduard Böcking. Band I – V. Leipzig 1859 – 1862.

Jahrestagung des Vereins für Württ. Kirchengeschichte 1989: Referat Markus Wurster.

Kamann: Nürnberger Ratskorrespondenz. In: Württ. Vierteljahreshefte. 1904.

Kepler, Johannes: Dokumente zu Lebenszeit und Lebenswerk. Herausgegeben von Walther Gerlach und Martha List. 1971.

Kepler, Johannes: Gesammelte Werke. Herausgegeben von Max Caspar. Band XV. Briefe 1604 – 1607. 1951.

Krebs, Manfred: Die Annatenregister des Bistums Konstanz aus dem 15. Jahrhundert. Freiburger Diözesanarchiv. 3. Folge. 8. Band. 1956.

Krebs, Manfred: Investiturprotokolle der Diözese Konstanz aus dem 15. Jahrhundert. Quellenbeilagen zum Freiburger Diözesanarchiv. 1938.

Lehenbuch Graf Eberhard des Greiners von Wirtemberg (1344 – 1392). Herausgegeben von Archivsekretär Dr. Schneider. In: Württ. Vierteljahreshefte VIII/1885. Seite 113 – 164.

Löhr, Johann-Wilhelm: Sindelfinger Cronica, angefangen anno 1083. (Vor 1662.) Manuskript im Stadtarchiv Sindelfingen.

Maurer, Hans Martin: Renningen und Weißenburg. In: Stork, Ingo u. a.: Renningen und Malmsheim. Eine Stadt und ihre Geschichte. Stuttgart 1991.

Die Matrikel der Universität Wien.

Müller, Karl Otto (Bearb.): Altwürttembergische Urbare aus der Zeit Graf Eberhards des Greiners (1344 - 1392) (Württ. Geschichtsquellen, Bd. 23). Stuttgart, Berlin 1934.

Pfaff, Karl: Württembergische Regesten. (Vor 1866.) Manuskript in der Landesbibliothek Stuttgart.

Pfarrerbuch der ev. Kirche Badens von der Reformation bis zur Gegenwart. 2 Bände. Lahr 1938/1939.

Pfeilsticker, Walther (Bearbeiter): Neues Württembergisches Dienerbuch. Band 1 – 3. Stuttgart 1957 – 1974.

Pölnitz, Götz Freiherr von: Die Matrikel der Ludwig-Maximilians-Universität Ingolstadt. Band 1 – 3. München 1937 – 1941.

Quellensammlung der badischen Landesgeschichte. Herausgegeben von F. J. Mone. 4 Bde. 1845 – 1867.

Regesta Episcoporum Constantiensium. Regesten der Bischöfe von Konstanz. Innsbruck 1895 ff.

Regesten der Markgrafen von Baden und Hachberg. 1050 – 1515. Herausgegeben von der Badischen Historischen Commission. Band 3. Innsbruck 1907.

Repertorium Germanicum. Herausgegeben von der kgl. preußischen historischen Kommission. Band 1 ff. Berlin 1916 ff.

Reyscher, August Ludwig (Hg.): Sammlung altwürttembergischer Statutarrechte. Tübingen 1834.

Sauter, Fritz: Regesten von Urkunden der Stadt Weil der Stadt. Manuskript. 1902.

Schäfer, Dietrich: Auszüge aus den Rechnungsbüchern der Apostolischen Kammer für das Gebiet des heutigen Königreichs Württemberg in den Jahren 1396 – 1534. In: Württ. Geschichtsquellen 2/1895.

Schott, Theodor: Württemberg und die Franzosen im Jahr 1688. In: Württ. Neujahrsblätter V/1888.

Sigel, Christian: Das evangelische Württemberg. Seine Kirchenstellen und Geistlichen von der Reformation an bis auf die Gegenwart. 17 Bde. Stuttgart 1910–1931 und Manuskript im LKAS.

Sindelfinger Chronik des Pfarrers Georg Reipchius. 1553–1598. Ausgezogen aus dem ältesten Kirchenbuch und mit Einleitung, Anmerkungen und Regesten versehen von Adolf Rentschler. Herausgegeben vom Heimatgeschichtsverein für Schönbuch und Gäu e.V. Sindelfingen. 1958.

Sindelfinger Urkundenbuch. Herausgegeben von Ludwig Lang und Albrecht Schaefer. 1948/49. Manuskript im Stadtarchiv Sindelfingen.

Tagebuch der Gräfin Franziska von Hohenheim. Herausgegeben von A. Osterberg. 1913.

Töpke, Gustav: Die Matrikel der Universität Heidelberg von 1386 - 1870. 7 Teile. Heidelberg 1884 – 1916.

Tramer, Richard: Erinnerungen aus meiner Magstadter Zeit. Maschinenschriftliches Manuskript. 1950.

Trithemius: Chronicon insigtte Hirsaugiense. II. Basel 1559 (Annalium Hirsaugiensium opus 1, 2. St. Gallen 1690).

Urkundenbuch der Stadt Esslingen. Bearbeitet von Dr. Adolf Stiehl. 1. Band. Stuttgart 1899. 2. Band. Stuttgart 1905.

Urkundenbuch der Stadt Stuttgart. Bearbeitet von Dr. Adolf Rapp. Band 1 ff. Stuttgart 1912 ff.

Wackernagel, Hans Georg: Die Matrikel der Universität Basel.

Wappenbuch des Landkreises Böblingen. Stuttgart 1960.

Wille, Augustin: Kölners Beschreibung. In: Zeitschrift für die Geschichte des Oberrheins 34.

Württembergische Geschichtsquellen. Band 1. Geschichtsquellen der Stadt Hall. Herausgegeben von Christian Kolb. Stuttgart 1894.

Württembergische Landtagsakten. Herausgegeben von der Württembergischen Kommission für Landesgeschichte. 4 Teile. 1498 – 1515. 1593 – 1620. Stuttgart 1913 – 1919.

Württembergische Regesten. 1301 – 1500. Herausgeber Württembergisches Staatsarchiv. 3 Bände. Stuttgart 1916 – 1940.

Württembergische Visitationsakten I (1534. 1536 – 1540). Bearbeitet von Julius Rauscher (Württ. Geschichtsquellen. 22. Band. Herausgegeben von der Württ. Kommission für Landesgeschichte. Stuttgart 1932).

Württembergisches Landesmuseum: Inventar.

Württembergisches Urkundenbuch. Band I - XI. Stuttgart 1849 – 1913.

Sekundärliteratur

Abel, Louis: Obermagstatt. Magstadt-le-Hauf. Un village du Soundgau. 1976.

Abel, Louis/Wolf, Jean Jacques: Magstatt-le-Bas. Un village de tradition religieuse populaire. Magstadt-le-Bas. 1983.

Alt-Sindelfingen. Aus der Geschichte von Stadt, Stift und Martinskirche. Herausgegeben vom Heimatgeschichtsverein für Schönbuch und Gäu. 1951.

Baethgen, Friedrich: Europa im Spätmittelalter. Berlin 1951.

Baum, Hanns: Familiengeschichtliches aus Aidlingen und Magstadt. In: Sonntagsanzeiger als Wochenbeilage des Böblinger Boten 15 (10. April 1926).

Baum, Hanns: Jahrhundert-Erinnerungen. In: Sindelfinger Zeitung, Jg. 1938. (GAM A 90).

Baum, Hanns: Wanderbriefe aus der Heimat. In: Schönbuchbote/Böblinger Bote, Nr. 11, 14. 1. 1928. (GAM A 90.)

Baum, Hanns: Wir greifen in die Geschichts-Truhe der Heimat. o.D.

Baur, Wilhelm: Das deutsche evangelische Pfarrhaus. 4. Auflage. 1896.

Beck, Alfred: Chronik von Darmsheim. Böblingen 1930.

Beck, Alfred: Flurnamensammlung der Markung Darmsheim. 1930.

Beck, Paul: Fürstliche Badereisen im 16. Jahrhundert nach Göppingen, Wildbad und Liebenzell. In: Medizinisches Correspondenzblatt des Württ. ärztlichen Vereins. 1832 ff.

Becker, Andrea: Die Besetzung des Raumes Böblingen – Sindelfingen durch die Franzosen im April 1945. Zulassungsarbeit. 1972.

Benz, Eberhard: Böblinger Rechtsaltertümer. In: Böblinger Festtage. Böblingen 1953.

Benz, Eberhard: Das Neunergericht zu Böblingen. In: Aus Schönbuch und Gäu 19/1950.

Benz, Eberhard: Der Häseltrog. Sagen und Geschichten aus Schönbuch und Gäu (Veröffentlichungen des Heimatgeschichtsvereins für Schönbuch und Gäu. 1. Folge. Böblingen 1949).

Benz, Eberhard: Glehuntare. Ein Bericht über neue Forschungsergebnisse. In: Aus Schönbuch und Gäu 10/1955.

Benz, Eberhard: Radeburg. In: Aus Schönbuch und Gäu 10/1954.

Benz, Eberhard: Sagen (Frauenkreuz, Ratberg, Breitlaub). In: Aus Schönbuch und Gäu 5 – 7/1949.

Benz, Eberhard: Wie der Kreis Böblingen entstand. In: Aus Schönbuch und Gäu 8/1949.

Bergsträsser, Ludwig: Geschichte der politischen Parteien in Deutschland. 11. Auflage. München, Berlin 1965.

Besinnung und Aufruf: 1864 – 1964. Festschrift zum 100jährigen Bestehen des württembergischen Genossenschaftsverbandes (Schulze-Delitzsch).

Biel, J.: Die Hallstattkultur in Württemberg. Eine Standortbestimmung. In: Planck, Dieter, Archäologie in Württ. (s. d.).

Binder, J.: Heimatbuch Leonberg. Leonberg 1924.

Bischoff-Luithlen, Angelika: Der Schwabe und die Obrigkeit. Stuttgart, Aalen 1983.

Bischoff-Luithlen, Angelika: Von Amtsstuben, Backhäusern und Jahrmärkten. Ein Lese- und Nachschlagewerk zum Dorfalltag im alten Württemberg und Baden. Stuttgart 1979.

Bittel, Kurt / Kimmig, Wolfgang / Schiek, Siegwalt (Hg.): Die Kelten in Baden-Württemberg. Stuttgart 1981.

Bleich K. / Hofacker, H.-G. / Oechslen, Fritz: Wolfschlugen. Die Gemeinde und ihre Geschichte. Stuttgart 1994.

Böhling, Leopold: Beitrag zur Geschichte der Burgruinen Kräheneck und Weißenstein in Dill-Weißenstein bei Pforzheim sowie der Grafen von Creinegg und Hilteratshusen sowie auch der advocati de Wizzenstein. In: Württ. Vierteljahrshefte. 1930.

Boelcke, Willi, A.: Sozialgeschichte Baden-Württembergs 1800–1989. Stuttgart 1989.

Bohnenberger, Karl: Volkstümliche Überlieferungen und Mundart. In: Oberamtsbeschreibung Leonberg 1930.

Bolay, Theodor: Drei Herrenberger Handelsleute im 17. und 18. Jahrhundert. Sonderdruck aus Schönbuch und Gäu. 1961.

Bossert, Gustav, der Ältere: Acta in synodo Sindelfingensi. In: Blätter für Württ. Kirchengeschichte. NF XII/1908.

Bossert, Gustav, der Ältere: Aus der Zeit der Fremdherrschaft. 1513 – 34. In: Württ. Jahrbuch 1911.

Bossert, Gustav, der Ältere: Das Interim in Württemberg. In: Schriften des Vereins für Reformationsgeschichte. XII/1894 - 1895.

Bossert, Gustav, der Ältere: Die ältesten Herren von Weinsberg. In: Württ. Vierteljahreshefte. 1882.

Bossert, Gustav, der Ältere: Die Herkunft Bischof Ottos des Heiligen von Bamberg. In: Württ. Vierteljahreshefte. 1883.

Bossert, Gustav, der Ältere: Die Jurisdiktion des Bischofs von Konstanz. In: Württ. Vierteljahreshefte. NF 2/1893.

Bossert, Gustav, der Ältere: Die Lage des Pfarrerstandes in Württemberg. 1534/48. In: Blätter für Württ. Kirchengeschichte. 1908.

Bossert, Gustav, der Ältere: Die Liebestätigkeit der ev. Kirche Württembergs
von der Zeit Herzog Christophs bis
1650. In: Württ. Jahrbuch 1905.

Bossert, Gustav, der Ältere: Die Urpfarreien Württembergs. In: Blätter für
Württ. Kirchengeschichte. 5/1890.

Bossert, Gustav, der Ältere: Die Württ.
Kirchendiener bis 1556. In: Blätter für
Württ. Kirchengeschichte. NF IX/
1905.

Bossert, Gustav, der Ältere: Granvella
in Markgröningen. In: Württ. Vierteljahreshefte. NF III/1894.

Bossert, Gustav, der Ältere: Kleine Beiträge zur Geschichte der Reformation
in Württemberg. In: Blätter für Württ.
Kirchengeschichte. NF VIII/1904.

Bossert, Gustav, der Ältere: Zur Geschichte Stuttgarts in der 1. Hälfte des
16. Jahrhunderts. In: Württ. Jahrbuch
1914. II.

Bossert, Gustav, der Jüngere: Aus der
nebenkirchlichen, religiösen Bewegung der Reformationszeit in Württemberg. In: Blätter für Württ. Kirchengeschichte. 1929.

Bossert, Gustav, der Jüngere: Der Bau-
ernoberst Matern Feuerbacher. Ein
Beitrag zur Geschichte des Bauern-
kriegs in Alt-Württemberg. In: Württ.
Jahrbuch 1923/24. 1925/26.

Bossert, Gustav, der Jüngere: Die Reformation im Dekanatsbezirk Böblingen. In: Blätter für Württ. Kirchengeschichte. NF 40/1936.

Bossert, Gustav, der Jüngere: Rottenburg a. Neckar und die Herrschaft Ho-
henberg. 1540/61. In: Blätter für Württ.
Kirchengeschichte. 1935.

Bossert, Gustav, der Jüngere: Zur Ein-
führung der Tauf- und Ehebücher in
Altwürttemberg 1558. In: Blätter für
Württ. Kirchengeschichte. 1933.

Brehm, K.: Von der Stuttgarter Prie-
sterbruderschaft. In: Württ. Vierteljahreshefte. 1914.

Breining: Züge aus dem kirchlich-sitt-
lichen Leben des 17. und 18. Jahrhunderts. In: Blätter für Württ. Kirchengeschichte. 1929.

Breitschwert, J.L.C., Freiherr von: Johannes Keplers Leben und Wirken
nach neuerlich aufgefundenen Manu-
skripten. Stuttgart 1831.

Brenner, C.: Tracht und Bewaffnung
der Alamannen im Oberen Gäu. In: der
Sülchgau. Bd. 39. 1995.

Brockhaus-Enzyklopädie. 16. und 18.
Auflage, sowie Kleines Brockhauslexi-
kon (1952).

Bühler: Die Hagelbeschädigungen
1828/87. In: Württ. Jahrbuch. 1888.

Burkhardt, Felix: Die Baderin von
Magstadt pocht auf ihr Recht. In: Aus
Schönbuch und Gäu 11 und 12/1976.

Burkhardt, Felix: Magstadter Unruhen
wegen Verteilung der »Eichenerlös-
Kasse«. In: Aus Schönbuch und Gäu 7
und 8/1973.

Burkhardt, Felix: Schulgeschichte des
Kreises Böblingen. 1971 (Veröffentlichungen des Heimatgeschichtsvereins
für Schönbuch und Gäu. Band 11).

Burkhardt, Felix: Stadt und Amt Böblingen im Jahr 1640. In: Aus Schönbuch
und Gäu 7 und 9/1968.

Buwinghausen-Wallmerode, von: Tagebuch über die »Landreisen« des Herzogs Karl Eugen von Württemberg
1767 – 1773. Im Auftrag des Württ. Ge-
schichts- und Altertumsvereins herausgegeben von E. von Ziegesar. Stuttgart 1911.

Christlein, Rainer: Die Alamannen. Archäologie eines lebendigen Volkes.
Stuttgart 1978[1].

Cleß, Dan. Fr.: Versuch einer kirchlich-
politischen Landes- und Culturge-
schichte von Württemberg bis zur Re-

formation in zwei Theilen. Tübingen
und Stuttgart 1806 – 1808.

Das Königreich Württemberg. Herausgegeben von dem Kgl. Stat. Landesamt. 3 Bde. 1882/86. Neubearbeitung
4 Bde. 1904/07. (Sonderdruck: Oberamt Böblingen. 1907.)

Das Land Baden-Württemberg. Herausgegeben von der Landesarchivdirektion Baden-Württemberg. Bd. II, 1
(1971), III (1978).

Dehio, Georg: Handbuch der deutschen
Kunstdenkmäler. Land Baden-Würt-
temberg. Bearbeitet von Friedrich Piel.
München, Berlin 1964.

Denkmale des Altertums und der alten
Kunst im Königreich Württemberg.
Zusammengestellt von dem königlichen statistisch-topograpischen Bureau. In: Württ. Jahrbücher. 1841 ff.

Der Geburtsort Johannes Keplers. Ein
Brief an die Bürger zu Magstadt. In:
Kgl. Württ. Kalender für 1849.

Dunker, M.: Balingen und Umgebung
im Bauernkrieg (Reutlinger Geschichtsblätter 19/1908).

Eberle, Karl: Das Magstadter Handwerk im Blick der Jahrhunderte. Mit
Beilagen. o.D.

Eberle, Karl: Die Wahrheit über Johannes Kepler. In: Sindelfinger Zeitung
vom 3. April 1970.

Eberle, Karl: Heimatgeschichtliche
Aufzeichnungen. In: Sindelfinger Zeitung. Jahrgänge 1956 und 1957.

Eberle, Karl: Magstadt im Blick der
Jahrhunderte. In: Sindelfinger Zeitung
vom 26. Januar 1957.

Eberle, Karl: Magstadt von den Magen
gegründet. In: Sindelfinger Zeitung
66/19. März 1964.

Ebertin, Reinhold: Auf Keplers Pfaden.
In: 42. Kosmobiologisches Jahrbuch.
1971.

Eimer, Manfred: Die Arbeiten lango-
bardischer Steinbildner und Architek-
ten in Südwestdeutschland. In: Zeitschrift für Württ. Landesgeschichte.
1943.

Einladung zur Ausstellung Naß im
Rahmen der 700-Jahr-Feier der Stadt
Sindelfingen. 1963.

Erffa, Wolfram, Freiherr von: Die Dorf-
kirche als Wehrbau. Stuttgart. 1937
(Darstellungen aus der Württ. Geschichte. 28).

Erffa, Wolfram, Freiherr von: Die
Wehrkirche im Nordwesten Württembergs im Rahmen der mittelalterlichen
Verteidigung. In: Schwäb. Heimatbuch. 1938.

Ernst, Gottlob: Mittelalterliche Herr-
schafts- und Besitzverhältnisse in
Kuppingen. In: 1000 Jahre Kuppingen.
1961.

Ernst, Gottlob: 6000 Jahre Bauerntum
im Oberen Gäu. In Verbindung mit der
Deckenpfronner Chronik. 1955/57.

Ernst, Viktor: Die Entstehung des
württ. Kirchengutes. In: Württ. Jahrbuch. 1911.

État-Major, 3. bureau: Les Opérations
de la 3. Division d'Infanterie Alge-
rienne. Du 15 mars au 22 avril 1945.
Stuttgart 1945.

Familientag der Wörnle. In: Stuttgarter Nachrichten vom 6. Nov. 1957.

Filtzinger, Philipp / Planck, Dieter /
Cämmerer, Bernhard. Die Römer in Baden-Württemberg. Stuttgart 1986[3].

Fischer, Albert: Vestin Beblingen. Burg
und Stadt. Ein Beitrag zur Geschichte
der Befestigungsanlagen und des
Stadtbildes von Böblingen. In: Böblingen. Beiträge zur Geschichte von Dorf,
Burg und Stadt bis zum Beginn der
Neuzeit. Böblingen 1953 (Veröffentlichungen des Heimatgeschichtsvereins
für Schönbuch und Gäu. Band 4).

Fischer, F.: Südwestdeutschland im
letzten Jahrhundert vor Christi Geburt. In: Planck, Dieter, Archäologie in
Württ. (s.d.).

*In der 1992 bis 1994 renovierten
und umgebauten Festhalle finden
im Jahresverlauf etwa 35 größere,
meist kulturelle Veranstaltungen
statt. Während der Wochentage
trainieren auch die Kunstrad-
fahrer des RV „Pfeil" in der Halle.*

Förstemann, Emil: Altdeutsches Na-
menbuch. Ortsnamen. 2. Auflage. Bonn
1913.

Franz, Günther: Der Deutsche Bauernkrieg. 2. Auflage. München und Berlin
1943.

Franz, Günther: Zur Geschichte des
Bundschuhs. In: Zeitschrift für Geschichte des Oberrheins. NF 47/1934.

Fritz, F.: Die evangelische Kirche
Württembergs im Zeitalter des Pietismus. In: Blätter für Württ. Kirchengeschichte. 1956 – 1958.

Fritz, F.: Die Liebestätigkeit der württ. Gemeinden von der Reformation bis 1650. In: Blätter für Württ. Kirchengeschichte. 1915.

Fritz, F.: Die württ. Pfarrer im Zeitalter des Dreißigjährigen Krieges. In: Blätter für Württ. Kirchengeschichte. 1930.

Fritz, F.: Konventikel in Württemberg. In: Blätter für Württ. Kirchengeschichte. 1951.

Fritz, F.: Valentin Andreas Wirken im Dienst der württ. Kirche. In: Blätter für Württ. Kirchengeschichte. 1928.

Fröscher: Tiergärten im Herzogtum Württemberg. In: Blätter des Schwäbischen Albvereins. 1932.

Funk, Erwin: Luftangriffe und Luftschutz in Böblingen. Böblingen 1983.

Fürstliche Witwen auf Schloß Böblingen (Ausstellung). 1987.

Gaubatz-Sattler, A.: Der römische Gutshof von Bondorf (Landkreis Böblingen) (Forschung und Berichte Vor- und Frühgeschichte BW 51. 1994).

Gehring, Paul: Das Wirtschaftsleben in Württemberg unter König Wilhelm I (1816 - 1864). In: Zeitschrift für württ. Landesgeschichte. 1949/50.

Gerne, Otto: Das Feuerwehrgesetz für Baden-Württemberg. 2. Auflage. Stuttgart 1960.

Geuenich, D.: Zum gegenwärtigen Stand der Alamannenforschung. In: Staab, F. (Hg.), Zur Kontinuität zwischen Antike und Mittelalter am Oberrhein (Oberrheinische Studien. Bd. 11. 1994).

Gleißner, Karl: Ehningen. 1965.

Glocken-Chronik von Magstadt. Altes und Neues über die Kirchenglocken eines schwäbischen Dorfes. o.D. (1950).

Glöckle, Dieter: Die Pfarrkirche in Weil der Stadt. Tübinger Dissertation. 1956.

Göz, Generalmajor, von: Schwere Schläge für Stuttgart und Cannstatt. In: Historische Beilage zum Staatsanzeiger. 1911.

Gonser, Hans und Ceglarek, Uwe: Klima. In: Der Kreis Böblingen. 1983.

Gradmann, Eugen: Die Wurmlinger Kapelle und ihre Überlieferungen (Reutlinger Geschichtsblätter. 29. Jahrgang).

Gradmann, Eugen: Kunstwanderungen in Württemberg und Hohenzollern. Stuttgart 1914.

Gradmann/Meckseper: Kunstwanderungen in Württemberg und Hohenzollern. 4. Auflage. 1978.

Graeßle, Hellmut: Glehuntare und Würmgau. In: Aus Schönbuch und Gäu 43/11. April 1953.

Graeßle, Hellmut: Sindelfingen. Dorf, Stadt und Stift bis zur Mitte des 16. Jahrhunderts. Sindelfingen 1954.

Graner, Ferdinand: Geschichte der Waldgerechtigkeiten im Schönbuch. Stuttgart. 1929 (Darstellungen zur Württ. Geschichte 19).

Greiner, Siegfried: Calw – Böblingen – Magstadt. Streiflichter aus einem Briefwechsel unter König Friedrich. In: Aus Schönbuch und Gäu 4/1967.

Grube, Walter: Aus der Geschichte. In: Heimat und Arbeit: Der Kreis Leonberg. 1964.

Grube, Walter: Der Stuttgarter Landtag. Stuttgart 1957.

Grube, Walter: Dorfgemeinde und Amtsversammlung. In: Zeitschrift für Württ. Landesgeschichte. 1954.

Grube, Walter: Vogteien, Ämter, Landkreise. Band 1 Geschichtliche Grundlagen. Stuttgart 1975.

Günter, H.: Altwürttembergische geistliche Gefälle. In: Württ. Vierteljahreshefte 15. 1906.

H. : Christian-Naß-Gedächtnisschau. In: Stuttgarter Nachrichten vom 21. Juni 1963.

H.H.: Die Post in unserem Kreis vor 100 Jahren. In: Aus Schönbuch und Gäu 30/1951.

Hähnle, David: Dem Magstadter Maler Christian Naß zu Ehren. In: Böblinger Bote vom 8. Juni 1963.

Haering, Hermann: Herzog Ulrich von Württemberg. In: Zeitschrift für Schwaben. 1941.

Hahn, Gustav: Die Sippe Hahn in Altdorf. In: Aus Schönbuch und Gäu. 30/1951.

Hahn, J.: Das Jungpaläolithikum in Württemberg. In: Planck, Dieter (Hg.): Archäologie in Württ. (s.d.).

Hahn, Johann Michael: Kurze Darstellung seines Lebens und seiner Lehre. Metzingen o.D.

Haid, Emil: Sperrschwerpunkt Herrenberg. Die letzten Kriegstage im April 1945. Manuskript. 1984.

Haller, Johannes: Die Anfänge der Universität Tübingen. 1477 – 1537. Stuttgart 1927.

Handbuch des Württ. Kriegerbundes. Stuttgart 1912.

Hanselmann, Martin: Einige interessante Döffinger Flurnamen. In: Aus Schönbuch und Gäu 4/1955.

Hartmann, J.: Chronik der Stuttgarter Hospitalkirche. Stuttgart 1888.

Hauck, Albert: Kirchengeschichte Deutschlands. 3. Teil. Leipzig 1906.

Heberle, Joh.: Der Dreißigjährige Krieg in Schwaben. Nach ungedruckten Aufzeichnungen von Zeitgenossen in Ulm und auf der Ulmer Alb. In: Württ. Neujahrsblätter. VI/1889.

Heimat und Arbeit: Der Kreis Böblingen. Aalen 1961 und 1983.

Heimat und Arbeit: Der Kreis Leonberg. Aalen 1964.

Heimberger, Fritz: Das Ortswappen von Magstadt im Wandel der Zeiten. o.D.

Heimberger, Fritz: Der Altkreis Böblingen im Wandel der Zeiten. Sindelfingen 1968.

Heimberger, Fritz: Die geschichtliche Entwicklung des Obstbaus im Landkreis Böblingen (Festschrift 4. Landestag der Obst- und Gartenbauvereine Baden-Württemberg 1978 in Magstadt).

Heimberger, Fritz: Die Magstadter Marktgerechtigkeit. Maschinenschriftliches Manuskript. o.D.

Heimberger, Fritz: Geschichte der Gemeinde Magstadt (Magstadter Wegweiser/1980.)

Heimberger, Fritz: Geschichte der Gemeinde Magstadt. Ausarbeitung für die Rundfunksendung »Glocken der Heimat«. 1966.

Heimberger, Fritz: Geschichte der Magstadter Schulen. Magstadt 1965.

Heimberger, Fritz: Geschichte der Volksbank Magstadt. Festschrift »Volksbank Magstadt«. 1971.

Heimberger, Fritz: Geschichte des Feuerlöschwesens in Magstadt. 1965.

Heimberger, Fritz: Gewerbe und Wirtschaft in Magstadt bis 1900. 1977.

Heimberger, Fritz: Magstadt. 800 Jahre Geschichte im Gäu – zwischen Dorf und Stadt. 1997.

Heimberger, Fritz: Magstadt um 1740. 1981.

Heimberger, Fritz: Maichingen. Sindelfingen 1981.

Heimberger, Fritz: Schönaich. 1970.

Heimberger, Fritz: Schul- und Kinderfeste in Magstadt. 1981.

Herding, Otto: Leibbuch, Leibrechte, Leibeigenschaft im Herzogtum Wirtemberg. In: Zeitschrift für Württ. Landesgeschichte. 1952.

Hermelink, Heinrich: Geschichte der Ev. Kirche in Württemberg, von der Reformation bis zur Neuzeit. Stuttgart und Tübingen 1949.

Hermelink, Heinrich: Geschichte des allgemeinen Kirchenguts in Württemberg. In: Württ. Jahrbuch. 1903.

Herrenberg und seine Lateinschule. Zur Geschichte von Stadt und Gäu. Im Auftrag der Stadt Herrenberg zusammengestellt von Walter Gerblich. 1962.

Hertlein, Friedrich / Paret, Oscar / Goeßler, Peter: Die Römer in Württemberg. 3 Bände. Stuttgart 1928 – 1932.

Herzog Karl Eugen und seine Zeit. Herausgegeben vom Württ. Geschichts- und Altertumsverein. 2 Bände. Esslingen 1907. 1909.

Heß, Karl: Der Kreis Böblingen. In: Heimat und Arbeit: Der Kreis Böblingen. 1961.

Heß, Karl: Die häufigsten Familiennamen im Kreis Böblingen. In: Aus Schönbuch und Gäu 7/1955, 8/1955.

Heß, Karl: Die Kunstdenkmale des Kreises Böblingen in der neuen Literatur. Zugleich eine Bestandsaufnahme. In: Aus Schönbuch und Gäu 3/1966.

Heß, Karl: Ein Ortsnamenbuch des Kreises Böblingen. In: Aus Schönbuch und Gäu 1978.

Heß, Karl: Fragen der Kepler-Forschung. In: Aus Schönbuch und Gäu 9/1964.

Heß, Karl: Von der Familie und den Nachkommen des Sindelfinger Schultheißen Thomas Löher. In: Alt-Sindelfingen (Veröffentlichungen des Heimatgeschichtsvereins für Schönbuch und Gäu. 2. Folge. 1951).

Heß, Karl: Von Hinrichtungen, Scharfrichtern und Kleemeistern in Böblingen. In: Aus Schönbuch und Gäu 1960.

Heß, Karl: Weil der Stadt und das Keplerjahr. 1971. In: Sammelband »Heimat Schönbuch und Gäu«. Böblingen 1986.

Heß, Karl: Zur Aidlinger Familiengeschichte. Die Familien Wochele und Maiter. In: Aus Schönbuch und Gäu 6/1955.

Heß, Karl: Zur Familien- und Ortsgeschichte von Döffingen. 1960.

Heyd, Ludwig Friedrich: Ein Lebensbild aus der Zeit des Dreißigjährigen Krieges. In: Württ. Vierteljahreshefte. NF 1/1892.

Heyd, Ludwig Friedrich: Ulrich, Herzog zu Württemberg. Band I – III. Tübingen 1841 – 44.

Höhn, Heinrich: Geschichte der Stadt Grötzingen. In: Württ. Jahrbuch. 1906/II.

Hoffmann, Gustav: Kirchenheilige in Württemberg. (Darstellungen aus der Württ. Landesgeschichte. 23/1932.)

Hornikel, Karl, senior: Ahnenforschung der Hornikelsippe in Sindelfingen. In: Aus Schönbuch und Gäu. 30. März 1955.

Huber – Tuttlingen: Dornhans Geschichte der Reformationszeit. In: Aus dem Schwarzwald. Blätter des Württ. Schwarzwaldvereins. 24/1946.

Humboldt, Alexander von: Kosmos. Entwurf einer physischen Weltbeschreibung. 2. Band. Stuttgart 1847.

Hundert Jahre Gewerbliche Berufsschulen in Böblingen und Sindelfingen. Festschrift. 1957.

Huttenlocher, Friedrich: Filder, Glemswald und Schönbuch. Bau der Landschaft. Öhringen 1934 (Erdgeschichtliche und landeskundliche Abhandlungen. 15).

Jänichen, Hans: Der oder die Bach. Ein Beitrag zur fränkisch-schwäbischen Stammesgrenze. In: Aus Schönbuch und Gäu 9 und 10/1971.

Jänichen, Hans: Ortsnamenbuch des Landkreises Böblingen. Stuttgart 1978.

Jänichen, Hans: Übertragung von Burgnamen. In: Alemannisches Jahrbuch. 1959.

Jänichen, Hans: Zur Geschichte des Schönbuchs. In: Der Schönbuch. Beiträge zu seiner landeskundlichen Erforschung. Herausgegeben von Hermann Grees (Veröffentlichungen des Alemannischen Instituts. Nr. 27. 1969).

Jänichen, Hans: Zur Geschichte Schönaichs. In: Der Schönbuch. Beiträge zu seiner landeskundlichen Erforschung. Hg. von H. Grees. Bühl/Baden 1969.

Katern, Werner: Kleine Schulkunde für Baden-Württemberg. Esslingen. 1957.

Keefer, E.: Die Jungsteinzeit. Alt- und mittelneolithische Kulturen. In: Planck, Dieter, Archäologie in Württ. (s.d.).

Keefer, E.: Steinzeit. Sammlungen des Württ. Landesmuseums Stuttgart. Stuttgart 1993.

Keinath, W.: Württ. Flurnamenbüchlein. 1926.

Keppler, Paul: Württembergs kirchliche Kunstaltertümer. Rottenburg 1888.

Kestner, Julius: Das Archiv der Freiherren von Saint-André in Königsbach (Kreis Pforzheim). Karlsruhe 1954.

Kienle, Reinhold: Magstadter Handel, Gewerbe und Industrie im 20. Jahrhundert. 1977.

Kimmig, W.: Die Heuneburg an der oberen Donau (Führer zu vor- und frühgeschichtlichen Denkmälern in BW 1. 1983).

Kind, C.-J.: Das Mesolithikum in Württemberg. In: Planck, Dieter, Archäologie in Württ. (s.d.).

Kläger, Erich: Böblingen. Eine Reise durch die Zeit. 1979.

Kleemann, Gotthilf: Beiträge zur Orgelbaugeschichte im Kreis Böblingen. 1971.

Klein, F.: Die frühe und mittlere Latènezeit in Württemberg. In: Planck, Dieter, Archäologie in Württ. (s.d.).

Klemm, Alfred: Württ. Baumeister und Bildhauer bis ins Jahr 1750. In: Württ. Vierteljahreshefte. 1882.

Knapp, Theodor: Der Bauer in Württemberg. 1902.

Knapp: Zur Geschichte der Landeshoheit. In: Württ. Vierteljahreshefte. 1932.

Knapp: Die württ. Klöster im Rahmen der Kirchengeschichte. In: Blätter für württ. Kirchengeschichte. XXXIV/1930.

Knaut, M.: Die Alamannen. Geschichte und archäologische Erforschung eines Stammesverbandes. In: Archäologie in Deutschland. Heft 1/1990.

Knaut, M.: Frühe Alamannen in Baden-Württemberg. In: Planck, Dieter, Archäologie in Württ. (s.d.).

Köhler, Joachim: Vortrag anläßlich der Eröffnung des Bauernkriegsmuseums in Böblingen am 26. Februar 1988.

Koepf, Hans: Die Stuttgarter Baumeisterfamilie Joerg: Um 1380 bis 1494 (Schwäbische Lebensbilder Band 6/1957.

Kohler, Rudolf: Johannes Kepler in Magstadt geboren? In: Böblinger Bote vom 17. März 1956.

Kolb, Christoph: Das Stift im Dreißigjährigen Kriege. In: Blätter für Württ. Kirchengeschichte. 1914.

Kolb, Christoph: Die Anfänge des Separatismus. Pietismus und Separatismus in Württemberg. In: Württ. Vierteljahreshefte. 1900 – 1902.

Kolb, Christoph: Feldprediger in Alt-Württemberg. In: Blätter für Württ. Kirchengeschichte. NF X. 1906.

Kolb, Christoph: Zur Geschichte des Pfarrstandes in Altwürttemberg. In: Blätter für Württ. Kirchengeschichte. 1957. (Nachlaß.)

Kothe, Irmgard: Der fürstliche Rat in Württemberg im 15./16. Jahrhundert. Stuttgart. 1938 (Darstellungen aus der württ. Geschichte. 29).

Kottmann, R.: Der Ratberg. Eine geologische Besonderheit. In: TWS-Stimmen 3/1983.

Krauß, Rudolf: Geschichte des Schauspiels am Württ. Hof bis zum Tod Karl Alexanders. In: Württ. Vierteljahreshefte. 16/1907.

Krauß, Rudolf: Schwäbische Literaturgeschichte. Band 1. Freiburg i. Breisgau 1897.

Krause, R.: Der Beginn der Metallzeiten. In: Planck, Dieter, Archäologie in Württ. (s.d.).

Kreutle, R.: Spätbronzezeit und Urnenfelderzeit in Württemberg. In: Planck, Dieter, Archäologie in Württ. (s.d.).

Kuhnen, H.-P. (Hg.): Gestürmt – Geräumt – Vergessen? Der Limesfall und das Ende der Römerherrschaft in Südwestdeutschland. Begleitband zur Sonderausstellung im Limes-Museum Aalen. 1992.

Lang, Walther: Die Flurnamen von Neuhausen ob Eck. 1930.

Lattre de Tassigny, Jean Joseph Marie de: Historie de la première armée française Rhin et Danube. Paris. 1950.

Leuchter, Totenbaum. Holzhandwerk der Alamannen. Texte zur Sonderausstellung vom 29. 5.–10. 11. 1991. Württ. Landesmuseum Stuttgart.

Leutrum von Ertingen, Gerhard, Graf: Die gräflich Leutrumsche Frauenkirche in Unterriexingen. Stuttgart 1891.

Lexikon der christlichen Ikonographie. Band 6. 1974/1990.

Lutz, Friedrich: Die erste Klostergründung in Hirsau. In: Württ. Vierteljahreshefte. 1933.

Magstadter Album. 1982.

Magstadter Wegweiser. 1966. Dgl. 1980.

Maier, Helmuth: Sindelfinger Familien. Sindelfingen 1962.

Maurer, Hans-Martin: Die landesherrliche Burg in Wirtemberg im 15. und 16. Jahrhundert (Veröffentlichungen der Kommission für geschichtliche Landeskunde in Baden-Württemberg. Reihe B. Forschungen. 1. Band. Stuttgart 1958).

Mehring, Gebhard: Wirtschaftliche Schädigungen durch den Dreißigjährigen Krieg im Herzogtum Württemberg. In: Württ. Vierteljahreshefte. 1921.

Mettler, Adolf: Besprechung von »Karl Weller. Kirchengeschichte bis zum Ende der Staufer«. In: Württ. Vierteljahreshefte. 1936.

Metzger, Fritz: Eine Bürgermeister- und Neunerversammlung 1527. In: Aus Schönbuch und Gäu 3/1954.

Metzger, Fritz: Via Rheni. Eine alte Königsstraße. In: Aus Schönbuch und Gäu 27/1951.

Meyer: Konversationslexikon. 1857.

Miller, Max: Die Auswanderung der Württemberger nach Westpreußen und dem Netzegau 1776 – 1786. Stuttgart 1935 (Veröffentlichungen der Württ. Archivverwaltung. Heft 1).

Mirkes, Adolf: Das Ermächtigungsgesetz vom 23. März 1933. Dokumentation.

Mitteis, Heinrich: Deutsche Rechtsgeschichte. München 1949.

Müller, G.: Christian Gottlob Pregizer. 1961.

Müller, Karl: Kirchengeschichte. 1 – 2.2. 1892 - 1919.

Müller, K.: Kirchliches Prüfungs- und Anstellungswesen in Württemberg. In: Württ. Vierteljahreshefte. 25/ 1916.

Müller, Karl-Otto: Zur Geschichte des Muswiesenmarktes. In: Württ. Vierteljahreshefte 1927.

Müller-Beck, H.-J. (Hg): Urgeschichte in Baden-Württemberg. 1983.

Müller-Payer, Hans-Georg: Betrachtungen über Kepler. Zur vierhundertsten Wiederkehr seines Geburtstages am 27. Dezember 1971. In: Beiträge zur Landeskunde/Regelmäßige Beilage zum Staatsanzeiger für Baden-Württemberg 6/1971.

N.N.: Der Magstadter Maler Christian Naß. Ein Künstlerportrait zur Repräsentativ-Ausstellung seiner Werke im Sindelfinger Saalbau. 1963.

Nagolder Heimatbuch. 1925.

Der Neue Herder. 5. Band und 6. Band. Freiburg i. Breisgau 1970.

Der Eissee zwischen Planbach und Weiherstraße ist ein künstlich angelegtes Gewässer, das schon im Ortsplan von 1830 zu finden ist. Von der Brauerei Widmaier wurde der See genutzt, um Eis zum Kühlen des Bierkellers zu gewinnen. Heute wird die Anlage vom Angelsportverein Magstadt als Fischwasser betreut.

Neuscheler, Eugen: Die Klostergrundherrschaft Bebenhausen. In: Württ. Jahrbuch für Statistik und Volkskunde. 1928/29.

Oberamtsbeschreibung Backnang. 1871.

Oberamtsbeschreibung Böblingen. 1850.

Oberamtsbeschreibung Cannstatt. 1832 bzw. 1895.

Oberamtsbeschreibung Horb. 1865.

Oberamtsbeschreibung Leonberg. 1930.

Oberamtsbeschreibung Stuttgart / Amt. 1851.

Oberamtsbeschreibung Vaihingen. 1856.

Obermüller, Wilhelm: Deutsch-Keltisches, Geschichtlich-Geographisches Wörterbuch. 1872. Neudruck 1979.

Ohler, Heinrich: Der Aufstand des Armen Konrad im Jahr 1514. In: Württ. Vierteljahreshefte. 1932.

Ohr: Die Entstehung des Bauernaufstandes vom Armen Conrat. 1514. In: Württ. Vierteljahreshefte. 1913.

Ölenheinz, L.: Aus einem Württ. Pfarrersleben. In: Württ. Vierteljahreshefte. 1907.

Ölenheinz, Professor: Einige Nachträge zu Bosserts Württ. Kirchendienern. In: Blätter für Württ. Kirchengeschichte. 1929.

Oelenheinzischer Stammbaum. 1504 – 1700. Bearbeitet von Leopold Oelenheinz. In: Württ. Vierteljahreshefte. 1925/26.

Paret, Oscar: Auf den Spuren der vor- und frühgeschichtlichen Bewohner. In: Heimat und Arbeit: Der Kreis Leonberg. 1964.

Paulsen, P.: Das Gräberfeld der Merowingerzeit bei Oberflacht. Die Holzfunde und ihre kulturgeschichtliche Bedeutung (Forschung und Berichte Vor- und Frühgeschichte BW. Bd. 14/II. 1992).

Paulus, Eduard, der Ältere: Archäologische Reise. In: Schriften des Württ. Altertumsvereins I. 1850 – 1875.

Paulus, Eduard, der Ältere: Die Altertümer des Königreichs Württemberg. 1877.

Paulus, Eduard, der Ältere: Die Altertümer in Württemberg. In: Württ. Jahrbücher für Statistik und Landeskunde. 1875 und 1877.

Paulus, Eduard von, der Jüngere: Die Heerstraße der Peutinger-Tafel von Vindonissa bis Abusina. In: Württ. Vierteljahreshefte. 1887.

Paulus, Eduard von, der Jüngere: Die Kunst- und Altertumsdenkmale im Königreich Württemberg. Neckarkreis. Stuttgart 1889. Neudruck: Esslingen 1906.

Pfaff, Karl, Geschichte der Stadt Stuttgart. 2 Bände. Stuttgart 1845/46.

Pfaff, Karl: Nachrichten über Witterung, Fruchtbarkeit, merkwürdige Naturereignisse, Seuchen usw. in Süd-Deutschland, besonders Württemberg, vom Jahr 1807 bis zum Jahr 1815. In: Württ. Jahrbuch. 1850.

Pfeilsticker, Walther: Ämter und Beamte im alten Böblingen. Vom Mittelalter bis um 1800 (Böblingen. Beiträge zur Geschichte von Dorf, Burg und Stadt bis zum Beginn der Neuzeit. 1953).

Pfeilsticker, Walther: Die zwei Leibärzte Johann Widmann. Sudhoffs Archiv 41/3/1967.

Pflüger, Helmut: Schutzverhältnisse und Landesherrschaft der Reichsabtei Herrenalb von ihrer Gründung im Jahr 1149 bis zum Verlust ihrer Reichsunmittelbarkeit im Jahr 1497 bis 1535 (Veröffentlichungen der Kommission für Geschichtliche Landeskunde in Baden-Württemberg. Reihe B. Forschungen. 4. Band. Stuttgart 1958).

Planck, Dieter (Hg.): Archäologie in Württemberg. Ergebnisse und Perspektiven archäologischer Forschung von der Altsteinzeit bis zur Neuzeit. Stuttgart 1988.

Planck, Dieter: Der obergermanisch-rätische Limes in Südwestdeutschland und seine Vorläufer. In: Planck, Dieter, Archäologie in BW (s.d.).

Propyläenweltgeschichte: Band 1 – 10. 1960 – 1964 (Band 5).

Rademacher, Reinhard: Funde der Späthallstatt-/Frühlatènezeit vom Hohenasperg, Gemeinde Asperg, Kreis Ludwigsburg. In: Fürstensitze, Höhenburgen, Talsiedlungen (Archäologische Informationen aus BW 28. 1995).

Rau, Reinhold: Besprechung von Goeßler/Hertlein/Paret: Die Römer in Württemberg. In: Württ. Vierteljahreshefte. 1930.

Rauch, Moritz von: Der Bauernführer Jäcklin Rorbach von Böckingen. In: Württ. Vierteljahreshefte. 1925/26.

Reim, H.: Die mittlere Bronzezeit in Württemberg. In: Planck, Dieter, Archäologie in Württ. (s.d.).

Renkhoff, Otto: Das Kreiswappenbuch in der Kritik. In: Aus Schönbuch und Gäu 12/1961.

Röhrich, W.: Mitteilungen aus der Geschichte der Ev. Kirche des Elsasses. 1855.

Roesler, Gottlieb Friedrich: Beiträge zur Naturgeschichte des Herzogthums Wirtemberg. 1 – 3. 1788/91.

Salemer Festschrift (Freiburger Diözesanarchiv. 1934).

Sattler, Christian Friedrich: Historische Beschreibung des Herzogtums Württemberg. Neuauflage. 1942.

Schach-Dörges, H.: Die Holzfunde in Oberflacht. In: Archäologie in Deutschland. Heft 1/1990.

Schäfer, Albrecht: Die kirchlichen Verhältnisse Magstadts bis zur Reformation. Maschinenschriftliches Manuskript. o.D.

Schäfer, Gerhard: Zu erbauen und zu erhalten das rechte Heil der Kirche. Eine Geschichte der Evangelischen Landeskirche in Württemberg. Stuttgart 1984.

Schaffran, E.: Die Kunst der Langobarden in Italien. 1941.

Schahl, Adolf: Kunstbrevier Neckarschwaben. Stuttgart 1966.

Scharfe, Martin: Evangelische Andachtsbilder. 1968.

Schlichtherle, H.: Das Jung- und Endneolithikum in Baden-Württemberg. In: Planck, Dieter, Archäologie in Württ. (s.d.).

Schiek, Siegwalt: Eine neue keltische Viereckschanze bei Ehningen, Kreis Böblingen. In: Archäologische Ausgrabungen in BW 1984 (s.d.).

Schiek, Siegwalt: Ein Gräberfeld der mittleren Latènekultur bei Magstadt, Kreis Böblingen. In: Archäologische Ausgrabungen in Baden-Württemberg 1985 (s. d.).

Schiek, Siegwalt: Zu einer Viereckschanze bei Ehningen, Landkreis Böblingen. Studien zu Siedlungsfragen der Latènezeit (Veröffentlichungen des vorgeschichtlichen Seminars Marburg. Sonderband 3. 1984).

Schmid: Aus dem kirchlichen Leben Württembergs im Dreißigjährigen Krieg. In: Württ. Jahrbuch. 1921/22.

Schmid: Aus dem Leben einer württ. Kleinstadt um das Jahr 1700. In: Blätter für Württ. Kirchengeschichte. 1933.

Schmid, Ludwig: Geschichte der Pfalzgrafen von Tübingen nach meist ungedruckten Quellen, nebst Urkundenbuch. Tübingen 1853.

Schmidt, Werner: Pfarrkirche und Stift St. Maria in Herrenberg bis zur Reformation. Eine rechtsgeschichtliche Untersuchung der kirchlichen Verhältnisse Herrenbergs. 1960. Stadtarchiv Herrenberg.

Schmitt: Das Stuttgarter Aposteltor. In: Zeitschrift für Württ. Landesgeschichte. 1951.

Schneider, Eugen: Herzog Ulrichs Hofhaltung in Mömpelgard, der Schweiz und Hohentwiel. In: Württ. Vierteljahreshefte IX/1886.

Schneider, Eugen: Miszellen zur Württ. Geschichte während Ulrichs Vertrei-

bung. In: Württ. Vierteljahreshefte 1885.

Schneider, Eugen: Stuttgart im Bauernkrieg. In: Württ. Vierteljahreshefte. 1901.

Schnitzer, Steuercommissär: Darstellung des natürlichen und wirtschaftlichen Zustands der württ. Alp und des Oberamtsbezirks Böblingen, mit Verbesserungsvorschlägen. Tübingen. 1825.

Schön, Theodor: Alte Uracher Geschichten. Des Vogts Georg Friedrich Jäger zu Urach Grabdenkmal und Autobiographie. In: Blätter des Schwäbischen Albvereins. XIV/1902. Nr. 10.

Schön, Theodor: Geschichte von Hohentübingen. In: Tübinger Blätter. 1906.

Schön, Theodor: Wölfe in Württemberg, namentlich auf der Alb. In: Blätter des Schwäbischen Albvereins. XII/1900.

Schorp, Adalbert: Die Flurnamen der Markungen Buchau und Kappel. 1933/35.

Schramm, Heinz-Eugen: Schwäbisch für Reingeschmeckte. Frankfurt am Main. 1977.

Schübelin, E.: Ehemalige Tiergärten in Altwürttemberg. In: Blätter des Schwäbischen Albvereins. 1924.

Schütz/Hepp: Die württ. Volksschulgesetzgebung nebst den Vollzugsbestimmungen. 1. und 2. Auflage. Stuttgart 1910.

Schumacher, K: Siedlungs- und Kulturgeschichte der Rheinlande. 3. Band. 1925.

Schwarz, Erwin: Die Flurnamen der Markung Magstadt. Magstadt 1950.

Schwäbische Dombaumeister der Gotik. Blätter für Familien- und Wappenkunde. 1/1949.

Schwenk, Gerhard: Zur Ausstellung Christian Naß (8. – 23. Juni 1963 im Städtischen Saalbau Sindelfingen).

Seidel, U.: Bronzezeit. Sammlungen des Württ. Landesmuseums. Bd. 2. Stuttgart 1995.

Seidel, U.: Die Bronzezeit in Südwestdeutschland. Hg. vom Archäologischen Landesmuseum BW. Almanach 2. Stuttgart 1997.

Sommer, C. S.: Die römischen Zivilsiedlungen in Südwestdeutschland. In: Planck, Dieter, Archäologie in BW (s.d.).

Sproll, Johann Baptist: Verfassung des St. Georgen Stifts zu Tübingen in dem Zeitraum von 1476 – 1534. In: Freiburger Diözesanarchiv. NF 3. Band/1902. 4. Band/1903.

Stälin, Christoph, Friedrich von: Wirtembergische Geschichte. Stuttgart und Tübingen. 1847.

Stälin, Paul Friedrich: Geschichte Württembergs. Gotha 1882 ff.

Stälin, Paul Friedrich: Schwedische und kaiserliche Schenkungen während des Dreißigjährigen Krieges. In: Württ. Vierteljahreshefte. 1897.

Steinhofer, Johann Ulrich: Neue Wirtembergische Chronik. Teil 1 – 4. Tübingen und Stuttgart 1744 – 1755.

Steuer, H.: Die Alamannen auf dem Zähringer Burgberg (Archäologische Informationen aus BW 13. 1990).

Stoll, H.: Urgeschichte des Oberen Gäus (Veröffentlichung des Württ. Landesamtes für Denkmalpflege 7. 1933).

Stoll, Heinrich: Alemannische Siedlungsgeschichte archäologisch betrachtet. In: Zeitschrift für Württ. Landesgeschichte. 1942.

Stork, Ingo; Maurer, Hans-Martin u. a.: Renningen und Malmsheim. Eine Stadt und ihre Geschichte. Stuttgart 1991.

Stork, Ingo: Die Merowingerzeit in Württemberg. In: Planck, Dieter, Archäologie in Württ. (s.d.).

Stork, Ingo: Vor- und Frühgeschichte. In: Der Kreis Böblingen. 1983.

Stork, Ingo: Vor- und Frühgeschichte der Gemarkung Renningen. In: Stork, Ingo/Maurer, Hans-Martin u. a.: Renningen und Malmsheim. (s.d.).

Sydow, Jürgen (Bearb.): Die Zisterzienserabtei Bebenhausen (Germania Sacra NF 16. Das Bistum Konstanz. Bd. 2). Berlin 1984.

Thomann: Wald- und Bestandsgeschichte des Gemeindeswaldes Magstadt von 1825 – 1940. Maschinenschriftliches Manuskript. 1967.

Trautwein, Joachim: Freiheitsrechte und Gemeinschaftsordnung um 1800. Pietismus und Seperatismus in Württemberg. In: Baden und Württemberg im Zeitalter Napoleons. Stuttgart 1987.

Trautwein, Joachim: J. M. Hahn. In: Sorg, Theo: Leben in Gang halten. Pietismus und Kirche in Württemberg. Metzingen 1980.

Trithemius, Johannes: Annales Hirsaugienses. 1514.

Trost, Rektor: Die Familien-Namen Magstadts. In: Sonntagsanzeiger. Wochenbeilage des »Böblinger Boten« 50/19. Dez. 1925. (GAM A 90.)

Trost, Rektor: Vergangenheit und Gegenwart Magstadts. In: 3. Gauliederfest des Filder-Schönbuchgaus. 1930.

Trost, Rektor: Woher hat Magstadt seinen Namen? Sonntagsanzeiger. Wochenbeilage des Böblinger Boten 27/11. Juli 1925 und 28/18. Juli 1925. (GAM A 90.)

Ulmann, Heinrich: Fünf Jahre Württembergische Geschichte unter Herzog Ulrich. 1515 – 1519. Leipzig 1867.

Unter dem Mistelzweig. In: Mitteilungen bzw. Veröffentlichungen des Mag-

stadter Heimatgeschichtsvereins. 3 – 4a /März – April 1987.

Veek, Walther: Die Alemannen in Württemberg. Berlin und Leipzig 1931.

Vereinsgeschichten der Magstadter Vereine. Berichte, Broschüren und Manuskripte aus den Jahren 1930 – 1985.

Vitula, Jiři: Johannes Kepler (Im Herzen Europas. Juli 1971).

Vochezer, J.: Geschichte des Hauses Waldburg. Bd. 1 – 3. Kempten 1888 – 1907.

Volkstümliche Überlieferungen in Württemberg. Bearbeitet von Karl Bohnenberger. In: Schwäbische Volkskunde. NF 14. Buch. Herausgegeben von der Württ. Landesstelle für Volkskunde. Stuttgart 1961. (Neudruck aus den »Württ. Jahrbüchern für Statistik und Landeskunde«. 1904 ff.)

Vollmer, Franz X.: Der Traum von der Freiheit. Stuttgart 1983.

Volz: Beiträge zur Geschichte des Weinbaus in Württemberg, von den ältesten auf die neuesten Zeiten, aus zum Teil noch ungedruckten urkundlichen Quellen. In: Württ. Jahrbuch. 1850.

Vom alten Böblinger Handelswesen. In: Aus Schönbuch und Gäu 5/1955.

Vor 50 Jahren noch 15 Brauereien. In: Aus Schönbuch und Gäu 3/1955.

Wacker, G.: Der Bezirk Böblingen einst und jetzt. Böblingen 1910.

Wagner, Christian: Späte Garben. Gedichte. München und Leipzig 1909.

Wagner, E.: Das Alt- und Mittelpaläolithikum in Württemberg. In: Planck, Dieter (Hg.): Archäologie in Württ. (s.d.).

Wagner, Freiherr von: Das Jagdwesen in Württemberg unter den Herzögen. Ein Beitrag zur deutschen Kultur- und Rechtsgeschichte. Tübingen 1876.

Was bisher geschah. Magstadt 1977.

Weisert, Hermann: Die Rivalität zweier Städte. In: Aus Schönbuch und Gäu 11/1961.

Weisert, Hermann: Geschichte der Stadt Sindelfingen. Sindelfingen 1963.

Wekherlin, von: Geschichte der Seiden-Kultur in Württemberg. In: Württ. Jahrbuch. 1831.

Weller, Arnold: Sozialgeschichte Südwestdeutschlands. Stuttgart 1979.

Weller, Karl: Besiedlungsgeschichte Württembergs vom 3. bis 13. Jahrhundert n. Chr. Stuttgart 1938.

Weller, Karl: Die Reichsstraßen des Mittelalters im heutigen Württemberg. In: Württ. Vierteljahreshefte. XXIII/ 1933.

Weller, Karl: Württembergische Geschichte. Stuttgart 1957.

Weller, Karl: Württembergische Kirchengeschichte bis zum Ende der Staufer. 9. Auflage. Stuttgart 1936.

Weller, Karl und Weller, Arnold: Württembergische Geschichte im Südwestdeutschen Raum. Stuttgart 1981.

Wer kam, als die Römer gingen? Die Alamannen im Oberen Gäu (Der Sülchgau. Bd. 39. 1995).

Wetzel, J.: Das hohenzollerische Schwarzwalddorf Glatt und das Adelsgeschlecht von Neuneck aus dem Schwarzwald. In: Blätter des Württ. Schwarzwaldvereins 19/1911.

Widmann, Paul: Zur Geschichte der gewerblichen Bierbrauereien in Altwürttemberg. In: Württ. Jahrbuch. 1934/35.

Wieland, G.: Die spätkeltischen Viereckschanzen in Süddeutschland. Kultanlagen oder Rechteckhöfe? In: Haffner, A. (Hg.), Heiligtümer und Opferkulte der Kelten. Sonderheft der Zeitschrift Archäologie in Deutschland 1995.

Winterlin, Friedrich: Dorfgemeindegerichte im Herzogtum Württemberg. In: Württ. Vierteljahreshefte. 1903.

W.M.: Ein fast vergessener Maler. Gedenkausstellung Christian Naß in Sindelfingen. In: Stuttgarter Nachrichten 136/14. Juni 1963.

Wunder, Gerhard: Die Bauernfamilie Kepler aus Magstadt. In: Aus Schönbuch und Gäu 9/1964 sowie Südwestdeutsche Blätter für Familien- und Wappenkunde 16/1964 und 12/1967.

Wülk, Johannes/Funk, Hans: Die Kirchenpolitik der Grafen von Württemberg bis zur Erhebung Württembergs zum Herzogtum 1495. Stuttgart 1912.

Wulz, Wolfgang: Ortsspitznamen aus dem Kreis Böblingen. In: Sindelfinger Zeitung vom 19. September 1989.

Württembergische Kirchengeschichte. Herausgegeben vom Calwer Verlagsverein. 1893.

Zinsmaier, Paul: Die Geschichtsschreibung des Zisterzienserklosters Salem (Studien zur Geschichte des Reichsstifts Salem. 7/8).

Zürn, Hartwig: Die vor- und frühgeschichtlichen Geländedenkmale und die mittelalterlichen Burgstellen des Stadtkreises Stuttgart und der Kreise Böblingen, Esslingen und Nürtingen. Stuttgart 1956.

Sehr ergiebig für die Ortsgeschichte des 19. und 20. Jahrhunderts waren ferner folgende Zeitungen bzw. Zeitschriften:

Böblinger Bote (Intelligenzblatt für die Oberamtsbezirke Böblingen und Leonberg).
Gäubote.
Leonberger Zeitung.
Magstadter Mitteilungsblatt.
Schwäbische Chronik (Beilage des Schwäbischen Merkurs).
Sindelfinger Zeitung.
Stuttgarter Nachrichten.
Stuttgarter Zeitung.
(Württ. Staats- und) Regierungsblatt.

Bildquellen-verzeichnis

Zeichnung auf dem Bucheinband: LBW. Ausschnitt aus Bild Nr. 28842.

Vorsatz, Wappenzeichnung: HStAS O 63.

Seite 2: HStAS H 107 Mappe 15 S. 4.

Seite 8: Privat.

Seite 10: Foto Karl-Heinz Rücker, Magstadt.

Seiten 11/12: Fotos Staatl. Museum für Naturkunde Stuttgart, Abt. Paläontologie. Neg. Nr. 2225. Beide Exponate im Besitz des Museums am Löwentor in Stuttgart.

Seite 14: Fotos Archäo-Service Tübingen, Matthias Seitz.

Seite 15: Oben: Archäo-Service Tübingen, Matthias Seitz.
Unten: Fundberichte aus BW 17/2, 1992. Das Original befindet sich im Württ. Landesmuseum, Stuttgart.

Seite 16: Foto Archäo-Service Tübingen, Mattias Seitz.

Seite 17: Oben: Fundberichte aus BW 15, 1990. Original im Heimatmuseum.
Unten: Aus: Archäologische Ausgrabungen in BW 1985, Seite 100.

Seite 21: Ausschnitt aus der Topographischen Karte 1:25 000 Nr. 7219 Weil der Stadt. Landesvermessungsamt BW, Stuttgart.

Seite 22: Zeichnung aus der Dissertation von Dorothee Ade-Rademacher, Tübingen. 1990. Tafel 71.

Seite 23: Oben: Wie Seite 22, Tafel 68. Unten: ebd. Tafel 45.

Seiten 24 und 25: ebd. Tafeln 46 bis 48.

Seite 30: HStAS H 14 Bd. 143 Bl. 30b.

Seite 32: HStAS B 475 U 132.

Seite 33: Foto-Studio Manfred Rieker, Magstadt.

Seite 34: Aus der Beschreibung des Oberamts Böblingen von 1850.

Seite 35: LBW. Aus Bild Nr. 62841. Zeichnung um 1870.

Seite 36: HStAS H 107/18 Nr. 52.

Seite 38: HStAS H 102/8 Bd. 307.

Seite 40: HStAS A 602 U 36 1. Siegel.

Seite 41: Aus: H. M. Maurer / P. Sauer u. a.: Geschichte Württembergs in Bildern. Stuttgart 1992.

Seite 42: Foto Eugen Schroth 1944, Magstadt. Repro von Karl-Heinz Rücker, Magstadt.

Seite 43: Beide Fotos Karl-Heinz Rücker, Magstadt.

Seite 44/45: Oben: Fotos der Schlußsteine Pfarrer i. R. Martin Guther, Tuttlingen.

Seite 44: Unten: Fotos Karl-Heinz Rücker, Magstadt.

Seite 45: Unten: Foto Karl-Heinz Rücker, Magstadt.

Seite 46: Detailaufnahmen Foto-Studio Manfred Rieker, Magstadt. Foto des Taufsteins im Besitz von Eugen Stähle, Magstadt.

Seite 48: LBW. Bild Nr. 41648. Unten: Foto Karl-Heinz Rücker, Magstadt.

Seite 51: HStAS H 102/8 Nr. 319.

Seite 53: HStAS N 3 Nr. 1 Böblinger Forst.

Seite 54: HStAS H 107/3 Nr. 10 Bl. 8. Ausschnitt.

Seite 57: HStAS H 107/3 Bd. 1.

Seite 58: Foto Karl-Heinz Rücker, Magstadt.

Seite 60: HStAS A 44 Urk. 443.

Seite 61: Kupferstich. Original in der Graphischen Sammlung der Württ. Staatsgalerie, Stuttgart.

Seite 63: HStAS A 54a St. 26 Fol. 40/ 19–40/24.

284

Seite 64: Foto Kulturamt Stadt Tübingen.

Seite 65: Aus: H. G. Brand / H. Krins: Die Grabmale im Kloster Bebenhausen. Kulturamt Stadt Tübingen. 1989.

Seite 67: Foto Karl-Heinz Rücker, Magstadt.

Seite 68: Sammlung Volksbank Magstadt e. G.

Seite 69: LBW. Bild Nr. 23621.

Seite 70: LBW. Bild Nr. 18427.

Seite 71: Foto Karl-Heinz Rücker, Magstadt.

Seite 72: LBW. Ausschnitt aus Bild Nr. 28842.

Seite 74: Foto (1965) Hans Sachs, Sindelfingen.

Seite 75: Foto Karl-Heinz Rücker, Magstadt.

Seite 77: HStAS A 209 Bü 456a.

Seite 78: Foto im Besitz von Eugen Stähle, Magstadt.

Seite 80: Foto Karl-Heinz Rücker, Magstadt.

Seite 83: Foto Karl-Heinz Rücker, Magstadt.

Seite 84: HStAS H 107 Mappe 75 S. 3.

Seite 86: Ausschnitt aus Matthäus Merian: Die Schlacht bei Nördlingen. Kupferstich.

Seite 87: HStAS J 230c.

Seite 88: LBW. Bild Nr. 40549.

Seite 89: Foto im Besitz von Paul Gross, Magstadt.

Seite 90: Sammlung Volksbank Magstadt e. G.

Seite 92/93: LBW. Bild Nr. 28843.

Seite 94: Fotos Helmut Steegmüller, Magstadt.

Seite 95: Foto Karl-Heinz Rücker, Magstadt.

Seite 96: Sammlung Volksbank Magstadt eG.

Seite 98: Aus: Karl Bohnenberger: Volkstümliche Überlieferung in Württemberg. Verlag Müller & Gräff, Stuttgart. 1980.

Seite 99: Kirchenkonventsprotokoll vom 24. November 1818, Bd. 64, Bl. 22. EPfAM.

Seite 100: Foto Karl-Heinz Rücker, Magstadt. Fahne im Heimatmuseum.

Seite 101: Kirchenkonventsprotokoll, Censur-Buch, 15. Mai 1763. EPfAM.

Seite 103: Kirchenkonventsprotokoll vom März 1787, Bl. 169. EPfAM.

Seite 104: EPfAM.

Seite 106: Foto Karl-Heinz Rücker, Magstadt.

Seite 108: Kirchenkonventsprotokoll vom 18. Februar 1818, Bd. 64, Bl. 15. EPfAM.

Seite 109: Bildarchiv Knauf. Gebr. Knauf Westdeutsche Gipswerke, Iphofen.

Seite 110: Nach einem Gemälde von Faber du Faur. Ausschnitt.

Seite 113: Foto BAM.

Seite 114: Sammlung Volksbank Magstadt eG.

Seite 115: Foto Karl-Heinz Rücker, Magstadt.

Seite 117: Foto Karl-Heinz Rücker, Magstadt.

Seite 118: Kirchenkonventsprotokoll vom 27. März 1818, Bd. 64, Bl. 7. EPfAM.

Seiten 123–128: HStAS E 146 III Bü 6615.

Seite 131: LBW. Bild Nr. 17098.

Seite 133: Foto Karl-Heinz Rücker, Magstadt.

Seite 135: Sammlung Volksbank Magstadt eG.

Seite 137: Stadt- und Amtsbote Leonberg vom 14. Mai 1850, S. 227.

Seite 139: Bild im Besitz von Pauline Renff, Magstadt.

Seite 141: Foto Karl-Heinz Rücker, Magstadt.

Seite 143: Foto im Besitz von Lina Burk, Magstadt.

Seite 144: Sammlung Volksbank Magstadt eG.

Seite 145: Foto Hans Sachs, Sindelfingen.

Seite 147: Foto im Besitz von Paul Schmidt, Magstadt.

Seite 148: Foto im Besitz von Adolf Löffler, Renningen.

Seite 149: Sammlung Volksbank Magstadt eG.

Seite 150: HStAS J 230c.

Seite 152: Foto im Besitz von Walter Gabler, Magstadt.

Seite 153: Foto im Besitz von Kurt Widmaier, Magstadt.

Seite 154: Oben: Foto im Besitz von Johannes Kindler, Magstadt. Unten: Foto im Besitz von Emilie Mok, Magstadt.

Seite 155–157: Oben: Fotos im Besitz von Hilde Seffert, Magstadt.

Seite 157: Unten: Foto im Besitz des Musikvereins Magstadt e.V.

Seite 158: Foto im Besitz von Katharina Landenberger, Magstadt.

Seite 159: Foto im Besitz von Eugen Kienle, Magstadt.

Seite 160: GAM A und SA 163.

Seite 162: Foto Stadtarchiv Stuttgart.

Seite 163: HStAS J 524 Nr. 2.

Seite 164: Foto Karl-Heinz Rücker, Magstadt.

Seite 165: Foto im Besitz von Henriette Gengenbach, Magstadt.

Seite 166: Oben: Foto im Besitz von Willy Steegmüller, Magstadt. Darunter: Foto im Besitz von Sofie Beutter, Magstadt.

Seite 167: HStAS M 700/1 Glasplatte Nr. 422.

Seite 169: Luftbild-Strähle, 73614 Schorndorf. Nr. 2148.

Seite 170: Foto im Besitz von Rosine Gross, Magstadt.

Seite 171/172: Sammlung Volksbank Magstadt eG.

Seite 173: Foto im Besitz von Rudolf Stanger, Magstadt.

Seite 174: Sammlung Volksbank Magstadt eG.

Seite 175: Foto im Besitz von Katharina Landenberger, Magstadt.

Seite 176: Oben: Foto im Besitz von Willy Steegmüller, Magstadt. Darunter: Foto im Besitz von Eugen Baither, Magstadt.

Seite 177: GAM von 1934.

Seite 178: Foto im Besitz von Gustav Kohler, Magstadt.

Seite 179/180: Sammlung Volksbank Magstadt eG.

Seite 181: Foto im Besitz von Hilde Seffert, Magstadt.

Seite 183: Oben: Foto im Besitz von Helmut Wagner, Magstadt. Darunter: Foto im Besitz von Lina Rabič, Magstadt.

Seite 184–186: Sammlung Volksbank Magstadt eG.

Seite 187: Foto im Besitz von Lina Rabič, Magstadt.

Seite 189: Archiv WEGRAhistorik-Verlag.

Seiten 190/191: Fotos im Besitz von Maria Schuhmacher, Magstadt.

Seite 192: Foto im Besitz von Anne Werz, Magstadt.

Seite 195: Foto Karl-Heinz Rücker, Magstadt.

Seite 199: Archiv WEGRAhistorik-Verlag.

Seite 200: Foto Karl-Heinz Rücker, Magstadt.

Seite 202: Foto Hans Sachs, Sindelfingen.

Seite 203: Sammlung Volksbank Magstadt eG.

Seite 204: ebd.

Seite 205: Oben: Foto Karl-Heinz Rücker, Magstadt. Unten: Foto im Besitz von Maria Kunert, Magstadt.

Seite 206: Oben: Foto Karl-Heinz Rücker, Magstadt. Unten: Kath. Pfarrarchiv Magstadt.

Seite 207: Foto Karl-Heinz Rücker, Magstadt.

Seite 208: BAM.

Seite 209: Foto Michael Schmidt, Sindelfingen.

Seiten 210/211: Stuttgarter Luftbild Elsäßer GmbH. Motiv Nr. 127715. Foto im BAM.

Seite 212: Foto Karl-Heinz Rücker, Magstadt.

Seite 213 und 214 Mitte links: Foto Karl-Heinz Rücker, Magstadt.

Seite 214: Fotos Werner Schönbeck, Magstadt.

Seite 215: BAM.

Seite 216: BAM

Seite 217 und 219 oben rechts: Foto Karl-Heinz Rücker, Magstadt.

Seiten 218/219: Fotos Werner Schönbeck, Magstadt.

Seite 221: Foto im Besitz des Radfahrervereins „Pfeil" Magstadt e.V.

Seite 222: BAM.

Seite 225: Foto Karl-Heinz Rücker, Magstadt.

Seite 226: Foto Michael Schmidt, Sindelfingen.

Seite 227: Foto im Besitz der Freiwilligen Feuerwehr, Magstadt.

Seite 228: Foto Michael Schmidt, Sindelfingen.

Seite 231: Foto Karl-Heinz Rücker, Magstadt.

Seite 233: Foto im Besitz des Musikvereins Magstadt 1908 e.V.

Seite 235: Foto im Besitz des Radfahrervereins Pfeil Magstadt e.V.

Seiten 237/238: Fotos Bildagentur Friedrich Stampe, Sindelfingen.

Seite 239: Foto Karl-Heinz Rücker, Magstadt.

Seite 240: Foto im Besitz der Wanderfreunde Magstadt und Umgebung e.V.

Seite 243: Foto Karl-Heinz Rücker, Magstadt.

Seiten 253/254: Münzen und Fotos Württ. Landesmuseum Stuttgart, Münzkabinett.

Seite 256: Zeugen und Fotos im Besitz des Heimatmuseums Magstadt.

Seite 258: Foto Karl-Heinz Rücker, Magstadt.

Seite 267: Foto Karl-Heinz Rücker, Magstadt.

Seite 275: Foto Bildagentur Friedrich Stampe, Sindelfingen.

Seite 279: Foto Karl-Heinz Rücker, Magstadt.

Personenverzeichnis

Georg, Bischof von Speyer 68

Gerber, Eberhard Friedrich (Vikar) 117

Glüttenhart, Werner (Abt) 65

Goebbels, Josef 178, 188

Golther (Pfarrer) 103

Gomaringen, Peter von (Abt) 37

Gommel 193

Gossmann, Heinrich Ludwig 90

Granvella (Kanzler) 72

Gregor VII. (Pabst) 31

Grieb 73

Groß, Gottlob *143*

    Paul 187, 203

Gwinner (Gemeindeförster) 124

Hämmerlin, Catherina 102

    Georg 102

Häring, David (Schultheiß) 124, 126, 128, 129

Hahl, Jakob Friedrich (Lehrer) 108

Hajek, Otto H. *206*

Harr, Hans Jerg 106

Hartenbauer 194

Hartmann, Andreas (Pfarrer) 104, 105

    Anna Rosina 105

Hauff, Johann Gottlob (Pfarrer) 119

Haug, Martin (Pfarrer) 185, 186

Haupt, Jakob (Lehrer) 107

Heermann, Felix Alexander (Pfarrer) 117, *114*

Heinrich IV. (König) 31

Heinz, Ludwig *99*

Heller, Johann Georg 105

Hering, Gottlob 195

Herrenalb, Heinrich von (Abt) 64

Hildrizhausen, Grafen von 31

    Beatrix 31

    Heinrich 31

    Hugo 31

Hillmann 143

Himmel, Jakob 107

Hindenburg, Paul von 177, 178

Hitler, Adolf 177, 188, 224

Höfel, Michael (Provisor) 108

Hölder, Johann Karl (Pfarrer) 111, 118

Hölderle 113

Höschle (Oberlehrer) 14

Hößlin, Hannß Michael (Lehrer) 107

Hoffmann, Gustav 42

Hohenlandenberg, Hugo von (Bischof) *254*

Holer, Zacharias 82

Hos, Bläsin 79

Hugenberg, Alfred 177

Huttenloch, Lienhart *57*

    Peter 62

Iberg, Herren von 40, 41

Irmensee, Melchior (Pfarrer) 69, 72

Jaeger, Erhard (Vogt) 56

Jänichen, Hans 26, 27

Jeser, Bernhard *57*

Jos, Jörig 33

Joß, Johann (Vogt) 76, 77, 81, 83, 84, 77

    Martin *57*

    Michel *60*

Kappus, Hanns *57*

Kapuß, Jakob 70

Karl V. (Kaiser) 70. 72

Kegel, Jakob (Lehrer) 74

Kemlin, Hans (Pfarrer) 69, 70

Keny, Hennse gen. Teffinger *60*

Kepler, Familie *83*

Keppeler, Barbara 78, 80, 81

Keppler, Bernhart 70

    Johann 64

Kettner, Jakob 126, *57*

    Jakob Friedrich 145

    Johann Georg 136

Kienle 96, 149, 155

    Georg *143*

    Johannes *99*

    Lienhart *57*

Kienlin, Aurelius 72

    Georg 64

    Veit 72

Kieser, Andreas *36, 54, 72, 93*

Kindler, Jakob 149, 153

Kirsch, Georg 197

Klein, Johannes 141

Kleinheinz zu Sindelfingen 34

Klemm 182

Klin, Martin *58*

Kling, Hans 63

    Michael *57*

Klotz, Johannes 129

    Sebastian 141

Knapp von (Oberfinanzrat) 144

Könny, Hans 62

Kohler 137, 138

Kolping, Adolf 204, 209, 230

Konlin, Johann 64

Kreber, Heinrich (Lehrer) 74

Kress (Waldmeister) 193

Kreß, Joh. *153*

    Karl 148

Küchlin, Agnes 102

    Hans 102

Kuder, Konrad 35

Kunkele, Robert 197

Kurfaß, Michael *103*

Lang, Rudolf 197

Lautenschlager, Christian *158*

Ortsregister

Magstatt ist nicht mit aufgeführt